U0532787

近世通儒

纪念沈曾植逝世100周年学术研讨会论文集

嘉兴市文化广电旅游局
嘉兴市文物局 编

浙江大学出版社
·杭州

图书在版编目（CIP）数据

近世通儒 : 纪念沈曾植逝世100周年学术研讨会论文集 / 嘉兴市文化广电旅游局, 嘉兴市文物局编. -- 杭州 : 浙江大学出版社, 2024. 12. -- ISBN 978-7-308-25589-9

Ⅰ. K825.4-53

中国国家版本馆CIP数据核字第2024HF2725号

近世通儒——纪念沈曾植逝世100周年学术研讨会论文集

嘉兴市文化广电旅游局　嘉兴市文物局　编

责任编辑	赵　静
责任校对	胡　畔
封面设计	林智广告
出版发行	浙江大学出版社
	（杭州市天目山路148号　邮政编码　310007）
	（网址：http://www.zjupress.com）
排　　版	杭州林智广告有限公司
印　　刷	杭州高腾印务有限公司
开　　本	787mm×1092mm　1/16
印　　张	19.25
插　　页	4
字　　数	365千
版 印 次	2024年12月第1版　2024年12月第1次印刷
书　　号	ISBN 978-7-308-25589-9
定　　价	168.00元

版权所有　侵权必究　　印装差错　负责调换

浙江大学出版社市场运营中心联系方式：0571-88925591；http://zjdxcbs.tmall.com

编辑委员会

主　任　　周　静

副主任　　孟正兴　王春燕

委　员　　（按姓氏笔画排列）

　　　　　刘云峰　许彩云　豆丽丽　吴海红

　　　　　张　青　陈佳佳　陈　宽　胡洁纯

　　　　　顾丽娟　徐贤卿　盛杰辉

主　编　　吴海红

副主编　　刘云峰

执行主编　陈佳佳

光绪三十二年（1906）八月，沈曾植接署安徽提学使，九月，自上海赴日本考察学务。此照可能是五十七岁的沈曾植任安徽提学使后赴日所摄。（嘉兴博物馆藏）

民国九年（1920）重阳节，沈曾植（左三）与郑孝胥、王乃征、吴庆焘、余肇康、邹嘉来至上海新世界登高，并在汇元照相馆摄影。（嘉兴博物馆藏）

宣统元年（1909），沈曾植（左三）着僧服，与幕客李证刚、黎养正、谢凤孙在布政使藩署成园合影，沈曾植留影后，作诗寄友朋。（嘉兴博物馆藏）

光绪三十一年（1905）八月七日，沈曾植（左四）与梁鼎芬（右二）等合照。梁鼎芬题诗："沧海已干吾泪在，西风不冷酒怀新。劳劳车马青青柳，肠断人间晚嫁人。"（嘉兴博物馆藏）

光绪三十四年（1908）四月，安徽成立了一所培养教育行政干部的专门学校——教育官练习所。此为沈曾植（二排右六）与官员在安徽教育官练习所摄影。（嘉兴博物馆藏）

沈曾植（二排左七）在安徽官立中等实业学校留别纪念。光绪三十四年（1908），沈曾植开办安徽官立中等工业学堂。宣统元年（1909），学堂另增农、商二科，改名为"安徽官立中等实业学堂"。（嘉兴博物馆藏）

沈曾植行书中堂
（嘉兴博物馆藏）

沈曾植行书录《世说新语》轴
（嘉兴博物馆藏）

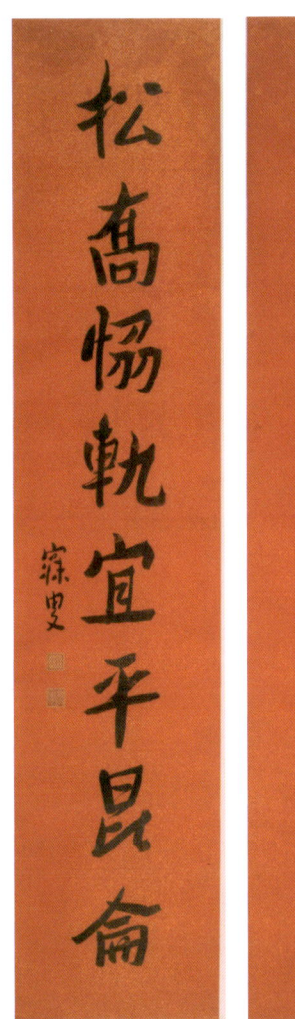
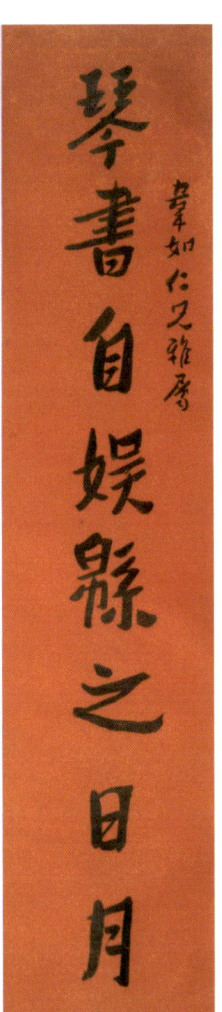

沈曾植行书八言联
（嘉兴博物馆藏）

沈曾植楷书临《郑文公碑》轴
（嘉兴博物馆藏）

沈曾植隶书《爨宝子帖》轴
（嘉兴博物馆藏）

沈曾植行书录王维《田园乐》轴
（嘉兴博物馆藏）

目 录

《东轩翰墨：上海图书馆藏沈曾植手札》导言　　　　　　　　　　　　　　　许全胜 / 001

沈曾植的乡邦书写与地方意识　　　　　　　　　　　　　　　　　　　　　李瑞明 / 031

"稿、行之间"出"寐草"——为沈曾植晚年书风命名并论其对王献之"改体"之议的
完美实践　　　　　　　　　　　　　　　　　　　　　　　　　　　　　　王　谦 / 046

浙江省博物馆藏《友朋书简》四则管窥晚清同光体沪上结社及诗文唱和　　　陆　易 / 058

沈曾植在上海（1911—1922）住所的变迁　　　　　　　　　　　　　　　　段永成 / 070

沈曾植旧藏《文饮图》研究　　　　　　　　　　　　　　　　　　　　　　陈荣军 / 079

姚埭沈氏藏书钤印经眼录——以嘉兴市图书馆馆藏为据　　　　　　　　　　沈秋燕 / 094

吾禾：沈曾植故园书写中的认同与塑造　　　　　　　　　　　　　　　　　陈建铭 / 106

书以载道——沈曾植章草《永嘉大师证道歌》　　　　　　　　　　　　　　张宏元 / 116

江南视域下的沈曾植家族墓地研究　　　　　　　　　　　　　　　　　　　陈佳佳 / 124

试论嘉兴名门望族之沈曾植家族的血脉姻亲及其与秀水诗派的渊源　　　　　高伟强 / 131

从《颐彩堂文集》等文集史料析沈曾植家族迁徙和世系——纪念沈曾植逝世100周年
　　　　　　　　　　　　　　　　　　　　　　　　　　　　　沈庆跃　沈义富 / 138

沈曾植对清代碑学理论的补充及实践探索　　　　　　　　　　　　　　　　杜啟涛 / 153

新发现沈曾植残稿《喜神谱》小识　　　　　　　　　　　　　　　　　　　徐新奇 / 161

沈曾植书风演变中环境因素的影响　　　　　　　　　　　　　　　　　　　朱超恒 / 174

浅探沈曾植对"碑帖结合"的若干见解　　　　　　　　　　　　　　　　　张尔奇 / 192

沈曾植碑帖证通观及化用研究——以《寐叟题跋》为例　　　　　　徐　宇　叶　霖 / 200

涵糅碑帖、会通南北——从沈曾植定武《兰亭》题跋管窥其书学观
　　　　　　　　　　　　　　　　　　　　　　　　　　　　　冯　洋　叶秀清 / 209

试析沈曾植由汉至唐的书法谱系建构观　　　　　　　　　　　　　　　　　任　杰 / 219

由沈曾植相较康有为"唐楷"评价之差异看其书学观　　　　　　　　　　　赵丽娜 / 231

论民国海派草书复兴与沈曾植碑草书的创变	罗改荣	/ 239
抑扬尽致，委曲得宜——沈曾植章草思想探赜	李奇峰	/ 248
在"旧学"中"通变"——沈曾植法学思想初探	赵　全　夏　雨	/ 261
沈曾植与缪荃孙交游考论	曹志华	/ 272
沈曾植、黄绍箕与康有为交游考论	谢　源	/ 283
后　记		/ 303

《东轩翰墨：上海图书馆藏沈曾植手札》导言[1]

许全胜[2]

沈曾植（1850—1922），字子培，号乙庵，晚号寐叟。1880年中进士，在京师时官刑部主事、员外郎、郎中、总理衙门章京等。1903年后简放外任，历官江西广信府知府、署南昌知府、督粮道、盐巡道、按察使、安徽提学使、布政使、护理巡抚。民国时期，隐居上海。平生学问渊博，为海内外所重，日本汉学大师内藤湖南（1866—1934）称之为清季"中国史学第一人"[3]，现代史学大师陈寅恪（1890—1969）亦推崇其为"近世通儒"[4]"赤县神州近世第一学人"[5]。

沈曾植流传于世之大幅作品多为入民国后所作。晚清时期所作，存世者多为笔记手稿、题跋、尺牍等。民国间曾出版石印本《寐叟题跋》（1926年商务印书馆据手迹影印）、《海日楼遗墨》，世人知寐叟翰墨风采多由此。近二十年来，又有多种书法集问世，为爱好者所喜闻乐见，惜墨迹编年图录尚未之见，此《东轩翰墨》所由作也。

此编所辑上海图书馆（以下简称上图）藏沈曾植书信凡三百二十一首，占拙编《沈曾植书信集》所收八百八十首之三分之一强。[6]与通函者四十人，其中佚名四人。时间则自光绪七年辛巳冬（1881年12月—1882年2月）与李逸静夫人书，讫民国十一年壬戌九月二十七日（1922年11月15日）与刘承干书，去十月三日（11月21日）逝世仅数日，前后逾四十年，涵盖沈氏通籍后为京官（1880—1897），任职两湖书院（1898—1900），任职南洋公学与回京复职（1901—1902），简放外任（1903—1910）以及辞官寓居上海作遗老（1911—1922）等五个时期。故此批尺牍文献，既有多方面之史料价值，又对了解沈氏一生书风变化具有重要意义，实为史学艺林之瑰宝。以下按编年顺序分别就相关人物背景、书札内容、学术价值、掌故轶闻等略加提示，最后论沈曾植之书法，冀读者与图录释文参观，有所裨益焉。

沈曾植书札概要

一、京官时期（1880—1897）

此时期书札，每年字体皆有所变化，光绪庚寅（1890）后变化更为明显，可以此为界，分为前后两段，前段从1880年至1889年，后段从1890年至1897年，共有书札四十九首。

（一）此期前段有与李逸静（二首）、汪康年（七首，含与汪大燮、汪康年、汪大钧三人一首）、李慈铭（六首）、朱一新（一首）、叶昌炽（一首）等五人书札，凡十七首（第一至第一七）。

上图《海日楼家书》两册，存书札八十余首，除两首外，其余皆为沈曾植与夫人李逸静书，其中大部分作于光绪戊戌至壬寅间（1898—1902），内容丰富，家事国事，兼而有之，是研究沈曾植生平事迹的重要史料。

李逸静（1849—1926），江苏新阳（今昆山）人。户部陕西司主事李培厚孙女，云南按察使李德莪（1814—？，字念劬，号蓼生）长女，浙江按察使李传元（1854—1922，字橘农）胞姊。咸丰十一年辛酉（1861），韩太夫人为沈曾植聘其二姑夫李德莪之女李逸静为妻，德莪时将出守贵州贵东道，婚约定后始出都赴任。[7]李德莪后曾调任四川东川道，李夫人随至任所。逮同治十一年壬申（1872）夏，沈曾植自京师渡海至上海，复由上海溯江西上成都，方与李夫人完婚。婚期定在六月十一日（7月17日），先一日晚李德莪具鼓吹相迎，乘轿入赘李府。[8]是年曾植二十三岁，李氏二十四岁。夫妇婚后同回京，"夫人即质衣饰，供菽水，自是内助得人，益得媍心劬学"[9]。

沈曾植早年与夫人书极罕见，上图藏光绪七年一札，是目前所见最早者。略云：

> 厂市为缪、孙诸人牵率，未免破费十余金，固是肉痛，非其本心。然已无法。欲就岳母商之，而惭于启口，敢请吾夫人代为一谋，得假十金，不胜心感。盼切盼切。岳母见此字，当必生嗔，虽生嗔，幸终谅之。

案，光绪七年十一月十四日（1882年1月3日）《越缦堂日记》云："沈子培来言，海宁有孙侩某，去年得明翻元大德本《越绝书》，余欲借之，不可得也，当与缪筱珊谋之。"[10]札云"缪、孙诸人"当为缪荃孙与海宁孙某。从此札可知通籍后，沈曾植仍较拮据。其父沈宗涵（1819—1857）早逝，姑母四人中三人早卒，唯二姑母即岳母在世，其对女婿之疼爱可以想见，读札语令人莞尔。沈氏生平史料中有关岳父母者极少，此札可见一斑。

李慈铭（1830—1894），原名模，字式侯，一字法长。更名后，字爱伯，号越缦，又号霞川，小字辰客，后更字莼客。浙江会稽（今绍兴）人。光绪六年庚辰（1880）进士。官至山西道监察御史。学识渊博。著有《越缦堂诗文集》《越缦堂日记》等。

沈曾植晚年所作《圣武亲征录校本跋》有一段记庚辰会试情形：

> 庚辰会试第五策问北徼事，罄所知答焉。卷不足，则删节前四篇以容之。日下稷，清场而后交卷。归家自意曰："此其中式乎？"长沙王益吾先生、会稽朱肯甫先生分校闱中，榜发，语人曰："闱中以沈、李经策冠场，常熟尚书尤重沈卷为通人。顾李莼客负盛名，而沈无知者。"某君曰："嘉兴沈氏，其小湖侍郎裔乎？"尚书于谒见时特加奖借。而两先生之言传诸学者，莼老相见，亦虚心推挹。于是于此学稍稍自信。[11]

李慈铭长沈曾植二十岁，通籍前已有盛名。后两人同为光绪庚辰科进士，沈曾植会试得第二十四名、殿试三甲第九十七名、朝考第二等第二十二名，李慈铭会试得第一百名、殿试二甲八十六名、朝考第三等二十二名。[12]是年六月十一日（1880年7月17日）沈曾植始拜访李慈铭[13]，至是交往日多，渐成密友。其后十余年间，李氏与朋辈聚会饮宴极多，沈曾植是其中主要成员之一，具见《越缦堂日记》。光绪十一年乙酉十二月六日（1886年1月10日）《越缦堂日记》云：

> 子培来谈甚久，于西北边事，考古证今，多有心得。尚论宋明学术，亦具有微言，此事知者尟矣。子培兄弟年少好学，一时侪类，罕见其匹，略微发之，亦能起予。

可知李慈铭对沈氏博古通今十分钦佩。上图藏沈曾植与李慈铭书札六首，作于光绪十年甲申至十五年己丑间（1884—1889），既有疾病诊治、郊游饮宴、借馆称觞等日常琐事，亦有诗简唱和、学术研讨之雅事。沈李两人诗文集中，现存有若干唱和交游诗作，但反映学术交往者较少，书札颇可玩索，其中光绪十五年十月十九日（1889年11月11日）一札[14]，可见两人当时共同研究直隶保定府定兴县新出《北齐标异乡义慈惠石柱颂》拓本，堪称佳话[15]。

（二）此期后段有与丁立钧（十三首）、吴庆坻（十四首）、吴士鉴（一首）、汪康年（三首）、叶昌炽（一首）等五人书札，凡三十二首（第一八至第四九）。

丁立钧（1854—1902），字叔衡，号恒斋、云樵、小跛道人。江苏丹徒（今镇江）人。同治九年（1870）顺天乡试举人，光绪六年（1880）进士。历充武英殿协修、纂修、总纂、提调，国史馆协修，顺天乡试同考官、湖南乡试副考官，会典馆图上详校官、绘图处帮总纂。光绪二十二年四月（1896年5月），补授沂州知府。后主讲南菁书院，编有《南菁文钞》，著有《历代大礼辨误》《东藩事略》《历朝纪事本末》等。丁立钧为光禄寺卿、浙江学政丁绍周（1821—1873）季子，妻邵氏为常熟（寄籍宛平）邵亨豫（1818—1883）女、邵松年（1849—1923）胞妹，继配徐氏为海盐徐用仪（1826—1900）女，续娶李氏为通州李衢亨（1829—？）胞妹。

丁、沈两人同为庚辰科进士，同为乙未北京强学会发起人，又同为翁同龢门生，而成为帝党之中坚。丁氏甲午时尝力斥李鸿章，又曾规劝曾国荃，以切直敢言负时望。惜"既屈于官，复厄以年"，未克展其长才。[16]

丁、沈关系十分密切，通函甚多，今所见与丁立钧札凡二十八首，全部为上图收藏。此段时期有十五札，占一半以上。其中光绪十六年庚寅（1890）两函为诗札，有多首诗为钱仲联《海日楼诗注》失载。甲午、乙未（1894—1895）两年之札多有关时局者，其中一函属丁立钧拟练陆军文，适与乙未九月十七日（1895年11月3日）《郑孝胥日记》相合，可知即是日所作。[17]丁酉两首为丁立钧离京后所作，皆为长函，谈及时事与京中同僚情况颇多。十一月二十二日（1897年12月15日）札逾二千言，除详述韩太夫人临终经过及营葬准备为沈氏家史重要资料外，多论及德国侵占胶州湾事，颇有史料价值。

吴庆坻（1849—1924），字稼如，号子修，一字毅孙、敬彊，别号悔余生、补松老人、横山老樵。浙江钱塘（今杭州）人。吴振棫（1792—1870）孙。光绪十二年（1886）进士。历充国史馆协修，会典馆画图处协修、纂修、帮总纂，功臣馆纂修，顺天乡试同考官、云南乡试副考官，四川、湖南学政，政务处帮总办、总办，兼署湖南提学使、布政使。民国时居上海，与同人结超社、逸社、淞社。著有《补松庐诗录》《悔余生诗》《补松庐文录》《蕉廊脞录》等。

吴、沈二人相识数十年，交谊深厚。寐叟去世后，吴氏将历年函牍七十余首装裱成册，亲笔题签："沈乙盦书札　癸亥初夏装成。敬彊署检。"钤"横山老樵"白文印。此册书札数量之多，仅次于《海日楼家书》。其中京师时期十四首，十分珍贵，可补此时作品之空白。遗老时期则多达四十九首，为寐叟晚年尺牍书法提供丰富模板。

沈曾植于光绪十六年（1890）正月任会典馆画图处总纂，吴庆坻则于翌年十月（1891年11月）任画图处协修，二十一年十一月（1895年12月）任纂修，二十二年五月（1896年6月）充帮总纂。沈氏与吴氏乔梓同朝为官，交往较多。此时期通函多言及会典馆绘图事（图1）。

图1　沈曾植与吴庆坻书札册封面

二、两湖书院时期（1898—1900）

此时期有与丁立钧（六首）、汪康年（七首）、李逸静（二十九首）、袁昶（一首）、佚名（一首）、陈衍（八首）、周家禄（六首）、吴受福（二首）、汪洛年（一首）等人书札，凡六十一首（第五十至第一一〇）。

陈衍（1856—1937），字叔伊，号石遗。福建侯官（今福州）人。光绪八年（1882）举人。十一年（1885）入台湾巡抚刘铭传幕，二十四年（1898）入张之洞幕，主变法图强，发展经济。后任学部主事、京师大学堂教习等。为近代著名诗人、学者，著有《石遗室文集》《石遗室诗集》《石遗室诗话》，辑有《宋诗精华录》《辽诗纪事》《金诗纪事》《元诗纪事》《近代诗钞》等。

陈衍光绪中至京，耳沈曾植之名于郑孝胥而未得晤面。逮光绪二十四年戊戌（1898），沈曾植应张之洞之邀赴武昌，始得相识。两人适同住纺纱局西院，平生交游亦以两湖书院时期为最密。[18] 常在夜间抵掌论诗，陈氏倡"同光体"，又有"三元"说，尤为治诗学者所瞩目。[19] 此时期诗筒往还亦颇多，今见书札有三首为诗词。庚子后，陈衍作《沈乙盦诗序》云"君作落余处者殆百余首，念离合之踪无定也，特叙而存之"，则上图所藏诗札特劫余耳。

周家禄（1846—1910），字彦昇，一字蕙修。晚号奥簃老人。江苏海门（今南通）

人。优贡生。官训导。曾入吴长庆、张之洞幕。主讲湖北武备学堂、南洋公学等。有《寿恺堂集》。光绪己亥、癸卯间（1899—1903），周、沈两人在武昌、上海、北京三地活动有交集。己亥、庚子六札皆作于武昌，其中己亥一首为诗札。辛丑一札作于上海，壬寅、癸卯六札作于北京。

三、南洋公学、回京复职时期（1901—1902）

此时期有与李逸静（三十一首）、丁立钧（九首）、缪荃孙（一首）、周家禄（四首）、徐乃昌（一首）、陈衍（一首）等人书札，凡四十七首（第一一一至第一五七）。

缪荃孙（1844—1919），字炎之，一字筱珊，晚号艺风老人。江苏江阴人。光绪二年（1876）进士。授编修。历官国史馆纂修、总纂、提调，钟山书院总教习，江南图书馆、京师图书馆监督。民国五年（1916），任清史馆总纂。著有《艺风堂文集》《艺风老人日记》。上图藏与缪氏书仅辛丑十一月十七日（1901年12月27日）一函，是时缪荃孙在武昌张之洞幕任江楚编译局总纂[20]，札中亦涉及译局事。

徐乃昌（1868—1943），字积余，晚号随庵老人。安徽南陵（今芜湖）人。署漕运总督徐文达（1825—1890）侄。光绪十九年（1893）举人。二十七年（1901）任淮安知府，特授江南盐巡道。考察日本学务归国后，历任江南中小学堂提调、江南高等学堂总办、三江师范学堂督办。富藏弆，精流略，民国时以整理出版古籍著称于世。著有《积学斋藏书记》《徐乃昌日记》。主编《南陵县志》《安徽丛书》，辑有《积学斋丛书》《许斋丛书》《南陵先哲遗书》等多种。徐氏精通金石学，喜藏碑拓。辛丑（1901）一札云"访碑图并缴，率题四绝，惟大雅教之"，"四绝"即《题徐积余定林访碑图》四首。[21]

四、简放外任时期（1903—1910）

此时期有与周家禄（三首）、吴庆坻（九首）、陈衍（三首）、张鸣珂（一首）、李逸静（七首）、李翊灼（一二首）、沈曾桐（一首）、蛰庵（三首）、佚名（二首）、张謇（一首）、陆树藩（四首）、李宣龚（二首）、罗振玉（一首）等人书札，凡四十九首（第一五八至第二〇六）。

李翊灼（1881—1952），字证刚，一作正刚，以字行。江西临川（今抚州）人。从皮锡瑞（1850—1908）治经学，复依杨文会（1837—1911）研佛学。历任东北大学、清华大学、中央大学教授。著有《西藏佛教略史》《印度佛教史》《心经密义述》《金刚经讲义疏辑要》等。沈、李两人交往，当始于沈曾植任职江西时。

上图藏与李翊灼书札两册，凡十四札，作于光绪三十二年丙午至宣统三年辛亥（1906—1911）六年间。沈曾植于佛学极有兴趣，尝以读《大藏经》为晨课，在六十岁时着僧衣与李翊灼、黎养正（字端甫）、谢凤孙（字石钦）合影于布政使署之成园，并寄照片请友朋题诗。李氏与桂念祖（1869—1915，字伯华）、欧阳渐（1871—1943，字竟无）并称江西佛教三杰，沈曾植于此三人寄予厚望。宣统二年（1910）敦煌遗书运至北京，当时精通佛典者不多，而敦煌劫余之典籍中佛经占很大比例。缪荃孙时掌京师图书馆，曾致函沈氏商请由李证刚北上校订编目。[22] 是年十一月，李氏陪同沈曾植游西湖、嘉兴后，即赴京工作，而川资则由曾植垫付。此为早期敦煌学史掌故，鲜为人知。民国后，欧阳竟无在金陵刻经处开设支那内学院，沈曾植亦作《支那内学院缘起》以赞之。与李证刚书中有三首言及黎端甫，黎氏为江西丰城人，致力于三论宗研究，生平事迹罕传，清末民初沈曾植与之多有佛学交流，可供近现代佛教史者深入探讨。

罗振玉（1866—1940），字叔蕴，一字叔言，号雪堂。晚号贞松老人。祖籍浙江上虞（今绍兴）。秀才。清季创办农学社、东文学社、江苏师范学堂，主编《农学报》《教育杂志》。曾任学部参事、京师大学堂农科监督。辛亥国变，与王国维同赴日本。回国后图谋复辟，于民国十三年（1924）奉召入直南书房。伪满洲国建立，任监察院长。著述有《殷虚书契》《三代吉金文存》《雪堂丛刻》《辽居杂著》等。

罗氏平生对沈曾植一贯礼敬，上图藏沈曾植与罗振玉书札一册，有雪堂题签："沈乙盦尚书手简。壬戌仲冬付装，雪翁题记。"可知在寐叟去世后一月即付装池，十分珍重。沈曾植庚戌腊月九日（1911年1月9日）一札对罗氏甲骨学开创之功亦评价甚高，而又自言：

> 旧所得亦有四五十枚，甲、骨皆有之，无人能拓，遂多年未启视，此事遂让公先鞭。读公书，钦且妒也。

可知沈氏亦为中国早期收藏甲骨之人，其学术眼光广阔敏锐，于此可证。

五、辞官遗老时期（1911—1922）

此时期又可以进京参与复辟为界，分为前后两段，前段为1911年至1917年，后段为1918年至1922年，凡一百十五首（第二〇七至第三二一），占全部上图藏沈札三分之一以上。

（一）前段（1911—1917）有与李逸静（十二首）、吴玄妙（一首）、吴庆坻（四十三首）、李翊灼（二首）、沈曾樾（一首）、罗振玉（七首）、刘承干（九首）、于式枚（一首）、蛰庵（六首）、瞿鸿禨（一首）、徐乃昌（一首）、金佩三（一首）、叶昌炽（一首）、康有为（一首）、张元济（一首）等人书札，凡八十八首（第二〇七至第二九四）。

与吴庆坻四十三札，其中辛亥三首，壬子二首，癸丑十四首，甲寅六首，乙卯八首，丙辰八首，丁巳二首。内容丰富，可窥民国初年海上遗老生活状况，颇具研究价值。吴、沈为诗社同人，札中多谈艺语。乙卯后，沈曾植主持《浙江通志》编务，邀吴氏参与其事，札中亦多有涉及。

刘承干（1881—1963），字贞一，号翰怡。浙江吴兴（今湖州）人。富藏书，创嘉业堂藏书楼。刻有《吴兴丛书》，著有《求恕斋日记》。刘氏民国时方与沈曾植等遗老相识。乙卯（1915）浙江通志局由沈主持，尝聘刘氏参与其事。由于收藏、刊刻图书之故，刘沈间多有书籍交流，如沈曾植借家藏《章实斋遗书》稿本与刘氏刊行，堪称书林佳话。此时期九札，亦皆涉及古籍，多可与刘氏来函及相关日记对读，故沈札虽不署日期，大多可考出具体时间，对研究其晚年书法亦能起到参照物作用。

（二）后段（1918—1922）有与吴庆坻（六首）、刘承干（七首）、金武祥（一首）、陈衍（一首）、李宣龚（三首）、佚名（一首）、孙德谦（一首）、蒋汝藻（二首）、吴庆焘（二首）、张元济（一首）、罗振常（二首）等人书札，凡二十七首（第二九五至第三二一）。

此时期与刘承干七札，亦多有关刊印书籍事，如刊行《越缦堂日记》、影宋本"四史"、影宋本《刑统》等。沈曾植为《刑统》校勘文字异同，作跋时已在壬戌九月，去逝世不及一月，令人钦佩。

刘承干以贡金而参加民国十一年十月十三日（1922年12月1日）溥仪大婚典礼，先于九月二十八日（11月16日）赴京参加大典，与汪钟霖（1867—？，字甘卿）同行。沈曾植札作于前一日，去逝世不到十日。刘承干挽寐叟联曰：

> 十载郁孤忠，记曾赠荣临歧，简札殷勤犹及我；
> 九重褒硕学，从此试灯称祝，衣冠闲雅更何人。

恰好言及此札，"赠荣临歧"云云即札语所谓"闻定明日荣行，三接龙光，乡邦增耀"。

与张元济一札，介绍马一浮亲戚丁浩入商务印书馆谋事。

札云："其戚马一浮君，则浙士之领袖也。"可知马氏在1920年已声望卓著，可资谈助。马氏年过八十，癸卯立春日（1963年2月4日）跋《海日楼文集》[23]，称沈氏为"知类通达，博物君子"，颇致钦仰之忱。早年书法亦模拟寐叟，尝见其跋寐叟绝笔楹联字，与沈书神似。龙游刘寄庐衍文（1920—2021）太夫子数告我，马氏每闻人谓其书学沈寐叟必怒形于色[24]，盖大作手讳其所出欤？

沈曾植书法述论

一

沈曾植去世后，书名益著，影响颇广，甚至及于说部。如钱锺书早年与沈氏老友陈石遗往还，多闻晚清文人掌故于陈氏，其记石遗谈艺语为《石语》，其中颇夹自家评论，谈诗外兼涉书法，如论陈宝琛（1848—1935，字伯潜，号弢庵）之书"似放脚娘姨，不甚自在"，惜未及寐叟之诗学与书艺。但在小说《围城》中，有一处提到沈字，则颇为有趣：

> 方鸿渐到了苏家……壁上挂的字画里有沈子培所写屏条，录的黄山谷诗，第一句道："花气熏人欲破禅。"鸿渐看了，会心不远，觉得和尚们闻到窗外这种花香，确已犯戒，与吃荤相去无几了。他把客堂里的书画古玩反复看了三遍，正想沈子培写"人"字的捺脚活像北平老妈子缠的小脚，上面那样粗挺的腿，下面忽然微乎其微的一顿，就完事了，也算是脚的！[25]

按所述虽为小说中事，然颇有事实依据。沈氏好黄山谷诗，《石遗室诗话》中已有记载；而晚年寓居上海始鬻字，故沪上文雅之士如苏文纨家悬其屏条，固不足怪。钱氏民国时长期在上海，当见过沈氏书作，所谓"'人'字的捺脚"，其用笔特征在光绪己亥庚子与陈衍书札中即有表现（试比较图2至图6诸字捺脚），陈、沈交谊深厚，陈、钱谈论中尝论及沈书，亦殊有可能。不过小说毕竟是小说，其实各时期沈书的"人"字各不相同，甚至同一幅字中亦不一律，不可一概而论。

 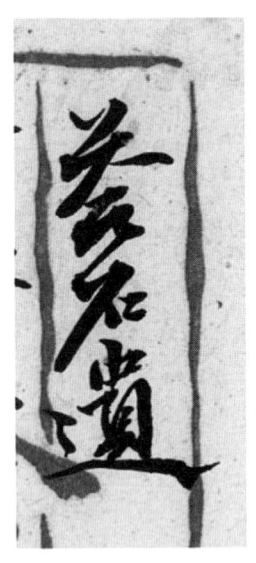

图2　沈曾植《与陈衍书》中之"人"字捺脚　　图3　"遗"字走之旁捺脚

图4　"沧"字仓旁"人"字头捺脚　　图5　"禽"字"人"字头捺脚

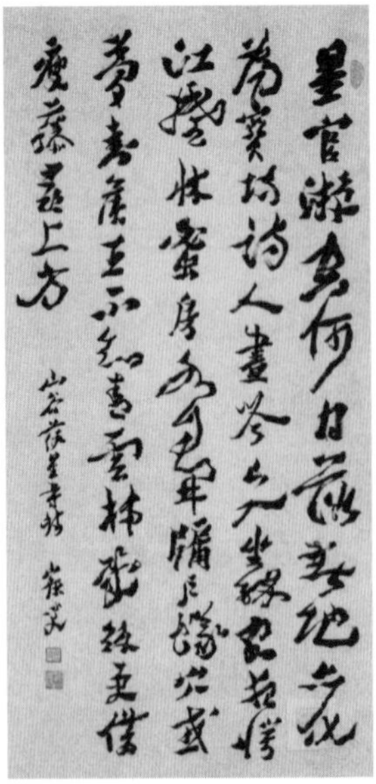

图6　寐叟书黄山谷《题落星寺》诗中"人"字捺脚

钱氏《容安馆札记》百八十九则，评商务印书馆影印本《寐叟题跋》，论及寐叟书法，则较为全面：

> 书具众体，有学唐太宗《温泉铭》而参以米南宫、张即之者，有学包倦翁者，有学金冬心者，有似翁覃溪者，有出入钱南园、翁瓶庵者，有学张濂亭者。至以北碑、八分作章草，则子培所创也。合作固多，而波磔处失之矫揉造作，稍不经意，便成恶札，如《此碑在秋曹》一跋、《宣统甲寅帖佁周生》一跋、《明拓阁帖七册》一跋皆是也。[26]

《钱锺书日记》1933年12月12日略云：

> 蒙文通称余文格在北宋大家以上，其意可感，其说则谬。予上下九千年，胸中绝无秦汉唐宋之畛域，既非下棋之以先着逞强，亦异积薪之以后来居上，自无町畦之执。虽周情孔思，一以贯之可也，更何有于北宋！……高论不根，虽能识曲，未为听真，余故曰好之者不如知之者也。

五十年后，钱氏复谓："我不是学者，我只是通人"[27]，宜其以"无町畦之执"自许。现代史学大师钱穆（1895—1990）曾倡言：

> 中国学问主通不主专，故中国学术界贵通人，不贵专家。[28]

此为晚清民国学界共识，与今日只贵专家固不可同日而语。沈曾植被公认为一代通儒，早在光绪六年庚辰会试时，主考官翁同龢（1830—1904）即"尤重沈卷为通人"。去世后，张元济作挽联云"折衷今古，无愧通儒，岂当世新旧各家所能几及"，可谓的评。[29] 其门人唐文治亦云：

> 先生于学无所不精，囊采六经，出入百家诸子，贯天人之奥，会中西之通。尝语余："为学之道，贵乎知类通达，开物成务，若拘虚一隅，何为者？"今所传先生之作，一鳞一爪耳，而论者多以乾嘉诸老拟先生，其测先生者浅矣。[30]

沈氏反对"拘虚一隅"，犹钱氏之鄙薄"町畦之执"，通儒眼光，自无不同。至其平生究心内政外交，"用儒学巨子守南昌"，"金石碑版、书画声律，特以余事及之"，时人谓"综所行，宜合文苑儒林为一传""循吏儒林堪合传"，则又非一般文人学者所能企及。沈氏于书学与其他学问一样，与时俱进，掉臂独行，博观约取，厚积薄发，不断求新求变之迹，于此数百首函札中在在可见。

二

1955 年秋，沈尹默（1883—1971）记与谢稚柳（1910—1997）论书语为一卷，今人整理题作《匏瓜庵谈艺录》[31]（图 7），其中颇有妙语，如谈及字之来历，有云：

> 米元章底字有来历，唐子畏字无来历，最难是看不出来历。学字必得有来历方好，写字必得无来历方好。谢生云："近数十年以复古为来历，画亦然。"若真看不出来历，人便以为不好。盖世人只认得来路。谢生云："五十年后，便连来路也无人认得了。"

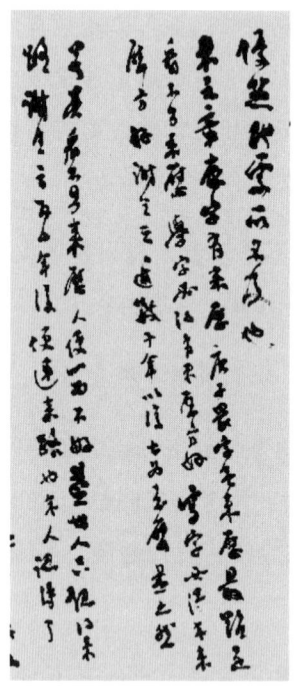

图 7　沈尹默《匏瓜庵谈艺录》

又云：

> 品鉴书法，必得知晓其人之家世师法。否则，盲人扪象，揣其一端，然后去象远矣。

寐叟生前即有言其书者，民国五年丙辰端午（1916 年 6 月 15 日）罗振玉《与王国维书》略云：

> 乙老天资高，理想富，弟所深信，其经验何如与否，曾得重要之根据否，则尚非与详论，不能知也……乙老则诋执叔而誉萧山之二任。以书法言，赵与包安吴不同趣，乙服膺安吴，故诋赵。[32]

民国七年戊午十月上旬，罗氏自日本赴上海，尝至威海卫路寐叟新居晤面，十一月十三日（1918年12月15日）《与王国维书》略云：

> 弟前触彼怒时，并云"学问之事，既为公等垄断，而公之小行楷书又复卓绝，我毕生染翰，竟无入处，此关天事，又复何言"云云，真令人捧腹，真如庸夫先生所谓"笑齿啼颜皆成罪状"矣。弟小行楷书，弟自以为不堪入目，而此老之誉则出于中诚，所见之偏，至于如此。宋人劾荆公，谓貌类艺祖为罪状之一，此老之见诋于弟者，亦颇类是矣。天壤之大，同志最难得，欲求弟与公之无猜无惑，举世殆不能得第三人，此可断定者也。[33]

罗继祖指出罗氏"平日甚推重沈，乃就其大节言，论学论事则多有不合"[34]。此两札可见罗沈论学之龃龉。至此处罗氏以寐叟虚与委蛇语当真，不足深论。而其自夸其德，亦复可笑，曾不知日后与王氏决裂时何以自解。

寐叟去世以后，论其书者恒及其师法来历，说有多端。沙孟海（1900—1992）《近三百年的书学》为民国时较早公开发表之书学论著，他将沈曾植书法置于"帖学——以晋唐行草小楷为主"一节中"少数想要在二王以外另辟一条路径的"一派中，列于黄道周、倪元璐之后，鼎足而三。其文略云：

> 学黄道周字的人很少，我所仅能找到的，只有一个钱朝彦——很不著名的……直到清之季年，有位大家出来了——就是沈曾植。他是个学人，虽然会写字，专学包世臣、吴熙载一派，没有什么意思的；后来不知怎的，像释子悟道般的，把书学的秘奥"一旦豁然贯通"了。他晚年所取法的是黄道周、倪元璐，他不像别人家的死学，方法是用两家的，功夫依旧用到钟繇、索靖一辈子的身上去，所以变态更多。专用方笔，翻覆盘旋，如游龙舞凤，奇趣横生。[35]

恰好一甲子后，沙氏1988年作《清代书法概论》，申论前说云：

> 他兼治碑帖之学，博览精研，造诣极高。早年书迹受包世臣、吴熙载的影响，有味于包氏"筋摇骨转""无一笔板刻纸上"之说。晚岁所作，多用方笔翻转，飞腾跌宕，有帖意，有碑法，有篆笔，有隶势，开古今书法未有之奇境。[36]

所谓用方笔翻转有帖意碑法，可与冒广生（1873—1959）语参观：

> 冒鹤老尝遇寐老曰："君笔诚奇纵矣，然不过以方笔为包安吴耳。"寐老拍其肩曰："此安可为外人道。"[37]

案，冒氏好自诧其新解[38]，其说亦仅窥一隅耳。而沙氏所谓取法黄倪，功夫仍在钟索一辈云云，王国维（1877—1927）已发之在前，其癸亥（1923）诗《梦得东轩老人书醒而有作时老人下世半岁矣》有云：

> 昨宵忽见梦，发函粲琳琅。细书知意密，一牍逾十行。古意备张索，近势杂倪黄。[39]

沙氏惟以钟繇易张芝耳。寐叟晚年颇好倪黄书，庚申、壬戌两次为李拔可藏黄道周手札题跋。庚申所作《题黄忠端公尺牍》六首之六云：

> 笔精政尔参钟索，虞柳拟焉将不伦。微至祇应鸿宝会，《拟山园帖》尔何人。

自注云：

> 公与倪鸿宝、王觉斯进士同年，在馆相约攻书，公习钟，倪习颜，王习大令，思陵极赏公书，漫堂拟虞柳，非也。[40]

抗战胜利后，陈垣（1880—1971）以台静农（1903—1990）学倪元璐字，曾将寐叟一札赠予台氏。1946年1月5日台氏覆援庵书略云：

> 十一月十日手谕及承赐寐叟唐卷札先后奉到。寐叟书川中殊不易睹，仅于流人中见其一扇面、一条幅，皆中年所书，其苍古之致，均逊此札。寐叟晚年为倪黄书，巉岩温粹，并极其美。[41]

1963年夏，复跋此札云：

> 日本降后，始与援师书候起居。师见余字习倪鸿宝体，因以所藏沈寐叟一笺寄赐，寐叟亦习倪者。[42]

寐叟逝世前一日（民国十一年壬戌十月二日，即1922年11月20日）曾为人书两联，一联曰"岑碣熊铭入甄选；金砂绣段助裁纰"，上款署"宝生仁兄雅属"；另一联曰"石室竹卷长三尺；山阴草迹编千文"，未署款[43]。1923年后，其嗣子慈护曾将两副绝笔联遍求名流题咏，其中颇有论书语，兹择要录之，以见当时聆其謦欬、得其亲炙者之看法（图8）。

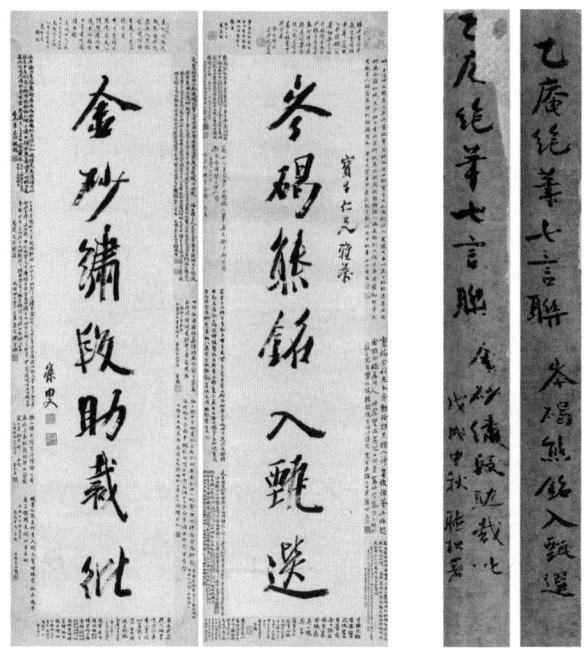

图8　沈曾植绝笔七言联

1923年春各家跋无款联，冯煦（1842—1931）题：

> 往在辇下见乙厂书，规规安吴，不敢尺寸逾越。洎来海上，则纵横变化，唯意所适，非安吴所能局矣。

朱孝臧（1857—1931）题：

> 乙厂先生书法，天设神授，虽托安吴，晚年一变而为森耸，与倪鸿宝、黄石斋合炉而冶。此易箦前一日作，而意象萧远，不殊平时。政如皇象，奇峰怪石，骨力有余者也。

陈衍（1856—1937）题诗：

> 突过黄漳浦，仍参包安吴。如何绝笔日，咫尺失睢盱。

康有为（1858—1927）题：

> 寐叟尚书与吾交垂四十年，无事不共，无学不谈，文史玄儒，冠冕海内……

若其行草书，高妙奇变，与颜平原、杨少师争道，超轶于苏黄，何况余子。

案，寐叟晚年兼治碑帖，康有为在沪上与之论书，亦主张统一南帖北碑[44]，两人书学理念颇为契合。

金蓉镜（1855—1927）题：

先生早挹安吴，晚则遍涉晋帖北碑，博通诸家，有一笔之善，无不采撷英秀，契其微旨。有清三百年中，此为司南也。

郑孝胥（1860—1938）题诗：

踸踔意未敛，沉吟神更遒。九原如可作，下从忠端游。

案，1936年12月22日郑氏复跋其自书《草书礼部韵》曰：

沈子培晚年作草书颇有进，苦其鸢肩火色，近于险躁耳。[45]

孙德谦（1869—1935）题：

先生湛深于经，能会其通，不屑为章句儒。舆地、刑法为其颛门，旁逮释典，亦复研讨源流，窥其真谛。作为文章，雄深雅健，一篇跳出，见者尽惊。其书法则体无不备，高者可入章草。

吴郁生（1854—1940）题：

盦于学无所不通，沉酣于金石，忠义之气郁勃于中，而偶发于书。故其书奇崛，摆脱恒蹊，按之规矩，亦无不中。尝与余言"平日瓣香安吴"，余谓："君书格在安吴上，以所得不独在书也。"君笑而颔之。

章梫（1861—1949）题：

行书神似倪鸿宝。[46]

又有款绝笔联，1923年秋莫永贞（1877—1928）题：

寐叟书法雄奇秀劲，千百年来罕有其匹。盖北碑南帖兼而有之，所谓造次之际，稽古斯在。[47]

1923年仲冬，沈金鉴（1866—1926）题：

培老书法早岁宗包慎伯，中年以后出入于汉魏六朝，苍劲无匹。寸缣片楮，价重南金。

1924年元宵，王甲荣（1850—1930）题：

此子培四丈骑箕之辰所书，放笔登床而逝……丈少壮日书法唐碑，晚爱北魏，间从隶体悟入。而是联则又逼近率更，瘦劲坚卓，尤足征至人徂落，其神明犹湛然也。

1924年春，王蘧常（1900—1989）题绝句二首，略云：

昔年书法传坤艮，置我三王二爨间。满地残阳看绝笔，落花如雪泪如潸……寐师晚耽于禅，戊午夏，蘧年十八，谒于海上，求书理以为近晋，可从三王二爨入。[48]

1928年，诸宗元（1875—1932）题绝句二首：

海日楼中昔论书，纷言法乳溯安吴。《纪功》一碣堂堂在，我语翁曾为捻须。曩侍丈论书，曾言安吴源出《大唐纪功碑》，丈极许之。

波磔犹存篆籀中，《鹤铭》强可古今通。人间今已无翁笔，谁更唐贤守晋风。

民国间叶恭绰（1881—1968）题：

近年海内书家盛推康南海，而南海则自谓不如沈培老。其造诣可知。培丈中年刻意小欧阳，旋融帖入碑，上窥分隶。故兴象迥异。此联为最后所作，尤具传衣意味。宜慈护兄之奉为家宝也。丈于小欧致力最深，今知之者少，故拈出。

民国间江庸（1878—1960）题：

平正须追险绝功，草书清代少专工。若从心画谈王霸，公为泱泱大国风。

1958年中秋，钱熊祥（1875—1966）题七律略云：

博闻强识兼儒释，率更真传亚褚虞。易箦前尚另书一联，神似信本。

除以上题跋外，金蓉镜（1853—1926）曾云：

先生书蚤精帖学，得笔于包安吴，壮嗜张廉卿，尝欲著文以明其书法之源流正变，及得力之由。其后由帖入碑，融南北书流为一冶，错综变化，以发其胸中之奇，几忘纸笔，心行而已。论者谓三百年来，殆难与辈。[49]

王闿运弟子向燊（1864—1928）云：

书学包慎伯，草书尤工，纵横驰骤，有杨少师之妙。自碑学盛行，书家皆究心篆隶，草书鲜有名家者。自公出而草法复明，殁后书名更甚，惜其草迹流传不多耳。[50]

章太炎弟子马宗霍（1897—1976）云：

寐叟执笔颇师安吴，早岁欲仿山谷，故心与手忤，往往怒张横决，不能得势。中拟太傅，渐有入处。暮年作草，遂尔抑扬尽致，委曲得宜，真如索征西所谓"和风吹林，偃草扇树"，极缤纷离披之美。有清一代草书，允推后劲，不仅于安吴为出蓝也。[51]

陈衍弟子黄濬（1891—1937，字秋岳）云：

石斋书法，实掩华亭，观其论断若此，信非董鬼之乡愿可比。近来沈寐叟，晚年全得力于此，学人所公知也。[52]

1940年11月24日《夏承焘日记》记王蘧常语，略云：

午严众山以汽车来招……众山尊人蓄寐叟字帧甚多，瑗仲谓有谢石钦凤孙代笔者，谓寐叟字实从二爨出。[53]

1943年，张宗祥（1882—1965）《论书绝句》沈寐叟条云：

直驱健笔为章草，偶运柔豪学让之。鸿宝一篇藏枕箧，平生得力《道因碑》。
培老作书，喜人从旁赞叹，则逸兴横溢，挥洒淋漓。若一行之后，观者不语，则停笔索然，或易纸更作矣。予与余楫江同年诣之沪寓，正值作书。楫江为之展纸，立成数帧，问予何如，予曰："老伯前身应是小欧。"老人大笑曰："冷僧习钻古怪，竟如倦翁之对石庵。"[54]

民国时长期居上海之书画艺术家陈定山（1897—1989）云：

近代书家，推海藏、寐叟并为二难。海藏晚节不终，词林袖手。独寐叟书，益为世珍重。寐叟变黄体，宗元祐脚，而以索靖《月仪》为之面目。虽云选韵，或失矜持矣。[55]

案，定山所谓"黄体"，即宋人所谓"黄家元祐脚"，乃黄山谷体[56]，而非黄石斋体。

1961年，王蘧常为富藏寐叟书作之蔡晨笙（1896—？）作《宝寐阁记》，略云：

叟各体精能，尤嗜隶而不常作，晚融南北书流为一冶，喜郑中岳。[57]

王氏晚年论沈书则云：

窃谓先师之治书学，上自甲骨、钟鼎、竹简、陶器等，凡有文字者，无不肄习，余尝见其斋中所积元书纸高可隐身，皆此类也。然案头所置仅《淳化秘阁》《急就章》《校官》等数帖，《郑羲》《张猛龙》《敬显儁》数碑而已。此即其一贯为学之道。[58]

先生书法，执笔学包世臣，诸体中草书尤工。晚年作草，抑扬尽致，委曲得宜，正如"和风吹林，偃草扇树"，极缤纷离披之美。吴江金天翮谓"明代无篆书，清代无草书"，盖清代碑学盛行，书家多致力于篆隶，草书罕有名家者，自沈师出而草法复明，惜其大草墨迹流传不多……先生生前以书法为余事，然亦刻意经营，竭尽心力，六十四岁后始专意写字，至七十三岁去世，用力极勤，遂卓然成为大家。其学书从晋唐入手，致力于钟繇，后转学碑。于包世臣之"安吴笔法"颇为推崇，讲求执笔和笔墨相称之法。曾有诗云"百年欲起安吴老，八法重添《历下谈》"，又云"包张传法太平时，晚见吴生最老师"。包张即指包世臣、张裕钊，吴指吴让之，一脉相承，可见先生心法所在。此外，亦曾写过黄山谷诸帖及大篆。先生晚年自行变法，冶碑帖于一炉，又取明人黄道周、倪鸿宝两家笔法，参分隶而加以变化。于是益见古健奇崛。"宁拙毋媚"，自具风貌。……先生于唐人写经、流沙坠简亦极用力，晚年变法或亦得力于此。其学唐人写经，捺脚丰满，尤他人所不能到。[59]

兹概括民国诸家所言寐叟书法之师法来历，略有数端。

1. 早年宗包世臣

沈金鉴、诸宗元、冯煦、朱孝臧、金蓉镜、陈衍、吴郁生、冒鹤亭、沙孟海、王蘧常、向燊、马宗霍等皆提及包氏影响，其中吴氏记寐叟自道语，诸氏记寐叟极许其包书源出唐高宗《大唐纪功颂碑》说,颇可注意。寐叟早年收藏包氏书作,亦可为其参安吴之佐证(图9)。

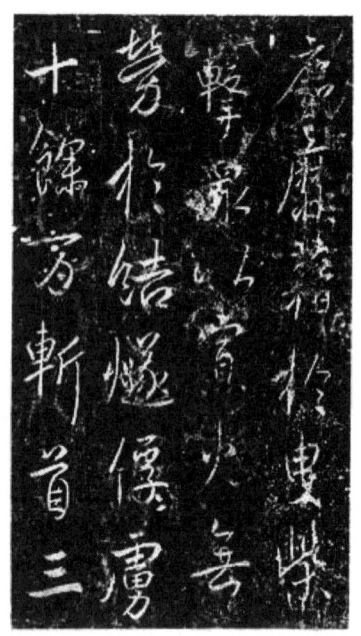

图9 《大唐纪功颂碑》

2. 少壮日师法唐碑(王甲荣说)

案,沈曾植在京师时颇收藏唐碑,与此说相符。

3. 从晋唐入手,致力于钟繇,后转学碑(王蘧常说)

4. 壮年嗜张裕钊(金蓉镜说)

案,光绪十一年乙酉七月,张裕钊本月初自保定送子至京师参加乡试,沈、张两度宴集晤面,八月十七日(1885年9月25日)沈曾植与张裕钊谈论执笔法。[60] 光绪十四年戊子八月十一日(1888年9月16日),二人又曾晤面久谈。[61] 嘉兴博物馆藏张裕钊书赠沈曾植四条屏,大约作于此时期(图10)。张氏固精于安吴笔法者,王蘧常曾指出包世臣、张裕钊、吴熙载一脉对沈氏之影响。据杨宜治(1845—1898)、郑孝胥(1860—1938)所记,沈曾植中年在京师时确曾关注包、吴、张三氏作品。[62]

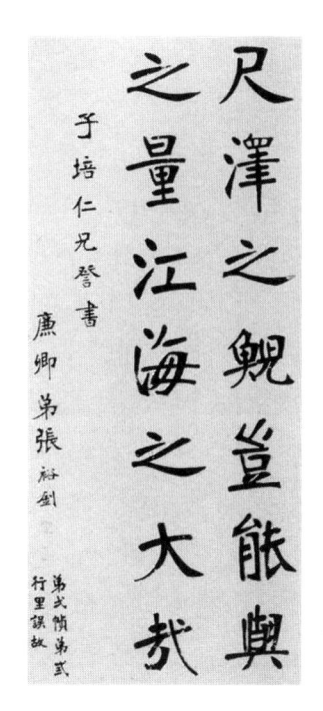

图10　张裕钊赠沈曾植楷书四条屏之四

5. 中年以后出入汉魏六朝（沈金鉴说）

案，沈氏中年注重唐碑外，对北碑亦极重视，金石友好间常互相探讨。[63]当时家贫无巨力，往往以贱值购置碑拓以供研索。[64]

6. 书学欧体。师法欧阳通（叶恭绰、张宗祥说），绝笔联似欧阳询（王甲荣、钱熊祥说）

案，观光绪辛丑、壬寅间沈札，与小欧面貌有颇似。光绪甲辰（1904）张鸣珂《沈子培太守招饮春晖楼出扇书赋诗见赠次韵奉酬》云："鼠须硬笔学虞欧，顽石何堪俪璧璆。"[65]亦可为其学欧体之证。

7. 晚年遍涉晋帖北碑，冶碑帖于一炉（莫永贞、金蓉镜、叶恭绰、王蘧常、沙孟海说）

案，拙编《海日楼题跋》中金石碑帖题跋有254首，凡458篇，约占全部题跋篇幅之半。[66]而现存寐叟题跋绝大多数为其光绪戊戌（1898）丁忧出都后所作，其时沈氏已年近半百，就当时社会而言，可算进入老年。故谓其晚年博涉碑帖，当无疑义。

8. 晚年学黄道周、倪元璐（朱孝臧、陈衍、郑孝胥、王国维、沙孟海、王蘧常、黄浚、陈垣、台静农说）

案，据史料记载，光绪十六年（1890）沈曾植已在樊增祥家观摩过黄道周、倪元璐画卷[67]，民国三年（1914）曾观《黄石斋尺牍》[68]。可知寐叟并非至庚申（1920）前后方关注黄、倪作品。

9. 晚年书参魏晋之钟繇、张芝、索靖（王国维、沙孟海、陈定山说）

10. 书从二爨碑出（王蘧常说）[69]

11. 晚年参甲金（大篆）、汉简、陶文、唐人写经（王蘧常说）

案，寐叟晚年有临金文扇面。王氏所谓"其学唐人写经，捺脚丰满"，在民国癸丑、甲寅间（1913—1914）书作中表现尤为突出。

12. 学黄庭坚（王蘧常、陈定山说）

以上所述沈曾植书学之来历，固非全部，如晚近学者指出其受米芾、朱熹等人影响[70]，凡此皆足以说明寐叟平生致力历代书法，博览博学，绝不拘虚一隅，而是古今通观，众体兼备。沈尹默云："今书家只是一体，古之书法家，无只会一体者。"[71]寐叟以草书著称于世，但篆隶行楷各体均能。沈氏精《说文》，在京邸时即治篆书，非晚年方习。上图藏《海日楼札丛》中有一册佛学笔记《法藏一勺录》，其封面即以篆书题写，作于光绪戊戌（1898）在武昌时，可为例证（图11）。

图11 沈曾植篆书《法藏一勺录》封面

三

《匏瓜庵谈艺录》有一段妙语：

> 郑道昭、黄鲁直，都是道门中人。谢生云："书画都与道近。东坡亦晓道家秘术。清四家无道法，作画但有笔墨而无生气。吴某是其余孽。"余曰："喋声，喋声。"

书画与道近，此真见道语。马一浮即以为寐叟平生成就得力于佛学，所作《海日楼文集跋》云：

> 浮惟先生之学盖得力于释藏，故于名理渊薮能探其幽微。

其跋寐叟绝笔联，亦归诸释氏：

> 毫端舍利见分身，动指舒光总入神。若使诸尘三昧起，金刚正眼属何人。此寐叟临迁化日所书，盖非定慧力不能尔。后之见者，当作绕塔想，使其因此得见先生，不殊三日耳聋也。

上引沙孟海文有所谓"像释子悟道般的，把书学的秘奥'一旦豁然贯通'了"之说。冯煦跋绝笔联："此楹帖为垂没前数小时所书，神采奕奕，无衰飒象，盖乙厂学佛有得之证也。"莫永贞题跋："及观此幅，风神峻整，虽在疾革而精气不衰，则又归功佛学，而非论笔法家所能企及也。"亦皆将其书法成就归功于学佛。

王蘧常《忆沈寐叟师》结笔云：

> 总之，师之书法，雄奇万变，实由读破万卷书而来。所以予先论师之学问，然后再及于书，后之学先生书者，其在斯乎。[72]

此固是正法眼藏。按学书须有学问道义加持，黄山谷早言之。山谷题跋有云：

> 学书要须胸中有道义，又广之以圣哲之学，书乃可贵。若其灵府无程，政使笔墨不减元常、逸少，只是俗人耳。[73]

可谓至理名言。沈寐叟亦尝有诗云："道成而上艺成下，艺不能名道亦虚。"剖析道艺关系，至为明晰。[74]

四

鉴寐叟书者多言分期，如云早期、中期、晚期书，或某岁以前或以后所书，等等。此于一般书家固可如是，然尚有所不足。民国间有收藏家宝寐阁主蔡晨笙，已能据手迹定沈书年份，鲜有人能及。王蘧常《宝寐阁记》记其人，略云：

> 鄞蔡晨笙先生，隐于贾而耆古今人书，能精别高下。中岁以后，乃独尊吾师沈寐叟，尤喜其晚年所作，大至丰碑巨障，细至零缣断札，无不收，收必精褫褙、详疏记，无虑数百轴，皆朱钤曰"宝寐阁"。……叟书多赝作，先生能望气辨之。收叟书者，皆欲得先生一言为取去。叟书晚有奇悟，愈晚愈变，愈变愈怪伟。先生能按手迹定年岁，不少爽。吾尝谓先生为叟书知己，先生亦自许。

案，蔡氏亦工章草书，所作甚典雅。其藏品近年颇有散出，渐为世人所知。所谓"丰碑巨障"即条屏、楹联之属，"零缣断札"则有以信封空白处所书诗词稿及习字散叶之属，一般为晚年居沪作遗老时所书，中壮年时书作较少。绎王文语，蔡氏"能按手迹定年岁"者亦为晚年作品，与散出藏品情况相符。

书信编年，首先需要考证内容，不能"望气辨之"。本编年图录，既依据各种内证考其年岁，又参考现存其他各种手稿、题跋墨迹等数据为旁证，互相参观，反复推敲。在鉴定实践中，可知某些年份亦非只有一种字体风格，如光绪丁亥（1887）与李慈铭札为行草书，而于夫人李逸静则以行楷书，略参颜意。如不考其札语，纯以望气辨之，则莫衷一是矣。故辨书风与审文章，二者理当并行不悖，有时在书作内容无考据线索时，"望气"断年反而更重要。

昔王世贞不善书而好谈书法，见讥于朱国桢。王羲之《书论》云："善鉴者不写，善写者不鉴。"上图藏札内容丰富，书法精彩。笔者既非善鉴，亦不善写。尝试编年，实属草创。罅漏疏忽，在所难免。并世高明，幸垂教焉。

注释

[1] 本文节选自许全胜：《东轩翰墨：上海图书馆藏沈曾植手札》，浙江大学出版社，2022。略有补订。

[2] 许全胜，复旦大学文史研究院教授。

[3] 《内藤湖南全集》第十二卷《目睹书谭》之《蒙文元朝秘史》，第152页，载钱婉约

《内藤湖南的中国学》，九州岛出版社，2020，第138页。

[4] 陈寅恪：《唐代政治史述论稿》，上海古籍出版社，1982，第86页。

[5] 《文字同盟》第十一号1928年2月15日，载刘正、黄鸣《陈寅恪书信编年考释》，中国社会科学出版社，2016，第30页。

[6] 参见许全胜整理：《沈曾植书信集》，中华书局，2021。

[7] 参见许全胜：《沈曾植年谱长编》，中华书局，2007，第4-5、23页。

[8] 同治十一年六月二十二日（1872年7月27日）沈曾植《与沈曾榮书》略云："弟于十一入赘。……初十之晚，姑丈处具鼓吹相迎。名为十一，实则初十也。"王蘧常《沈寐叟年谱》同治十一年注云："成昏之日月已不可考，惟公七十三岁民国十一年六月十一日曾举行重谐花烛，则十年昏期，亦当在六月十一日矣。"可参见。

[9] 参见《沈寐叟年谱》同治十一年条引《哀启》。

[10] 参见许全胜：《沈曾植年谱长编》，中华书局，2007，第42-43页。

[11] 参见许全胜整理：《沈曾植题跋集》，中华书局，2022，第22页。

[12] 参见许全胜：《沈曾植年谱长编》，中华书局，2007，第37-40页。

[13] 《越缦堂日记》光绪六年六月十一日："沈刑部曾植来（嘉兴人，故工部侍郎维鐈之孙，字子培）晤谈。"

[14] 光绪十五年十月八日（1889年10月31日）李慈铭致函沈曾植，索借石柱颂拓本。其十八日（11月10日）日记云："竟日阅北齐斛律石柱，其文甚繁，大半模糊，殊费目力。"是日并作《跋北齐标异乡义慈惠石柱颂》（见《越缦堂日记》广陵书局版第12246-12251页；李跋刘再华据日记收入《越缦堂文集补》卷三，见《越缦堂诗文集》第1343-1346页）。十九日（11月11日）归还拓本，并得沈氏覆函称李氏发现拓本"'斛律公'下有'羡'字"为其所疏忽，即上图此札。十一月十一日（12月3日），沈曾植出示所作石柱颂长跋（参见拙编《海日楼题跋集》，中华书局，2022，第193-199页），李慈铭称其"文极辨核，于高齐时地证据甚精"（《越缦堂日记》第12272页，参见《沈曾植年谱长编》第114-115页）。

[15] 沈李二人之金石交流不止于此，光绪十五年五月十三日（1889年6月11日）《越缦堂日记》："得子培书，以《高叡造寺颂》大字拓本见示。"可参见。

[16] 参见闵尔昌：《碑传集补》卷二十六，郑孝胥《清故沂州府知府丁公之碑》，民国十二年（1923）铅印本。

[17] 参见许全胜：《沈曾植年谱长编》，中华书局，2007，第176-177页。

[18] 参见《石遗室文集》卷九《沈乙盦诗序》，陈步编《陈石遗集》，福建人民出版社，

2001，第 507 页。

[19] 参见陈衍:《石遗室诗话》，郑朝宗、石文英校点，人民文学出版社，2004，第 6-7、184 页。

[20] 参见缪荃孙:《艺风老人年谱》辛丑条，张廷银、朱玉麒主编《缪荃孙全集·杂著》，凤凰出版社，2014，第 186 页。

[21] 参见沈曾植著，钱仲联校注:《海日楼诗注》卷三，中华书局，2001，第 326-328 页，此札可补钱注之未备。

[22] 宣统庚戌十二月九日（1911 年 1 月 9 日）沈曾植《与罗振玉书》："敝友李证刚，佛学渊博，抗然有与东方学者竞争意气，此今来所罕见，当属令谒公请教。"可参见。

[23] 参见《马一浮全集》第二册，浙江古籍出版社，2013，第 98 页。此文手迹见 2021 年西泠春拍 Lot3570 号拍品。1962 年中华书局版《海日楼札丛》封面亦为马氏题签。

[24] 刘衍文《清诗精华录》沈曾植条评语略云："寐叟为多能者，尝为浙江省通志馆馆长。时先师陈锡钧伯衡在馆任分纂，与之友善。……又谓马一浮书实学沈而讳言之，人若谓马字学沈，马必与拼老命也。马书法实佳，固从沈所出，然不及沈远矣。"（参见张寅鹏《寄庐刘衍文先生评点钱仲联〈清诗精华录〉述略——兼谈刘先生以诗法为中心的清诗观》，《复旦学报（社会科学版）》2022 年第 2 期）王培军《记刘衍文先生》（澎湃新闻 1921 年 1 月 25 日）亦言及此事："先生云：……马文甚佳，学人中罕见，字亦好，但不能言其学沈子培，否则必与人性命相搏也。"

[25] 钱锺书:《围城》，人民文学出版社，1980，第 49 页。

[26] 此条蒙陆灏兄见示，谨致谢忱。

[27] 参见张隆溪:《思想的片段性和系统性》，张氏《走出文化的封闭圈》，生活·读书·新知三联书店，2004，第 216 页。

[28] 参见钱穆:《八十忆双亲 师友杂忆》，生活·读书·新知三联书店，1998，第 329 页。

[29] 参见《海日楼哀挽录》第 53 页。

[30] 参见王蘧常:《沈寐叟先师书法论提要》，《书法》2002 年第 4 期，第 16 页。

[31] 沈尹默撰，李京宇、沈长庆整理:《瓠瓜庵谈艺录》，《书法》2022 年第 3 期，第 121-124 页。

[32] 参见许全胜:《沈曾植年谱长编》,中华书局,2007,第 424 页。

[33] 此据国家图书馆古籍馆编《国家图书馆藏王国维往还书信集》罗振玉书札第 357 通,中华书局,2017,第 1197 页。王庆祥、董立文校注,罗继祖审定《罗振玉王国维往来书信》(东方出版社 2000 年版,第 428-429 页)"笑齿"之"齿"草书误释作"眉",按汪中《述学》内篇卷一《自序》原作"笑齿啼颜,尽成罪状"。

[34] 参见《罗振玉王国维往来书信》第 428-429 页罗继祖案语。

[35] 此文作于 1928 年,发表于 1930 年《东方杂志》第 27 卷第 2 号,1984 年修订。参见沙孟海:《沙孟海论书丛稿》,上海书画出版社,1987,第 37 页。

[36] 参见沙孟海:《清代书法概论》,《沙孟海论书文集》,上海书画出版社,1997,第 719 页。

[37] 参见夏承焘:《天风阁学词日记》1940 年 11 月 24 日,浙江古籍出版社,1992,第 248 页。

[38] 夏承焘日记 1939 年 8 月 2 日:"午后与心叔过疚翁久谈,疚翁好自诧,所言亦多新解,受益不少。"(同前第 119 页)可参见。

[39] 参见王国维:《观堂集林》卷二十四,上海书店出版社,1983,第 633-634 页。国家图书馆藏沈曾植《与王国维书》四十六通,参见《国家图书馆藏王国维往还书信集》,中华书局,2017,第 498-551 页。

[40] 参见沈曾植著,钱仲联校注:《海日楼诗注》卷十一,中华书局,2001,第 1342 页。

[41] 按此所谓"唐卷札"刊于周法高编《近代学人手迹》(台北文星书店 1962 年版)。余考订为《与沈曾桐书》,作于丁巳十月十四日(1917 年 11 月 28 日),参见《沈曾植年谱长编》第 458 页。

[42] 参见陈智超编注:《陈垣往来书信集》,生活·读书·新知三联书店,2010,第 404 页。

[43] 参见许全胜:《沈曾植年谱长编》,中华书局,2007,第 516 页。

[44] 康有为《与汤觉顿书》云:"近与沈乙老论书,吾称弟之高穆。乙老欲见弟书,可寄些来。……吾顷所为书,颇欲集碑帖之成。以邓张有碑而少帖,安吴纯帖而无碑,千年南帖北碑划成鸿沟,无能统一之者。吾今于三子外集其成,庶统一之也。"(2018 匡时秋拍 Lot0372 号拍品)又与其弟子某书曰:"吾近创书体,集北碑南帖之成,颇为近世所不及。"(王鹏编:《寄梅堂珍藏名贤尺牍》,辽宁美术出版社,2022,第 116-117 页)

[45] 郑跋末署"康德三年丙子冬至日",见徐良编、刘苹漪《郑苏戡先生草书礼部韵》释文,民国三十一年(1942)影印本。此条蒙吴振武先生见示,谨致谢忱。案,《郑孝胥日记》1936年12月22日略云:"冬至。徐善伯来访,示伊藤博文与张文襄书,求余题其后,又求再跋旧书《礼部韵》。"可参见。

[46] 章氏题跋自注略云:"此庚申年(1920)题公小行楷诗也。"

[47] 莫永贞挽寐叟联:"爱伯诗、安吴字、实斋通史、亭林审音,绝学综义玄,名世不刊,岂为文苑儒林合为一传;皋羽泪、所南心、绳武辞官、汲庵(黯)食苦,微诚贯金石,忠魂如在,应与日星河岳同炳千秋。"(《海日楼哀挽录》第59页)可参见。

[48] 钱仲联《沈曾植遗墨选·序》引此绝句云:"君晚岁题其真迹,为诗如此,余手录之,今稿不存,尚能背诵不误。"(参见嘉兴博物馆、沈曾植故居文保所编《沈曾植遗墨选》,上海画报出版社,2001,第9页。又载《书法》2002年第4期,第15页)按,王氏晚年或以此诗题其他寐叟墨迹,致钱氏误会为晚年所作。按,钱氏录文误"澴"为"环",又误为王氏晚年所作诗。

[49] 参见王蘧常:《沈寐叟先师书法论提要》,《书法》2002年第4期,第17页。

[50] 参见马宗霍:《书林藻鉴》卷十二"沈曾植"条引向燊语,文物出版社,2015,第244页。按,马氏此书原为商务印书馆1935年版。

[51] 同上书,马氏引其所著《霎岳楼笔谈》中语。

[52] 黄浚:《花随人圣庵摭忆》"黄石斋论书卷子"条,上海古籍出版社,1983,第78页。

[53] 夏承焘:《天风阁学词日记》,浙江古籍出版社,1992,第248页。

[54] 张宗祥《论书绝句》自序云:"甲戌(1934)之春,退事无事,历忆所见墨迹,咏歌之,得诗数十首。丙子(1936)夏,添注其下。癸未(1943)夏,流寓渝中,五年余矣,方始写定。首尾正及十年。"钱念劬以下包括沈寐叟条等,"皆并世亲见癸未年补"。参见浙江人民美术出版社2018年版,第3页序、第85-86页沈寐叟条张氏墨迹图版、第202页释文。

[55] 参见蔡登山编《陈定山谈艺录》,海豚出版社,2021,第154页。按,陈定山本名蘧,字小蝶,陈蝶仙(1879—1940)长子,四十岁后改名定山。

[56] 参见陈师道"肯学黄家元祐脚"(《徐仙书》),赵蕃"真行黄家元祐脚"(《毕叔文借示郭峡州诗二轴志其所见》),姜特立"不是向来元祐脚,唐人文字晋人书"(《题许尚书石刻》),魏了翁"只余石间元祐脚,谷虚尽日鸣当当"(《题石兴宗

读书岩》题注"岩扁乃鲁直所书")。

[57] 王蘧常：《宝寐阁记》末署"庚子腊不尽四日"，即 1961 年 2 月 11 日。参见 2003 年上海崇源春拍 Lot74 号拍品《宝寐阁图》卷后蔡晨笙过录王文。

[58] 王蘧常：《沈寐叟先师书法论提要》，《书法》2002 年第 4 期，第 17 页。

[59] 王蘧常：《忆沈寐叟师》，《书法》1985 年 4 期，第 18–19 页。按"百年欲起安吴老，八法重添《历下谈》"，见《海日楼诗注》卷三《题崔敬邕墓志旧拓本》（第 381–382 页）。"包张传法太平时，晚见吴生最老师"，见《海日楼诗注》卷二《赵森甫先德书册》（第 235–236 页），钱仲联注"包张"指包世臣（1775—1855）、张琦（1764—1833，字翰风），引包世臣《艺舟双楫》："己卯与翰风同客济南，得北朝碑版甚伙，因又为《历下笔谈》。"钱注又云："乙庵中年书法包世臣、吴让之，故乐道之。"其意盖谓包张并举乃用《艺舟双楫》故实，而实仅指包氏传法。而王蘧常则以为"张"指张裕钊（1823—1894）。今按，钱说是也。张琦为张惠言（1761—1802）弟，工词，亦能书，但主要与其兄以开常州词派著称，非以书学名世。如是张裕钊，则又与"传法太平时"不符。张裕钊对沈曾植确有一定影响，但非此诗之"张"。

[60] 参见许全胜：《沈曾植年谱长编》，中华书局，2007，第 63–64 页。

[61] 同上书，第 96 页。

[62] 沈曾植藏有吴熙载临《郑文公碑》四条屏，《杨宜治日记》光绪十四年戊子四月二日（1888 年 5 月 12 日）略云："晚过沈子培兄处，……观吴让之正书大字屏四幅临《郑文公碑》。"《郑孝胥日记》光绪十六年庚寅二月十四日（1890 年 3 月 4 日）略云："子培来借包慎伯联。令王镛出城，向子培借吴攘之屏四幅。"闰二月二十一日（4 月 10 日）："共子培谈久之，观张廉卿楷字。余近始悟作字贵铺毫，于烂漫用意，而后能自成面目。张有大名，所书甚工，而绝不用此法，心不信之，究不能难也。子培出己书示余，乃殊有洒然之意。"所记张裕钊楷字或即嘉兴博物馆藏四条屏。

[63] 沈曾植：《恪守庐日录》戊子八月十五日（1888 年 9 月 20 日）："访爽秋，见。今日作楷字百余，临《吊比干文》，殊无意兴。察其笔势，疑原刻仍当有与《寇谦之碑》相近者，思力短浅，不能究其原也。"是日《袁昶日记》："子培来，共观磁州《无量义经》、北齐石刻，嘉定钱氏、阳湖孙氏、青浦王氏皆未著录。字势壮丽，似水牛山《文殊经》，而浑穆不逮，取径镌秀，箭锋相直，颇有人马应弦之韵。"《缘督庐日记》戊子十一月二十五日（1888 年 12 月 27 日）："王廉生、沈

子佩先后来谈。……子佩梦寐《崔敬邕碑》，欲见之。"《杨宜治日记》己丑八月二十五日（1889年9月19日）："子培藏……《刁君碑》《云麾碑》俱旧，《云麾》'窦氏'字全。"案，《刁君碑》即《刁遵墓志》，《云麾碑》即《云麾将军李思训碑》，"窦氏"字全本为明拓本。

[64] 参见沈曾植：《明拓礼器碑跋》，拙编《海日楼题跋》，中华书局，2022，第174页。

[65] 参见张鸣珂：《寒松阁诗》卷八。

[66] 参见沈曾植著、许全胜整理：《海日楼题跋》整理说明，中华书局，2022，第4页。

[67] 沈曾植《恪守庐日录》庚寅十一月二十二日（1891年1月2日）略云："早过樊云门斋中，见其书画佳迹甚伙。……观黄石斋竹石、倪鸿宝墨竹卷子。倪书画并当行，有逸气，假非殉国，老其书，当与华亭代兴，孟津力胜之，超诣不及也。黄卷作于崇祯己卯，不及后来工，题字作隶体，自称作七八九分书，才语也。"参见《沈曾植年谱长编》第130页。

[68] 《郑孝胥日记》甲寅十月十九日（1914年12月15日）："过康长素。又过沈子培，以《黄石斋尺牍》示之。"

[69] 参见成联方：《"二爨"对沈曾植书法的影响》，《中国书法》2016年第21期。

[70] 日本学者菅野智明以为戊申至庚戌（1908—1910）沈书有米字风格，成联方以为辛亥（1911）亦为米芾体，参见成联方：《碑帖融合 继往开来——沈曾植的书法风格及演变》，《中国书法》2015年第7期，第99页。又成联方：《朱熹对沈曾植书法的影响》，《中国书法》2016年第5期，第48-50页。

[71] 沈尹默：《鲍瓜庵谈艺录》，《书法》2022年第3期，第121页。

[72] 王蘧常：《忆沈寐叟师》，《书法》1985年第4期，第20页。

[73] 参见黄庭坚：《书缯卷后》，《黄庭坚全集》，四川大学出版社，2001，第674页。

[74] 王士禛《居易录》卷四："道成而上，艺成而下，时代迁变，其理一也。六朝人画，多写古圣贤列女及习礼彝器等图，此如汉儒注疏，多详于制度名物之类也。宋元人画，专取气韵，此如宋儒传义废注疏，而专言义理是也。"可参见。

沈曾植的乡邦书写与地方意识

李瑞明[1]

【摘要】本文以沈曾植的乡情书写为考察对象,参酌文化地理学与文化人类学的理论思维,在具体文本分析的基础上,尝试探讨沈曾植的地方意识,亦即沈曾植以"文化持有者"的身份观察并书写故乡嘉兴的历史,在人、事与物的互相辩证里,透过历史脉络的梳理,抉发背后蕴涵的恒定的地方文化品质与文化精神,形塑了一个具有典范意义的理想之地,并从中折射出沈曾植对重建中国文化主体性的思考。

【关键词】沈曾植;乡邦书写;地方意识

中国文献典籍里存在数量繁多的地方志,梁启超曾阐发过这种文化现象产生的深层心理原因,即爱乡土、恭敬桑梓的家乡意识:

> 盖以中国之大,一地方有一地方之特点,其受之于遗传及环境者盖深且远,而爱乡土之观念,实亦人群团结进展之一要素。利用其恭敬桑梓的心理,示之以乡邦先辈之人格及其学艺,其鼓舞濬发,往往视邈远者为更有力。地方的学风之养成,实学界一坚实之基础也。彼全谢山之极力提倡浙东学派,李穆堂之极力提倡江右学派,邓湘皋之极力提倡沅湘学派,其直接影响于其乡后辈者何若?间接影响于全国者何若?斯岂非明效大验耶。[2]

梁启超认为,爱乡土、恭敬桑梓的家乡意识促成了地方性文化知识的形成与建构,表明书写者要有足够的地方性文化知识的熟悉与储备,不但对地方文化组成里人、事、物做到互相昌明辩证的深度描述，更要有生命情感的投入与贯注。这种有鲜明地域特征的书写传统所形成的人文特性，正如和辻哲郎在《风土》中所强调的风土意识是相应于气候、地理、风俗等因素，在历史脉络中积累而成的，"是人类自我发现的一种方式"[3]。这种自我发现的认知方式对一个地方倾注了主体情感的同时，反过来，一个地方又赋予人以某种品质，使之成为其所是的那种人。

依此视点，梁启超所揭示的地方情感与意义，在沈曾植身上有具体而深刻的体现。

概括而言，基于对故家及亲属的情感依附与关联，对嘉兴的记忆、认知与建构，沈曾植不仅描述了嘉兴本地特征性的人、事、物，展示了这三个因素的内在联系，而且通过具有极强"地方志"特色的诗意描写，以一种"文化持有者"的内在眼光尝试探究嘉兴本地社会一以贯之的精神结构。这些内容不但构成其地方意识的结构性因素，更展现了一个地方的历史性存在的意义与经验。因此，在这个意义上说，"地方意识"不仅是发现一个有意义的地域空间，也是在展现一个可以内在其中的生活空间，更重要的是一种观看、认识和理解世界的方式。

这里使用的"地方"一词，采用人文地理学的见解。这种观念认为"地方"是与主体意义关联的，当人将意义投注于某一局部空间，然后以某种方式依附其上，物理性质的"空间"就转变为"地方"。[4]依此，在空间中植入主体感知价值而成的"地方"，就成为人创造意义的中心和关怀场域。

日本历史学者佐藤仁史把近代以江南市镇为活动基地的地方精英所抱持的一种地域感觉称为"乡土意识"：对于如何认识自己所居住乡土，包括想建立一种什么样的乡土的危机感和使命感。[5]

结合两者的观念与主张，本文的"地方意识"主要指的是关于一个有意义的具体地方的记忆、认知与建构。因之，"嘉兴地方意识"，就是对嘉兴一地有意义的记忆、认知与建构。准此，沈曾植的地方意识，指沈曾植对家乡——嘉兴的有意义的记忆、认知与建构。

本文即以此视点，钩稽相关材料，尝试从沈曾植乡邦书写的讨论探析其地方意识的构成与意义。

一、"故家"之地：沈曾植乡邦书写的动源

沈曾植对其故家家世有深厚的情感寄托，对自己家族家世的历史与精神特征有深切的体会与认知，他以自己的先高叔祖东川公为例加以说明：

（东川公）其时四房共一子，门祚孤微，叔侄二人，相依为命，葆持吾先世儒素之业，深根宁极，而益蕴积之，畜极而通，颖光睿发，繄东川公数十年承启之力，谱所谓荣禄公事公如父，吾世世子孙，所当永念不忘者也。

东川公书，骨体雅健出自颜，而酝酿深厚，论者以为在司勋公上。以此录及抄选竹垞五言排律推之，知平生诗学甚深。乃家中竟不存一字，《颐彩集》中，亦未见有唱酬。岂所谓良贾若虚，吾先世抱朴避名，家风然邪？

此书凡六册，曾植自十二岁时受之于先太夫人，晨夕几案，未尝离去。同治庚午，为常州史闰生孝廉借去五册，迄竟未还。犹幸有大兄过录眉批于惠氏注本者为副本，天壤茫茫，原本卒不可复觅，常以痛心。书此崖末，以告慈护，其善守之。[6]

从这段文字中可以理解沈曾植家族是深根宁极的儒学世家，诗书传家，积淀蕴蓄深厚，因而历代都有杰出人才，虽然"颖光睿发"，却养成"抱朴避名"之俭约谦退的家风。沈曾植希望沈氏子弟要继承这种儒素家风而不坠。

沈曾植深受其家族儒素之风的濡染，孝悌情怀本于根性。尤其是"孝道""孝思"更是沈曾植终身的深刻体验。这成为他贞定自我、审视世界的坐标。

1898年，沈曾植母亲去世，他扶柩南归葬亲，大约这是他第一次回嘉兴故家。1900年春，沈曾植回嘉兴扫墓，有《归里作》五首以寄思亲之情。其一、二云：

端平桥外归来路，嘉会都中锥诵孙。卜筑并无三亩宅，经营空说万家村。
啼莺春过柳飞絮，放鸭波柔船到门。却到故园为寄客，长怀旧德对荒墩。

急雨潇潇万树风，宦游还去别幽宫。余生怆戚人间世，疾痛长号罪鞠躬。
忧色下堂兢自饬，褊心誓墓愿难充。清明寒食年年在，永愧溪南被襏翁。[7]

前首"嘉会都中锥诵孙"一句自我指涉，自幼在京城苦读，无暇回归故乡，如今回乡却是上冢扫墓，面对荒墩，思念父母，感慨深沉，前前后后勾勾联联。沈曾植的这种心情与感怀，在日后的岁月里不断重复出现。1910年沈曾植辞官归里，辛亥后长居上海，几乎在每年岁时清明归里祭扫，归里皆有诗记录其行止见闻感想。[8] 这似乎成为一种具有象征性的精神行为。

这个精神行为的内蕴早在1899年沈曾植客居武昌时就已经揭示出来了。《苟娄亭诗》二首之一略云：

> 未忘明发训,怵惕下堂履。婴孺中路游,沟壑顾可俟。精魂壹已销,形骸强佁儗。若颠尚有甹,若莩宿不死。生理理则穷,浮游须臾尔。[9]

沈曾植后来的一系列回家上冢诗,其主题可归结为本诗的"未忘明发训,怵惕下堂履"一句。"未忘明发训",即《诗·小雅·小宛》"明发不寐,有怀二人",指对父母的怀念。"怵惕下堂履",是《礼记·祭义》"雨露既濡,君子履之,必有怵惕之心,如将见之",指春季扫墓时的戒惧戒慎之心理。这首诗是沈曾植由怀念父母所生发的一种稳定而持久的诚敬之心理与精神状态。这样一种恒久清醒的心理成为沈曾植此后人生自我审视与贞定的精神状态。

这种精神状态所蕴含的思想观念即"孝道",一种绾合宗教与人文于一体的人文伦理意识。孝道的根本含义是纵向的亲亲之爱,亲亲即仁;孝的外在表现是横向的尊尊之敬,敬即是礼;基于亲亲之爱、尊尊之敬精神的推扩,即义之所宜;仁、礼、义三者是儒家人生观的核心,通乎人天,贯乎生死,可以说孝道是中国文化之历史意识的具体表征。在孝道里,生而感念父母之生养抚育,终有子嗣繁息祭祀,由此生生不息,人生得以安顿而刚健。

沈曾植的孝道意识来自母亲的典范。在《记先太夫人手书日用帐册》一文中,沈曾植回忆母亲持家之勤谨与干练,历历在目:"自磨墨写帐,笔用王名通狼毫下者。书甚速,笔下若有飒飒声。时略伫思,复疾书,食顷而毕,中馈一日事竣矣,而家人尚未起也。以趋署早起,独得见之,今恍恍在目也。"进一步阐说其母所传留的日用账册不但有历史认知意义,更具有悠长的教育意义:

> 后此三十年,有为《食货志》学者,得见此书,将持为枕秘。抑此五十年间,由盛而衰,而极衰,而稍转,转而渐盛,荣悴菀枯,吾太夫人艰苦万状不可言,而规矩未尝稍异,亦无一日间断者。吾子孙女妇,有能敬观此册者,思其居处,思其志意,吾太夫人精神之所寄存,吾子孙蕃息之所庇也邪?告慈护辈识之。[10]

沈曾植说,目睹母亲亲笔记录的这些账册,一种勤谨、自强、有恒的敬畏心理油然而生,上接祖先、下联子孙。这种基于特定人际关系的亲切感受,生发的不仅仅是个体的认同感,在更大的背景上表现出了中国深厚的历史文化意识。

这种从自身存在感受所生发出来的历史文化意识,具体、亲切而有温度,不但珍视一家一族的家风家范,而且关注家族世代居住的地域,关注其历史文化以及背后蕴含的精神结构。这种由家达乡、逐层推扩的意识与做法,实则就是一种具有地域性特征的地方意识与文化品质。

二、文献可征：沈曾植乡里书写的意向

沈曾植博极群书，对嘉兴历史的吉光片羽格外珍视。比如对标示吴越国界的"国界桥"的描写，《国界桥》：

> 水驿西南路乍分，病夫犹自惜余春。修多罗说家常话，冥漠君为化乐身。
> 棹去波光回虎眼，水繁云气淰鱼鳞。桥瑰庙令应怜我，长是东西南北人。[11]

《越绝书》曾对嘉兴有一个很好的解说，由于地理政治的关系，嘉兴是"吴疆越地"，是春秋之时吴越两国征战厮杀之地，而建于明代的"国界桥"相传是吴越两国分界之处。沈曾植在这首诗中描写了国界桥下清澈的河水，并着重说明桥上的两尊雕像仿佛佛菩萨在世间的化身，以平淡的家常话语超度当年战死的魂灵。最后感叹自己是四处漂泊之人，无处安身。这首诗委婉传述了沈曾植借助家乡特有建筑寄托安身故乡之意。

又如与嘉兴名胜南湖有关的掌故，《海日楼题跋》：

> 潘师旦尝知秀州，有宅在城中，有园在滮湖滨，其官为尚书。赵吴兴应其二世孙文显之请，重书园扁，而为之记。周邠、陆蒙老、沈与求皆有诗，具郡志中。是绛帖与吾禾有缘，而前人乃无拈出者。[12]

滮湖即南湖，为嘉兴最有名之景观。北宋时期的潘师旦知秀州时喜爱南湖风景，晚年退居于此，筑亭号"会景"。这当是嘉兴南湖为人知悉的开始。沈曾植特别指出潘师旦曾翻刻北宋著名法帖《绛帖》，由于潘师旦的关联，《绛帖》也与嘉兴结缘。这是对嘉兴一地书学文化源头的说明。

再如《放鹤洲》：

> 水草交湄水竹丛，瓣香一为荐裴公。衣传菏泽心灯寂，书到兰亭石墨工。
> 现宰官身真晌息，摄如来藏遍融通。于阗岂足回长袖，政要那先度大蒙。[13]

放鹤洲现为嘉兴南湖畔的一处名胜。依《嘉兴市地名志》的介绍，唐德宗时，陆贽建宅于此，有放鹤亭，称鹤渚。唐文宗时宰相裴休在此建别墅，名裴岛。南宋朱敦儒在此隐居，辟为放鹤洲。沈曾植在这首诗中一方面表达了放鹤洲借助唐代宰相裴休的

传说成为嘉兴的一处名胜,历史久远,意蕴深厚,另一方面,借裴休在书法、禅学方面深厚的学养以自喻,暗示自己也曾像裴休一样有改革变法自强的意愿与行动。

嘉兴所特有具有历史意味的建筑、名胜,不仅是引人观赏的风景,更是每一处都深藏着历史文化的蕴涵,具有地方文化源起与象征的意义。更重要的是,嘉兴名胜多与背后的人物有关。睹物思人,留存的历史遗迹就具有精神性的含义。例如清初诗人、学者朱彝尊是嘉兴历史人文的杰出代表,以其故居"曝书亭"为蓝本的《竹垞图》,不但一定程度上描摹了这座私人园林,而且通过这种图绘的方式表达了朱彝尊的历史地位与后人对他的尊崇。沈曾植曾有据图题词《念奴娇·曹次岳竹垞图,今藏王息存处,出以索题,追和元韵》:

> 华阳旧馆,记清明上冢,网船归泊。港尾溪头寻踏去,象设孙枝长托。白槿编篱,青松偃盖,想象归田乐。百弓量到,谁家邻比篱落。何时墙角楼成,水湾门近,酾舫宾重酌。添箇玉堂宣唤影,深护层轩修幕。诗派编图,瓣香呈佛,潜采光丘壑。紫薇老矣,飘零长遁江角。[14]

这首词把自己探访的经历与绘图加以对照,对"曝书亭"的地理环境、园林建筑等方面加以描写,更突出了朱彝尊在此园林中的学术著述与意义。该词的结句"紫薇老矣,飘零长遁江角"一语双关,既是对园林中紫薇花木的观感,同时也暗含着嘉兴地区曾经昌盛的文化的冷落。

正是由于这种不忍乡邦文化历史冷落的情感,沈曾植对乡邦历史文献有一种深切的关注。《海日楼题跋》:

> 唐世嘉兴属苏州,此为吾禾地志最先本已。七县之赋,嘉兴最重,事理之不可解者。[15]

这则当是沈曾植对唐代陆广微《吴地记》关于嘉兴县记载的跋文。从目前所能获知的文献来说,《吴地记》是对嘉兴历史的最早地方志记载。沈曾植特别指出在唐代嘉兴县的赋税最重,依《吴地记》所载,嘉兴县的赋税是"一十七万八千七十六贯一百二十文"[16],远远超过其他县的赋税。这种事理不可解的现象反衬出嘉兴一地的富庶,而且自唐代以来皆是如此。

沈曾植对记载嘉兴历史的文献,尤其是方志,格外用心。沈曾植曾刊刻嘉兴历史上最早的两部方志:《澉水志》与《至元嘉禾志》,版本为沈氏家刻本,称善本。《澉水志》成于南宋,是中国现存最早的乡镇志,在乡镇志的纂修方面具有创例的作用,《四库全书总目提要》称赞该书具有"叙述简核，纲目该备""体例精严，藻不妄抒"的优点。《至元嘉禾志》是宋元方志中体例比较完善的一部，《四库全书总目提要》对此志的评价是"其书序次甚详，每条下间系以考证，尤为典核"。

1910年左右，沈曾植在刊刻这两部方志时，曾与当时著名的版本目录学家缪荃孙通信联系，反复讨论关于方志的版本、出版等情况。如1910年五月十八日的书信："《嘉禾》《澉水》两志，得春明善本以传颜色，故书绣梓，良自忻慰。"八月二十七日询问："《至元志》未审已墨板否？"1911年五月二日又问："《嘉禾志》何时可竣？"以及七月二十五日信："《嘉禾》《澉水》两志，业经刻就，请饬各印三百部，连板寄沪，交古香室笺扇店收为盼。"1912年十一月二十九日："《嘉禾志》又随手校得数十条，尊本校语尚有可采者，拟将其确系误字者改刻，存疑及校语作校勘记，如此可分作两次，开春便可改刻也。"[17] 其对乡邦文献的关切之情溢于言表。从沈曾植对《至元嘉禾志》校注、刊刻的持续关注，可见其极强的史学兴趣与版本学功力。沈曾植的努力，使这两部方志文献成为嘉兴地方文化历史的一个标识。

除精心刊刻珍贵文献典籍之外，沈曾植对乡人的著述同样珍视。清代平湖籍学者葛嗣浵搜集明以前至清代书画名迹260余件，成《爱日吟庐书画续录》一书，葛氏后人请沈曾植作序。沈曾植在序言中表彰葛嗣浵的贡献，称为"墨庄付托，足慰平生；间史支分，兼章国故"，对艺术资料的收集整理过程不但凝聚精神，而且能为国家历史的记述与保存，这种读书传世的作风具有"儒风世德"的历史意义。

沈曾植尤其珍视这种具有"儒风世德"的先贤。1911年，他为海盐张元济刊刻家集《涉园丛刻》作序，就表彰张元济十世祖张奇龄在谏垣的正直品性与家风的典范性：

> 黄门章疏，剀切谨严，尤能纠官吏非违，曲折达民间疾苦，葆存元气，其言简质不支，其往复恻怛至诚，而绝无晚明台谏诡激凌嚣习气。……自颛亭先生以下四世，食德承家，泽躬尔雅，各能以文采自曝，不坠名家令闻。[18]

《涉园丛刻》是张元济十世祖张奇龄以下四世的诗文集汇刊。由于张奇龄为家族树立了典范，张家养成了读书习文、关心世事的士人传统。现在海盐张元济纪念馆仍镌刻着张奇龄留下的有关勤于读书的家训："吾宗张氏，世业耕读；愿我子孙，善守勿替；匪学何立，匪书何习；继之以勤，圣贤可及。"由此，海盐张家耕读传家、希圣希贤的家风，即是"儒风世德"的内容与特征。

1919年沈曾植题《黄叶山庄图》诗，所歌咏的是清初桐乡籍学者吴之振：

> 世味消黄叶，人情爱故家。道宁师苦李，说不累秦瓜。
> 春圃翁占杏，秋田女漫麻。橙斋觞咏地，天半想朱霞。[19]

"黄叶山庄"是吴之振读书著述之所。沈曾植在这首诗里称赞吴之振不慕仕宦、躬耕自给、教养子弟、好学不倦等品格，具有孟子所说"故家遗俗，流风善政"的特征。

秀水郭照家族是艺术世家，沈曾植尤所钦慕："郭氏三世以画世其家，其豪翰风流，渊源心法，喻若王谢子弟，然铺啜风味，自异常人。又若三世医，秘方奇效，皆积世积验也。起庭兼得介兹之学，抗志越俗，其画不肯一笔落嘉靖以后。基于是，上跻北宋、先唐，应世而不顺世，此余所最心契者。"[20]把郭氏比作王、谢，言其人才之多；又比作世代行医之家，言其积善蓄德，合《易》所说"积善之家，必有余庆"之意。而且，沈曾植曾作诗三首，称赞郭家一门风雅，体现了深厚的文化教养："画人从古多高士，妙墨相将证净因。欲与士安商传例，荆蛮民是葛天民。"[21]沈曾植如此称赞、欣赏具有"儒风世德"之乡人，不仅仅是因为他们体现了一个地方的文化环境与氛围，更在于这些先贤是一个地方文化品质的保证与表征。

1918年，沈曾植归里扫墓，作《还家杂述》诗二十一首，详细记录自己清明节乘火车经沪杭线归里扫墓的所见所闻，写到嘉兴城及其周边地区的人文胜景与社会风俗。如第七首写南湖烟雨楼："渚烟初泮柳如丝，烟雨常为禁御思。会是丹楼重建日，山川花木被华滋。"第九首写国界桥与真如塔："国界千年尚有桥，两王遗像在溪坳。回舟为礼真如塔，长水遗风久寂寥。"第十七首写嘉兴地区农历四月蚕事时节的风俗："哺鸡笋应雷声壮，新蚕豆如桑叶肥。我与天虫俱饱食，三眠时节闭柴扉。"[22]扫墓后，沈曾植受其弟子金蓉镜的邀请，拜谒南湖北岸的高士祠，作《闇伯招谒湖上高士祠》：

> 澄湖汪汪波，挠之不能浊。莲邦共命鸟，往昔此栖宿。法尽鸟亦逝，天青水常绿。濛濛烟雨昏，佛日岂重烛。吾洲平土衍，诸贤受命独。处子耿介性，伊人霜露躅。一往固难齐，千秋邈相属。贞观会理相，不易在潜确。相彼灵连蜷，芬芳谢苗蘿。吾徒羞涧毛，侑以无声乐。沧海直横流，岑楼迥吟嘱。跪敷中正辞，上征滥虬穀。[23]

嘉兴南湖北岸的高士祠，由金蓉镜于1914年创建，祭祀宋元以来嘉兴乡贤王衷、陶菊隐、盛宜山等三十人。沈曾植这首诗表明嘉兴历代高士的独特个性、处世行事、品行节操虽有不同，但都对嘉兴本地社会文化的形成有潜移默化的影响。

沈曾植尤重世家教育的示范性作用。《陆清献公墨迹册跋》：

> 人家子弟出家塾，而周旋世故，直是人禽关头。书词谆复周详，长久之计，诱掖之序去之二百年，指示告语，状况可意测也。芝楣尚书跋说咻字，于公言殆有深契者。
>
> 或咻以亡身，或咻以亡家，或咻以亡国，或咻以亡天下。陆、张两先生竭毕生之力与咻争，自康熙中叶以后，迄同治中兴，上德下民，实受其福。世间何时复有斯人！[24]

跋文中的"陆、张两先生"指平湖陆陇其、桐乡张履祥。两人以理学立世修身，对本地社会的建构有深远的影响。"咻"，喧哗、干扰，用孟子语义："一齐人傅之，众楚人咻之，虽日挞而求其齐也，不可得矣。"（《孟子·滕文公下》）喧哗谰言，言无定主，颠倒混乱，小的方面亡身亡家，大的方面亡国亡天下。"咻"之为害如此，从而映衬出陆、张两先生以身为教在家在乡乃至在国的典范性作用。在明清两代士族精神影响下的嘉兴基层社会，其精神气质、社会伦理与生活方式，概括起来可称之为"文教社会"。

综上所述，沈曾植对嘉兴的征文考献，在物、事、人三者似分而实连的描述中，表明嘉兴地区是一个雅道赓续弗替、有文献、有人物见证的文化高原。

三、地志传写：沈曾植对嘉兴精神结构的诠释

1915年，沈曾植归里扫墓，作《还家杂诗》八首[25]，其中有六首诗回溯、概括嘉兴历史人文的形成与特点。

《还家杂诗》第一首概述嘉兴一地的地理地势特征：

> 九服麋靡骋，我怀良郁陶。憧憧野马尘，送我乘轮飙。修轨一超忽，春光满江皋。黄花菜根味，紫花地丁膏。五色蚕虫花，如鸣茧丝劳。农宗生民始，击壤成咸韶。谁与饬五材，禾边倚之刀。遂使糜烂战，不惜乾坤焦。吾里绾吴越，风雨忧飘摇。有粟无金汤，慢藏盗之招。经行揆形要，日暮玄云高。

嘉兴地处东南，远离中原，土地肥沃，农产丰富，当地人过着富足悠闲的生活，"农宗生民始，击壤成咸韶"正是嘉兴地区人民以农为业的快乐充足生活的写照。也正因为农产丰富，利益丰厚，加之地处交通要道，地势平坦，"吾里绾吴越"，嘉兴成为

兵家必争之地，就像春秋时期的吴越相争，生灵涂炭。

第二首描述嘉兴一地在秦汉时期的历史：

> 二妃洞庭宅，三姑泖湖居。娥娥天帝女，应化为孆姝。秦帝吞八极，游观戾海隅。东南天子气，刘项先徽欤。如何污长水，株累千囚徒。二妃风湘山，三姑沉柘湖。波涛秦簿令，臧臧头为鱼。吴楚亡国悲，灵威为宣抒。邗系出元公，神实周黎余。泽国春水生，传芭会吴歈。千秋通肨蠠，三户同喑呜。我代博士对，用禅枕中书。

沈曾植曾校勘嘉兴第一部方志《至元嘉禾志》，这首诗的内容大多来自该志的"沿革""星野"等记载，比如嘉兴在秦代的名称"长水""由拳"以及地名"柘湖"的来历。在沈曾植的述说里，嘉兴一地的名称多与秦代政令相关，影响深远，但嘉兴地区秉承轩辕黄帝以来的文化精神没有改变，尤其是"亡秦三户"的反抗压迫、争取自由的精神始终是嘉兴地区的传统。

第三首描写嘉兴地区的水乡特点与劳动生活的情景：

> 水竹交蓊蔚，枪栘入支泾。春阴澹原隰，远见孤花明。蚕候百室静，阡陌稀人行。林阴见犬卧，日午闻鸡鸣。妇智敬无圹，田更勤得生。幸无街弹室，不解间师争。淳俗偶存在，儿童乐柴荆。即此是瀼滨，潺潺水乐声。

嘉兴地势平坦，植被茂密，河汊交错，水网密集，以船为主要交通工具，素有"泽国"之称。嘉兴地区旧日以四月为蚕月，有"蚕禁"风俗，家家闭户，门贴红纸，禁忌繁多，妇女独宿，邻里吊庆往来也罢黜不为。沈曾植这首诗的写作时间恰值农历四月，"蚕候百室静，阡陌稀人行"正是对这一风俗的现实情景再现。光绪《嘉兴府志》"风俗"篇引录《明一统志》对嘉兴地区的观察是："慕文儒，勤农务，风俗淳秀，信巫鬼，重淫祀，素诱渔盐之利，人性柔慧，民俗殷富。"明代海盐人郑晓的观察是："嘉兴据湖海之交，平田曲浍，饶稻粱，有渔盐瓜果之利。士重廉节，耻驰竞。齐民耕织，务盖藏，故嘉兴易治。"方志中对嘉兴风俗的种种描绘，是沈曾植这首诗内容的背景与基础。言语之间，沈曾植表达了嘉兴是一个乐土的意念。

第四首描写嘉兴地区的水利建设：

> 魏塘迤以北，汉塘迤以东。海防来自古，内庳外差隆。吾郡南江委，谷水蟠其中。津渠交地防，隄堰争人功。颇疑马塘筑，实绝分江通。从兹南纪绝，桑郦

言皆穷。燕齐填九河，嬴氏湮三江。所以山海间，往往留秦踪。毋以仲初记，上揆神禹功。吾将咨海若，一往皆曇空。

嘉兴自秦代以来兴修水利，域内塘堰纵横，既疏导了水流，又规划了圩田，"津渠交地阞，隄堰争人功"，是对嘉兴当地水利建设的精确描绘，也含蓄表明嘉兴地区是人文经营的结构，暗含着本地人清明的认知理性。而且明代中期开始修筑海塘以防海潮，因而形成"内庳外差隆"的态势，即是说当地地势自北向南逐渐增高，极大地保证了本地不受海潮的侵蚀。这首诗赞扬了嘉兴人民改造自然、建设家园的智慧和力量。

第五首咏叹春秋时期卫国大夫卫宏忠贞不渝的高贵品节，以及对塑造地方品质的垂范性影响：

荒草春茫茫，言寻大夫墓。两海风马牛，魂归自何所？散民怯公战，矫以鹤轩拒。懿公死社稷，玦矢志先谕。伤哉空国走，不见舆尸旅。刲腹作黄肠，呼天心独苦。有臣乃若此，足以知其主。卫国君臣乖，十世余殃注。亡房幸偷生，有言皆粪土。苌宏血在蜀，精卫翔漳渚。神化妙难量，吾言公傥许。

南宋时期的嘉兴人张尧同作《嘉禾百咏》，其中有《卫墓》一首，是目前最早的记载卫宏墓的文献："惆怅黎阳客，飘流浙水滨。定忘空腹恨，知是赤心人。"卫宏墓事实上是不是在嘉兴，沈曾植表示疑问，但卫宏所表现出的"赤心人"是这首诗的主题，就是这种精神品质影响了嘉兴的文化品质。"神化妙难量"一句，据作者自注："卫大夫宏墓在县西南，约与余家墓近。"言外之意，沈曾植及其家族也是受到这种地方文化之精神品质濡染成长起来的。

第六首歌咏嘉兴元明之际士人对本地社会的垂范与建构意义：

元季九州沸，吾州独安宁。濮川丛桂枝，雅咏琴清英。景德录僧卷，金兰有友声。顾徐孙卓陈，卜宅皆宾萌。山纪贝家宅，溪环仲孚庭。淮张死不怨，谣谚观人情。地理有变易，经途入夷庚。战士负羽守，兵家扼吭争。崞峨细柳营，月波夜凄清。昔者乐郊语，今兹劫棋征。儵乐岂无恋，鹊枝依复惊。愧无孙叔智，甘寝息郢兵。长为越流人，跼顾重行行。

沈曾植这首诗称扬元明之际，天下虽乱，嘉兴却平安，成为士人逃难隐居之地。这些士人以其自身的文化优势对嘉兴社会的塑造产生极大的示范与促进作用。《槜李诗系》载："濮允中，字乐闲，崇德梧桐乡人。濮氏自著作郎云翔从宋南渡，占籍于此，遂名濮院。元大德中，有濮鉴字明之，封宁远将军。允中丰于资。元末浙西岁有诗社，允中集一时名士吴毅辈为丛桂文会，以文卷赴者五百余人。延请杨铁崖、江朝宗读书桐香室，埋名不出。时贝琼结屋殳山，鲍恂居郡城之西溪，四方避地者温州陈秀民居竹邻巷，闽人卓成大居甓川，江阴孙作居南湖，昆山顾德辉居合溪，天台徐一夔居春波门外，河南高巽志、江都丘民、钱塘陈世昌皆来侨居，四明周棐以宣公书院山长留居梨林，日以文酒倡酬山水间，传为胜事。"[26] "昔者乐郊语"，据《四库全书总目提要》所说，元代至正年间，江南扰乱之际，姚寿流寓海盐，得以闭户安居，从容论述，著《乐郊私语》。沈曾植以此类事迹典实表明历史上嘉兴的安定和平，借以映衬当时江浙地区的战乱不宁，表达了对家乡深深的关注。

沈曾植的这些诗作具有一种特别的"地方志"的意义。沈曾植在亲身实地观察与文献典籍疏证的双层视角下，通过对最具地域性特征之事物与细节的描写，构造了嘉兴地区所特有的地方社会图式，表达最显著的历史标识与现实感受。这是一种"文化持有者的内部眼界"的地方性知识的文学书写。[27] 这种书写是指向一种普遍性的精神结构的说明与描述，目的是寻求并阐释其中的意义世界。

沈曾植这些诗作的内容主要是对嘉兴地区的文化精神的思考与探索，这些思考与探索都基于对历史文献的深度理解。1911年，他受乡人的嘱托为《续槜李诗系》作序。在此序中，沈曾植在嘉兴文化历史脉络的基础上，揭明了嘉兴内在的精神结构。《续槜李诗系序》叙述嘉兴的文化历史脉络：

> 吾禾县邑起春秋，州于晋，府于南宋，控吴引越，实乐且讦。诗道自先唐邱顾以来，南宋坛坫属寓公，元明之交，徐、鲍、贝、程，名流辈起。厥后虽鲜大家，而相质披文，音和且平，亦不诡随于当时风气。以迄我朝，竹垞老人综唐宋之大成，建标海内，坛宇崇闳。蒋石宗伯以渊才邃学继之，事博趣昭，溯源弥广。同时并起者，前若曹、彭、三李，后若柘坡、丁辛，其人皆旷代逸才，在他方是以雄长群伦，而在我郡，乃附叶同条，若骖之靳。承学之士，人自得师，本其乡间所诵习，出而应世，往往不蕲胜人而人自有不能胜者。吾郡文学之盛，近二百年，盖前古所未有，学者或日用不知，抑不可不诵其本末，诏我后生，勿愆勿忘，保之勿坠者也。[28]

这一节文字高度概括了嘉兴地区人文文化的昌盛。"控吴引越，实乐且讦"表明嘉兴的地理位置十分重要，人民生活安定富足快乐。正是由于物质条件的优越，文人名士多寓居于此，讲学论道，以深厚的文化素养潜移默化地影响地方社会的建构。这种文化情景在清代达到极盛的程度，名人辈出，文化积淀厚实，他们"本其乡间所诵习，出而应世，往往不蕲胜人而人自有不能胜者"，以至"吾郡文学之盛，近二百年，盖前古所未有"。在沈曾植的叙述论说里，透露出抑制不住的自豪感。

人文文化昌盛是其外在表现与观感，沈曾植认为嘉兴人文文化昌盛的背后有更深刻的原因：

> 余尝循班、郦三江旧说，诊寻地防。自战国春秋，以追禹迹。吾郡盖实为南江流汱覆被之都。先秦二县，长水播巨区，而武原朝东海。鱼盐蟹稻，观游舟楫。东山之府，媲盛海隅。汉后海远溇湮，原隰乃益增饶衍。王武子所谓其地坦而平，其水澹而清，其人廉且贞；常璩所谓士多仁孝，女性贞专，称为士大夫之都者，吾郡近之。户口蕃息著于唐，而文章炳蔚盛于宋。元明以降，世进代昌。及咸丰庚辛之际，罹于兵劫，耗矣。中兴元气，逾久未苏，近且有废除府制之仪。解细弛纲，易视改听。自今伊始，我服畴食德之士民，其且随政令以转移，急功近名，以同风于都省乎？其或眩见闻之靡丽，去故即新，而同流于异地乎？其终能葆其旧俗，操其土音，安之而不迁乎？

班固《汉书·地理志》对地理与风俗的记述，是先自然后风俗的理路，风俗即人文，对各地风俗的差异书写，必追溯该地首创之人所起到的奠基性作用。班固的这一开创性做法成为后世通过一地风俗的描述以建构其地民众所特有的精神品质的典范。沈曾植的这段文字同样遵循先自然后人文的理路。

以此视点，结合沈曾植《续槜李诗系序》，"其人廉且贞""士多仁孝，女性贞专""士大夫之都"等表述，从社会、家庭、个人关联到整个地方的精神气质的层面，非常清楚地揭明了在嘉兴人文社会历史形成过程中积淀而成的价值理念与地方形象：士族精神、贞士品格与书生气质。

人本主义地理学家段义孚在追问"什么东西可以作为一个地方的表记"时，举物理学家博尔和海森堡访问丹麦的克伦堡宫（Kronberg Castle）时的对话为例。博尔对海森堡说，一旦想到哈姆雷特曾在这个城堡生活过，这个地方就产生变化。城堡虽由石头和装饰物构成，而莎士比亚的书写更具有生命力，充满历史记忆，"每个人都透过莎士比亚而知道哈姆雷特曾经对人性深处的问题发问，而他也被投影在克伦堡宫这地方中，从此，这城堡就与其他外表相似的城堡不一样了"。[29] 这个极具"在场感"的例子表明，一个人具体亲切的感受与经验会改变通常的空间感，激活历史记忆，以增加在地体验的深度与文化认同感。因此，沈曾植通过嘉兴一地表征地方意识，就是以其自身的经历经验,表明嘉兴是一个充满文化感、历史感与意义感的地方。

进而申论,沈曾植对嘉兴的地方意识的结构性思考,代表着其对具体地域实践性的文化传统的思考,更重要的是,在深层意蕴上,这种地方文化精神的探索与建构,可以看作对重建中国文化主体性之可能性的探索。

注释

[1] 李瑞明,嘉兴南湖学院中文系教授。

[2] 梁启超:《中国近三百年学术史》,研究出版社,2020,第338-339页。

[3] 和辻哲郎:《风土》,商务印书馆,2018,第11页。

[4] Tim Cresswell, Place: A Short Introduction, Wiley-Blackwell, 2004, p10.

[5] 佐藤仁史:《近代中国的乡土意识:清末民初江南的地方精英与地域社会》,北京师范大学出版社,2017,第17页。

[6] 沈曾植著,钱仲联编校:《海日楼文集》,广东教育出版社,2019,第171-172页。

[7] 沈曾植著,钱仲联校注:《沈曾植集校注》,中华书局,2001,第310-311页。

[8] 据王蘧常《沈寐叟年谱》,沈曾植自1912年到1922年归里扫墓有:1912年九月归里,有咏故园草木诗;1914年三月归里扫墓,登烟雨楼有诗;1915年四月归里扫墓;1918年三月归里扫墓;1919年四月归里扫墓;1920年四月归里扫墓;1921年三月归里扫墓;1922年三月归里扫墓。这种行为不仅是岁时祭扫的仪式,更是慎终追远的仁德情怀、诚敬精神。

[9] 沈曾植著,钱仲联校注:《沈曾植集校注》,中华书局,2001,第220页。

[10] 沈曾植:《记先太夫人手书日用帐册》,见钱仲联编校:《海日楼文集》,广东教育出版社,2018,第173-174页。

[11] 沈曾植著,钱仲联校注:《沈曾植集校注》,中华书局,2001,第893页。

[12] 沈曾植著,钱仲联辑:《海日楼题跋》,上海古籍出版社,2009,第105页。

[13] 沈曾植著,钱仲联校注:《沈曾植集校注》,中华书局,2001,第1156-1158页。

[14] 沈曾植著,钱仲联校注:《沈曾植集校注》,中华书局,2001,第1534页。

[15] 沈曾植著,钱仲联辑:《海日楼题跋》,上海古籍出版社,2009,第14页。

[16] 陆广微:《吴地记》,江苏古籍出版社,1999,第2页。

[17] 沈曾植著,许全胜整理:《沈曾植书信集》,中华书局,2021,第210、213、217、

218、222、223 页。

[18] 沈曾植著，钱仲联编校：《海日楼文集》，广东教育出版社，2018，第 73 页。

[19] 沈曾植著，钱仲联校注：《沈曾植集校注》，中华书局，2001，第 1272 页。

[20] 沈曾植著，钱仲联编校：《海日楼文集》，广东教育出版社，2018，第 168 页。

[21] 沈曾植著，钱仲联校注：《沈曾植集校注》，中华书局，2001，第 1065 页。

[22] 同上书，第 1163、1164、1166、1167 页。

[23] 同上书，第 1159-1160 页。

[24] 沈曾植著，钱仲联辑：《海日楼题跋》，上海古籍出版社，2009，第 121 页。

[25] 沈曾植著，钱仲联校注：《沈曾植集校注》，中华书局，2001，第 895-905 页。

[26] 沈季友：《槜李诗系》卷五"濮隐士允中"小传，《景印文渊阁四库全书》集部 414，总集类，台湾商务印书馆，1986，第 1475-1200 页。

[27] 吉尔兹：《地方性知识：阐释人类学论文集》，中央编译出版社，2000，第 90 页。

[28] 沈曾植著，钱仲联编校：《海日楼文集》，广东教育出版社，2018，第 43-44 页。

[29] 段义孚：《经验透视中的空间与地方》，潘桂成译，台湾编译馆，1998，第 2 页。

"稿、行之间"出"寐草"

——为沈曾植晚年书风命名并论其对王献之"改体"之议的完美实践

王 谦[1]

【摘要】近代"通人书家"沈曾植的晚年书风迥异于古今通行的行草面貌,当代书学界多目之为章草,实际寐叟所书与章草之间存在本质之异。以传统章草为标准,寐叟虽较多写出明显章草特色的波磔,但结字、用笔完全符合章草规范者实不足五成。借鉴书学界所共识的王蘧常章草称"蘧草"之例,寐叟晚年书法范式当以"寐草"称之,如此既可明确表达其与规范章草之异同,亦为作者确立合理的书体定位。以书法史视野考察,"寐草"实为遥接东晋王献之在"稿、行之间""改体"的主张。王献之"改体"之议,不仅二王及以后历代书家均未实践,当代学者对此主张亦普遍存在误读。王献之此议旨在以稿草为基础、以"稿、行之间"为境域,"寐草"恰为该主张的完美实践,由此也可为寐叟晚年书法作出更准确的历史定位。

【关键词】沈曾植;书体创新;章草;寐草

晚清学术通人沈曾植(1850—1922)亦为书法名宿,其书学理论、书法造诣在书法史上均占重要一席。寐叟早年取法帖派,中年后兼习碑派,晚年乃综合一生学养,吸收新出土简牍中的章草墨迹,融汇碑帖,创出章草新格,并开启民国时期的章草高潮。当代有关寐叟书法的研究,多倾向于简单、武断地将其晚年的成功归结为书写的"生拙"和结字的"不稳",甚至将黄濬《花随人圣庵摭笔》涉及寐叟的文段断章取义,直指其晚年书法主要取法于黄道周。[2] 对寐叟晚年书体应当如何认识、定位，当代学界尤其处于混乱状态。笔者认为，要解决这一问题，既要以对传统章草的名实之辩为基础，又要取宏广的书史视野，在历史的广度之中去研究寐叟书法，方可得出合理、到位的结论，生发相关研究的现实价值。

一、寐叟晚年书风与传统章草之对比

对于寐叟晚年典型书风，在书体判断上，当代学者常见有如下几种认识。

一是魏碑式行草。陈振濂认为寐叟晚年书风是"魏碑式行草"，即"立足于北碑但不拘于北碑"，"转而走向了行草书表现"。[3]

二是章草结体。卓定谋《章草考》中说："寐叟通章草，晚年书法，多用章草结体。"[4]

三是章草结体意识。陈振濂认为寐叟书法"既有古代章草书的结体意识，又有方笔线条棱角崭然、锋尖在不断交替过程中的钩连吻合之美"。[5] 此指寐叟采用"章草结体意识"，取其意，而未全取其形。

四是章草笔法、笔意。诸乐三认为寐叟书法"从魏碑中来，而参以章草笔法"。[6]

五是章草。钱仲联径称寐叟晚年所书为章草，《〈海日楼札丛〉跋》中说："先生原稿往往用章草书写，不易辨认。"[7]

六是模仿隶书、北碑用笔所写的晋、唐行草。刘恒《中国书法史·清代卷》认为寐叟晚年最大成就是"恣肆跳宕、奇态横生的行草书"，即"以模仿隶书和北碑效果的用笔来写晋、唐行草"。[8]

值得注意的是，寐叟弟子王蘧常撰文传述乃师书艺成就，却未称其书法为章草。他在《忆沈寐叟师》中说："一九一五年以后，他选择了更鲜为人学习的对象，包括了汉简、写经、二爨、《嵩高灵庙碑》、章草等……而大字方面，以《嵩高灵庙碑》的古拙隶意及部分用笔，参以二爨碑结体及碑刻的厚重之感，其所追求正与其小字有异曲同工之妙。"[9] 这里并未直称沈曾植书法为章草，只说章草为其借鉴元素之一。这显然是一种审慎的态度。

当代学者对寐叟晚年的书体定位意见歧出，主要缘于各人对章草书体的概念与外延的理解有较大差异。评估沈氏晚年书法是否严格属于章草书体，须先对章草的书体特点乃至定义作认真考察。

（一）厘清当代对"章草"的混淆

当代学者在对章草书体的标准把握上往往失之宽松。从事书法研究的学者，大多缺乏实际临帖和创作体验，对章草的标准难以理解到位，当要判断一件作品是否属于章草时，习惯于看作品用笔有无传统章草的典型波磔，即一字之中大体呈横向的主笔（长横、捺以及右下向的点）是否作波磔（即隶书燕尾）处理，而对字的结构并不多作考察。学者们认为是章草的作品，有相当一部分实际属于今草，只不过偶现几笔章草收笔的波磔而已，甚而至于作品中的笔画是否有波磔呈现也并不苛求，如孙过庭《书谱》即存在被称为章草的情况。[10]他们所依据的只是一种"感觉"或"感受"，而很少从传统章草规范应当具备的几大必要元素去全面具体分析。简言之，章草在当代其实是一个模糊的概念。

客观上说，章草的波磔只是区别于今草的一个最浅显的标志，比这更为复杂、更为规范所必需者，在于字的结体与整体气质都与今草有较大的不同。试以王蘧常章草为例，尽管波磔明显少于汉代、元代章草，结体也有诸多不同，但并不影响当代学者将其定义为章草，一个重要的原因在于王蘧常是在熟练遵从章草规范的基础上，又吸收帛书、砖瓦书等更古的元素，而形成了自己的一套字法，其结体与章草规范虽不完全一致，但并不相互抵牾。

林志钧《章草考·序》对章草特点有精当的概括："余尝谓章草有数美：笔下有来历，而结体变化皆具法度，一美也；向背分明，起止易辨，使转随意而不狂蔓，二美也；为隶楷蜕化之中枢，而笔画视隶与楷皆简，平正、流速，兼而有之，三美也。"[11]此章草"三美"第一美，即直指章草结体的法度规定，下语堪称精准。历代著述言及章草，多称述其用笔特点，而极少像林志钧这样涉及结体法度。

试将章草、今草、大草在结字、用笔、连带、字势等方面的异同列表如下：

	结体、用笔	字内连带	字形大小	字间关系	整体蕴味	代表书家、作品
章草	字势较为收敛；横、捺主笔画及右下向的点画多作波磔。不同书家的作品，结体高度相同。	连带极少，虽名为草，字内连带甚至少于行书，而类于行楷。	各字大小相近，区别不明显，字形基本呈方形。	字字独立，少见字间连写及萦带。	有行书、楷书味道，但气度沉实，介于今草、楷书之间，基本呈匀整态势。	皇象《急就章》，宋克《急就章》。
今草	适度纵放。字中笔画的方向、长短有较大的随意性，少见波磔。	连带可多可少，或断或连，随意性大于章草。	大小相近或对比明显均可，字形多呈竖长。	字多独立或字间多连写、萦带程度因人而异。	气度飞扬，笔速较快，用笔流利。	怀素《小草千字文》，启功《草书千字文》。

续 表

	结体、用笔	字内连带	字形大小	字间关系	整体蕴味	代表书家、作品
大草	极度纵放，笔画长短可夸张对比，甚至可随兴增减，极少见波磔。	字内连带最为随意。	常见大小、松紧对比悬殊，夸张而随性，字形不受方形约束，多呈夸张。	字间连写、萦带较多或极多，典型表现是"一笔书"。	布局大开大阖，甚至有浓淡干湿的大幅度墨法对比，通常笔速迅疾。	怀素《自叙帖》《大草千字文》，张旭《古诗四帖》。

（二）寐叟晚年书法与章草规范之比较

沈曾植晚年典型书风与章草规范之间，具有较为鲜明的区别。下面以寐叟晚年代表作为例，试作分析。

此作为《苏轼赠莘老七绝诗轴》条屏（图1），书于辛酉，即1921年，为寐叟去世前一年，作者七十二岁。释文为："夜桥灯火照溪明，欲放扁舟取次行。暂借官奴遣吹笛，明朝新月到三更。"此作属于寐叟晚年典型书风，将其与规范的章草写法在波磔处理与结字两方面对比分析，并参照通常约定俗成的今草、行书写法，取相对中立的标准，可见此28字包括三类：（1）"夜、桥、欲、扁、借、新、到、更"诸字为较规范章草写法；（2）"火、溪、放、次、奴、遣、吹"诸字为行书写法，呈显波磔笔画，这使得整幅作品富于章草味道；（3）"明、舟、取、次、暂、官、遣、吹、朝、月"诸字写法并不属于章草写法，而是采取今草、行书写法，且不带波磔。

寐叟晚年被认作章草的作品情况大体与此件作品类似。由此可得出这样的结论：书法界所谓寐叟"章草"作品中，其实包括三类书体情况：（1）完全符合章草规范者；（2）属于行草而现波磔用笔者；（3）完全属于行草规范者，即不带波磔者。这三类字大体各约占三分之一的比例，如果综合结体与用笔这两方面的因素，可以说，在寐叟晚年书法中，完全符合章草特点与部分具有章草特点的字加在一起，只占到五六成的比例。因此，难以用"章草"这一种书体来以偏概全。

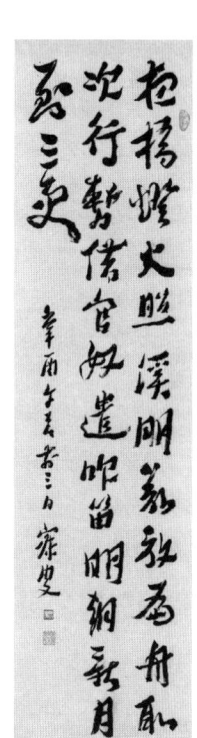

图1 沈曾植《苏轼赠莘老七绝诗轴》，170.5cm×45cm，1921年书，私人收藏

以上由一件作品窥斑知豹，通过对多件寐叟晚年作品的分析，可作出如下基本判断。

字势、结体：字势适度纵放，对联大字较为收敛，部分接近行楷，其他幅式则基本同于今草，纵放适度；横、捺主笔画及右下向的点画较多有波磔意味，比传统章草更显含蓄；结体则章草与行书、今草互见，章草比例低于行书、今草。

主笔波磔：偶有波磔，一部分字会夸张这一特点，但更多情况在挑出波磔之前即驻笔。

字内连带：比传统章草略多，基本同于今草。

字形大小：对联中的字大小相近，其他作品字的大小相对自由、随意。

字间关系：多为字字独立，时见字间连写及萦带。

整体蕴味：气度沉着，同时又具行书之飞扬气度，有用笔流利之致。

基于此，可如此概括寐叟晚年书风：有章草的内蕴、章草的典型波磔，以及部分章草的结体，但又在较大程度上具有行书、今草的特点。因此，寐叟晚年的书体判断面临两个困难：如果称为"章草"，只有五六成的依据；如果称为"草书"（此名称通常约定俗成指今草），则又无法涵括其较为外显的章草韵味。

寐叟晚年书风可借孙过庭《书谱》的风格来评述："章草、行草、今草三美，而寐叟兼之，拟章则余行、草，比行、草则长章草。虽未限于一体之内，而兼融多优。"[12]从书法史的宏观角度看，这一书风可视为寐叟在历代已有书体的基础上的一大创新贡献。

二、寐叟晚年书风宜命名为"寐草"

如前所述，寐叟晚年书风的五六成成分是属于章草的。若以"四舍五入"方式将其升格为完全意义上的章草，显非严谨。但寐叟书风与历代（自汉代到元明）章草规范相比，又确实存在较大区别。即便其中属于章草的部分，与规范章草相比也有不同。可以这样认为：寐叟在研究和实践中，一方面接受章草，享受它带来的古雅气质；一方面并不亦步亦趋、完全沿袭古代章草"未能宏逸"之旧规，而是加以自己的理解，在完成对章草的改造的同时，肇抵属于自己的书法新高度。从这个角度看，如果说元、明两代的所谓"章草复兴"具有某种规范价值的话，那么，对寐叟而言，它的价值就在于被用来一举打破。

鉴于学术界对寐叟晚年书体认识的混乱，应当为沈曾植晚年典型书风思考、推论出一个合宜的名称。这一名称应具有唯一性，既可平息当代研究者指称沈氏晚年书风时的各自为政、众称并存的混乱状态，亦可更为准确到位地表现寐叟书法范式及其在书法史上的贡献，并且这样的"正名"也有助于为将来的沈曾植书法研究提供一理性与感性兼顾的认识基础。

笔者认为，欲研究、推定沈曾植书风名称，"蘧草"命名的经验适合借鉴。当代章草大家王蘧常独具面目的章草范式，世称"蘧草"。"蘧草"之称，较早由郑逸梅为《王蘧常章草选》（上海书画出版社 1983 年版）所作后记揭出，系源于谢稚柳称王书"是章草，又非章草，是为'蘧草'"的故实。"蘧草"定名三十年来已约定俗成，未见争议。细研谢稚柳原话，颇为耐人寻味，看似平白如话，表达出来的内容却严谨。所谓"是章草"，是指王蘧常草书寓含章草的精神及章草大略规范；"非章草"，指其已非原来形貌上的章草（不是史游、索靖时代的章草，更非赵孟𫖯、宋克时代的章草）。在此两个判断的基础上，"蘧草"的名称便呼之欲出，因"蘧草"一名可完美消解此两端之间的轩轾，故此名称既出，遂为当代学者所乐于共同遵循。

严格说，蘧草之中，并非全为传统章草的元素，而是作者融汇、总合一生学养以及多种书法来源之后的一个标准亮相、一个最终定型。称之"蘧草"，既有正视其与传统章草规范之间相轩轾部分的理性眼光，也有确认王蘧常个人独特面目的意义，一举两得。

寐叟晚年独具面目的书体，可确定并非完全意义上的章草。一方面，其结字基本在行草畛域，时而偏于行书，时而偏于今草；另一方面，虽然笔致有浓郁的章草味道，但较少采用传统的章草结体，章草所规定的波磔处理亦远未得到完整体现。与王蘧常相比，这一书体面貌中有比蘧草更多的行书的成分。本来，行书即是一种相对自由的书体，类似现代排球比赛中方便出现在多个位置发挥作用的"自由人"，可以写到楷书之中，也可掺入草书作品甚至大草之中。同样的字，寐叟有时用规范的草书结体，有时又用行书结体，原原本本属于章草的结字实际占较小比例。

综合如上分析，可以给予这种最终定型的书风一个为寐叟所专属的名称，那便是：寐草。

"寐草"之名的成立，在较大程度上得力于其中所含的章草成分。既然蘧草在当代被列入章草范围，则寐草同样可笼统列入章草范围，这也契合当代研究者大多将其称为章草的共识性做法；同时，称寐草而非视作章草，则明确标示出它与章草的相异之处，规避了在书体判断上的不严肃。

三、"寐草"遥接王献之"稿、行之间"变法倡议

寐叟晚年书风，既可完美地定义为"寐草"，如将研究视野扩大，上溯至东晋时期

的书史书论，更会有意想不到的收获。

（一）王献之"改体"建言及当代学者的忽略与误读

东晋时期，章草已基本被今草全面取代，书坛前沿人物王羲之、王献之父子之间曾有一场有关新书体的讨论。唐代张怀瓘《书估》记载此事：

> 子敬年十五六时，常（尝）白逸少云："古之章草，未能宏逸，颇异诸体。今穷伪略之理，极草纵之致，不若藁（稿）、行之间，于往法固殊。大人宜改体。"逸少笑而不答。[13]

"大王、小王"既为父子，同时亦具"诤友、畏友"关系，后者向前者建言"改体"之事，当代书家、学者也乐于以评说、发挥。稿，一作"藁"，"稿"（"藁"）为"稿草"（"藁草"）的简称。"稿草"（"藁草"）通常作为章草的别称，如《章草草诀歌》开篇言："稿诀最为难，使转在豪端。"王世镗《稿诀集字》开篇言："稿法最为难，使转异豪端。"此二处，"稿"即"稿草"，即为章草，所以，王献之所谓"稿、行之间"，等于说"章草、行书之间"，其正解应为在章草与行书之间斟酌与求新。

当代学者对王献之有关"改体"建言的解读，大体呈现为彼此矛盾的两大立场。分述如下。

第一种立场：认为王献之倡导，王羲之完成"改体"

王镛主编的《中国书法简史》认为王献之"改体"之议促进了王羲之的变法："王羲之变法创新时，尚是少年的王献之看到了这种需要：'献之常（尝）白父云……：'古之章草，未能宏逸。……大人宜改体。'"[14]这是认为王献之发现书体创新的需要，并明确提议，从而推动王羲之书法创新。

陈振濂《"摹"之魅——关于〈兰亭序〉与王羲之书风研究中一个不为人重视的命题》一文，在注释中写道："王献之劝父亲王羲之改革书法的记载，见于张怀瓘《书议》：'子敬年十五六时，尝白其父云：'古之章草，未能宏逸。……大人宜改体。'"并认为"大王"的新体"应该更接近《初月》《孔侍中》《频有哀祸》等帖的气息"。[15]这也是认为王羲之系接受小王的建议而进行"改体"，催生出今草。

请注意，"小王""稿、行之间"一句在这里完全沦入两位作者的研究"盲点"。

第二种立场：认为王献之倡导，并自己完成"改体"

刘涛《中国书法史·魏晋南北朝卷》在引述王献之"改体"之议后，说："当初王献之劝父亲改体，……那时，王羲之年在五十六七，恐怕也无此心力。结果，改体的建议成了他自己日后书法实践的努力方向。及其业成，从意适便的草纵之致，弛张于行草之间，既别于张芝的草书，又异于王羲之的行草书，自成一家体势。"[16]

这是认为王献之实行"改体"，其新体介于"行、草之间"。按，"行、草之间"，绝不等于"稿、行之间"。

刘正成在题为"为什么说王献之确立了新书体大草"的演讲中，先引述张怀瓘《书议》中所载王献之有关"古之章草，未能宏逸……大人宜改体"片段，然后作出这样的归纳："大草王羲之没有敢写，没有突破，而由王献之突破了。王献之在书体上的一大贡献就是从章草、今草到大草的创造。""王献之是今草、大草书体的完成者。"[17]

这是认为王献之实行"改体"，完成"今草、大草"的创造。

综上可见，当代书家、学者均对王献之建言的"改体"一词予以重视，并沿着"改体"的思路各自发挥想象，但是，不论认为是"大王"还是"小王"完成了这次的变法行动，不论认为变法的成果是催生了今草还是行草、大草，学者们皆不约而同地偏离了王献之原话的本意，即忽略了这样一层重要的意思：王献之的所谓"改体"主张，其前提是立足于"古之章草"基础，再加以"穷伪略之理，极草纵之致"的功夫，完成之后的书体形貌则是在"稿、行之间"。

就书史客观而言，在二王传世作品中，均未见到可定位于"稿、行之间"的书体创造，易言之，王献之所建议的"稿、行之间"的书体，王羲之、王献之均未真正实行。

在笔者所见各家观点中，唯有刘涛先生注意到"稿、行之间"四字，见于其《王羲之"评论"的书家》一文，他认为："'稿、行之间'的'草纵之致'，大概是王献之的书法追求，他写的《十二月帖》就是这种体势，米芾特别推崇。"[18]但是，细审《十二月帖》，却实在无法归之于"稿、行之间"，此帖算得上"极草纵之势"，作品属于在小草与大草之间的书写，甚至有明显的"一笔书"特色，但却见不到章草的成分，行书的比例也很小，所以，它与"稿、行之间"无法画上等号。

（二）"寐草"成功实践"稿、行之间"的理想书体

本文上举王献之建言"改体"的内容，并不像蔡邕"笔软则奇怪生焉"、张芝"匆匆不暇草书"、赵孟頫"用笔千古不易"、沈曾植"异体同势，古今杂形"之类论书名言那样具有理解难度（案，这类名言，只要有较好的古文阅读能力，从上下文贯通理解，索解其中真意并非不可为），当代学者异见群起而未得正解，不过由于轻忽从事而产生误读，而广大从学者习焉不察、被动接受，从未有人提出过怀疑。

兹将张怀瓘《书估》所录王献之原话再录如下：

> 古之章草，未能宏逸，颇异诸体。今穷伪略之理，极草纵之致，不若藁（稿）、行之间，于往法固殊。大人宜改体。[19]

王献之这段话，译成当代白话，大致是："古时的章草，没能达到高妙超逸境界，却又与其他各种书体全不相同。如今若探究变易简略的规律，极尽草书意态纵肆之能事，没有比在章草与行书之间运思求新更合适的了，这与旧有法度有根本性的不同。父亲大人，是时候改变书体样式了！"[20]

不难明白，王献之"改体"主张的重点，是要在"稿、行之间"大做文章。因此，小王所谓"改体"并非漫无边际的放谈，而是先已划定了讨论范畴。王献之想表达的内容不难确定，但当代书家、学者对此往往言人人殊，虽颇多撰文分析、引申，但对文献皆不能理解到位，故而发生诸种误读。

这段话有两个关键词：一是"章草"，一是"改体"。一方面，改体是在章草的基础上进行的，绝非离开章草去奢谈创新；另一方面，成功改体之后的新体样式应是处于"稿、行之间"。可见，王献之向王羲之所倡议的改体方式，其目标书体绝不会是今草，遑论大草！

对王献之"稿、行之间"的书体设想，历来学者并未认真对待，只笼统地理解为今草。但是，不论依王献之语意，还是依王羲之书法创作实情判断，在父子此次讨论中，王献之所倡行的"稿、行之间"的书体绝不会是今草。

王献之之后已过去一千五百多年，历代书家是否有就"稿、行之间"作过尝试，甚至成功的范例呢？答案是肯定的，只不过为时很晚，迟至清末民初，"寐草"才出现。如果结合"寐草"来对照分析王献之原话，会发现王献之所言句句不离章草，"寐草"则处处皆与之呈显完美的对位：

王献之开始即言**"古之章草"**，确定这段话的主题是由章草而起，"寐草"正是寐叟在融合碑帖、吸收《爨宝子碑》等碑刻的基础上又引入章草的营养，才正式诞生的；

"未能宏逸"是王献之指出的古之章草书风的局限，是章草的"减分项"，"寐草"以晚年吸收的碑刻的浑厚、开张之致，成功弥补了这一不足；

"颇异诸体"，是指"古之章草"的特点迥异于其他书体，值得重视，这是章草的"加分项"，也正为"寐草"所积极采纳；

"今穷伪略之理，极草纵之致"，此言变革，仍是在"古之章草"基础上置论，"寐草"成功地做到了；

"不若稿、行之间，于往法固殊"，再次提到章草，并引入行书，正是对"改体"路径与改成之后的书体独特性的展望。"稿、行之间",不啻以章草、行书为"改体"设立了两条边界,"寐草"正是在此二界线之内极尽"改体"之能事。

王献之对王羲之力倡的处于"稿、行之间"的新书体,自东晋以迄清末皆未有人深研、实践,寐叟经过几近一生学养与书艺的淬炼与融汇,真正实现一千五百多年前王献之所倡议的处于"稿、行之间"的理想书体样式——"寐草"。

四、余论:沈曾植的贡献与书法史的遗憾

"寐草"在清代书法史与古代书法史上都具有重要的一席之地,对现代书法的发展也是一个极有意义的真实存在。在寐叟之前的清代书坛,书法发展呈现为"尊帖"与"尊碑"两大倾向的相互对立与消长。若以现代眼光考量书法在近现代的发展轨迹,单纯地走帖学或碑学之路终难成大器,也难成为将来发展方向。沈曾植的伟大之处在于打破碑与帖的樊篱,以超卓的通人气魄取其精要,更将碑、帖的取法范围扩及晋代之前的章草,旁及简牍墨迹,其学术既博且精,其书法理解超越同时代主碑派(如张裕钊、康有为、李瑞清)、主帖派(如翁同龢)的认识,其书法成就亦超出同样走碑帖融合之路的书家(如赵之谦)之上。沈曾植虽然在其前半生主要以学术通人和诗人身份而为文化界认可和推崇,未以书法名世,但其晚岁成就的寐草,显然代表了清末碑帖融合的最高成就。碑帖融合之路,沈曾植并非最早的启路者,但在他身上达到最完美创新和最高成就,堪称空前而绝后。

倘从创新的角度看"寐草",可说为中国书法贡献了一种新的书体范式。这一成就的产生,与寐叟的超远眼光有不可分的关系。假设章草的创作仅在传世的皇象、史游《急就章》(还可以加上赵孟頫、宋克、赵雍等元代书家作品)等几种字帖框定的范域内讨生活,在极有限的天地里亦步亦趋,则书写的技法难度不高,但绝难写到超越前人的境界。"寐草"诞生于1919年前后,这距寐叟去世仅三四年时间。三四年时间,使一种书法面目由成形到成熟,对寻常书家而言或许属于奢望,但以寐叟这样学养深邃、随意点染即成妙章的通人而言,积多半生之学养与笔墨修炼,三四年时间已然使其新形成的书风达到成熟和高峰。

寐叟的书法实践融入诸多元素,此为同时代书家所未曾有,所以,在其去世之后,随着时间的流逝,当与其同时期的多数书家的影响似乎被时间赋予除法时,他的地位则融入乘法的因素,地位不降反升。

在沈曾植晚年书法的具体取法层面,可以得出这样的判断:"流沙坠简"为沈曾植

提供了大力取法章草的一种促动力和主要发生在书体意态方面的帮助;"二爨"及北碑为他提供了可用以改造章草的雄浑苍劲的用笔形态和气质,这种以《爨宝子碑》为主的形态、气质其实可运用于任何书体的创作,与同样硬倔的北碑结合则愈加霸悍,与章草等帖学结合则方圆相济、刚柔并美。"寐草"正是由这几个方面的相融发展而结出的卓越果实。

倘从历史发生的角度看,在沈曾植晚年典型书风中,碑的成分与他所处时代碑学大盛的背景密切相关,帖的成分除前半生对历代名帖的临习与掌握之外,更主要是受益于20世纪第二个十年里西北汉晋简牍和唐人写经的大量发现,这一事件发生在他生命的最后十年之内。关注到这一点,我们会不由得设想一下:假如这些文物的出土晚十年才发生,那么作为学术通人的沈曾植将依然屹立于学术史上,但作为书法家的沈曾植则因少了"寐草"书风而黯然失色。当然,这一假设还可从另一维度上展开:假如天假以年,在得到新出土之汉晋简牍的助益之后,沈氏能活到八十岁、九十岁而后殁,则其晚年成就将更为辉煌。历史自然无法假设,后人必须将一切不可能变现的企望与遗憾尽数放下,让理性代替感性,依据历史中真实发生过的事件和留下的作品去作分析研究。

注释

[1] 王谦,美术学博士,山东艺术学院书法学院教授、书法理论研究所所长、硕士生导师。

[2] 王谦:《沈曾植晚年书法取法黄道周驳论——对有关沈曾植书法的一个流传广泛的谬说的匡正》,载吴慧平主编《书艺2022》,岭南美术出版社,2024,第46-53页。

[3] 陈振濂:《中国现代书法史》,人民美术出版社、河南美术出版社,2009,第22-23页。

[4] 卓定谋:《章草考》,浙江人民美术出版社,2018,第76页。

[5] 陈振濂:《中国现代书法史》,人民美术出版社、河南美术出版社,2009,第23页。

[6] 诸乐三:《正楷的产生》,《中国书法》2008年第3期,第31-32页。

[7] 沈曾植撰,钱仲联辑:《海日楼札丛 海日楼题跋》,辽宁教育出版社,1998,第333页。

[8] 刘恒:《中国书法史·清代卷》,江苏教育出版社,2012,第267-268页。

[9] 王蘧常:《忆沈寐叟师》,《书法》1985年第4期,第18-20页。

[10] 余绍宋:《余绍宋章草书谱》,西泠印社出版社,2011,内容为实临孙过庭《书谱》,而书名径以"章草"名之。

[11] 卓定谋:《章草考》,浙江人民美术出版社,2018,林至钧序第2页。

[12] 孙过庭《书谱》:"元常专工于隶书,伯英尤精于草体,彼之二美,而逸少兼之,拟草则余真,比真则长草。虽专工小劣,而博涉多优。"

[13][19] 张怀瓘:《书估》,载上海书画出版社、华东师范大学古籍整理研究室选编、校点:《历代书法论文选》,上海书画出版社,2007,第151页。

[14] 王镛主编《中国书法简史》,高等教育出版社,2013,第99页。

[15] 陈振濂:《"摹"之魅——关于〈兰亭序〉与王羲之书风研究中一个不为人重视的命题》,《中国书法》2012年第1期,第54页。

[16] 刘涛:《中国书法史·魏晋南北朝卷》,江苏教育出版社,2012,第234页。

[17] 刘正成讲座节录:《为什么说是王献之确立了新书体大草》,https://www.pinlue.com/article/2020/07/1012/5211007278109.html,访问日期:2022年8月30日。

[18] 刘涛:《王羲之"评论"的书家》,《中国文物报》2002年3月6日,第8版。

[20] 译文见王谦:《张怀瓘书论辑释译论》待刊稿本。

浙江省博物馆藏《友朋书简》四则管窥晚清同光体沪上结社及诗文唱和

陆 易 [1]

【摘要】 同治、光绪以来一班"不墨守盛唐"参加"宋诗运动"的诗人，以沈曾植、陈三立、郑孝胥、陈衍等人为代表。诸公诗学有异，但能聊慰同调者于诗道之不同期许，在清亡后流寓沪上，以遗民身份自发组织超社、逸社等团体，定期频繁互动，诗文酬唱，排遣辛亥后靠寄托诗画以求缓冲和解脱的心绪，实则面对晚清内忧外患之衰世无可奈何的悲愤与消沉。

【关键词】 同光体；超社；沈曾植；三关说；宋诗复兴

民国二年癸丑（1913）六月十二日（7月15日），沈曾植[2]主持了超社[3]第七集。参会的缪荃孙[4]在《艺风老人日记》里写："超社第七集，沈子培主会，樊山、子修、止庵、旭庄、艾沧、伯平、贻叔、少朴、炯斋同集。以六月十二日山谷生日，超社第七集会于泊园，观宋刻《山谷编年诗》，用诗中七古韵。"里头遗漏了一个人，就是陈三立[5]，他当天不仅在现场，并且还次黄庭坚《观刘永年团练画角鹰》诗韵，写了一首诗。手稿现藏于浙江省博物馆（图1）：

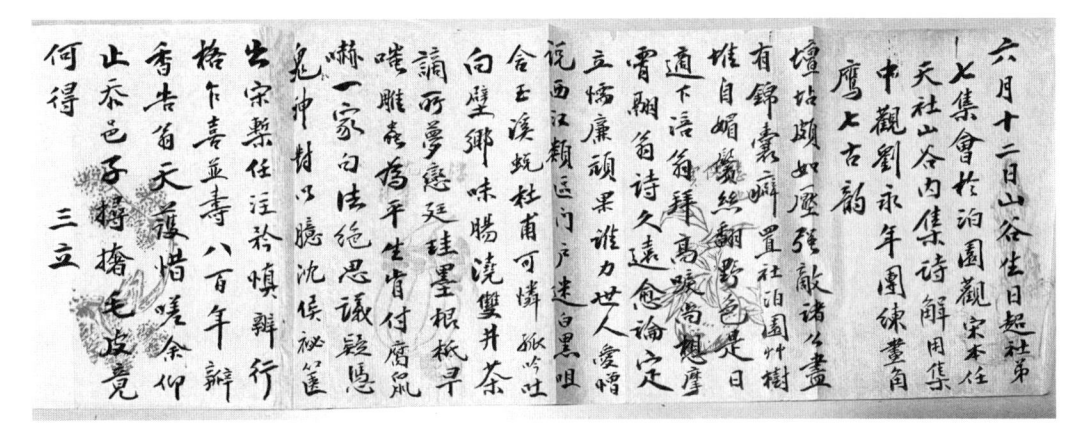

图1 陈三立致沈曾植手札

六月十二日山谷生日，超社第七集会于泊园，观宋本任天社山谷内集诗解，用集中《观刘永年团练画角鹰》七古韵。

坛坫颇如压强敌，诸公尽有锦囊癖。置社泊园草树堆，自媚鬟丝翻野色。是日适下涪翁拜，高咳尚想摩霄翮。翁诗久远愈论定，立懦廉顽果谁力。世人爱憎说西江，类区门户迷白黑。咀含玉溪蜕杜甫，可怜孤吟吐向壁。乡味肠浇双井茶，谪所梦恋廷珪墨。根柢早嗤雕虫为，平生肯付腐鼠吓。一家句法绝思议，疑凭鬼神对以臆。沈侯秘笈出宋椠，任注矜慎辨行格。乍喜并寿八百年，瓣香告翁天护惜。嗟余仰止悉邑子，捋撍毛皮竟何得。三立。

其中"是日适下涪翁[6]拜""世人爱憎说西江[7]""咀含玉溪蜕杜甫[8]"这几句明显是陈三立服膺且法步北宋黄山谷之论，也被历来研究宋诗派者广为征引。近人陈子展在《中国近代文学之变迁》中讲得很明白："自明朝以来复古派文学家辈出，有的学诗主张复到汉魏《诗》《骚》，有的学诗主张复到唐代。浸假学唐的要复到盛唐，自是唐诗又分为初盛中晚四个时期，若鸿沟之不得逾越。到了清朝才有人学宋诗，但最初多学苏轼；到了曾国藩的时代，'宋诗运动'更为开展，但曾氏究竟只宗涪翁。"最为重要的是，"宋诗运动"成为同治、光绪年间诗界的一大潮流，简称"同光体"。

陈衍[9]对"同光体"有概括："不墨守盛唐""不专宗盛唐"，可视其诗学旨归。进一步言以诗风论，他又言："前清诗学，道光以来一大关捩。略别两派：一派为清苍幽峭……此一派近日以郑海藏为魁垒，其源合也……其一派生涩奥衍……近日沈乙庵、陈散原实其流派；而散原奇字，乙庵益以僻典，又少异焉，其全诗亦不尽然也。"[10]后世人更多以地域分其体，划同光体为赣、闽、浙三派，分别以陈三立、郑孝胥[11]、沈曾植为标。陈衍则以诗论成就列为"同光体"诗论家,其诗归入闽派。

超社是由流寓沪上的清遗民组成的互相慰藉、驱赶寂寥、共渡难关的精神团体,它与此后取而代之的逸社[12]成为"同光体"诗人的活动中心。陈三立在写给这两个文学小团体的发起人——被排挤出中央政权的晚清重臣瞿鸿禨[13]的一篇《书善化瞿文慎公手写书卷后》内点明了结社的缘起:"迨国骤变,大乱环起,四方人士及生平相识亲旧,类辟地羁集沪上,三立与公亦先后俱至。居久之,无以遣烦忧,始纠侪辈十许人,时时联为诗社……"诗社成员之一的樊增祥[14]在超社第二集《樊园修禊》的序里这样概括这群德高望重的成员组成:"超社之人,最多尊宿:相国英绝领袖[15],为今晋公。乙庵包举汉唐,义兼经子。艺风[16]抗声于白傅,散元振采于西江。琅琊兄弟[17],憗遗一个;延陵父子[18],奕叶重光。京兆翰林[19],标八闽之俊;中丞给谏[20],翘三楚之英。"

超社在此第二集三月三日之后,很快于三月十八日又开了第三集,在周书模泊园咏兰;四月八日,陈三立主持第四集,饯林绍年游泰山;隔了一周来第五集,沈曾植致缪荃孙函中表达了频繁唱和竟生疲惫之感:"十五,同人集于涛园沈家湾寓馆,闻公还澄江未回。诗题为题陈弢庵《听水斋图》,不限韵。次日,同人又公请健老于樊园,集期太密,各有疲意。下次第六期,尚未定日也。"[21]

尽管如此,超社第六集还是在次月十五日举行,缪荃孙主社,主题是瞿鸿禨为其兄子潜先生鸿锡七十寿征诗。是日陈三立未与会,但事后补上一首《止庵相国为其兄子潜太守七十寿征诗》:"累世交亲叨过逢,贪从阿弟搜奇踪。政成蛮徼三十载,夜插胠几千万峰。燧影闲关脱豸虎,天机薄酒还义农。急难余味告南极,哦双白头围带松。"[22]浙江省博物馆藏陈三立手稿(续接图1):"艺风先生七十生日诗。海曲风光醉万人,养空一老独嶙峋。经神绮岁专宗郑,祭酒蛮区旧客荀。五德代兴凭铸错,六家要恉发其真。世无晁孔书谁授,榻卧羲黄道益亲。旁订吉金垂著录,自斟元气美彝伦。看看握椠掀髯座,饭熟青精九蕴醇。三立。"(图2)缪荃孙与瞿鸿禨同年生,此首应为陈三立赋诗寿缪荃孙七十,在哪次雅集上尚待考证。

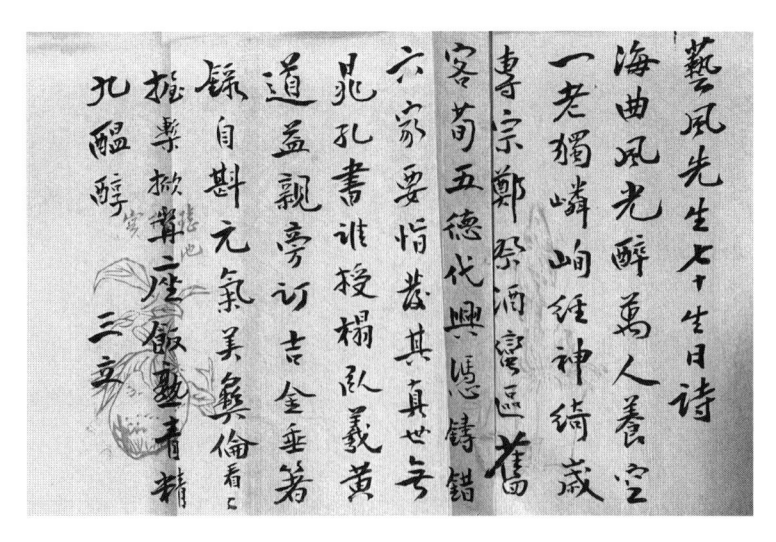

图 2　陈三立致沈曾植手札

晚清学人之诗是清初宋诗派诗学思想的发展和实践，但同时又需要将其与学术史结合起来看，是对乾嘉以后考据之学兴盛导致淑世精神减少所进行的反叛，所以要求学才识见与政治关怀的统一，这样的新宋学观才是学人之诗兴起的思想基础。沈曾植与陈三立经历了维新失败与清朝灭亡，他们对元和士人的中兴感受很深。沈曾植在《涛园记》中言："自余识君于乙丙之际，其时中兴者硕多在朝，金瓯无缺，士大夫志气昌昌，有唐元和、宋元祐观，愿其自奋于功名，学术风声，亦往往以唐宋诸贤为识志。"乙丙之际也即乙未（1895）、丙申（1896）两年，戊戌变法前后。他以今视古，将元和、元祐士风并提，诗中的情感多与政治的兴衰联系在一起。他们以一种命运悲剧的心态表示了对元和士人的社会使命感的认同。

更进一层的是，沈曾植从元祐、元和上溯学古路径至六朝，打通第三关元嘉，突破专言诗学之领域而入理学范畴，与陈衍的"三元说"大异其趣。光绪二十四年（1898）沈曾植与陈衍始相识于武昌，相见甚晚，两人同住纺纱局西院，自是常与夜谈诗。次年沈曾植与陈衍、郑孝胥论诗，倡三关、三元之说。陈衍论诗曰："盖余谓诗莫盛于三元：上元开元、中元元和、下元元祐也。……故开元、元和者，世所分唐、宋人之枢干也。"[23]

沈氏于诗主三关说，与陈衍三元说相类于融通唐宋，但着意在第三关："吾尝谓诗有元祐、元和、元嘉三关，公于前二关均已通过，但着意通第三关，自有解脱在。元嘉关如何通法，但将右军《兰亭诗》于康乐山水诗，打并一气读。……尤须时时玩味《论语皇疏》（与紫阳注止是时代之异耳）。乃能运用康乐，乃亦能运用颜光禄。……无目前境事，无唐以前人智理名句运用之，打发不开。真与俗不融，理与事相隔，遂被人呼伪题。其实非伪，只是呆六朝，非活六朝耳。凡诸学古不成，诸病皆可以呆字统之。在今日学人，当寻杜、韩树骨之本，当虚心于康乐、光禄二家（所谓字重光坚者）。康乐善用《易》，光禄长于《书》，兼经纬，经训菑畲，才大者尽客褥获。韩子因文见道，诗独不可为见道之因乎？"[24]

寐叟深通内典，倡以学理入诗，指出皇侃《论语注疏》与朱熹《四书集注》类同，两晋玄言与两宋理学"无一无异也"。诗家的树骨之本是诗人的学力，"因文见道"之道，所以要用唐以前的王羲之、皇侃等"智理名句"打开诗境，诗风与学风结合，尽心于谢康乐、颜光禄二家。又由谢、颜、杜、韩诗中看出了玄学、经学的影响，有学者讨论过"三关说"的学术史意义："从元嘉到元祐既是佛学不断中国化的过程，也是传统儒学对佛学吸收改造的过程。理学就是在这一过程中从萌芽、成长直至成熟的。三关的划分正与此接应。元嘉时期玄佛合流，也是佛学与儒学相碰撞的初期；元和时期儒佛合融，也是汉儒经学初变的时期；元祐时期儒学完成对佛学的消化，也是理学成型的时代。三个时期的诗风实质上是与三个不同的学术时代相联系的。"[25]

沈曾植的诗学重学问，是与其自身兼通的佛典之学人的身份相合，这也不可避免地带给后人难通其意的晦涩感。以学问为诗，正是宋人的拿手绝技，钱锺书在《宋诗选注》里讲："读《山谷集》好像听异乡人讲他们的方言，听他们讲得滔滔滚滚，只是不太懂。"沈曾植将清代学人以学问为诗引向更险更僻的路数，不仅学术思想深奥，而且如钱仲联在《沈曾植集校注》前言里写的"僻典奥语，层见叠出，不加详注，很难索解"。在他的诗歌里，古典诗学中的审美内涵退居其次，传统士大夫抒情言志的雅致越来越接近一种纯粹的学术趣味。"以六籍百氏叶典洞笈为之溉，而度材于绝去笔墨畦町者"，达到了"学人之诗"的巅峰，其中的晦涩连朋友们在推崇之下都带有含蓄的贬抑之味。陈衍对沈曾植说："君博极群书，治史学，西北舆地，旁究佛理。余亦喜治考据之学，除佛理余不下断语外，其实皆为人作计，无与己事。作诗尚是自己意思，自家言说。"事实上他把诗的地位看得非常高，因为诗是自己情感和抱负的表达，其他学问皆为人作计，无与己事。又，陈三立谓其诗："于学无所不窥，道箓梵笈，并皆究习。故其诗沉博奥邃，陆离斑驳，如列古鼎彝法物，对之气敛而神肃。盖硕师魁儒之绪余，一弄狡狯耳，疑不必以派别正变之说求之也。"[26]似有沈诗溢出"诗言志"之正途之意。

陈三立的诗学取径尚有由唐入宋之转变历程，已有学者研究指出[27]，陈三立早期的诗歌更近唐音。而自光绪六年（1880）起近十年间，陈三立于长沙追随王闿运[28]摹写汉魏六朝，尤重晋宋。之后五年，陈三立在张之洞、梁鼎芬等师友的影响下转向对唐宋大家杜、韩、苏、黄等人的学习，呈现宋调风貌。他的父亲陈宝箴，戊戌时做湖南巡抚。他曾帮助父亲参与戊戌维新运动，失败后绝意政治，抑塞磊落之气往往发之于诗。他写给沈曾植的扇面现藏于浙江省博物馆（图3）。

图3　陈三立致沈曾植扇面

　　余雪冠岩峦，高高水上看。笳音切云起，人语落溪残。钓稳鱼痕长，晴完雁背宽。引春文石径，梅气自生寒。（《初堂望钟山余雪》）

　　晴磴辉初服，虚楼荡醉痕。划洲如线水，卫郭落钟邨。逐鹜旗边合，群峰雪后尊。留窾窔底月，井口出啼魂。（《鸡鸣寺楼望》）寐叟大师督写句，三立。

以沈氏为代表的"同光体"诗派中人，他们对宋诗的偏爱和接受，都与晚清内忧外患之衰世相关。他们作为坚定的文化本位保守主义者，在三千年未见之大变局中，面对传统文化之根本遭到侵蚀乃至废弃的境地，悲愤交加，心路历程皆抒写于诗歌之中。他们用典繁复深奥，情感悲沉孤峭，他们所处时代和所受压力，较唐人更为复杂艰困。所以也被学者称："'同光体'只是借宋诗之旧瓶以装一己之新酒。"

在宣统帝下逊位诏的第二年，也是民国元年的春夏间，汪洛年、陈三立访沈公寓楼，洛年出示《山居图》，公嘱陈三立同赋诗。山居意象在这群遗老心中此刻别具意义，南朝谢氏康乐公作为高门士族，却因仕途遭遇排挤，由公爵降为侯爵，后甚至被逐出京师，为永嘉太守，他见仕途无望，托病回到故乡始宁。他的祖父谢玄原来居住在南山，那是他的卜居之所，叫"南居"。谢灵运就在北山别营居宅，叫"北居"，在这座面积不小于10平方千米的庄园内，他写出了他骈赋中最重要的作品——《山居赋》。

沈曾植在《余尧衢参议德配左夫人古希偕老图序》里提及"山居"意象："昔余初至此邦，尝作《山居图》寓意，以涂人为鱼鸟，阛阓为峰崎，广衢为大川，而高囱为窣堵坡。"其中"高囱"或许就是离其住处很近的发电厂烟囱。如学者所述："从沈曾植的寓所望去，不光摩登建筑，近之则断河荒苇，远之则云光海色，仍蒙蒙一片，密迩如接。沉酣于'楼望'是沈曾植迥异于其他海上流人的显著特点。……沈曾植之'游荡'上海，主要通过'楼望'达成，类似古人之'卧游''神游'，只是所游之地并非具体的山水，而是一个融合了租界、上海与中国古典（特别是佛、道）资源的'寓意'世界。"[29]

同年六月十四日，郑孝胥去看望沈曾植，沈公嘱郑孝胥也题汪洛年《山居图》。在《沈曾植集校注》内"旅居近市，郁郁不聊，春夏之交，雾晨延望，万室濛濛，如在烟海，憬然悟曰：此与峨眉山黄山云海何异？汪社耆持此图来，乃名之曰山居，约散原同赋，原先成，余用其韵"条下诸位有诗载，陈衍的原稿藏于浙江省博物馆（图4），校对后亦有多处出入，释文如下：

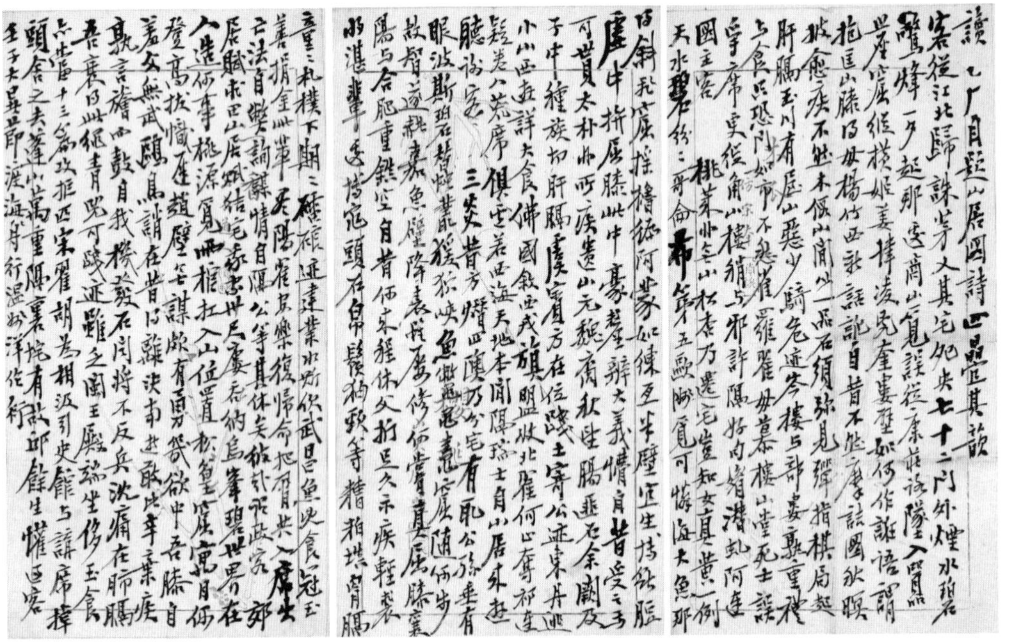

图4　陈衍致沈曾植手札

读乙厂自题《山居图》诗四叠其韵

客从江北归，诛茅义其宅。鸳鸯七十二，门外烟水碧。惊烽一夕起，那遽商山觅。误从康庄路，坠入嚣尘窟。纵横姬姜肆，凌乱奎娄壁。如何作诳语，谓抱匡山膝。得毋杨竹西，新话讹自昔。不然摩诘图，秋暝披愈疾。不然本假山，间以一品石。须弥见弹指，棋局起肝膈。玉川有屋山，恶少骑危迹。岑楼与部娄，孰重礼与食。只恐门如市，不愁雀罗翟。毋慕楼山堂，死士误争席。更从角山楼，稍与邪许隔。好句媚潜虬，阿连图主客。

桃莱非无山，松杏乃迁宅。岂知女真黄，一例天水碧。纷纷哥伦布，第五欧洲觅。可怜海大鱼，那得斜飞窟。摇橹循阿蒙，如练互半壁。宜生博断胧，虚中拼屈膝。此中豪厘辨，大义懵自昔。受之焉可贯，太朴非所疾。遗山元魏裔，秋望肠匪石。余阙及子中，种族切肝膈。虞宾方在位，践土寄公迹。东单逃小山，西游详大食。佛国叙西戎，旗盟收北瞿。何正夸祁连，疑卷八荒席。俱卢若西海，天地本间隔。瑞士自山居，来游听谢客。

三炎昔方熻，四陬乃分宅。有取公孙垂，有眼波斯碧。（良禽各自命，总总枳句觅。）蚕丛猿狖峡，鱼鳖龟鼋窟。随何步故智，遂赫嘉鱼壁。降表虽屡修，何赏真屈膝。襄阳与合肥，重镇空自昔。何来程休父，折足久示疾。轻裘收湛辈，遂博龟头石。帛须狗颈等，糟粕填胸膈。童童札朴下，期期播破迹。建业水断饮，武昌鱼叟食。冠玉善捐金，此辈尽阳雀。安乐复归命，把臂共入席。出亡法自弊，询谋情自隔。公等其休矣，彼赴诏政客。

郊居赋秋田，山居赋结宅。我家卅尺楼，吞纳鸟峰碧。世界在人造，何事桃源觅。两棺扛入山，位置松篁窟。寓目偶登高，拔帜迟赵壁。无谋颇有勇，几欲中吾膝。自羞支无武，鸥鸟诮在昔。得离决南迤，敢比辛弃疾。孰言旗而鼓，自我机发在。闻将不反兵，沉痛在肺膈。吾衰得此绳，青岘可践迹。虽乏闽王殿，端坐侈玉食。亦当十三篇，攻拒匹宋翟。胡为相汲引，史馆与讲席。掉头舍之去，蓬山万重隔。里坨有故邱，余生欢过客。壬子大暑节渡海，舟行温州洋作。衍。

陈衍在《海日楼诗集序》里提及："寐叟论诗，与散原皆薄平易，尚奥衍，寐叟尤爱烂熳。余偶作前后《月蚀》诗，寐叟喜示散原，散原袖之以去。寐叟诗多用释典，余不能悉，余《题寐叟山居图》五言古四首，寐叟亦瞠莫解，相与怪笑。寐叟短札诗稿存余所者，无虑百余通；其散见于余诗话者，不能尽也。"

《月蚀》是宋人卢仝（唐初四杰卢照邻的嫡系子孙）所作，卢也是韩孟诗派的重要人物，韩愈作为元和士人，其诗具有沈曾植甚为看重的中唐诗风。沈氏注意到《国史补》中一段关于元和文风的记载："元和以后，为文章则学奇诡于韩愈，学苦涩于樊宗师，歌行则学流荡于张籍，诗章则学矫激于孟郊，学浅切于白居易，学淫靡于元稹，俱名为元和体。大体天宝之风尚党，大历之风尚浮，贞元之风尚荡，元和之风尚怪也。"沈曾植接着说："此固当时文人相轻之论，然可与柳子厚《毛颖传后题》'不能举其辞而独大笑以为怪'语相证……"[30] 所以他也像柳宗元读到韩愈所著《毛颖传》后的那般怪笑一样对陈衍所作《山居图》实则契合妙悟，声应气求地谐谑赞许。

沈曾植对谢复园有言："韩、杜多涉理语，故以拗句出之，此不得不然者。"此为学者眼光看待韩诗在学术文化新变上的诗风特点，韩愈的《陆浑山火》和卢仝的《月蚀诗》都为韩孟诗派的代表作。通人如沈子培，竟能论韩诗曰："（《陆浑山火》）作一幅西藏曼荼罗（佛教密宗）画观。"又"从柿叶生出波澜，烘染满目，竟是《陆浑山火》缩本。吾尝论诗人兴象于画家景物感触相通。密宗神秘于中唐，吴卢画皆依为蓝本。读昌黎、昌谷诗，皆当以此意会之。颜、谢设色古雅如顾、陆，苏、陆设色如与可、伯时，同一例也"（《韩愈游青龙寺赠崔群补阙诗》）。[31] 这里面不仅有中唐佛教作为一种新兴的文化思潮渗透到中土文化后儒佛结合的走向，更有一种如沈氏这般大哲人与大学人的通感表达。这种敏锐的感受特别表现在跨领域的借喻与比兴中，在学科划分愈趋精细的今天是已然逐步丧失的通识。再如《袁昶日记》闰六月二十二日载："……乙庵谓龙门造像，其掠法竟与宋拓《洛神》同势。故于北法为近。……沈乙庵云：《郑中岳》似孟子，《张清颂》似荀卿。"[32] 在跋《国学本定武〈兰亭〉》中，沈曾植以佛教中语来比喻定武本与翻刻本之间的关系："明贤指国学为定武，诚不免转轮圣王是如来之讥。"[33] 此类真知灼见在他《海日楼札丛》卷五、卷七、卷八里有多处体现。

晚年蛰居不出的沈曾植隐于海日楼中读书，葛兆光记录的这位"中国之完人"当时的状态是："这时中国学术界给沈曾植留下的空间已经很狭窄了，除了一九一五年王国维来请教音韵，一九一六年伯希和来讨论契丹、蒙古、畏兀儿文和摩尼、婆罗门教源流，他的学问似乎没有多少用武之地，只是他那些艰奥深沉的诗歌使他在当时的中国留下诗人的盛誉。……"[34]

沈曾植以宋诗为例，指出诗歌与史学相通，"以事系日，以日系月，史例也。宋人以之治诗，而东坡、山谷、后山之情际，宾主历然，旷百世若披帷而相见。彼谓诗史，史乎史乎！"[35] 他的诗史观和"因诗见道"，都是从宋诗出但又偏离了宋诗的轨道。从他《题倪文贞公丙子秋画竹卷》中的"终身不离悔吝咎，一日不废画书诗"可看出他于辛亥后靠寄托诗画以求缓冲和解脱的心绪，而由《山居图》带来的遗老间互动与情感涟漪，又岂是鉴赏古画和书法造诣所能涵盖的！在他那不过就"吾尝论诗人兴象与画家景物感触相通"短短一语带过，只是我们"浅学"，因滞塞无知才"訾病"于他，悲哉！

注释

[1] 陆易，浙江省博物馆副研究馆员。

[2] 沈曾植（1850—1922），字子培，号乙庵，晚号寐叟，浙江嘉兴人。清光绪六年（1880）进士，官刑部主事，曾赞助康有为开强学会，后应张之洞之聘往武昌主两湖书院史席，后历任江西按察使、安徽提学使，署布政使、护理巡抚。宣统二年（1910）辞官归里。清亡后以遗老居上海。沈曾植是中国近代著名的学者，邃于旧学，经、史、诗词、音韵训诂、西北与南洋地理、佛、道、医、古代刑律、版本目录、金石书画、乐律，无不精通，被誉为"同光朝第一大师"。

[3] 超社，原名超然吟社，成立于民国二年（1913）二月二十二日，是一群清遗民在上海结成的诗社。

[4] 缪荃孙（1844—1919），字筱珊，晚号艺风老人。中国近代藏书家、校勘家、教育家、目录学家、史学家、方志学家、金石家，中国近代图书馆事业的奠基人，中国近代教育事业的先驱者之一。

[5] 陈三立（1853—1937），字伯严，号散原，江西义宁人。光绪十二年（1886）进士，官吏部主事。著有《散原精舍诗》。

[6] 涪翁，指黄庭坚（1045—1105），字鲁直，号山谷道人，晚号涪翁，北宋文学家、书法家。

[7] 西江，指"江西诗派"，宋诗流派之一。北宋末，吕本中作《江西诗社宗派图》，自黄庭坚以下，列陈师道等二十五人，以为法嗣。因黄庭坚为江西人，影响最大，故有"江西诗派"之称。

[8] 咀含玉溪，指黄庭坚曾学习李商隐的诗风，此意为曾国藩首揭，见其《读李义山集》。蜕杜甫，指黄庭坚脱胎于杜甫，此说见钱锺书《宋诗选注·黄庭坚小传》。

[9] 陈衍（1856—1937），字叔伊，一字石遗。福建侯官人。光绪八年（1882）举人。宣统时官学部主事。著有《石遗室诗话》等。

[10] 陈衍：《石遗室诗话》（上册），朝华出版社，2017，第57页。

[11] 郑孝胥（1860—1938），字苏戡，一字太夷，号海藏，福建闽侯人。光绪八年（1882）举人，曾历任广西边防大臣、安徽广东按察使、湖南布政使等，1932年任伪满洲国总理大臣兼文教总长。著有《海藏楼诗集》。

[12] 逸社，成立于民国四年（1915）正月二十五日。超社本以"超然"自诩，后被郑孝胥解读为"闻召即走"。超社同人索性将社名改为"逸"，取绝然"遗"的立场，

来表达远离政治的决心。

[13] 瞿鸿禨（1850—1918），字子玖，号止庵，晚号西岩老人，湖南善化人，同治十年（1871）进士。光绪二十三年（1897）升内阁学士，晚清曾任军机大臣。

[14] 樊增祥（1846—1931），字嘉父，号云门，又号樊山、天琴，湖北恩施人，光绪三年（1877）进士，官至江南布政使，著有《樊山全集》。

[15] 瞿鸿禨。

[16] 缪荃孙。

[17] 王仁东、王仁堪兄弟。

[18] 吴庆坻、吴士鉴父子。

[19] 林天龄、林开謩父子。

[20] 冯旭。

[21] 许全胜：《沈曾植年谱长编》，中华书局，2007，第381页。

[22] 陈三立：《散原精舍诗续集》卷上，《散原精舍诗》（下册），朝华出版社，2018，第523页。

[23] 陈衍：《石遗室诗话》（上册），朝花出版社，2017，第10页。

[24] 沈曾植：《与金甸丞太守论诗书》，黄霖、蒋凡主编《中国历代文论选新编·晚清卷》，上海教育出版社，2008，第135页。

[25] 查屏球：《"三元说"与中唐枢纽论的学术因缘》，《复旦学报（社会科学版）》，2000年第2期，第64-73页。

[26] 陈三立著，李开军校点：《散原精舍诗文集》，上海古籍出版社，2014，第1151页。

[27] 李开军：《陈三立早期诗歌写作与晚清湘鄂诗坛》，《文史哲》2015年第1期，第48-68页。

[28] 王闿运（1832—1916），湖南湘潭人，号湘绮老人。民国三年（1914）任国史馆长，近代文学家、诗评家，因极端复古被樊增祥称为"六朝人物一湘潭"。著有《五代诗选本》《祺祥故事》《湘绮楼文集》等。

[29] 潘静如：《末代士人的身份、角色与命运——清遗民文学研究》，社会科学文献出版社，2024，第79页。

[30] 沈曾植撰，钱仲联辑《海日楼札丛 海日楼题跋》，辽宁教育出版社，1998，第263页。

[31] 同上书，第264、265页。

[32] 许全胜:《沈曾植年谱长编》,中华书局,2007,第151页。

[33] 沈曾植撰,钱仲联辑《海日楼札丛 海日楼题跋》,辽宁教育出版社,1998,第389页。

[34] 葛兆光:《世间原未有斯人——沈曾植与学术史的遗忘》,《读书》1995年第9期,第64–72页。

[35] 沈曾植撰,钱仲联辑《海日楼札丛 海日楼题跋》,辽宁教育出版社,1998,第268页。

沈曾植在上海（1911—1922）住所的变迁

段永成[1]

【摘要】 辛亥革命后，上海成为晚清遗老重要的居住与活动之地。沈曾植在上海居住十年（1911—1922），这十年是其书法创作重要的时期。本文力求厘清沈曾植晚年在上海居住地的变迁，以便研究者更为立体地了解沈曾植本人的身体、心理状况以及与朋友之间的交往，从而更好地体会其书法创作。

【关键词】 沈曾植；遗老；上海；住所

20世纪上半叶，上海特别市的行政区域主要包括五大块：苏州河以北的美租界，苏州河以南的英租界、公共租界、法租界与上海县区。当时地图显示，商务印书馆在北，江南机器制造总局在南，南北大约8千米；静安寺在西，黄浦外滩在东，东西约5千米。而今，上海市包含16个区，南北约100千米，东西约60千米。

当时的上海市区，面积虽远不如现今，但其繁华程度是当时中国大多数区域所不能比拟的。辛亥革命后的上海，各种不同身份的人在上海居住：各租界的外国人、晚清遗老、革命党人以及不过问政治以书画为生的人士等。沈曾植的晚年就是在这样的区域、这样的人群中度过。1911年到1922年是沈曾植定居上海的十年，在此期间，他几次变迁住处，从住处的变迁我们可以更为清晰地看到其与友朋的交往，更细致地察觉其政治理想破灭、身体状态大不如前、经济状况每况愈下的生命状态。

沈曾植在上海活动或居住，是早在1901年前后就有的事，如斜桥旁边铁路总公司、垃圾桥公寓、寿椿里、王家树张园、新马路余庆里等他都居住过。按《海日楼家书》所说，在上海的日子就是"终日应酬、无暇握管"，天天为公事繁忙。反倒到1910年，尤其是1911年定居上海之后，沈曾植交往的选择性更强，交往的事宜更为自主，只惜身体状况不佳。

一、沈曾植在上海住所

（一）开封路正修里

宣统二年（1910）六月十八日，沈曾植再次奏请开缺，不再任安徽布政使，理由是"病久未瘥，力不从心"。到此时为止，沈曾植身体至少已经出现齿痛、头眩、便血、面肿、腰病等问题。八月一日，沈曾植到上海，王蘧常《沈曾植年谱》："秋至沪，寓开封路正修里。"[2] 沈曾植《大事偶记》："八月初一日至沪，税居修德里。"许全胜《沈曾植年谱长编》认可沈曾植所记。查1914年上海地图，开封路北侧有正修里，而无修德里，可见王蘧常《沈曾植年谱》记载无误，而是沈曾植记载有误。这是沈曾植辞官以后第一次来沪，这次在沪滞留至八月二十九日，近一月。九月七日沈曾植再次由嘉兴返回上海，住处不详（图1）。

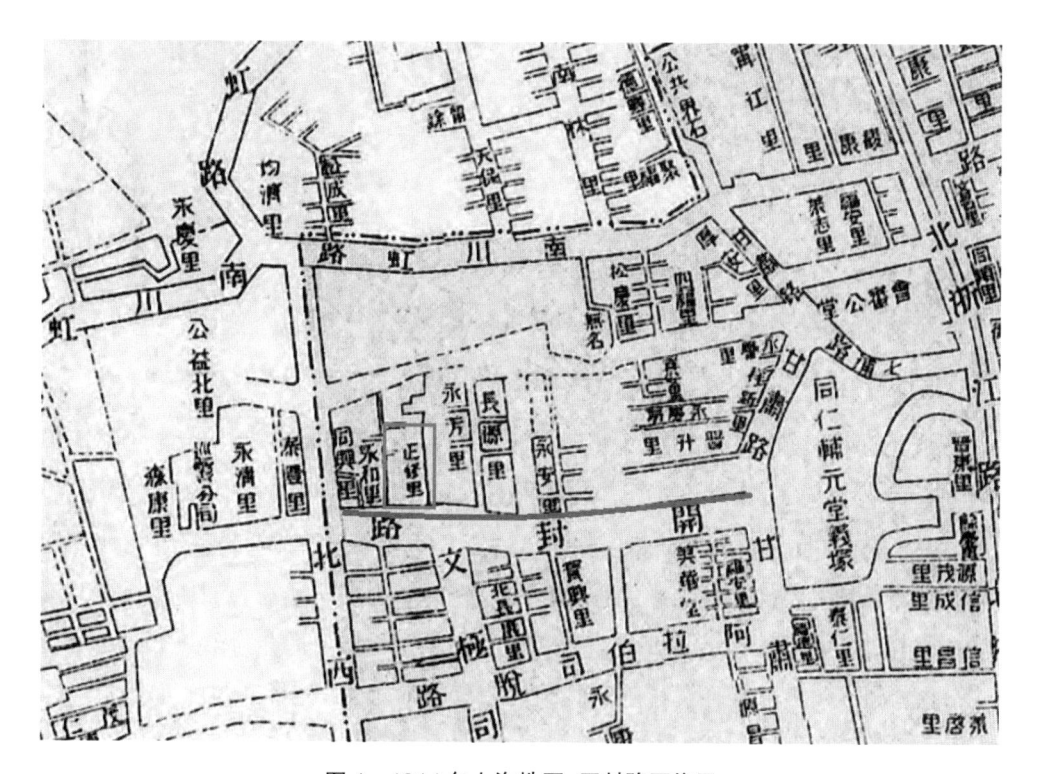

图1　1914年上海地图　开封路正修里

（二）新闻路 33 号与戈登路 33 号

1911 年四月，沈曾植弟弟沈曾樾来上海避暑，王蘧常《沈曾植年谱》："公与公弟子林至沪谊暑，寓新闸路三十三号。"[3] 而沈曾植与夫人信函是六月十二日，说："今日移寓戈登路三十三号。"许全胜认为王蘧常《沈曾植年谱》记载错误，"新闸路"应为"戈登路"。

沈曾植为当日写信，记载理应不会错误。新闸路、戈登路为两条大路，新闸路几乎贯通公共租界，东西方向；戈登路则为南北方向；两路纵横交叉大约在新闸路的中点，33 号不大可能在两路的交叉点，不至于两处记载为同一地点，所以，1911 年六月沈曾植住处应为戈登路 33 号。1909 年，戈登路设立巡捕房，门牌为戈登路 10 号。[4] 沈曾植此时住所应该距此不远（图 2）。

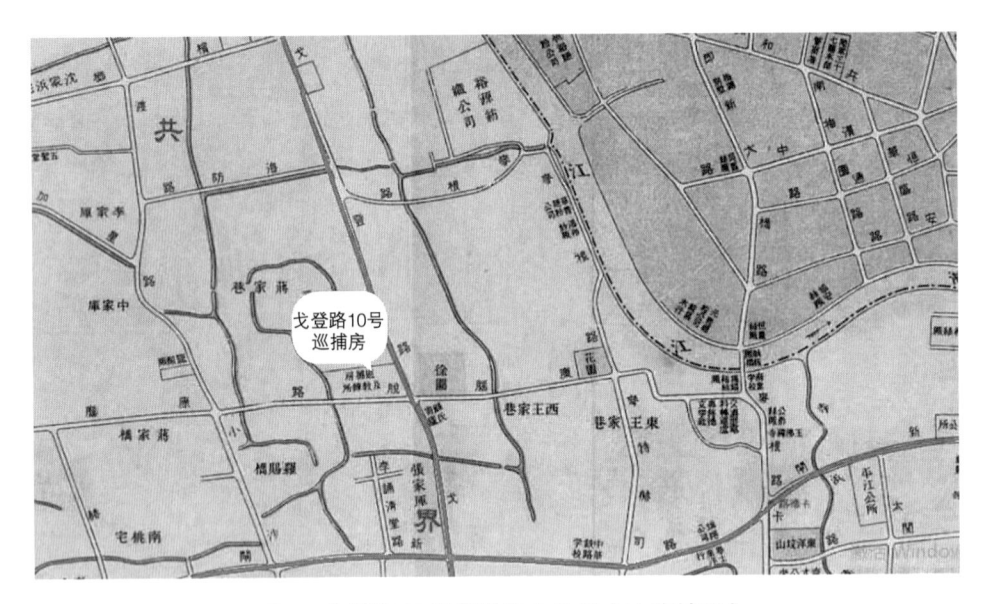

图 2　戈登路 10 号巡捕房（1918 年上海地图）

不过，王蘧常《沈曾植年谱》记载沈曾植来沪时间为四月，而此年上半年沈曾植多次往返嘉兴与上海，应该尚未定居。也有一种可能，这是沈曾植两次来沪的不同居住地点，假如真是如此，戈登路 33 号就在沈曾植 1919 年搬迁的新闸路 30 号住址附近。

不管如何，沈曾植此时要到上海居住的原因已经明确，他在与谢凤孙的信中说："愚自入夏以来，困于湿气，百病丛生，久而验之水土不服。适会封弟归来，乃定沪上贷屋避暑之计，顾不能常在沪，随时往来，以换天气而已。"而且 1911 年开始，他虽偶尔返乡嘉兴，但大部分时间在上海度过了。

（三）直隶路虹庙衖

1911年八、九月间，辛亥革命山雨欲来，嘉兴郡城守防军哗变，杭兵也将哗变，沈曾植避难于嘉兴南乡梅会里的山洞数日。事后沈曾植回到上海，并致信敦促夫人李逸静会同亲友务必在九月初四早上来沪。事实上，沈曾植这一次来沪时间为九月十四日，主要原因是兵变、浙江独立、江宁失守。《大事偶记》："辛亥九月廿□日，避沪上，税居红庙衖。"王蘧常《沈曾植年谱》："时公适患疟，闻讯力疾至沪，寓直隶路，与公弟子林同居，力图所以挽救者。"[5]

依照二人所记并结合地图，可知沈曾植记载有误，在直隶路西侧有"虹庙衖"，而非"红庙衖"。至少，到1912年四月李详来上海访沈曾植，他还住在虹庙衖，李详记载更为详细：壬子四月，沈寓在大马路（即南京路）虹庙衖对巷朝东三楼上（图3）。

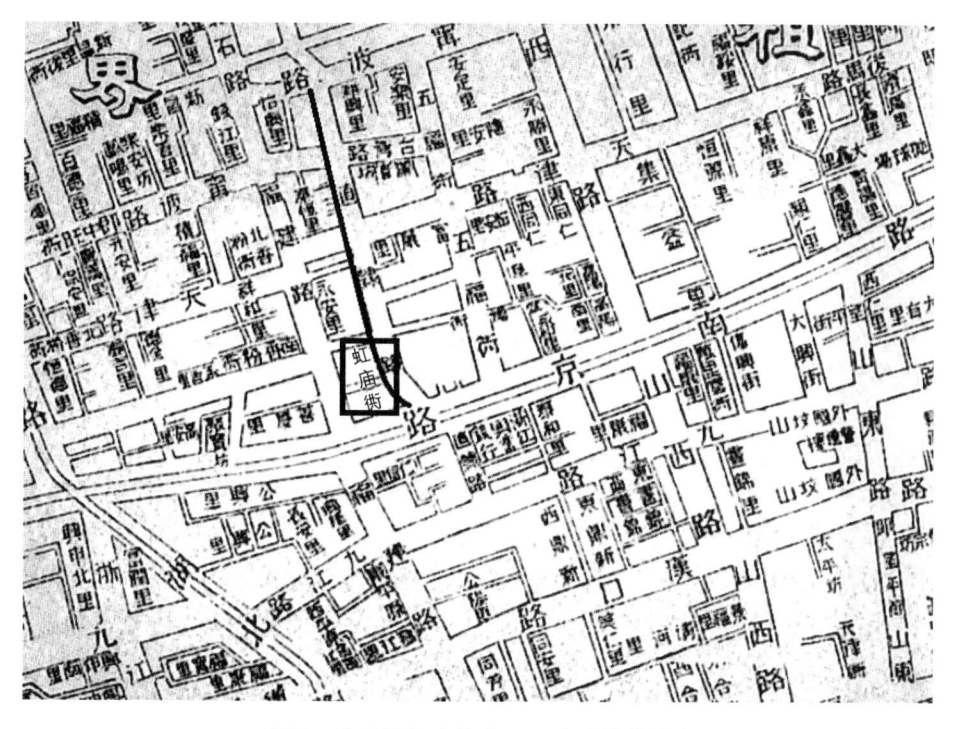

图3　直隶路虹庙衖（1911年上海地图）

在此居住的时间里，一件大事发生——1911年十二月二十五日，宣统帝下逊位诏。闻讯，沈曾植与遗老们北面而跪，并与康有为说"世受国恩，死生以之"。应该是因为此，沈曾植"闭户三月余"，且"所居极不洁"，而此时期他又多添足疾，谢绝常客。另外还有一件大事，就是1912年孔教会成立之初，沈曾植主持其事，并在此住所商议为之。

（四）麦根路 11 号与麦根路 44 号

1912 年，沈曾植《大事偶记》："壬子七月，自红庙迁居麦根路十一号。"李详《学制斋文钞》："癸丑二月，余就刘聚卿馆于上海戈登路（现为海宁路），先生寓麦根路杉板桥堍朝西楼上，相距数牛鸣地。"这个地址会更准确。

1914 年，沈曾植《大事偶记》："甲寅十月，移居麦根路四十四号。"《郑孝胥日记》12 月 29 日（十一月十三日）记："过子培，适移居四十四号。"王蘧常《沈曾植年谱》记载十二月移居。按沈曾植《与吴庆坻书》说是去月十三移居，并说移居次日即病倒，描述详尽。结合而论，郑孝胥记载应该不差，移居时间当为 1914 年十一月十三日。刘承干《求恕斋日记》记载正月"至麦根路舢板厂隔壁沈子培方伯家"。

这两次搬迁，时间间隔两年，从门牌看，搬迁的距离并不远。根据 1911 年地图，麦根路是两条呈直角的路段相接：一段靠近苏州河，与新大桥紧邻，即现在的康定东路位置；另一段更长一些，紧挨苏州河，并与戈登路相接，与戈登路相接的一部分现在称淮安路，两段在康脑脱路处相接。

沈曾植的住处，李详记载是"杉板桥堍"，而刘承干记载是"汕板厂"，而从 1918 年上海租界分区地图看，原来"新大桥"被命名为"舢板厂桥"，"杉""汕""舢"读音相同或相近。而靠近舢板厂桥 200 米左右，麦根路上有"专修德文学社"，据 1917 年《申报》，"专修德文学社"门牌号为 32 号，与 44 号应该相距不远。所以推测他们所记应该是同一个地方——舢板厂桥，就像"虹庙"被记录成"红庙"一样（图 4）。

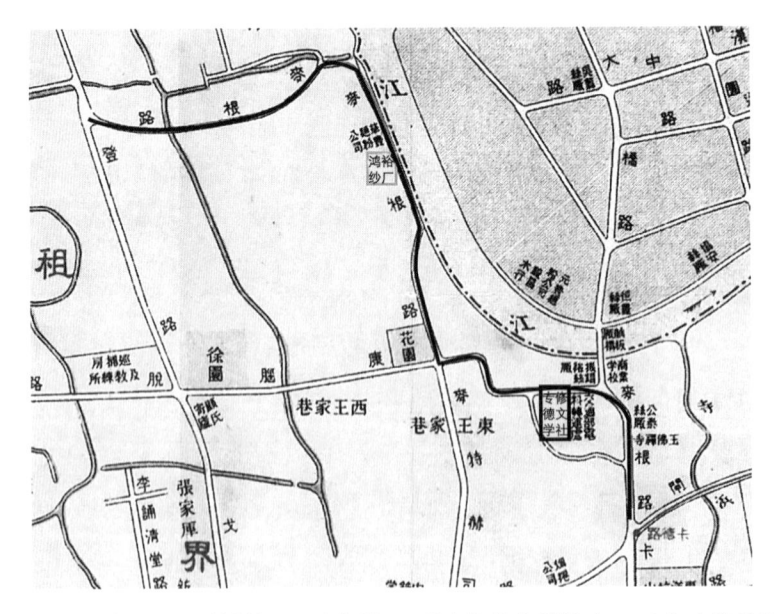

图 4　麦根路 491 号鸿裕纱厂及麦根路 32 号专修德文学社（1918 年上海地图）

又，李详描述两人住处刘聚卿与沈曾植寓"相距数牛鸣地"。刘聚卿即刘世珩，与沈曾植有交往，以刻书藏书名世。1913年以后不再过问政治，在戈登路靠近今玉佛禅寺的地方建"楚园"，即现在江宁路与安远路交叉处，位置比较确切。楚园到舢板厂桥不到两公里，与李详描述不差。所以，沈曾植住所麦根路11号与44号大概都在"专修德文学社"附近，也就是现在的康定东路归仁里区域。

在这两处居住时，遗老们超社的雅集已经陆续开始。有沈曾植、缪荃孙、吴庆坻、瞿鸿禨、陈三立、沈庆瑜等人。

（五）威海卫路210号

1918年十月，《罗振玉致王国维札》："乙老寓址是否威海卫路二百一十号，祈示之为荷。"[6] 王蘧常《沈曾植年谱》记："秋，移居威海卫路二百一十号，题寓楼曰谷隐，自号谷隐居士。"[7] 刘承干《求恕斋日记》也记载"至威海卫路沈子培处"。可见《艺风老人日记》记载为山海关路，应该有误。

1930年下半年，李孤帆、盛丕华等筹建中社，以改进社会为宗旨，徐志摩也是其中一员。12月30日，《申报》将"中社"位置说得比较明确：威海卫路150号，在慕尔鸣路之西。1904年，狄葆贤在上海创办有正书局，以精印书画碑帖而闻名，在威海卫路同孚路口设有印刷所，门牌为309号。于是，我们大致能推测沈曾植寓所威海卫路210号的大致位置就在慕尔鸣路与同孚路之间（图5）。

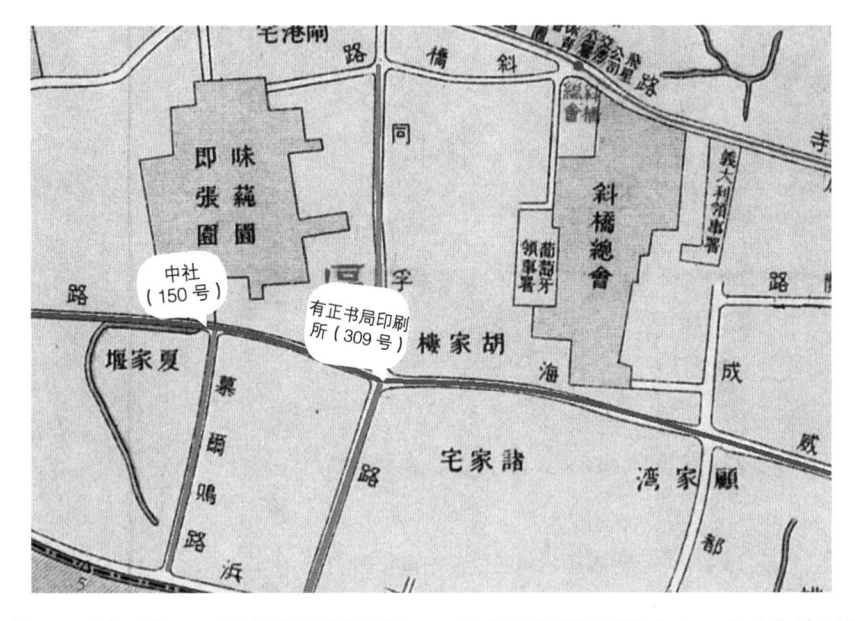

图5　威海卫路150号中社及威海卫路309号有正书局印刷所（1918年上海地图）

不知沈曾植这次为什么要迁居，但可以明确知道，他对这一次迁居非常不满意，他在《与罗振玉书》中说："新居如在鐢谷中，坐井观天，名之曰井谷，不复得海日楼矣。"而且在迁居前后一段时间中，沈曾植身体状况极为不佳，很少动笔作书。1917年九月，《罗振玉致王国维札》说"乙老久不答弟书"，1918年正月，《与罗振玉书》说"归后得小诗一首，久欲写寄，苦无好怀，握管中止屡矣"，二月《与梁鼎芬书》说"欲作书，手战竟不能握管也"，八月《与沈曾桐书》说"不能观书，亦不能握管"，直至十一月，还告诉谢凤孙"久不作书"。

（六）新闸路30号

1919年七月五日，《王国维致罗振玉书》："乙老已迁，明日迁新闸路三十号。"当日的记忆应该不会有差错。[8] 所以王蘧常《沈曾植年谱》记载沈曾植移居新闸路91号当是有误。而李详《学制斋文钞》记录更为准确："（沈）后再移居麦根路西、又移居威海卫路，终于新闸路辛家花园西坐南朝北宅内。"辛家花园为盛宣怀1911年购得，并在园中建西式楼房，位处新闸路泰兴路。泰兴路原称"麦特赫司脱路"，南起张园，北接麦根路。辛家花园就在此路与新闸路的交叉口，也就是沈曾植此时的借住地（图6）。

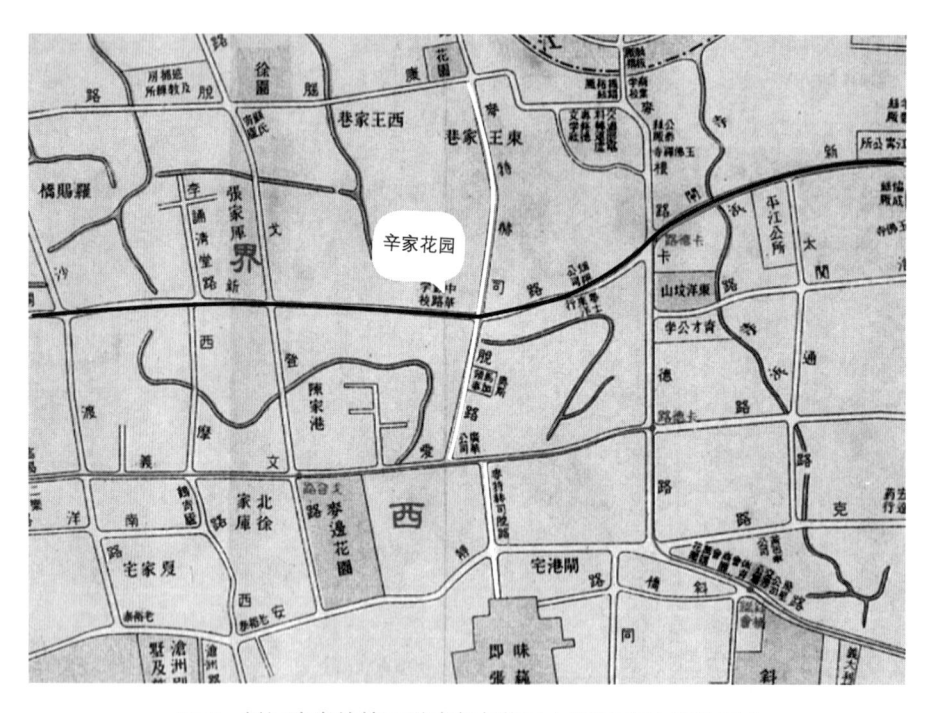

图6　新闸路麦特赫司脱路辛家花园（1918年上海地图）

二、沈曾植住所变迁图与问题延展

我们可以根据沈曾植住居地描画出地址变迁图：1910 年沈曾植刚来上海时，居住在美租界；1911 年移居到公共租界，居住时间为大概一年，这段时间偶尔还来往上海与嘉兴；1912 年又转移到英租界，居住两年；1914 年后沈曾植重新回到公共租界居住，直至离开人世。

沈曾植在上海移居频繁，而且住所逐渐向沪西转移，经济可能是主要原因，因为相对美英租界，沪西的公共租界开发较晚，房费相对便宜。早在 1906 年，沈曾植与夫人家书，就说起上海的房租与伙食费用高昂，说"饭费之昂，一礼拜至二百元，凡住两礼拜，用四百元"。到上海定居之后，经济状况与其他遗老一样，较为拮据。这在王国维与罗振玉的通信中能够察觉，而且随着时间的推移，经济每况愈下。1918 年八月，《罗振玉与王国维札》中就说"公之生计，亟待筹画。乙函之言，令人惨戚"。1919 年开始有向人借款的记录，到 1920 年，沈曾植直接向罗振玉表露债务累累并寻求帮助。当然还有一个原因，就是在上海的遗老们住在公共租界的居多。

沈曾植在上海定居期间，活动主要分两部分：一是前期的政治与文学活动，遗老们常在静安寺、愚园、张园、樊园或是某遗老寓所集聚，创建孔教会、超社、逸社等组织，此时沈曾植的身份为孔教会的发起者、超社的主持者之一、上海复辟运动的积极分子，而其居住地距离遗老们的住处及集会的地点一般不超过两千米，为集会与遗老们你来我往提供了便利；二是王国维 1916 年从日本回上海并定居，住处就在爱文义路上距哈同花园不远处，与沈曾植几处住址相距最近几百米，最远不到两千米，再加上王国维是好友罗振玉介绍相识，二人交往特别多且特别亲近；而且可以说，沈曾植后来的大字书法创作、鬻书、晚年的书法观念、买画卖画卖书等都与王国维直接关联。从此时尤其是张勋复辟失败以后开始，沈曾植与书画鉴赏、书画交易、书籍交易等相关的交往渐渐增多。李瑞清、曾熙、吴昌硕、谭延闿等人居住在美租界，李瑞清因与谭延闿、曾熙交往甚密，也常常到公共租界与遗老们集会，但多为联络感情或与政治有关；吴昌硕与沈曾植在书画诗词唱和方面有交流，但不多且言辞客气。大概在张勋复辟失败之后，沈曾植与谭延闿、曾熙开始有一些接触，与吴昌硕的集会也逐渐多一些，书画也是主要的话题。

当然，沈曾植在上海的住所与朋友们的住所远近，与他们之间的交往有着重要的关联，之后再撰文详述。

注释

[1] 段永成,湖南衡阳人。西南大学硕士、中国艺术研究院博士,现为广东技术师范大学美术学院副教授、硕士生导师,中国书法家协会会员。

[2] 王蘧常:《沈寐叟年谱》,台湾商务印书馆,1977,第56页。

[3] 同上书,第57页。

[4] 《上海租界志》编纂委员会编:《上海租界志》,上海社会科学院出版社,2001,第250页。

[5] 王蘧常:《沈寐叟年谱》,台湾商务印书馆,1977,第57页。

[6] 王庆祥、萧立文校注:《罗振玉王国维往来书信》,东方出版社,2000,第423页。后罗振玉又复函王国维,言"威海卫路不妨踪迹稍疏,但不可遽绝迹耳",这是对王国维的劝说,但也表明沈曾植此时住址确切。

[7] 王蘧常:《沈寐叟年谱》,台湾商务印书馆,1977,第71页。

[8] 王庆祥、萧立文校注:《罗振玉王国维往来书信》,东方出版社,2000,第465页。

沈曾植旧藏《文饮图》研究

陈荣军[1]

【摘要】明代早期嘉兴画家姚绶书画皆精,沈曾植旧藏《文饮图》是姚绶的存世杰作之一。画作题跋与鉴藏印章,为揭示画作内容与收藏家的鉴藏趣味提供了依据。沈曾植收藏此画后,曾请梁鼎芬、陈三立、余肇康题跋。鉴藏印章和画卷题签显示项元汴、徐熙、费念慈在沈曾植之前曾收藏此画。通过对《文饮图》及其题跋的研究,结合沈曾植画跋的相关内容,可知沈曾植在绘画鉴藏方面学养深厚,堪称一代名家,其绘画鉴藏名声不显,系被书法名声所掩盖。

【关键词】沈曾植;文饮图;绘画;鉴藏

2022年9月29日,《盛世修典——中国历代绘画大系成果展》在中国国家博物馆开展。展览中展出明代嘉兴画家姚绶的作品15幅,具体情况如下:

名称	藏地	材质色彩	尺寸(高×宽)
文饮图	美国大都会艺术博物馆	纸本水墨	23.3cm×77.2cm
松枝图	安徽博物院	纸本水墨	36.4cm×61.3cm
竹石图	故宫博物院	纸本设色	151.5cm×57.0cm
绿树茅堂图	故宫博物院	纸本设色	42.7cm×57.0cm
僧院清风图	辽宁省博物馆	纸本水墨	105.0cm×33.5cm
竹石图	上海博物馆	纸本设色	42.7cm×57.0cm
古木清风图	上海博物馆	纸本水墨	114.7cm×29.5cm
林下独坐图	上海博物馆	纸本设色	115.5cm×30.8cm

续 表

名称	藏地	材质色彩	尺寸（高×宽）
秋江渔隐图	故宫博物院	纸本设色	126.7cm×59.0cm
竹石图	故宫博物院	纸本水墨	120.0cm×31.8cm
竹石图	首都博物馆	纸本水墨	113.0cm×34.2cm
墨竹图	辽宁省博物馆	纸本水墨	116.5cm×32.6cm
三绝（十八开）	上海博物馆	纸本设色	31.0cm×48.3cm／幅
竹石图	上海博物馆	纸本设色	140.5cm×31.6cm
上清秋色图	故宫博物院	纸本设色	21.5cm×19.2cm

这些画作，都收在《明画全集》第三卷第三册中。姚绶的传世画作，佘城《中国古代画家存世作品概览》记载有49幅[2]，本次展出作品已近姚绶传世作品的三分之一。策展团队精心选取的作品，当能代表姚绶的绘画风格，为我们对姚绶展开研究提供了较好的基础材料。这些作品中，较为重要的是《文饮图》（图1），这幅画明代由项元汴天籁阁收藏，清末由沈曾植收藏，后由美国收藏家顾洛阜捐赠给美国大都会艺术博物馆。在这些鉴藏家中，沈曾植的鉴藏最为重要，他本人曾有题跋，还请梁鼎芬、陈三立、余肇康三人在画上题有长跋。

图1 姚绶《文饮图》

一、姚绶和《文饮图》

姚绶（1422—1495），字公绶，号谷庵，又号云东、仙痴、丹丘生、谷庵子、云东逸史、兰台逸叟、天田老农，室名丹丘室、云东仙馆、紫霞碧月山馆、玄同轩，浙江嘉善人，明代书画家。

明代韩昂《图绘宝鉴续编》：

> 姚绶，字公绶，号云东逸史，浙人，由进士仕至监察御史。有晋人风致，早

年挂冠，优游泉石。画法吴仲圭，三绝之亚擘。成图或售于人，遂厚价返收之，其自重如此。[3]

孙鞱《中国画家大辞典》：

> 姚黼，嘉善人，字廷章，号松云，性嗜古，富藏储。筑室数楹，列鼎彝金石法书名画，优游自乐，人以可闲先生称之。工诗，善画山水。
>
> 姚绶，黼子，字公绶，号谷庵，又号云东逸史。天顺中，赐进士。成化初为永宁郡守。解官归，筑室曰丹丘，啸咏其中，人称丹丘先生。工诗，善书画。书法眉山，画山水，法吴仲圭，得古意。小景好作沙坳水曲，孤钓独吟。其阔幅，重林远汀，着四五渔船而已。喜临摹，尝临赵松雪、王叔明二家，墨气皴染，皆妙。间写梅道人竹石，亦潇洒可爱。所作或售于人，必厚价返收之，其自重如此。[4]

《文饮图卷》，纸本水墨，纵 23.3 厘米，横 77.2 厘米，现藏于美国大都会艺术博物馆。题于姚绶画作《文饮图》卷后，序部分以楷书，诗部分以行草书。图首先映入眼帘的是一河两岸式的构图，岸边长着几棵树木，三个人在岸边饮酒聚会，图中墨色苍润，用笔苍劲简逸，水墨清润，艺术境界清幽旷远。

姚绶的画作记载不多见，朱省斋《省斋读画记》记载过一幅，篇幅不长，兹抄录在此供参考：

> 姚云东《都门别意图》卷，原系盛氏思补斋故物，前年盛氏后人在港展览其先人旧藏书画，辱承不弃，宠邀襄助其事，余于其所陈列之三十九画卷中独赏是卷，因以旧藏沈石田小轴相易；事后为叶遐翁所闻，一再索观，并为题跋于上，亦可见其重视。是卷纸本，长三尺余，高八寸许，画山水人物，设色淡雅，笔意超逸，极醇厚拙朴之趣。引首"都门别意"四字篆书，王璲题，骏驶回翔，游行自如。画后云东题诗云：
>
> 都门留别意，半是汗淋漓；纵有红亭酒，争如白雪词。
>
> 晚山何渺渺，春树却离离；索和聊乘兴，吴城重可期。
>
> 又马瓛一题，书法清妙，笔力遒劲。案是卷尝见《穰梨馆过眼录》[5]著录，盖云东传世杰作之一也。[6]

姚绶的画法，师法吴镇，吴镇又是"元四家"中唯一的嘉兴人。

关于山水画发展史，明代王世贞《弇州山人四部稿》云：

> 山水至大、小李一变也；荆关董巨又一变也；李成、范宽又一变也；刘李马夏又一变也；大痴、黄鹤又一变也。[7]

傅申有过更为简明的论述：

> 山水画在唐代渐渐脱离人物和宗教画，开始独立成长，其中以李思训的青绿金碧山水和王维的水墨山水对后世影响最大，形成了后世所谓南北二宗的雏形。五代时以北方的荆浩、关仝和南方的董源、巨然为主；北宋以李成、范宽、郭熙三家为主，而李唐传范宽一系，至南宋发展为马夏一派。董巨派在宋代发展有限，只有米芾父子发展出云山一脉。在南宋只有江参（贯道）独撑门面而已。但到了元代，自高克恭、赵孟頫以下的元季四家——黄公望、吴镇、倪瓒和王蒙都是董巨一派的画家。明代的山水，以宗董巨、元四家的吴派与宗尚马远、夏圭的浙派对立，清代则全是效仿元四家的"四王"的天下。即使是明清之际的以四僧为代表的个性画派，也落在董巨派的南宗范畴之内。[8]

大痴指黄公望，黄鹤指王蒙，他们和倪瓒、吴镇并称"元四家"。上引论述，虽然时代不同，但论述方式接近，就是通过开列名单，揭示绘画发展史的脉络。我称之为"绘画史上的大名单"，大名单固然重要，但是在这些名单之外的画家一样需要重视。姚绶作为明代早期嘉兴地区画家的杰出代表，他的画作承上启下，他上承"元四家"，下开"吴派"先声，实在是一位极重要的人物，需要深入研究。

二、《文饮图》的题跋与鉴藏

《文饮图》曾著录于翁万戈《美国顾洛阜藏中国历代书画名迹精选》[9]。画作上有姚绶自题，在姚绶自题后面，还有梁鼎芬、陈三立、余肇康三段题跋。

（一）姚绶自题

卷首姚绶自书"文饮"二字隶书，签"云东逸史隶古"，钤有三方印章："赐进士"白文长椭圆印，"云东逸史"白文方印，"姚氏公绶"白文方印，然后就是画作，接着画作的另纸，姚绶行楷书"文字饮诗序"，继之以"诗"，序首自钤"大云"白文方印及"沧江虹月"白文长方印，其辞如下：

> 饮以文字，言非涵酒也，涵则侧矣。起舞号呶叫呼，有酗德之肆，无令仪之

将，谓之文字不可也。或者曰：人畏酒过，可以无饮乎？余曰：燕宾客先王所不废者，可无饮哉？故于酒也，有诰有抑，诗有监之，立史之佐，有百拜成礼，皆俾人将之以德焉。余自成化戊子罢秩，来田间林下将二十年，于今客每过从，辄具酒脯蔬果，于所谓仙村亭座，有能赋者饮，间则抽毫进楮，抚时即物，随其所适，相与赋咏，长篇短章，古调近体，在所不拘，意则多寓山林风景、琴弈钓游之事。予窃附名其间，因欲托之以贻不朽，政以纪圣世能容樗散叨享太平如此也。世药主者钱君时望数来就饮，携卧轴需识，所作自今始，余因题之曰"文字饮"。夫文字之在两间，经传子史，纪载著述，巨细久近，不可缺者，岂小补耶！于饮而必先之，以此俾人，人知余辈为主，若宾终日乐饮，盖非韩愈所讥不解文字者。乙巳四月廿八日姚绶书。

诗

山林有真乐，任真可得之。客气苟未除，深愧从荒诗。诗中抑戒什，饮以德将之。嗤快濡首者，沉洗命奚为。陶潜刘伯伶，托焉以逃之。吾辈生治朝，习肯日熙熙。咏歌愿屡丰，斗酒常相持。酒中有至趣，醒者安得知。小鸟鸣不住，山花开莫迟。明日还看来，花已不在枝。所以古贤达，为乐当及时。

逸史。

酬余此篇不觉重，一之字虽重，古人皆然。

需要注意是"沧江虹月"印。"沧江虹月"是姚绶泛游吴越之间所乘的船的名字，也是明代关于书画船的较早记载。傅申曾有论述：

> 明代有一位书画家姚公绶，在船上没事干，就写了一首诗，并记曰"书于荇门泊舟处"。其中有"舟中赖此能消日，半匹溪藤意趣多"。溪藤就是宣纸。在姚公绶的很多印中，"沧江虹月"就是用了米元章的典故，至少刻过两方印。他在舟中也喜欢做书画诗文等事情。《长安夜发》最后一行"云东逸史坐虹月舟中书付仲子旦"，说明是写给他第二个儿子，在虹月舟这条船上写的。"虹月舟"的名称，当然是来自黄山谷的诗句："沧江静夜虹贯月，定是米家书画船。"这是姚公绶的画，中间有一片空阔的水，一定是画江南。[10]

江南地区水网纵横，乘船出行较为便捷，我们有理由相信，姚绶很多的书画作品就是在"沧江虹月舟"上完成的。姚绶在舟中作书绘画的记载，印证了书画船在中国书画史上的重要作用，傅申说：

这种"流动的画室"不但与一般固定在陆地上的画室大不相同，而且在中国地理、古代水上交通和文人士大夫生活形态改变之后，它就不复存在了。这是一种独特的文人书画创作环境，这种舟行赏景的经验成就了许多描绘江行所见的山水长卷，于是我将中国的手卷形式的山水画分成两种：一种是描绘崇山峻岭、小径行人或以驻马代步，小画水面者，称之为"山行山水"；一种是"江行山水"，凡手卷画中有行船，以水道、江河、湖面贯穿全卷的山水皆属这一类，包括董元《潇湘图》、黄公望《富春山居图》、米友仁和董其昌《潇湘白云图》、程正揆《江山卧游图》等，这些作品虽不一定在船上所作，但是都与船上赏景构思有关。[11]

（二）梁鼎芬题跋

梁鼎芬（1859—1919），所作跋为五言古风，赠"乙厂同年"，署"丙午三月二十六日"（1906年4月19日），一印"鼎芬"白文方印，题前一印"静学斋"朱文方印。其辞如下：

> 三客不知谁，逃荣媚山腹。草木发灵气，亲炙若已熟。初安迁叟壶，徐被屈子服。文酒都有意，兹社世永独。徘徊夕阳多，偃仰一邱足。

> 同年今余几，昔栖东花东。惊世双井皤（谓鲜），绝代龟溪翁。三人各有短，亦有长相同。而我不自检，最先返蒿蓬。后来头陀寺，游衍于其中。分合时有之，死生谁能穷。且证金溪学，此会不匆匆。

> 蒿红西蟊印，到眼此人无。梦断桃花坞，书画乃弃渠。陶斋游海外，今夜何处居？若忆胆巴碑，泪寄苏门庐。闻君曾三宿，念此当何如？

> 庐山不世情，喜我四五至。风携陈（三立）易（顺鼎）手，拭吴三桂字。湖风生水力，洲花阻春寐。今来花已尽，好句不得试。千怀闭一窝，未释敢独醉。

> 入山恨不高，入海恨不深。何年遂偕隐，亲启青瑶琴。冷落麟豹姿，清疏鸾鹤音。披图从此瘅，世事不复斟。微闻数点雨，摘入千载心。

> 乙厂同年。鼎芬。丙午三月二十六日。

（三）陈三立题跋

陈三立（1853—1937），所作跋为七言古风，署"丙午四月（1906年4月24日—5月22日）携此卷入西山崝庐为乙公题句"，一印"三立"白文方印。其辞如下：

十牛鸣地悬奥区，续续岫岭衔舳舻。泼墨苍林荫古色，丑枝尽靡云气粗。世间真有仙村在，著此二三山泽癯。搜搅怪迁吐光景，野服污酒闲投壶。有托而逃适已适，定忘汉魏游黄虞。我返西山数椽屋，陂长窿暝聊可摹。枫根命酌亦径醉，但见素侣相嬉娱。樵老牧儿踯躅下，挽绳弛担同朽株。絮语城中顷构难，变起仓卒骇汗趋。杯酒争言易与耳，县尹颈血凝盘盂。人声雨声乱白昼，祆庙一炬天模糊。流传里耳杂真滥，刺入肝膈增微吁。却念使君好腰脚，追陪尊俎奔泥涂。空卷安施嗫不得，举足左右成贤愚。逼处险巇古未有，坐对官烛掀髭须。猥出画本指胜地，万态弄眼宁关渠。公手浊醪腹诗书，把臂荒伦真吾徒。老藤挂石蛇所都，沸蜩木末听笙竽。摆落胠尾扬轻裾，亭子誓索魑魅居。强公同忧缓须臾，驮醉更俟宗武扶。溪风浴笔满意绪，扫尽百道松声无。

丙午四月携此卷入西山靖庐为乙公题句。三立。

（四）余肇康题跋

余肇康（1855—1931），所作跋为五言古风，后注"乙厂同年出姚云东《文饮图》索题，余方镌秩归田，与云东略同。舟中率成，不足言诗，时光绪三十二年四月（1906年4月24日—5月22日）。肇康"。诗首钤"敏斋"白文长方印，署名下二印，"余"朱文长方印，"肇康"白文长方印。其辞如下：

白云满空山，中有三人在。三人各异趣，抱膝如有待。有酒醉不辞，有文穷不悔。上思思万古，下思思千载。文奇酒亦奇，一以付醹醹。江城微雨过，群葩半破蕾。沈侯不速来，豪气生湖海。开图快一读，辄思百里宰。颈项斫者谁，毋乃祆神绐。提刑愧莫言，自合士师罪。重为山灵笑，去去若将浼，一语谂使君，山移判不改。

乙厂同年出姚云东《文饮图》索题，余方镌秩归田，与云东略同，舟中率成，不足言诗，时光绪三十二年四月。肇康。

（五）鉴藏印鉴

画作及姚绶自题处有项元汴收藏印十二方：天籁阁、墨林山人、子京所藏、檇李、子京父印、项元汴印、项墨林鉴赏章、净因庵主、子孙世昌、宫保世家、虚朗斋，另有一印半面可见"墨林"二字。

顾洛阜收藏印三方：汉光阁主顾洛阜鉴藏中国古代书画章、顾洛阜、汉光阁。

其他鉴藏印：画作左下角有"意斋"印，出处待查考。姚绶自题引首处中间有"西蠡经眼"印，为清代书法家、藏书家费念慈（1855—1905）的印鉴。

梁鼎芬、余肇康题跋中提到的"乙厂同年"，陈三立题跋中的"乙公"，都是指沈曾植，沈曾植收藏此画后，请三人题跋，时间上也非常近，梁鼎芬的题跋时间是1906年三月，陈三立、余肇康的是1906年四月。梁鼎芬题跋中云"鴽红西蠡印，到眼此人无"，也指明费念慈已经去世。

《美国顾洛阜藏中国历书画名迹精选》中提到画作前有卷签，内容如下：

> 云东逸史书画卷 光绪己丑十月古吴翰卿氏心藏，陆恢题。[12]

钤有"廉夫"白文方印。陆恢是清末苏州人，《清民两代金石书画史》有记载。[13] 据题签，与陆恢同时代的"古吴翰卿氏"曾收藏过此画。查考之后，我们认为此人应该就是徐熙。徐熙，字翰卿，号斗庐、斗庐子，吴县人。[14] 克承家学，精鉴别，工篆刻。徐熙之父徐康，见于《中国画家大辞典》[15]。徐熙的生卒年待考证，他主要活动于19世纪晚期，从事古董、书画鉴藏与交易。吴大澂曾从他处购得多件藏品。[16] 仲威在《聚散本相因，离情自悲怅——观〈吴大澂致徐熙手札〉有感》一文中指出，吴大澂致徐熙的手札，写作时间在光绪十年（1884）后、中日甲午战争（1894）之前的十年间。[17] 本卷题签中的"光绪己丑"为光绪十五年（1889），正是徐熙书画交易的活跃期。

至迟在1889年，此画就已经在徐熙手中，而费念慈亦曾钤印收藏。徐熙与费念慈交集颇多，吴大澂致徐熙手札第六通：

> 黄小松司马《嵩洛访碑图册》昨已临毕，乞转交屺怀太史，并为道谢……棘人吴大澂稽颡。[18]

信中提到的屺怀太史就是费念慈，吴氏托徐熙转交的黄易《嵩洛访碑图册》，是费氏藏品。吴大澂的信札中有记述。

第九通：

> 然小松之《嵩洛访碑》廿四开竟为费屺怀所得，鄙人自忖亦可知足矣。[19]

第二十二通：

> 《嵩洛访碑图》为费屺怀得去，竟不获一见，因拟自画《访碑图》三十二页，每页后附书考据一页，共成六十四页，可装四册……日画一开，现已成七幅，重阳前计可告竣，他日流传海内，欲与小松司马相抗衡也，一笑。[20]

信札顺序,当是第九通、第二十二通在前,吴大澂也参与了《嵩洛访碑图》的竞购,图为费念慈所得,按第二十二通的内容,吴氏想一睹画作内容而不得,转而自画《访碑图》,但第六通信札表明,吴氏已从费氏处借得此画临摹,又托徐熙转交,徐熙或有可能从中周旋促成此事。

费念慈从徐熙手中获得《文饮图》,时间范围应当就在1889年到1905年之间。费氏去世后,1906年,画作又到了沈曾植处。沈氏之后,画作的最后一位藏家是顾洛阜。

目前可考的递藏过程如下:项元汴—徐熙—费念慈—沈曾植—顾洛阜。

三、沈曾植的绘画鉴藏

沈曾植书法综合诸家,自成一格,一直受到学者们的关注,他的碑帖题跋,戴家妙《〈寐叟题跋〉研究》已经作了充分和深入的研究。[21] 沈曾植书法作品传世较多,绘画作品并不多见,嘉兴博物馆就藏有他的《风雪山林图》。[22] 而对于沈曾植绘画鉴藏及题跋研究,还有工作可以继续深入。沈曾植收藏《文饮图》后,自己也曾题跋,内容如下:

> 项墨林收藏。姚际恒《好古堂书画记》著录,品云:"树竹苍郁,法梅道人,字法赵吴兴。甚精。"[23]

沈氏题跋今不见于画卷,但内容极为重要。首先是指出此画曾经为项元汴天籁阁收藏,前文指出,项元汴在画作盖有收藏印十二方,沈氏求题签三人当然是见得到的,但并未引起他们的关注,反而是同时代的费念慈的一印更引人注目。而沈曾植作为嘉兴人,对自己家乡的这位先贤肯定是了解的,所以在题跋中特别指出。《文饮图》作者姚绶是嘉兴人,画作又曾在项元汴、沈曾植两位嘉兴人手中递藏,此画的重要意义不言而喻。其次,沈氏在题跋中引用姚际恒的话,也值得重视。姚绶画法承继吴镇(仲圭),没有异说。书法赵吴兴,即赵孟頫,跟记载中的"书法眉山",也就是苏轼,有点差异。细究此作中姚氏书法,一眼就可看出学赵孟頫的痕迹,可见姚际恒的说法有可取之处,沈氏摘录姚际恒的说法,自然也是同意此说。"书法眉山"之说,由来已久,也不宜轻易加以否定,需要查考更多的姚绶的书法作品来加以阐释,拟待他文再考。

沈曾植收藏书画,数量并不少,而且多有题跋,考察这些题跋,可见沈氏对于绘画的鉴藏趣味与研究结论。下文我们就沈氏《海日楼书画题跋》中"画跋"部分进行初步的讨论，沈氏画跋主要有以下几个方面的内容。

（一）画作鉴定

李咸熙烟峰行旅图跋：

>《广川画跋》题李成熙画，语意殆谓王氏所藏为摹本，而临摹之美，可据以推度真迹也。此幅余据《宣和谱》定为《烟峰行旅图》，元人摹本，假令香光见此，固当许我知音。[24]

刘松年明皇按乐图跋：

>暗门画所见盖多，收藏家都不能定真伪之判。余特以其笔锋毫力辨察之，自谓十得七八也。此图苍郁处乃与李、夏沆瀣一气，定是南宋物，嘉、隆吴儿，讵能梦见？[25]

沈氏以上两条跋语，第一条鉴定画作为元人摹本，并与董其昌相提并论。董其昌在晚明书画创作与鉴定领域自是一流人物，可见沈氏自视之高。第二条评刘松年画，沈氏指出鉴定方法，自是一家心得，不可忽视。

（二）画家考证

陈仲美（琳）金山胜概图卷跋：

>陈仲美世多以为明人，盖《画史汇传》之误耳。汤采真《画鉴》，称"江南画工陈琳，字仲美，其先本在画院待诏。琳能师古，山水花竹禽鸟，并臻其妙。见画临摹，仿佛古人。子昂相与讲明，多所资益，故其画不俗。宋南渡二百年，工人无此手也。"《珊瑚网》宋元名人画陈赵合作一页，文敏题云："陈仲美戏作此画，人皆不及也。"南阳仇远题云："大德五年辛丑秋仲，仲美访子昂于余英松雪斋，霜晴溪碧，作此如活。虽崔、艾复生，当让一头地。修饰润色，子昂有焉。"详此两节，仲美可云元初人，不可云明初也。仲美画近代流传颇希，无意得此，检校书证，遂消一日。[26]

此节题跋，考证陈琳当为元朝人，一些记载中记为明人系误传。陈琳曾师从赵孟頫，是元朝前期重要画家，可惜生卒年已无从考证。

（三）风格评价

唐六如梅谷图卷跋：

> 唐子畏画，出入宋、元，离合文、沈，烟表之下，特存妙寄。吴下收藏家专取其明秀一种，若是则子畏所长，乃仅与实父争胜豪厘耶？唐用笔瘦者近衡山，肥者近石田，而较二公皆加腴。其用墨淡者近衡山，浓者近石田，亦校二公加明丽。要之，近石田者格较高，是衡老所终身心折，而仇生敛手却步，不能措笔者也。余为此论，略标眼目，固知不能胜吴儿口，然持此以择唐画，庶稍免沈装之欺眩耳。[27]

文待诏仿一峰老人山水真迹卷跋：

> 丙午为嘉靖二十五年，待诏七十七岁时所作也。石田、衡山目中之大痴，与香光、西庐目中之大痴不同，论画者所当知，学画者亦不可不知。元美之言："子久师董源，晚稍变之，最为清远。"此即沈文绪言，盖黄画自有两种，峻拔者特其一面观耳。[28]

此两节题跋，主要是讨论绘画风格，第一节指出唐寅的画作，吴地收藏家爱其明秀一种，其实唐氏画作，沈氏认为有两种风格，自当分别对待。而对文徵明画作的题跋中，沈氏指出黄公望的画作风格也不是一种，所以学黄公望的人，自然也不完全是一种风格。

（四）画学兴衰

李迪长卷跋：

> 苏、米风流，传于中州，而衰于江左。董、巨、李、范法脉，元一统而后勃兴。美术与国家盛衰强弱相关如此，抚卷太息。[29]

文衡山养鹤种松图卷跋：

> 太仓陆润之遍阅吴、越图画，常以衡山人物为难得。明代论人物画，以衡山继迹吴兴。近代见闻日隘，固无留意及此者。画学衰绝，祖恽尊王，只益尘陋耳。此卷为徵仲八十四岁所作，老笔纷疏，略不用意，而规矩神明，自然雅逸。卷尾有王莲泾印，莲泾藏书多见之，藏画罕见，弥难得也。[30]

张夕庵（崟）山水卷跋：

> 画学极衰，在乾、嘉之际。南沿石谷，北仿麓台，模范仅存，神明都尽，记且衣钵自矜，笑古人而忘己拙。余尝论画家石谷，正如诗有归愚，门下宗传，都成凡钝。世或不伏斯言，惟郁华阁主闻之首肯耳。张夕庵父子起自京江，独沿沈、文以上追宋、元，二潘、蔡、顾和之，譬筝笛耳喧，云和独鼓，令人神襟特为一畅。昔在焦岩，观夕菴长卷，神锋隽绝，直逼石田，私叹以为石谷所未逮。若此卷则沿虞山波流者，张氏心印不在此矣。[31]

沈氏此三条跋语，指出画学兴衰，关乎国势，也关乎潮流，清代画学衰绝，跟清初六家关系极大，四王和吴、恽在清初盛极一时，自是佳话，然而后人一味追随模仿，无意复古求变，画坛便不复生气。

（五）画史研究

文衡山书画册跋：

> 宋徽宗《晴麓横云》直幅，《清河书画舫》著录，今在武昌陈氏。余尝命为宋世唐画，其规拟摩诘，精思通微，正使摩诘复生，固当有乱真之叹。曾寄余斋十余日，去今数年，云气时时萦余梦寐也。待诏画宗摩诘，精诣不减道君，虽时代限之……[32]

宋芝山（葆淳）晴江列岫卷跋：

> 瘦笔腴色，参情悟超其契会尚在荆、关、范、郭以前，町畦未成，而风期固已远矣。譬以唐文为皮、陆，譬以宋诗则四灵。生乎雍、乾以后，绝不乞灵太仓、虞山一笔，芝山诚有特操者哉！此于画学极有关，难为俗人道也。
>
> 宣统乙卯仲秋，重阅此卷，适陈仁先侍御以宣和御笔"晴麓归云"索题，两卷合观，信知芝山必曾见摩诘画者，余前题语为不谬，后题遂不堪重读。噫！[33]

唐六如江天渔父图卷跋：

> 唐子畏画，初从马、夏，晚参吴、王，慧业净心，笔花五色，是游心十地，现居士身而说法者。有时散发抽簪，有进倒冠落佩，而哺啜风流，自是王谢家风，非伦楚所能仿佛，观者亦当法眼照之。[34]

项易庵（圣谟）花卉册跋：

> 易庵画由元企宋，特以沈著邃密，标胜晚明。此册乃以粗纸败笔，信手涂抹，而腕力自殊，天趣洋溢。王谢子弟，哺啜风味，固非寒士不逊者所能解耳。[35]

谢退谷（观生）山林卷跋：

> 仆收近代画，尝取其存古法者，诸家皆有之，皆稍敛本家法。鉴家或不喜，甚至聚讼。顾以津逮后人，存微兴绝，艺林真脉，乃正在兹。东西棣通，美术大阐，后之君子，有会斯言。[36]

画史源流，复古求变，重要的是存古法，上追唐代，主要提到王维（摩诘），王维虽无画作传世，但在山水画发展史上一直是极其重要的人物。五代北宋的荆、关、范、郭，南宋的马、夏等，都是当时画坛领军人物，沈氏在题跋中反复提及，可见其对绘画发展史有清晰的把握，这也成为他的鉴藏的指引。题跋中提到"津逮后人""存微兴绝"，是沈氏对画学的有意识的传承与发扬。

综上所述，我们通过对《文饮图》及其题跋的研究，可以知道：姚绶是明代早期嘉兴地区重要画家，他的书画创作有待更多的研究与发掘。《文饮图》除姚绶自题外，还有梁鼎芬、陈三立、余肇康三家题跋，这些题跋内容都可以进行进一步的研究，画作上的鉴藏印明确了此画作的递藏经过：项元汴—徐熙—费念慈—沈曾植—顾洛阜。这些收藏家里，项元汴收藏最早，名声也最大，钤印也最多，多达十二方，沈曾植最重要，他自己曾经题跋，也曾请三位好友题跋。沈曾植除精研书学外，对于绘画鉴藏也有较为深入的研究，我们从画作鉴定、作家考证、风格评价、画学兴衰、画史研究几个方面进行了初步的讨论。

注释

[1] 陈荣军，江苏盐城人，历史学博士，嘉兴学院文法学院副教授、硕士生导师，主要从事出土文献与书画文献研究。

[2] 佘城：《中国古代画家传世作品概览》，辽宁人民出版社，2021，第368-370页。

[3] 于安澜编著，张自然校订：《画史丛书（三）》，河南大学出版社，2015，第1041页。

[4] 孙濌：《中国画家大辞典》，中国书店，1982，第287页。书中载"徐康（清），长洲人，字子晋，号窳叟，工诗、画、篆隶。尤精鉴定古书画及金石。杨岘翁经

'宋商丘'称之"。

[5] 陆心源纂辑，陈小林点校：《穰梨馆过眼录》，上海书画出版社，2018，第 242 页。马瓛题跋云："京国留三月，吴船万里回。适因省姊至，不是贩夫来。迢递胡山梦，淹留浊酒杯。照人有诗句，离思不胜栽。"

[6] 朱省斋原著，陈定山主编：《省斋读画记·海外所见名画录》，新锐文创，2021，第 226-227 页。

[7] 俞剑华：《中国历代画论大观·明代画论（一）》，江苏凤凰美术出版社，2017，第 90 页。

[8] 田洪、蒋朝显：《傅申论张大千》，浙江大学出版社，2022，第 139-140 页。

[9][12] 翁万戈编：《美国顾洛阜藏中国历代书画名迹精选》，上海人民美术出版社，2009，第 183-186 页。翁万戈在此幅画作中，提到"乙厂"处，均写作"乙廠"，应该是不熟悉此处的"厂"一般对应的是"盦""庵""菴"等字。

[10] 傅申：《"书画船"——中国文人的"流动画室"》，载上海博物馆编《南宗正脉——画坛地理学》，北京大学出版社，2012，第 163-164 页。

[11] 田洪、颜晓军、徐凯凯：《傅申书画鉴定与艺术史十二讲》，浙江大学出版社，2017，第 7 页。

[13] 龚方纬著，宗瑞冰整理：《清民两代金石书画史》，凤凰出版社，2014，第 87 页。书中记载：陆恢，原名魁，又名有奎，字廉甫，更号廉夫，别号狷庵，又署破佛庵主。吴江同里人，刘子和、陶诒孙二氏高弟。山水不拘一格，自宋元以至娄东诸家，无不规仿，苍秀浑厚，为娄水的传。翎毛、花卉、草虫、博古，无一不精。后历主吴兴庞氏、毗陵盛氏，为之鉴定古迹，于是所见益多，而其艺亦臻神化矣。书工汉隶，旁参魏晋六朝，遒劲沉着，具金石气。因人游者众，故近来苏沪两地艺苑名家大都出其门下。按：廉天尚有丑奴庵主与碑痴二别号。

[14] 徐熙的记载，亦见于焦振廉《清代医学家徐锦生平与学术传承谱系》，《中华医史杂志》2016 年第 4 期，第 243-246 页。见曾孙一节，内容如下："徐熙：寿南抄本后黄寿南附注称徐康'盖翰卿（即徐熙，见下）兄之翁，识其名，寿未与谋面'，可知徐熙为徐康之子，徐锦曾孙。徐熙字翰卿，号斗庐子，善刻竹，近年有拍卖其所刻扇骨者，精鉴别，上海书画出版社 2007 年影印出版朵云轩藏《吴大澂致徐熙手札》，多为文物鉴定品评内容。徐熙于 1912 年刊行《心太平轩医案》，署为'长洲澹安徐锦著，曾孙熙斗庐氏校刊'。"

[15] 孙濌：《中国画家大辞典》，中国书店，1982，第 370 页。

[16] 上海书画出版社编《吴大澂手札》，上海书画出版社，2007，第 3 页。
[17] 同上书，第 3-4 页。
[18] 同上书，第 15 页。
[19] 同上书，第 22 页。
[20] 同上书，第 57 页。
[21] 戴家妙：《〈寐叟题跋〉研究》，中国美术学院出版社，2015，第 119、183 页。
[22] 沈曾植：《沈曾植书画选》，《西泠艺丛》2016 年第 4 期，第 47 页。
[23] 许全胜、柳岳梅整理：《海日楼书目题跋五种》，中华书局，2017，第 428 页。
[24] 同上书，第 422 页。
[25] 同上书，第 424 页。
[26] 同上书，第 426 页。
[27] 同上书，第 429 页。
[28] 同上书，第 431 页。
[29] 同上书，第 423 页。
[30] 同上书，第 430 页。
[31] 同上书，第 446 页。
[32] 同上书，第 431 页。
[33] 同上书，第 445 页。
[34] 同上书，第 430 页。
[35] 同上书，第 440 页。
[36] 同上书，第 448 页。

姚埭沈氏藏书钤印经眼录

——以嘉兴市图书馆馆藏为据

沈秋燕[1]

【摘要】 沈曾植的别号繁多，主要出现在其批校题跋之落款署名及钤印中。嘉兴市图书馆庋藏的沈曾植旧藏书籍，是在1957年由曾植之子沈颎、媳劳善文所捐，书内主要钤有沈曾植的藏书印章，还有沈氏家族及其养子沈颎的印章。这些钤印虽只是沈氏藏书用印的一部分，亦可反映沈曾植拥有的印鉴之富及当时精湛的篆刻艺术风采。

【关键词】 嘉兴市图书馆藏书；沈曾植；沈氏家族；沈颎；钤印

一、嘉兴市图书馆馆藏沈曾植旧藏图书述略

（一）藏书之来源

嘉兴市图书馆收藏的沈曾植旧藏图书，是1957年由他的养子沈慈护（颎）、媳劳善文捐赠的。沈曾植的收藏囊括书画、碑帖、古籍等，颇为丰富，精品亦多。其书画收藏的精品有文徵明、董其昌、唐寅、刘墉等名家之作，拓帖则有宋拓，古籍有宋元明刻本百种。与当时几个影响力比较大的藏书家傅增湘、缪荃孙、张钧衡往来甚密。在其去世后，所藏之书于抗日战争期间被养子沈慈护以20万元售于陈群，一部分由沈慈护、媳劳善文于1957年、1959年捐给了浙江省博物馆与嘉兴博物馆。[2] 捐给嘉兴市图书馆的古籍为晚清时刊本或残本，另有若干纸质杂件（表1）。

表1 沈氏藏书一览

普查号	题名卷数	著者	版本	册数	钤印
330000-1710-0000008	尚书古文疏证八卷附朱子古文书疑一卷	（清）阎若璩撰（清）阎咏辑	清乾隆十年（1745）眷西堂刻本（卷三原缺）	10	4/10/11/13
330000-1710-0000301	董氏诹吉新书一卷续编一卷	（明）董潜撰	清光绪十八年（1892）刻本	2	8/16/26/27/28/29/30
330000-1710-0000505	孟东野诗集十卷	（唐）孟郊撰（宋）刘辰翁、国材评	明末吴兴凌濛初刻朱墨套印本存二卷（1-2）	1	15/19
330000-1710-0000540	通志堂经解二种	（清）纳兰成德辑	清康熙十九年（1680）纳兰成德刻本	7	2/3/47
330000-1710-0001553	楹书隅录五卷续编四卷	（清）杨绍和藏并撰	清光绪二十年（1894）聊城杨氏海源阁刻本	7	1/9/14/17/20
330000-1710-0001563	校正尚友录二十二卷	（明）廖用贤纂（清）张伯琮补辑	清光绪十九年（1893）上海蜚英馆石印本	4	8
330000-1710-0002933	中国财政纪略一卷	（日本）东邦协会纂吴铭译	清光绪二十八年（1902）上海广智书局铅印本	1	6/29
330000-1710-0003046	钦定四书文四种	（清）方苞辑	清光绪石印本	5	8
330000-1710-0004275	自青榭丛书二种	卓定谋辑	民国铅印本	1	40/42
330000-1710-0004341	瑜伽焰口施食要集一卷	（清）释德基辑（清）释宝华述	清同治十二年（1873）刻本	1	8/31
330000-1710-0004865	新释地理备考十卷	（清）玛吉士撰	清道光二十五年至咸丰元年（1845-1851）番禺潘氏刻光绪十一年（1885）增刻汇印《海山仙馆丛书》本	5	5/25/32
330000-1710-0005737	钱母蒯太淑人传一卷	陆润庠书	民国影印本	1	35/41/42
330000-1710-0005761	初学读书要略四种	叶瀚撰	清光绪二十三年（1897）仁和叶氏刻本	1	39/42/43
330000-1710-0006054	关圣帝君训世真经合集不分卷	（清）周理荣编	清光绪二十五年（1899）刻本	1	8/16/23/27/29/30/31
330000-1710-0006707	宋诗钞初集八十四种（存八种）	（清）吕留良、吴之振、吴尔尧编	清康熙十年（1671）洲钱吴氏鉴古堂刻本	3	7/12/22/24
330000-1710-0007494	颐彩堂文集十六卷	（清）沈叔埏撰	清嘉庆二十三年（1818）沈维鐈武昌刻本	3	1/17
330000-1710-0007622	尺牍偶存二卷	（清）陆陇其撰	清光绪十七年（1891）上海书局刻本	2	8
330000-1710-0007721	游艺斋算学课艺初集一卷	（清）朱仁积编	清光绪二十六年至二十七年（1900-1901）刻本	1	8
330000-1710-0007919	二金蝶堂印存不分卷	（清）赵之谦篆	民国西泠印社钤拓本	2	34/36/46
330000-1710-0007925	西泠四家印谱附存四家	（清）丁丙辑	清末钤印本		21/36/45/46
330000-1710-0007934	百寿图考不分卷	（清）陈氏摹	民国古今图书馆多色套印本	2	43

续 表

普查号	题名卷数	著者	版本	册数	钤印
330000-1710-0007939	恒鑫印存不分卷	沈颍辑	清末补阙斋钤印本	1	33/38/45
330000-1710-0007946	印旨一卷	（清）程远撰	清抄本	1	36/37/42/44
330000-1710-0010053	韫山堂时文初集一卷 二集二卷 三集一卷	（清）管世铭撰	清石印本	1	8
330000-1710-0012010	华严法界玄镜三卷附注华严法界观门一卷	（唐）释澄观撰 （唐）释宗密撰	清光绪二十一年（1895）金陵刻经处刻本	1	18

当年所捐书籍以及纸质杂件没有整理出一份清单，书籍只能借由印鉴确定为沈氏旧藏，势必有遗漏之处。

二、沈氏藏书钤印经眼录

（一）沈氏家族藏书钤印

1. 印章（图1）

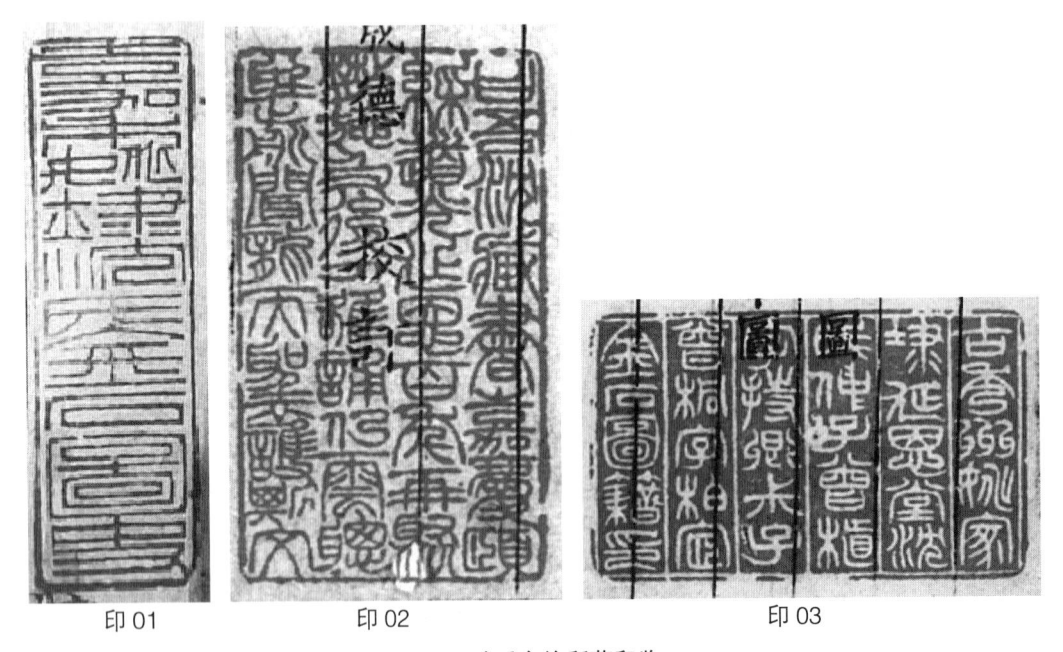

印01　　　　印02　　　　印03

图1　沈氏家族所藏印鉴

2. 印文解读

沈氏家族印鉴有 3 枚，更为直观，印文文字客观著录。

01 印文为"嘉禾姚埭沈氏金石图史"，朱文竖长方。

印面 10 个字竖排呈一列，如按正常字形，即令每字长宽相同，10 个字竖列，长与宽的比例至少达 10：1，印面会显得太过纤细。这方印的篆刻者对字体作了艺术处理，文字排布相当紧凑，字与字之间无空白，下一字与上一字笔画还有交叉，并将字形横向拉伸，缩小比例差。不过如此一来，释读还是有一定难度的。印文开宗明义，点明沈氏家住在嘉兴姚家埭，现故居仍存；"金石"指金石拓片，沈氏收藏的碑帖质量上乘，有宋拓本，后多捐入浙江省博物馆；"图史"指图书与史籍，易误认为"图书"，图书的称法较常见，此词应该是表明所藏图书中史籍是重点。全印仅 10 字，却将家族、居住地、收藏何物都交代得清清楚楚。

02 印文为"曰吾沈藏书嘉庆颐／彩道光延恩百年再聚／散施及后人雒诵仍云聪／听前闻龙天圣护斯文"，朱文竖长方。

印文较长，试标点如下："曰：吾沈藏书——嘉庆颐彩、道光延恩。百年再聚散，施及后人，雒诵仍云，聪听前闻，龙天圣护斯文。"第一句好理解，说我们沈家的藏书楼，嘉庆间称颐彩，道光间称延恩。曾植的曾祖父叔埏，著有《颐彩堂集》，按其卒于清嘉庆八年（1803），即以藏书楼名称命其别集。第二句，"雒诵"的意思是反复诵读，意家族藏书百年间散又复聚，留于子孙诵读。第三句语义晦涩，几个词不常用。"仍云"，初解作"仍然说"，但"云"若解作说话义项，其繁体作"雲"，此处则为"雲"。查词典，"仍云"为仍孙与云孙的并称。仍，八世孙；云，九世孙。古人的思维颇具哲理，八世孙还能算得清，九世孙太过邈远，就像云一样飘在空中，够不着，"仍云"泛指子孙后代。"聪听"指明于听取，明于辨察；"前闻"可指前代闻见，亦可作知识渊博，如同之前阅读过。最后一句释读出文字时，感到不可思议，不知何意，猜"龙天圣"或为佛教中的神祇名，并与沈慈护的名字有关。查《千手千眼观世音菩萨广大圆满无碍大悲心陀罗尼经》（大悲咒）有"龙天圣众同慈护，百千三昧顿熏修"句，果然出自佛经。[3] 此句表达了美好心愿，希望子孙后代能多读多听，明辨是非，博学强识，神明佑护文化代代相传。

03 印文为"古秀州姚家／埭延恩堂沈／氏仲子曾植／字持卿叔子／曾桐字伯宧／金石图籍印"，白文横长方。

此系沈曾植与弟弟沈曾桐之合印。常有夫妻合璧章，兄弟合璧印并不多见。印文表述很详细，一是沈氏藏书楼已进入延恩堂时期，二是曾植为仲子即第二子，曾桐为季子即第三子，曾植字持卿，曾桐字伯宦。按印文，曾植字持卿，非字子培，曾桐字伯宦，非字子封，不知何故。曾植之兄名曾荣，四弟名曾樾。

（二）沈曾植藏书钤印（表2）

表2 沈曾植藏书钤印

序号	印章	印文形制	序号	印章	印文形制
04		白文正方 曾植寓目	05		白文正方 曾植之印
06		朱文正方 子培	07		朱文正方 子培父
08		朱文正方 子培珍藏	09		白文竖长方 寐叟
10		朱文正方 □亭	11		朱文正方 逊斋
12		白文横方 癯禅	13		朱文正方 寐叟阅过
14		朱文正方 乙盦审正	15		朱文正方 意楼

续　表

序　号	印　章	印文形制	序号	印　章	印文形制
16*		白文正方 南湖外史	17		朱文正方 霞秀景飞之室
18		白文竖长方 夕揽室	19		白文正方 王邪精舍
20*		白文正方 问景河庐	21*		白文正方 落花老屋
22*		白文正方 飑芳苓阁	23*		朱文竖圆 有政书屋
24		白文正方 法门无尽誓愿学	25		朱文正方 春明故书承平旧物
26*		朱文正方 气象万千	27*		朱文正方 人淡如菊
28*		白文竖长方 花草精神	29*		朱文正方

续 表

序号	印章	印文形制	序号	印章	印文形制
30*		朱文正方 煮茗柴门香	31		朱文正方 延年益寿
32		朱文正方 延年益寿 与天无极			

注：打＊标者印主或为他者。

1. 姓名字号与鉴藏印

04—16为姓名字号章，16"南湖外史"为杨伯润的别号，与曾植出现于同一部书，推测杨氏殁后，有部分藏书归于沈氏。除"曾植""子培"之外，还有"寐叟""□亭""逊斋""癯禅""乙庵""意楼"等别号，10号右边字，上鬣下皿，未能查得为何字，此别号未见文献著录，然则其位于11号之上，两方印大小及字体风格相同，当出自一人之手。中间后缀用"珍藏""阅过""寓目""审正"等词的，则属鉴藏章，这是对藏书不同鉴藏方式的标记，可见印主用印之讲究。

2. 书斋印

17"霞秀景飞之室"、18"夕揽室"、19"王邪精舍"等三方有文献著录，20"问景庐记"、21"落花老屋"、22"飏芳苓阁"、23"有政书屋"等四方不能确定为沈氏之印。"霞秀景（影）飞"与"夕揽"，似乎都是观夕阳之意，"王邪"不知何意，或与琅琊王氏有关。

3. 闲章

24—32为闲章。闲章是印主选择自己喜欢的警语佳句篆刻成印，或明志，或警勉，随心而择。24"法门无尽誓愿学"[4]、25"春明故书承平旧物"[5]有文献著录。《六祖坛经》记载，惠能（即六祖）教弟子发"四弘誓愿"："自心众生无边誓愿度，自心烦恼无边誓愿断，自性法门无尽誓愿学，自性无上佛道誓愿成。"这是曾植自谦学识浅薄，表达勤奋学习的决心。唐代长安城东面居中的城门叫春明门，后以"春明"作为京城的代称；承平旧物一词出自唐代罗隐《岐王宅》："朱邸平台隔禁闱，贵游陈迹尚依稀。云低雍畤祈年去，雨细长杨纵猎归。申白宾朋传道义，应刘文彩寄音徽。承平旧物惟君尽，犹写雕鞍伴六飞。"手抚京师的故书——承平时的旧物，不由得让人顿发"旧时王谢堂前燕，飞入寻常百姓家"的感叹，当然也可以理解为单纯指古书物。

26—30 或为杨伯润的闲章。几方印意趣不俗，包括图形章在内，都承载着印主淡泊名利、远离尘世的追求。

31、32 两方，虽无文献著录，但其与曾植其他用印同时出现，推定其为沈曾植钤印。31 "延年益寿"、32 "延年益寿与天无极"，印文都是祈祷自己健康长寿。宋玉《高唐赋》："九窍通郁，精神察滞，延年益寿千万岁。"《史记》卷六十八《商君列传》："君之危若朝露，尚将欲延年益寿乎？""延年益寿"，宋玉《高唐赋》有"九窍通郁，精神察滞，延年益寿千万岁"之句，《史记》卷六十八《商君传》亦有"君之危若朝露，尚将欲延年益寿乎"的说法。而"与天无极"则在河南博物院所藏的秦代瓦当中可以找到踪迹，其铭文为"千秋万岁与天无极"。

沈曾植的钤印，印面方正，字体古朴，布局简洁，反映出印主品格端方，以及对古文字造诣匪浅，施刀者亦当为名家。

（三）沈颎藏书钤印（表3）

表3　沈颎藏书钤印

序号	印 章	印文形制	序号	印 图	印文形制
33		朱文正方 沈	34		朱文正圆 沈
35		白文正方 沈颎之印	36		朱文竖长方 沈颎
37		朱文竖长方 沈颎	38		朱文正方 颎
39		朱文正方 慈护父	40		朱文正方 慈护

续 表

序号	印章	印文形制	序号	印图	印文形制
41*		朱文长方 吟花馆主	42		白文正方 静俭斋藏
43		朱文正方 静俭斋藏书记	44		朱文椭圆 静俭斋
45		朱文正方 恒盦	46		朱文正方 静俭斋
47*		朱文椭圆 存斋过眼			

注：打*标者印主或为他者。

沈曾植无子嗣，故从幼弟曾樾处过继一子，名颎，字慈护，以字行。也有写作"颖"的，毕竟"颎"字不多见，且早年的电子文字库里没有这个字。按，姚埭沈氏子孙取名，有一字部首必含五行，且以五行相生排序。如曾植曾祖名叔埏，土部；祖维鐈，金部；父宗涵，水部；曾植本人，木部；子颎，火部。所以颎才是正确的，他的钤印也证实了这点。

沈颎的印相对少许多，33、34 两方为姓氏，人们一般将其列在曾植名下，但嘉兴馆藏书所钤，此两方均与沈颎之印相伴出现，未与曾植用印连钤，故判定为沈颎所用。

两方"沈颎"，文同字体稍作变化，两方"慈护父"则布局不同。沈曾植有别号"恒服"[6]，而署"恒盦"的文字下，钤沈颎的印，且此印与静俭斋的印共钤，《恒盦印存》系沈颎所辑，因之恒盦当为沈颎别号，其又在赠书上题"钝盦二兄大人教"，钝盦应是其某位兄长的别称。以静俭斋为主题的印有四方，"静俭斋""静俭斋藏""静俭斋藏书记"，其中 44 的字体用金文，与众不同。41 "吟花馆主"、47 "存斋过眼"两方印，不能确定印主。

三、方寸之间得真趣

私人印章最初的用途，是行使某种权力，就如工资或者现金发放时要盖上名章，表示自己已经领过，所谓"敲图章领工资"。古代文人在书画、典籍上钤印后，并不满足于简单宣示主权的功能，渐渐地发展出将自己的别号、斋名及抒发志向、情怀的金句镌之金石的风尚，如此，小小印章，竟承载了文人士子的大大胸臆，篆刻艺术也不断精进，治印成为一个专门的艺术门类。

钤于书籍上的印章，起到揭示一部书传承关系、递藏顺序的作用，谁先收藏，经过谁手，清晰的庋藏脉络由此形成，可证实一部书的身份。书贾作伪，为抬高身价伪造著名藏书家的印章，故而，鉴别藏书家印章真伪，也是一门学问。

《〈寐叟题跋〉研究》记载沈曾植的别号室名达160多个，收录曾植用印262方[7]，其丰盈程度令人咋舌。品类之繁复，可以依作品、依藏品，甚至依心情用不同的印，对于书籍，都可以分为"珍藏""阅过""寓目""手校"等，分类之细，可做到一书一区别。

嘉兴市图书馆所藏沈氏旧藏寥寥，用印自然也少，但已足征其用印之讲究、印章之精美。

沈颎《沈乙盦先生海日楼遗书总目》、王蘧常《沈子培先生著述目》以及钱仲联《〈海日楼札丛〉跋》中所录的诸种著述稿本、校本或抄本大部分现藏浙江省博物馆。[8]

陆易、陈翌伟著《澹宕璨然：海日楼旧藏古籍碑帖撷颖》收录浙江省博物馆所藏沈曾植旧藏古籍善本10部及碑帖拓本37种，撰写提要，并附图，内有沈氏钤印多方，现择其中上文未录者摘录于下：

（1）《乐府诗集》一百卷目录二卷（卷四十七至五十六、卷六十八至八十为抄朽），宋郭茂倩编次，元至正元年（1341）集庆路儒学刻明递修本。内封钤印四枚："寐叟/图/书记"白方、"月午/山房/藏弆"朱方、"霞秀/景飞/之室"朱方、"巽斋记"白文（未见书影，无法确定印面形状）。沈曾植跋钤印两枚："海/日楼"白方、"寐翁"朱方。《乐府诗集》目录卷端钤印："海日/廎"白方。[9]

（2）《日知录》三十二卷目录一卷附录一卷，清顾炎武撰，清康熙三十四年（1695）潘耒遂初堂刻本。有沈曾植祖父沈维鐈批、校、跋。钤印：全书卷尾钤印一枚："沈维/鐈印"白方。[10]

（3）《元遗山诗集》八卷，金元好问撰，清万廷兰校订，清乾隆四十三年（1778）南昌万兰廷刻本。曾经湖州孙宪仪藏。扉页有沈曾植、沈颎跋文。《年谱》沈曾植批校末钤印："曾植"朱文竖长方。[11]

（4）《京畿金石考》二卷，清孙星衍撰，清乾隆间孙星衍问字堂木活字印本。此书遍布沈曾植亲笔校读标记。正文卷首卷端钤印："一盦手校"朱文竖长方。[12]

（5）《宋元检验三录》八卷，清吴鼒辑，清嘉庆十七年（1812）金陵刘文奎家刻本。沈曾植于此书研核极深，亲笔校阅，留有大量批校题跋。沈曾植《无冤录跋》末尾钤印："夕 / 揽室"朱文竖长方、"皝厂"白方。书中夹签沈曾植《宋元检验三录跋》末尾钤印："乙盦""植"朱方。[13]

（6）《草书韵会》五卷，金张天锡编纂，日本文化九年（1812）心斋桥加贺屋善刻本。此书有沈曾植亲笔跋文一则，王国维亲笔跋文三则。内封沈曾植跋文末尾钤印："华亭"朱方、"沈印 / 曾植"白方。《草书韵会引》卷端钤印："延恩堂 / 三世藏 / 书印记"朱方、"沈曾 / 植印"白方。上下册正文卷端钤："静俭斋藏"朱文竖长方。卷末《跋草书韵会》钤印："慈护 / 藏书""沈颎之印"白方。[14]

（7）《风俗通义》十卷，汉应劭撰，清道光六年（1826）广州喜闻过斋重刻本。有沈曾植批、校。《大德新刊校正风俗通义序》卷端钤印："禾兴沈曾植 / 子培氏平生珍 / 赏书画印"朱方。正文卷首卷端、卷六卷端钤印："一盦 / 藏书"朱方。[15]

注释

[1] 沈秋燕，嘉兴市图书馆研究馆员。

[2] 李玉安、黄正雨：《中国藏书家通典》，中国国际文化出版社，2005，第712页。

[3] 山西孝义县建有龙天圣庙，是为供奉三国时期蜀国的大将关羽而兴建的。而山西其他地方亦建有龙天庙，乡民们于此春祈秋报。按沈曾植命名养子为"慈护"，则与佛教有关。

[4] 戴家妙：《〈寐叟题跋〉研究》，中国美术学院出版社，2015，第217页。

[5] 同上书，第215页。

[6] 同上书，第209页。

[7] 同上书，第209-210页。

[8] 许全胜：《沈曾植年谱长编》，华东师范大学出版社，2004，第21-65、231-234页。

[9] 陆易、陈翌伟：《澹宕璨然：海日楼旧藏古籍碑帖撷颖》，浙江人民美术出版社，2021，第3-5页。

[10] 同上书，第 13–17 页。
[11] 同上书，第 23–26 页。
[12] 同上书，第 31–32 页。
[13] 同上书，第 37–41 页。
[14] 同上书，第 49–53 页。
[15] 同上书，第 57–59 页。

吾禾：沈曾植故园书写中的认同与塑造

陈建铭[1]

【摘要】中国传统知识分子入仕宦游，数十年后致仕归里，聚族而居，开启另一番乡绅事业；"皇帝与祖宗"，原系一超稳定结构。不过，清末辛亥的裂变，打破了这一现象。一部分清遗老阑入了陌生租界，归乡者则兀立于不再熟悉、不再充斥凝聚力的旧土，有口难言。该如何面对家园变相，归返心中的"故园"，成了他们走向共和后的首要课题。以学问、诗艺压倒一世的清遗老沈曾植（1850-1922），落款别号之繁，亦横绝时人。根据学者统计，曾植诗文手迹所见别号多达160余种，用印共262方。诗人一生行止遭际，变现于众多斋名、室号间，各寓深浅不一的自我定义。庚子、辛亥前后，有一系列与其嘉兴祖籍相关者涌现："李乡农""长水寐叟""秀州沈氏""姚埭癯禅""姚埭老民"等，海日流光，一见数见，格外引人注意。沈氏原为嘉兴望族，曾植作诗，亦颇得力于前辈乡贤，上溯小长芦、箨石斋，号称"秀水演派"；籍贯入印，不足为奇。所以值得留意处，曾植出生、成长于北京，终生自视为"北人"，乡情淡薄，乡俗生疏；在清末民初两个个人生命、历史的关键时刻，选择里籍，屡屡刻名为章，不止具体化了沈氏回归故园的努力与认同，而且透过大量赋诗酬和、领衔重修《浙江通志》等举措，完成了传统士大夫凝聚、塑造地方共同意识的大合唱。在旧秩序崩毁的动荡时代，一众遗民同声相应，以诗以史，遵循最古典、正统的形式，用力之深，令人动容。唯时代主流滔滔滚滚，报纸、杂志出矣，地方意识已非传统士绅阶层所能占据，《浙江通志》的有毁无成，呈现出某种时代症状，耐人寻味。

【关键词】清遗老；沈曾植；嘉兴；故园；地方意识

原来，没有亲人死去的土地，是无法叫做家乡的。

——朱天心《想我眷村的兄弟们》

一、前言：归乡的游子

明清嘉兴沈氏，素称望族大姓。沈曾植一支祖上初居海盐，明成化中迁居至禾城东门之熙春桥，始入县籍。沈维鐈（1778—1849）于道光十二年（1832）任安徽学政，六年后回京，授工部侍郎，世称"小湖先生"。维鐈生子二：宗涵、宗济。沈宗涵（1819—1857）久困场屋，由国学生援例为吏部司务，后改工部候补员外郎，都水司行走。宗涵即曾植之父。沈曾植举光绪六年（1880）进士，历官刑部主事、郎中，总理各国事务衙门章京，至1897年丁母忧，来年扶榇出都。沈家三代京官，都下生活前后恰为一甲子。

六十年"都人士"，沈氏兄弟乡缘淡薄，反不如日夕所居的处所，亲眷謦欬言笑在焉，海日诗文，始终念兹在兹：

> 南横街，小亭母舅家屋也。……六弟生于此，大兄、植、五弟授室皆在此。植乡举亦在此。至光绪戊寅（1878），舅氏卒于厅事西厢中，植乃奉太夫人迁居潘家河沿，盖居南横街宅者二十六年。苦乐悲欢暨太夫人之冰檗风霜咸集此，廿年中植之心影亦永永不忘此街此屋。[2]

从方才三龄（1852），至母舅韩泰华过世的1878年，曾植年将而立，南横街宅生活点滴长存心影。同一时间，嘉兴祖业经历太平军战火，不免萧索，"姚家埭大宅……丙寅（1866）秋，戢廷大兄南归省视，已无可托足矣"。[3] 尽管如此，传统知识分子对于郡望里籍的文化想象、血脉传承，亦不肯让人。早年读书，沈氏即以乡贤钱仪吉（1783—1850）为私淑师，依其所言，乃借《吾乡钱衎石先生文集》，一窥"近代诸儒经师人师之渊源派别，文字利病得失"。[4] 光绪十一年（1885），沈曾植尝自署"踵息子李乡"，时年三十六岁。嘉兴旧名檇李，故称"李乡"；"踵息"，道家呼吸修炼法，炼气而不离人间，乡思寓焉。[5] 此名鳞爪一露，偶现了京中人对乡邦之念想。

念想，毕竟终是想。"姚埭老民"沈曾植真正回归姚家埭，要等到晚清政界惊心动魄的戊戌年。光绪二十四年（1898）戊戌初夏，新政如火。康有为（1858—1927）得君行道之际，京城不少维新同人却忧心主事者过于躁进，变法太速。前一年八月底，沈母韩太夫人病逝，戊戌三月初四，曾植丁忧出都，八月，政变大作，天翻地覆。《沈曾植书信集》收《与黄绍箕》一函，痛斥康、梁前，先谈家事：

> 弟十月中复回禾一转，料理明春办葬一切应先预备事宜。去乡日久，期功强近，中外懿戚均寥落无人，仅族中疏远数君相助料理，丙舍去城又远，事无巨细，呼应不灵。……禾中葬事风俗不为侈费，然约计所需亦当在千金以上，乡俗生疏，尤更不能节省也。[6]

按沈氏兄弟三月扶柩归乡后，迫于生计，不能庐墓，曾植旋应湖广总督张之洞召，主持两湖书院史席，其弟曾桐入李鸿章幕。居京日久，嘉兴一地亲族寥落，乡俗生疏，墓田偏远，万事呼应不灵。诗人此际"回禾一转"，来年再返里葬亲，脚跟无线，故乡转似他乡。沈曾植其时有《归里作》五首，写来春和景明，一股畸零、陌生感又扑面而来。

二、端平桥的隐喻

> 端平桥外归来路，嘉会都中雏颂孙。卜筑并无三亩宅，经营空说万家村。
> 啼莺春过柳飞絮，放鸭波柔船到门。却向故园为寄客，长怀旧德对荒墩。[7]

此为《归里作》五诗其一，作为组诗开端，奠定了这一时期沈氏乡情诗的基调。一开笔，诗人先数地名。"端平桥"，钱仲联注引《嘉兴府志》："秀水县端平桥在县北三里。"就地理形势而言，沿京杭大运河南下，端平其实为入禾第一桥。而作为一个伟大的美学概念，桥又强烈预示了分离与修通；[8]异乡子弟归来路上，首先见桥，具体而微地成其隐喻。次句"嘉会都"，王店镇之古名，熙桥沈家祖茔在焉，钱注失之。按沈家世传《嘉会都祖茔祭簿》，创自康熙辛酉（1681），至道光甲午（1834），沈维鐈为易簿作弁言，是为第五册，时已有"吾族今稍弱矣"之叹。[9]一甲子后曾植归里，自称"雏颂孙"，尽管遥远、稀薄，故土幽泉毕竟仍流淌着吾家血脉。

游子返乡，奈何现实不堪。次联钱注引《淮南子》释"三亩宅"，出典实为王维《送丘为落第归江东》名句："五湖三亩宅，万里一归人。"[10]丘为，嘉兴人也，曾植自寓，孤寂困厄有过之无不及。万里来归，如今嘉兴姚埭"三亩宅"祖业一空，祖茔虽尚在，葬亲相对较容易；[11]但对比韩信贫时营求容纳"万家村"之高地葬母，人子孝思难伸。五、六句绝美，为江南人文神话的空间化：莺啼鸭放，春水至柔，小舟送人至家门；然而，这一切对黄土抟造的北方人都过于陌生，他只能成为故园寄客，一名无法融入的他者。末句"旧德"与"荒墩"，苔痕都深，有着近乎讽刺的并陈。

论祖籍，沈曾植当然是南人，然而生于燕，长于燕，他的自我认同无疑属于北人。北人最恨者，先是南土湿热。"愚自入夏以来，困于湿气，百病丛生，久而验为水土不服"，"北人归北，理在不疑"；[12]京城凉天，系念不已，"禾中今日必又大热可想而知（徐莹甫天天来此乘凉，云此屋之爽，上海第一）……此间早晚凉爽，不亚京城，真是难得"。[13]诗人除了身体感受外，格格不入处，还有声音。沈曾植南归数年，口不能说方言，耳闻异声，只能凭仗学问知识以安其心："南土方名切韵先。"相较而下，京片子之爽脆，无疑更加悦耳悦心。光绪二十六年（1900）五月，曾植初赴武昌幕，登芜湖，借住关道吴景祺官署。吴、沈为总理衙门旧日同僚，官署奴仆大概多由京中携来，《海日楼家书》记录了来客一个戏剧化的心理活动："仆隶多北人，见我犹称四老爷，听之甚入耳。"[14]

光绪戊戌、庚子间，沈曾植扶柩返里，复谋馆于南皮幕府，其间仅四度回禾，充当"故园寄客"之次数有限。[15]武昌宾主多英才，沈氏与张之洞、陈衍、郑孝胥、梁鼎芬等人酬唱频频；"划地说三关"，谈诗论艺，是其诗艺飞跃突破之关键期。此际，诗人乡思相对淡薄，作品不多。《归里作》首章末句，钱仲联注引刘长卿"还乡反为客"、黄庭坚"归来翻作客"，敏锐的笺注者更设一按语，曰：公诗此意亦屡用之，如"还家那更身如客""还家如客客如家""居家翻若客"等。类此书写，日后不断变奏演绎，来自异化的开端，也预告了再一次的归返。

1903年，沈曾植服满起复，还刑部供职，来年，简放江西广信府知府，升安徽提学使，署布政使。至宣统二年（1910）六月乞退，结束七年外任生涯。当年归里谒墓，曾植有句"江国不须伤谪宦，故山猿鹤总相招"[16]，如今总算践诺，回归千百年士大夫走完升官图、致仕归里、聚族而居的"超稳定结构"，由京官，而外官，一旦摇身为嘉兴地方乡绅，也许致力于编纂族谱、制定族规、经营尝产、建造祠堂[17]——假如没有辛亥的裂变。

九月归里后，沈氏开辟经营驾浮阁、麎采楼，仿佛仙家。嘉禾仙馆虽云乐，主人水土不宜，百病丛生。宣统三年（1911）辛亥七月，"乃定沪上赁屋避暑之计，顾亦不能随时在沪，随时往来，以换天气而已"。[18]八月十九日，武昌起义爆发。九月十四日，浙江新军攻省城，宣布独立。清帝逊位后，沈曾植"自是遂常侨居沪埄，惟岁时扫祭或一归里"。[19]除了前文所及的贪图凉爽，更多了一层政治上的考虑。上海接收四方风动，为飞檄调将之地，加上民国号令，不入租界，夷场于是成了民国的首阳山。遗老社群庞大而绵密，"异乡偏聚故人多"。侨居现代都会，如何消纳繁华洋场无所不在的文明威胁，此老"同光体之魁杰"也，自有一番独到的文字修炼功夫，唯我独有。[20]

"那时没有王，人人任意而行"，至于故园嘉兴，"岁时祭扫，或一归里"而已，对遗老而言，在旧有价值崩毁的无秩序年代，游子虽疏离于乡，依旧渴望定住在土地上。故园草木、故乡习俗一再出现于离乡者的诗歌中，几乎是刻意、用力地"识字""博物"，试图完成一种完整感的追求。

三、故园花木与习俗

扶柩返乡，惊识古籍中熟识而实陌生的花木，岁已半百的诗人似有些惭愧："今年才识野蔷薇，白白花垂袅袅枝。"[21]下一"才"字，颇有"四十九年非"之概。沈氏有一方印"小长芦社人"，致意于朱彝尊（1629—1709）。朱氏《鸳鸯湖棹歌》不云乎："嘉兴最多野蔷薇，开白花，田家篱落间处处有之。"[22]沈曾植身为晚清公认"多闻第一"的学者、诗人，辛亥变故后的1912年，他开始有一系列诗作，透过书写故园花木知识，试图释放自己心神，亦重新亲近此土。

《壬子秋暮归里作》共九首，一首诗中花药纷呈，颇令读者目不暇接。咏物寄怀，向来是诗家惯技。一章一物，创作者调度较有余裕。而逸出常态者必有因，如李贺咏马，正说反说，连章不休至于二十三首，暗藏对一己命运的叩问与窥探。曾植时异于是，采铜缩银，攒簇烹炼，一篇中浓缩密度更高。如诗其二，共出现五种花木：

> 木笔有书势，锋锋向天开。杜鹃非吾种，移植西土来。望帝夜啼血，殊方乃同哀。森森青木香，辟恶真良才。余事小白花，芬芳遍楼台。惜哉琼树枝，已作蕃厘灰。怀彼艺花人，清祠照山隈。倘收天上去，不受魔罗灾。[23]

木笔、杜鹃、青木、白花、琼树，率皆心志变现之一端。诗首称"木笔"，犹带北方口音。《本草》有云："辛夷，树大连合抱，高数仞。此花初发如笔，北人呼为木笔。其花最早，南人呼为迎春。"曾植诗人而兼书法家，木笔朝天，想及书势，或又因向天瞻望，引出望帝杜鹃。以下青木辟恶，白花芬芳，可喻忠臣百僚散在四野。"琼树"，宋元之际遗民符码。钱注引两则记载，一为杜斿《琼花记》："余自京口过扬州，寻访旧事，知世传后土琼花在今城之蕃厘观，亟往谒蕃厘观琼花犹在，然余闻绍兴辛巳之交，金人入扬州，已揭其本而去。"一为郑思肖《吊扬州琼花诗序》："扬州琼花，天下惟一本，后土夫人司之。花之盛衰，淮境丰歉系焉。未南渡前，经兵火，此花亦死。今遭大故，丙子岁，维扬陷；丁丑岁，此花又死。孰谓草木无知乎？"故郑诗悬想天外，有"定应摄向天宫种，不忍陷于胡地开"之句。曾植诗结句同此意，"倘收天上去，不受魔罗灾"，改胡地为魔罗，已逆转了胡汉身份。

更有甚者，"望帝夜啼血，殊方乃同哀"一句，诗人自注："近世欧洲，若法、若西、若葡，皆有皇党。"是则殊方保皇法、西、葡各国，当年拥船坚炮利而来，今日回首，犹近于同文同种的革命浪子，遗老复辟大业或可借力（一封密件遗墨里，沈曾植如此告诉同人"敬闻左右，英为帝国，可借力〔季高论亦尔〕，米则难矣。鄙今着意此点，不可为外人道也"）。[24] 循此可谈晚清民初士人更趋复杂的华夷观。

> 牡丹曹南种，昔种横街屋。花将行卷换，根托兰陔燠。荏苒四十年，老儿痛风木。何况山河改，重有苌楚哭。亳南五色花，逾淮强苞育。三年闭殊彩，一夕刻芳萼。我已昔人非，谱宁前代录。举杯酹花前，聊为魏姚祝。世且战蔷薇，尔无炫绯绿。[25]

诗中仍及于海外文明，"世且战蔷薇"。不过更令人注目的，恐是一段未辨真假的故事：沈曾植从心影难忘之京师南横街尾屋旁，移植来一枝牡丹。它曾照见过二十六年母子之情，南来因缘，却也牵连孝子丧母之痛。辛亥前后辞官返乡，曾植重见此种，而山河已改，花姿艳丽中藏一人之恸，扩大至一世遗民之悲。经过三年"逾淮强苞育"的努力，终于"一夕刻芳萼"。南北有隔，此花终成，诗中开放的是牡丹，诗外亦是乡心培植之象征。透过"格物"，庭中里间所见一花一叶，异乡游子逐渐落脚于故园草木谱：

> 《尔雅》幼所习，《离骚》芳屡称。壮年侍医药，《本草》随缄縢。多识意不逮，匡名文有征。孰云格庭竹，不如荧心灯。畴昔采南岳，灵菱剧繁荑。黄山草木状，书有鲲人誊。念欲勒一编，留为方志凭。神武去匆匆，科条研未能。至今劫灰土，尚有茵芝蒸。物理有显晦，图书随废兴。远惭梦溪叟，《药议》多纠绳。[26]

沈曾植对"收复"乡土的努力不止于此。1915年正月，上海遗老诗社"逸社"第一次集会，与会十四遗老，即事赋诗，不拘体韵。第二集作于二月百花生日，冯煦主社，以"白日放歌须纵酒，青春作伴好还乡"分韵。第三、四集皆题画，分咏明遗民余怀《巾箱图》，第四集咏吴振棫《花宜馆辑诗图》。第五集亦"即事"，同人共咏王仁东移居一事。海上遗老多曾在京为官，第六集分咏燕京古迹。

111

此年秋八月，逸社补第六次集会，曾植主社，此盟制题与前数次稍异，别出心裁：

> 八月廿四日，补作逸社第六集于敝斋。吴俗于是日为稻稿生日，《禾志》载俗谚曰"上午雨则灶上荒"，言米贵；"下午雨则灶下荒"，言柴贵也。是日快晴，庞黔墨突，因拈此题，以谂诸公各以乡俗赋秋成词。

《稿生日》

> 山人足樵苏，田家足秸秆。无米我曷餐？无柴我曷爨？燔柴字从示，稿秫尚篝苋。缅想及初民，造端在畎畂。仲秋不宜雨，下四日元建。有湌灶养愁，曰霁老妇粲。凌杂占五行，艰难惟一饭。午暑桑荫浓，疏垅菜秧蒨。数穖绽已足，睌颖锐方健。屈指计冬烘，踞觚叟言善。吾庐市桥北，柴船晓鱼贯。耳熟篙师谈，喜传妣姆遍。屏居忨日月，琐屑摘谣谚。且复究言源，因之梦田渼。

《倒土》

> 土暇有余力，功暇有余思。欣此秋稼初，不忘春花基。倒土如倒仓，翻翻力锄镃。语虽犁掩异，理适坚疏宜（自注："八月犁，见《齐民要术》"）。六十不指使，壮哉老农师。俯身笠影大，谇语田头踦。汗背忽复袒，秋阳暴难支。寄言方田克，哀此劳民斯。

《买稻籺》

> 连陇禾首垂，烝民兹乃粒。三日买筛箥，五日备稻籺。篝签竹枝绞，帘绳麻苴押。门前打作场，舍后氾摊箥（自注："氾，俗字，音若呼慢切，挥字变音"）。勤乎身四体，欢甚个七合（自注："上田丰岁，每个七合，每亩二百余个"）。壅壮差有偿，仓箱愿宁及（案：江南方言，培覆根土曰壅，肥料曰壮）。柳下风舒舒，沟脚水潗潗。晚树鸟乌乐，回波凫翁嗟。物逸人曷劳，唱焉问难答。

《撒花草子》

> 雅言紫荷花，俗言荷花紫（自注："《鸳鸯湖棹歌》称'紫荷花'，俗称'荷花紫草'"）。厥用埴垆坟，不殊豆麻底（自注："《要术》有'豆底麻底最良'之语"）。名或渻地丁，秋先撒花子。明岁迟归舟，饶侬醉茵徙。（自注："棹歌注：'花开如茵，游人每借此泥饮'"[27]）。

由故园花木到故乡乡俗，诗章一写再写，奇字、乡俗、方言，用力不可谓不猛。这名一岁一归之畸零诗人，试图"定住"在土地上。曾经陌生的故园，从"空间"（space）或能逐渐过渡到"地方"（place），诗中洋溢故园（homeland）的温暖、和谐；多少提供了人文地理学承诺的"家园感"（homeliness）和"完整性"（wholeness）。

1917年由沪归禾，诗人笔端浮现另一座桥。《国界桥》云：

> 水驿西南路乍分，病夫犹自惜余春。修多罗说家常话，冥漠君为化乐身（自注："梵天寺聪法师束经梁间，人问读否？曰：'如人读家书一遍，既知其难，何再读？'梵书三十三天，第五天为化乐天"）。棹去波光回虎眼，水繁云气渰鱼鳞。桥塊庙令应怜我，长是东西南北人（自注："塊音兔，平声，乡间作此音"）。[28]

诗可以是一种想象，一种欲望。一篇文本中的圆满之境，与现实容或存有落差。沈曾植的自我定义，仍是"东西南北人"。桥的象征仍在，隔阂感虽横亘不去，亦有修通处。世有知我惜我者，也就有了一丝归属感。即使那是不辨人鬼的"桥塊庙令"，太炎曰："念易寄于字"，沈曾植的自注小字已染上嘉兴秀水口音："塊音兔，平声，乡间作此音。"以如此口音，诉说"吾禾""吾吴"，或宣称"定庐诗法"为"吾禾土产"[29]，也许更有了几分土气与说服力。

四、余论：《浙志》的垂成

1910年沈曾植归里，已颇留心故乡文史。宣统三年（1911）辛亥五月，沈氏得《至元嘉禾志》、宋刻《澉水志》善本，请缪荃孙任剞劂之役，以饷邑人；七月刻就，各印三百部。[30]辛亥之后，此一文化事业并未因国变而断绝。"文章留大雅，著述寓微权"，易代前后，除了旧志刊刻，以饷邑人外，遗老一辈更关心方志的新修或续修。朝代更迭，孤臣孽子透过方志的书写与增补，建构地方意识，对抗新朝政权，守先待后，已为遗民事业之重要一环。方志开馆，亦收拢、凝聚当地知识分子。

同样是民国三年，浙江通志局成立，延揽沈曾植为总纂。老人一推之后，当仁不让："郡志当续，鄙当尽义务。朱桂老或沈洁老可领衔"；[31]"偶翻《亭林年谱》，辞史馆而就山东通志局，似为鄙解嘲也"。[32]曾植为遗老中坚，通志局中纂修十余人，如朱祖谋、吴庆坻、张尔田、王国维、金蓉镜等，皆一时名流。身为总纂，主事者对"新知识"亦不排斥，沈氏与王国维书信四十六通，前四首皆谈《浙江通志》事，其一系于1915年秋："《浙志》得公相助，且为湖山生色。旧志星野一门，颇为俗人诽笑，然十二宫邦国灾祥，希腊、埃及皆有之，公能为一考否？"[33]

可惜，几年下来，总纂官心神精力已不在此。1917年丁巳复辟败局，沈曾植致书其弟曾樾："浙局事止可请子修接手，未了之件，兄归后自行清理，此行挪用局款，将来兄自有办法，现在不必提也。"[34]子修即吴庆坻，同年10月4日，曾植去信庆坻曰：

"志局颇思解脱。"[35] 这部想象中可能规模恢宏，调度天下名流参与的方志，终究不能杀青。"此老志大才疏，今之文举"，王国维致书罗振玉曾有如此评价，不可不谓毒辣。无论是否归咎于总纂性格之缺陷，此中更可谈者，更在清末民初地方意识的形成与争夺。按报章兴起后，绅权与民权之争地方，前消后长。[36] 金蓉镜、沈曾植等传统乡绅曾不止一次希望介入开井、清丈、抵捕金、省税等浙省政事，皆告垂成。[37] 同一时间，海日楼书札中屡屡出现的抱怨是"乡气""乡镇气"[38]。尽管诗人心神略定于"吾禾"，但一整代传统知识分子，似乎已被弥天乡气——进步的风暴——无可抗拒地刮离了故园。

注释

[1] 陈建铭，台湾暨南国际大学中文系助理教授，研究方向为明末清初诗文研究、清末民初诗文研究。

[2] 许全胜：《沈曾植年谱长编》，中华书局，2007，第8页。

[3] 同上书，第9页。

[4] 同上书，第30页。

[5] 同上书，第359页。

[6] 戴家妙：《〈寐叟题跋〉研究》，中国美术学院出版社，2015，第201-202、221页。

[7] 许全胜整理：《沈曾植书信集》，中华书局，2021，第47页。

[8] 沈曾植著，钱仲联校注：《沈曾植集校注》，中华书局，2001，第310页。

[9] "桥象征着我们征服空间的意志力的延展。对于我们，河的两岸不只是断开的，而且是'被分离'的。如果我们一开始就在我们实际的意念中、在我们的需要和幻想中没有把两岸连在一起，那么，分离的概念就变得毫无意义。……桥将分离的两端连接，不仅达到了实际的目的，而且使这种连接直接而可见，就此而言，它成为一种美学价值"。见齐奥尔格·西美尔：《时尚的哲学》，费勇等译，花城出版社，2017，第292页。

[10] 沈维鐈：《补读书斋遗稿》卷二，光绪元年刊本，第34-35页。

[11] 同上书，第24页。

[12] 许全胜整理：《沈曾植书信集》，中华书局，2021，第22页。

[13] 许全胜：《沈曾植年谱长编》，中华书局，2007，第150页。

[14] 同上书，第150页。

[15] 同上书，第102页。

[16] 沈曾植著，钱仲联校注：《沈曾植集校注》，中华书局，2001，第312页。

[17] 同上书，第313页。

[18] 科戴维：《皇帝和祖宗：华南的国家与宗族》，卜永坚译，江苏人民出版社，2009，第370页。

[19] 许全胜：《沈曾植年谱长编》，中华书局，2007，第359页。

[20] 王蘧常：《清末沈寐叟先生曾植年谱》，台湾商务印书馆，1982，第58页。

[21] 陈建铭：《诗意地安居——沈曾植的晚年上海生活与沪上遗老诗歌写作》，《中国文化研究所学报》2021年第72期，第147-179页。

[22] 沈曾植著，钱仲联校注：《沈曾植集校注》，中华书局，2001，第314页。

[23] 同上书，第497-498页。

[24] 许全胜：《沈曾植年谱长编》，中华书局，2007，第464页。

[25] 程道德主编《二十世纪中国文化名人墨迹》，北京出版社，2000，第7-8页。

[26] 沈曾植著，钱仲联校注：《沈曾植集校注》，中华书局，2001，第498-499页。

[27] 同上书，第500-501页。

[28] 同上书，第947-952页。

[29] 同上书，第893页。

[30] 许全胜整理：《沈曾植书信集》，中华书局，2021，第81页。

[31] 同上书，第210、218页。

[32] 同上书，第52页。

[33] 同上书，第361页。

[34] 同上书，第322页。

[35] 同上书，第263页。

[36] 同上书，第369页。

[37] 佐藤仁史：《近代中国的乡土意识：清末民初江南的地方精英与地域社会》，北京师范大学出版社，2017，第349-357页。

[38] 赵思渊、曹烟冬：《民国初年江南地方政治议程转换及其困境——以嘉兴减赋运动为中心》，《浙江社会科学》2019年第11期，第135-142页。

[39] 许全胜整理：《沈曾植书信集》，中华书局，2021，第216页。

书以载道

——沈曾植章草《永嘉大师证道歌》

张宏元 [1]

【摘要】沈曾植章草《永嘉大师证道歌》长卷为浙江省博物馆所收藏，本文从书法作品的本身入手，通过比对歌词、分析书法特点，为研究沈曾植佛学和书法提供一定的参考和借鉴。

【关键词】沈曾植；证道歌；书法；佛学

浙江省博物馆藏有沈曾植所书章草《永嘉大师证道歌》（简称《证道歌》）长卷[2]，淡黄色纸本墨书，纵 25.5 厘米，横 235.5 厘米。此歌全文 105 行，无落款，左下角钤印两方，白文方印"沈曾植印"、朱文方印"余黎"[3]。

《证道歌》长卷有两人作跋，其一为狄平子跋："子培先生屡谓余言：佛法以禅宗为根本。今日信佛法者虽多，然大都舍本求末，虽多何益。又谓：永嘉《证道歌》实为救世之妙药。言证道不言悟道者，正以意在能证，须亲到其境方谓之证。祖师关所以异于如来禅也。曾嘱余觅长纸，拟书此歌为八大幅，点石流通，使上根之人见之，发向上心，不至中途踟蹰，光阴虚费。余以先生病后，恐劳力过甚，未以纸上。不久，病复发，遂归道山。此愿未了，余之咎也。年前，慈护仁兄觅得先生草书此册，嘱题并放大点石，即为屏幅，以了心愿，因并志其缘起。丁卯（1927）正月四日，狄平子题于宝贤盦。"（钤朱文方印"平等阁主"）其二为叶尔恺跋："曹溪两脚卧，永嘉一宿觉。

著成《证道歌》，宗工诵之熟。尚书耽禅悦，见性破罗壳。八法尤精能，不数颠与旭。草此一卷文，龙象咨踟蹰。禅客暨书家，见之共惊服。伊昔大祖师，拈毫并绝俗。斯文与斯字，可摹亦可读。歌中无价珍，可以表兹素。辛未（1931）仲秋月下澣，仁和叶尔恺。"（钤白文方印"柏皋"）

一、《证道歌》之歌词

永嘉大师（665—713）乃唐朝一代高僧，俗姓戴，字明道，法号玄觉，永嘉（今温州）人[4]，是南宗六祖慧能大师门下五大宗匠之一。《证道歌》为释玄觉开悟后所作，全诗一千八百余字，以三言、七言杂糅歌行体创作，气势磅礴、酣畅淋漓，是一首极富禅理的诗歌，被称为"禅门第一歌"。[5]诗中融通了大乘佛教的思想，体现了玄觉禅师的印证心路，对于禅门体证，言有尽而意无穷，成为禅门开悟诗的典范。[6]

《证道歌》以通俗的语言来宣扬禅宗思想，受到历代百姓传唱，传播广泛，影响深远。敦煌莫高窟经洞中发现的六个《证道歌》写本，有楷有行，是目前所见最早的版本。随着宋代雕版印刷的盛行，《证道歌》开始被刊刻传阅，北宋道原《景德传灯录》是最早引录全文的书籍。[7]《证道歌》历经唐宋元明清，以抄本和刊本等形式一直流传至今。在流传的过程中，除了少许文字有差别外，其内容基本相同。

本文以宋刊本《景德传灯录》卷三十《永嘉真觉大师证道歌》为底本，通过与沈曾植抄本的比对，发现其在书写过程中有多字、少字、改字、顺序颠倒等现象。

1.《景德传灯录》：绝学无为闲道人，不除妄想不求真。

沈抄本：绝学无门闲道入人，不绝妄想不求真。

2.《景德传灯录》：本源自性天真佛。

沈抄本：本原自性天真佛。

3.《景德传灯录》：五阴浮云空去来。

沈抄本：五云浮阴空去来。

4.《景德传灯录》：唤取机关木人问。

沈抄本：唤取机关木人。

5.《景德传灯录》：决定说，表真乘。

沈抄本：决定说，表真僧。

6.《景德传灯录》：六般神用空不空。

沈抄本：六般神用空不空不空。

7.《景德传灯录》：唯证乃知谁可测。

沈抄本：惟圣乃知难可测。

8.《景德传灯录》：常独行，常独步。

沈抄本：常独行，常独坐。

9.《景德传灯录》：利物应时终不吝。

沈抄本：利物应机终不吝。

10.《景德传灯录》：中下多闻多不信。

沈抄本：中士多闻多不信。

11.《景德传灯录》：此则成吾善知识。不因讪谤起怨亲。

沈抄本：此则成我善知识。不因讪谤，不因讪谤起冤亲。

12.《景德传灯录》：河沙诸佛体皆同。

沈抄本：恒沙诸佛尽皆同。

13.《景德传灯录》：恒沙诸佛体皆同。

沈抄本：恒沙诸佛尽皆同。

14.《景德传灯录》：游江海，涉山川。

沈抄本：游江湖，涉山川。

15.《景德传灯录》：了知生死不相干。

沈抄本：了知生死不相关。

16.《景德传灯录》：假饶毒药也闲闲。

沈抄本：假饶毒药亦闲闲。

17.《景德传灯录》：我师得见燃灯佛。

沈抄本：我师得见然灯佛。

18.《景德传灯录》：一颗圆明非内外。

沈抄本：一颗圆光非内外。

19.《景德传灯录》：取舍之心成巧伪。

沈抄本：弃取之心成巧伪。

20.《景德传灯录》：深成认贼将为子。

沈抄本：深成认贼将作子。

21.《景德传灯录》：非但能摧外道心，早曾落却天魔胆。

沈抄本：非但空摧外道心，亦曾落却天魔胆。

22.《景德传灯录》：震法雷，击法鼓，布慈云分洒甘露。

沈抄本：缺少。

23.《景德传灯录》：我性还共如来合。

沈抄本：我性同共如来合。

24.《景德传灯录》：刹那灭却三祇劫。

沈抄本：刹那灭尽阿僧祇。

25.《景德传灯录》：大施门开无壅塞。

沈抄本：大施门中开无壅塞。

26.《景德传灯录》：建法幢，立宗旨。

沈抄本：建法幢，吟宗旨。

27.《景德传灯录》：法东流，入此土，菩提达磨为初祖。六代传衣天下闻，后人得道何穷数。

沈抄本：法东流，入此法，菩提达磨是初祖。六代传法衣天下闻，后来得道何穷数。

28.《景德传灯录》：痕垢尽除光始现。

沈抄本：痕垢尽除明始现。

29.《景德传灯录》：百年妖怪虚开口。

沈抄本：百岁妖怪虚开口。

30.《景德传灯录》：差之毫厘失千里。

沈抄本：毫厘之间失千里。

31.《景德传灯录》：吾早年来积学问。

沈抄本：吾早年积来学问。

32.《景德传灯录》：种性邪，错知解，不达如来圆顿制。

沈抄本：缺少。

33.《景德传灯录》：二乘精进没道心。

沈抄本：二乘精进勿道心。

34.《景德传灯录》：空拳指上生实解。

沈抄本：空拳指上生见解。

35.《景德传灯录》：未了还须偿宿债。

沈抄本：未了还须偿凤债。

36.《景德传灯录》：饥逢王膳不能餐，病遇医王争得瘥。

沈抄本：缺少。

37.《景德传灯录》：火里生莲终不坏。勇施犯重悟无生，早时成佛于今在。

沈抄本：火中生莲终不坏。勇施成佛悟无生，早时成佛而今在。

38.《景德传灯录》：万两黄金亦销得。粉骨碎身未足酬。

沈抄本：万两黄金也销得。粉身碎首未足酬。

39.《景德传灯录》：亦无人，亦无比。大千世界海中沤。

沈抄本：亦无人，亦无佛。大千沙界海中沤。

二、《证道歌》之书法

沈曾植（1850—1922），字子培，号乙庵，晚号寐叟，别号甚多，有乙僧、南于、南于老人、释持、寐翁、睡翁、守平居士、谷隐居士、儒卿、孺庵、逊斋、逊翁、巽斋、李乡农等上百种之多。光绪庚辰（1880）进士，历官总理衙门章京等职。沈曾植以"硕学通儒"蜚声中外，"趣博而旨约，识高而议平，其忧世之深，有过于龚魏，而择术之慎，不后于戴钱。学者得其片言，具其一体，犹足以名一家立一说。其所以继承前哲者以此，其所以开创来学者亦如此。使后之学术变而不失其正鹄者，其必由先生之道矣"[8]。康有为评曰："公体则博大兼举，论则研析入微，往往以一二语下判词，便如铁铸，非识抱奇特，好学深思，不能及此，生平所见人士，一时寡畴也。"[9] 综观沈曾植的一生，他不只在史学、地理、佛学、经学、考据、道藏、诗学等方面的成就斐然，其书法亦独树一帜。

沈曾植的书法早期学帖，后期学碑，最后将碑帖熔于一炉。他以碑帖结合的方式书写，形成了体势飞动朴茂、奇峭博丽的风格，"专用方笔，翻覆盘旋，如游龙舞凤，奇趣横生"[10]。从狄平子的跋文中，可以知道此《证道歌》应写于沈曾植晚年时期。作品以单字为主，时有两三字连笔成为一个组合，观其字形大小相间、结体正欹相生，体势近于法帖。从总体上来看，写得较为规矩，帖学成分居多、碑学成分偏少，有别于以生拙的点画和奇崛的字形为特色的章草风格。其用笔多以露锋入纸、中侧并用，呈现出方中带圆的笔画特点。起笔处露锋侧下，收笔处或露锋或做停顿回锋，有些笔画做方折行进。这与他在《菌阁琐谈》中"写书写经，则章程书之流也。碑碣摩崖，则铭石书之流也"的观点相一致。其部分笔画具有八分书的特点，捺脚厚重，应是受《流沙坠简》的影响，王蘧常说："先生于唐人写经、流沙坠简亦极用力，晚年变法或亦得力于此。其学唐人写经，捺脚饱满，尤他人所能到。"[11] 至于为什么不用传统的小楷来书写此歌，而采用最为擅长的小草，或许也是受此影响。在章法上，由于采用手卷的形式，类似于传统的经卷，横向较长。《证道歌》正文采用纵向成行的排列手法，字与字的间距紧密，行与行的距离拉大，形成了密不透风、疏可走马的艺术效果。在末尾长短不一的两行，打破了整幅作品的节奏，使之变得更为生动。正文末尾和歌名为高低参差的两行，在形式上使通篇的满行书写形成一定的节奏感。最后盖上一白一朱两印章，印面大大超过了字的大小，粗看很突兀，通篇看来却恰到好处。

沈曾植书法研究者甚多，且多有极高的评价，其弟子金蓉镜有评其书："以八法言之，精湛淹有南北碑之胜，自伯英、季度、稿隶、丛冢吉石，无不入其奥窔。有清三百年中，无与比偶，刘文清且不论，即完白、嫚叟为蝶扁书，驰骤南北，雄跨艺苑，亦当俯首。晚年应接品流，长帧大卷，流而益雄。散落海上，如次仲一翻，山川为之低昂，可以知其书学之大概矣。"[12] 康有为认为："其行草书，高妙奇变，与颜平原、杨少师争道，超佚于苏黄，何况余子。"[13] 向燊谓："草书尤工，纵横驰骤，有杨少师之妙。自碑学盛行，书家皆究心篆隶，草书鲜有名家者，自公出而草法复明，殁后书名更盛。"[14]

三、《证道歌》之价值

沈曾植所处的晚清时期，因时局的变化，佛学有复兴气象。聚奎堂批《光绪六年庚辰科会试同年齿录》云："观五策，于许书最熟，而于朔方事，历历如数掌纹，淹博无匹。合二三场观，知小学、地舆、经史无不淹贯，洵是通人。"[15] 王蘧常谓沈曾植言："公梵学最深，始业当在四十前后。"[16] 说明在光绪十七年（1891）前后，沈曾植已对佛禅有深入研究了。"光绪末，游日本，得大藏经全帙回国，所学益勤。但他所学不专一家，于华严、天台、三论、慈恩、禅、密诸家，无一不深入探讨，不为拘墟只见。"[17] 宣统二年（1910），"九月，在江宁，与杨文会等创佛学研究会"[18]。在晚年的十多年时间里，沈曾植更加潜心研究佛学，同时也致力于唐人写经的研究与实践。

沈曾植书写《证道歌》本意是传播诗歌，以达到他所认知的救世之用。狄平子跋文中谈到沈曾植在研究佛法的过程中，看到了当时众人对佛法研究的不深入，在理解上有偏差，想以此《证道歌》来让大家理解佛法的真正要义；还特别说到佛法不仅在悟道，更在于证道。为此他身体力行，书写此歌八大幅，委托有正书局主人狄平子石印流通。该诗歌字数虽然不是最多，但写八大幅也要花不少的时间和精力，为了"使上根之人见之，发向上心，不至中途踟蹰，光阴虚费"，他在所不惜。这幅作品的作用不仅在于体现沈曾植对佛学研究的深入和将佛学推广的意愿，也在于让我们看到晚清民国时期佛学的复兴气象。经学对传统政治的塑造，蒙文通《论经学遗稿三篇》中曾说："由秦汉至明清，经学为中国民族无上之法典，思想与行为、政治与风习，皆不能出其轨范。虽二千年学术屡有变化，派别因之亦多，然皆不过发挥之方面不同，而中心则莫之能异。"[19]当时有谭嗣同、梁启超、章太炎等人扛起了佛法研究的大旗，达到佛法求世法的经世致用和产生哲学思辨的目的。沈曾植在这样的背景下，利用佛学来做学问，在义理、考据、辞章方面均有所发明建树，使其学术在清末民初的社会变革中独树一帜。

这幅作品带给我们的不仅是视觉的满足，更是一种心灵上的洗涤。叶尔恺说："斯文与斯字，可摹亦可读。"这充分说明书法与文字相表里，从中我们可以更深入地理解沈曾植对于时势、对于社会、对于自己的一种态度。

四、结　语

书法是中国特有的一门文字艺术，是对人的情感和思维方式的反映，更是精神内核的体现。这件百年之前的章草《证道歌》，向我们诠释了书以载道的文化传统，为研究沈曾植的书法艺术及佛学思想提供了十分宝贵的资料。

注释

[1] 张宏元，海宁市文物保护所副所长。

[2] 浙江省博物馆编，桑椹主编:《金石书画》第五卷，浙江人民出版社，2021，第217-220页。

[3] "余黎"见《大雅·云汉》:"周余黎民，靡有孑遗。"原指周朝多余的百姓，这里沈曾植暗指自己是清朝遗民。

[4] （宋）赞宁撰，范祥雍点校:《宋高僧传》，中华书局，1987，第184页。

[5] 齐兰英:《〈永嘉证道歌〉与盛唐禅诗新变》，《佛学研究》2019年第1期，第159页。

[6] 齐兰英:《〈永嘉证道歌〉中的禅宗思想》，《法音》2019年第5期，第40页。

[7] 侯成成:《唐宋时期释玄觉〈证道歌〉的版本与传播——以敦煌文献、碑刻资料为中心》，《中国典籍与文化》2018年第1期，第22-27页。

[8] 王国维:《沈乙庵先生七十寿序》，《王国维遗书》第四册卷二十三·缀林上，上海

古籍出版社，1983，第 28 页。

[9] 康有为：《与沈刑部子培书》，载《康子内外篇》，中华书局，1988，第 187 页。

[10] 沙孟海：《近三百年的书学》，载《沙孟海论书文集》，上海书画出版社，1997，第 52 页。

[11][12] 王蘧常：《忆沈寐叟师》，《书法》1985 年第 4 期，第 19-20 页。

[13] 郑逸梅：《康南海推崇沈寐叟》，载朱东润等主编《中华文史论丛》1979 年第 2 辑（总第 10 辑），上海古籍出版社，1979，第 390 页。

[14] 马宗霍辑：《书林藻鉴·书林纪事》，文物出版社，1984，第 244 页。

[15] 王蘧常：《清末沈寐叟先生曾植年谱》，台湾商务印书馆，1983，第 25 页。

[16][18] 许全胜：《沈曾植年谱长编》，华东师范大学 2004 年博士学位论文，第 339 页。

[17] 沈曾植撰，钱仲联辑：《海日楼札丛》，上海古籍出版社，2009，第 4 页。

[19] 蒙文通：《经学抉原》，载蒙默编《蒙文通全集（一）》，巴蜀书社，2015，第 310 页。

江南视域下的沈曾植家族墓地研究

陈佳佳[1]

【摘要】 沈曾植作为"硕学通儒",其学术影响巨大。在学术之外,沈曾植作为地方名流,其身后的墓葬制度在同时期应具有代表性和指向性意义。本文将结合地面调查及相关资料,将沈曾植家族墓地纳入整个江南的视域之下进行研究。

【关键词】 沈曾植;家族墓地;江南;葬制

沈曾植家族墓地位于嘉兴市秀洲区王店镇太平桥村9组沈宦墓地,现为嘉兴市文物保护单位。共有四座墓葬,墓丘呈圆形,坐北朝南,总占地面积约600平方米,自西向东依次分布着沈曾植、沈曾植祖父沈维鐈、沈曾植父沈宗涵和沈宗涵女儿的坟茔。沈曾植墓高2.7米,直径4米(图1);沈维鐈墓高2.7米,直径4米;沈宗涵墓高2.3米,直径3.15米;沈宗涵女儿墓高1.8米,直径3米。墓地四角原立有界桩,现仅存一块,上刻正楷"沈宦坟界",石桩高1.65米,宽0.325米。2009年,沈曾植墓经过修葺,面貌焕然一新,神道直通墓地,四周松柏挺立,墓丘圆整划一。[2]沈曾植博古通今、学贯中西,以"硕学通儒"蜚声中外,誉称"中国大儒"。其家族墓地于2015年被不法分子盯上,其中沈维鐈墓和沈宗涵墓被盗,但公安部门迅速破案,抓捕相关犯罪分子并收缴全部被盗文物,之后墓葬得以重新修复。随着案件的审理,沈曾植家族墓葬的相关信息被披露,为我们对沈曾植家族墓地的研究提供了相关资料。

图 1 沈曾植墓

一、葬地营建与茔园布局

嘉兴位于浙江省东北部，地处长江下游平原地带，境内无山，地势平坦。明人毛节卿云："浙西为区，四高中下，势若盘盂。浙西之田，低于天下；苏松之田，又低于浙西。东、南濒海，北亘长江，西界常州，地皆高仰，而列泽中汇，太湖为最。"[3] 又光绪《嘉兴府志》云："浙江杭、湖、宁、绍及吾禾皆泽国，然四郡犹山与水分半，禾郡则七邑皆水。"[4] 而且嘉兴全年雨水充沛，空气湿度相对比较大，特别是在黄梅季节，闷热潮湿，东西也容易霉变腐烂，"地卑湿，而梅雨郁蒸，虽穹梁屋间犹若露珠点缀也"[5]。

古人相信祖孙父辈之间同气相连，"彼安则此安，彼危则此危"[6]，若有水患等侵入墓葬内，便"形神不安，而子孙亦有死亡绝火之忧"[7]。在事死如事生的观念下，不论信仰为何，为了让逝者安息，不受水患、蝼蚁、地风之类侵犯，同时也为了让自己的先辈荫庇子孙后代，在择葬时便要考虑地形、地貌以及土壤、水分等因素。然而以嘉兴地区为代表的江南地区——水浅土薄的卑湿之地，如何择地营葬做到防潮防湿便被重视起来，然"坟者，土之坟起者也，惟山为宜，且无害不侵，然吴下多平原，焉得人皆山葬"[8]。嘉兴地区处于平原地带、境内无山的特殊环境给生者提出了严峻的挑战，并促使他们积极探求营葬的方法。

根据嘉兴地区遗留的几座保存较好的明代墓葬的形态，我们可以了解到古人在墓葬营建方面的策略。[9] 嘉兴明代项氏墓[10]和王店李家坟明墓[11]保存较好，在发掘之初，前者墓向朝南，其东、西、北三面为竹园高地；后者处于一土墩的西半边。此外，嘉兴大桥乡明墓尽管在发掘之初遭到破坏，封土和墓顶已被推去，但也确知这两座墓位于一处高地的中央，高地平面略呈方形，面积约450平方米。[12] 由此我们可以推断，该三处葬地在营建时延续了当地自先秦以来土墩墓"平地起封"的传统，为防止水患，"负土为坟，至若丘陵"[13]。

野外调查资料显示，沈曾植家族墓地中四处墓葬所在位置地势相对较高。此外，其墓地四角原立有界桩，现仅存一块，上刻正楷"沈宦坟界"。从中也可见系统的坟茔布局规划，但布局结构相对比较简单，而这也符合嘉兴地区明清墓葬的普遍规律。据胡继根先生研究，浙江地区明清时期墓葬可以分为南、中、北三区，并呈现出由南向北、自繁而简的演变规律。南部地区（温州、丽水地区）地势以山地为主，墓上建筑规模较大、结构复杂是该区的基本特征。中部地区（台州、金华、衢州地区）地势以低矮的丘陵为主，墓上建筑规模中等、结构趋简是该区域的基本特征。因其处于由繁到简的过渡地带，这一区域的墓葬存在着繁简程度不同的三个档次。北部地区（杭州、嘉兴、湖州、宁波、绍兴、舟山）地势以钱塘江冲刷平原为主，隆起的封土和简洁的墓面组合是这一地区墓葬的主要特征。墓葬普遍建于平坦之处，封土前一般只设立结构与纹饰较为单一的墓面。部分墓葬则仅以杂乱的块石围护封土，前立墓碑，甚至是简洁的石椁。[14]

二、防腐防潮措施

在前面一节探讨葬地营建这一问题时，我们看到为了免于水患并防腐防潮，古人在并不适合建墓的平坦区域封土成丘，再于其上建墓。除此之外，采用三合土浇浆、糯米灌浆密封也起到了重要作用。

就目前资料来看，在墓葬中采用三合土浇浆密封工艺始于南宋时期。目前所见最早的墓例为2004年于南京市江宁区发掘的南宋绍兴二十五年（1155）纪年墓，该墓墓壁分作内外多层，由内而外依次为石灰砖、条石、条砖，最外侧用三合土浇浆密封。[15] 此外，浙江金华南宋绍兴二十六年至淳熙四年（1156—1177）郑刚中夫妻合葬墓[16]于棺与墓室之间填以三合土，兰溪南宋淳熙六年（1179）高氏墓[17]于棺木空隙处及顶部浇注三合土，福建福州南宋端平二年（1235）茶园山宋墓在墓外用厚达2米的糯米汁灰浆封堆[18]，南宋淳祐三年至淳祐九年（1243—1249）赵与骏夫妻妾合葬墓于墓室石圹外包三合土[19]，浙江丽水莲都区至元二十四年（1287）叶宗鲁夫妻妾合葬墓于墓壁上抹一层厚10厘米的三合土泥[20]等。

至元代，三合土浇浆密封工艺在太湖流域墓葬中大为流行，在这一区域内有较多发现。江苏吴县元大德八年至元祐二年（1304—1315）吕师孟夫妻合葬墓，墓室外以厚15厘米炭骨石灰浆灌注。[21]江苏无锡元延祐七年（1320）钱裕墓，墓室内四周墙上、椁外和墓顶石板上涂以三合土，墓底铺以松香。[22]浙江海宁元至正十年（1350）贾椿墓，墓壁分五层，外起第一层用河沙、石灰、黄泥拌匀夯实，第二层用青砖错缝平砌，第三层为河沙，第四层为青砖砌筑，第五层同第一层，为三合土。江苏苏州元至正二十五年（1365）张士诚母曹氏墓[23]，封土内分四层，由外及里，第一层为厚约0.64米的封土，第二层为厚约0.4米的三合土浇浆，第三层为石板，第四层又为三合土浇浆。墓室四周分作五层，由外及里，第一层为石板，第二层为三合土浇浆和碎石，第三层为砖墙，第四层为石灰和黄土，第五层为石灰浇浆。此外，在太湖流域之外也有零星发现。安徽安庆元大德五年至九年间（1301—1305）范文虎夫妻合葬墓，妻陈氏墓顶板下用石灰糯米汁混合土堆积，棺四周孔处用石灰糯米汁混合土灌注。[24]

嘉兴地区地处太湖流域，也即传统意义上的江南地区，该地域内曾发现有10座明确为三合土浇浆的明代墓葬。[25]明代项元汴夫妻妾合葬墓由于早期资料不全，我们对于其是否采用三合土浇浆工艺不能完全确定，但是从该墓出土的大量保存完好的包括木器、金刚经拓片、净土经卷以及土布等随葬品来看，应该是采用三合土浇浆密封的结果。对江苏地区明代墓葬的综合性研究发现，从明代中期开始，在墓室周围或棺椁之间施石灰三合土浇浆的做法尤为流行[26]，嘉兴地区明代墓葬三合土浇浆工艺的使用恰好也是与之同步的。此外，自20世纪50年代以来，同处太湖流域的上海地区已发现明代墓葬达300余座，绝大多数也采用糯米浆三合土封筑。[27]正如有学者所言，"江苏元墓所反映的一些特点、葬俗和建筑工艺，也为后来明代墓葬所继承，体现了元代墓葬所具有的承前启后的历史地位"[28]。现在从整个太湖流域来看，上述论述中的"江苏元墓"换作"太湖流域元墓"也是适用的。[29]

据盗墓者交代及盗掘现场查验，沈曾植家族墓穴十分坚固，用糯米浇浆，用传统工具根本无法挖开。该类营造方式的使用，应该沿袭了这一区域自南宋、元明以来的防腐防潮措施。

三、随葬品特色

　　沈曾植墓未被盗，仅局部封土被破坏，随葬品仍完好保留于墓穴之内。沈维鐈墓中出土有绣衣服、银头饰、银簪、朝珠等，沈宗涵墓出土有绣衣服、铜手炉、银耳坠、玉雕蘑菇蜻蜓配饰、朝珠等文物。其中两串朝珠被定级为三级文物，其他文物被定级为一般文物。据秦大树先生研究，明清时期江南地区墓葬出土遗物多为墓主生前使用之物，从中可以反映出墓主人的身份地位、富有程度乃至生平爱好与习俗[30]，而与等级制度无涉，世俗化及迷信思想倾向明显。从沈维鐈墓和沈宗涵墓出土的部分文物来看，也符合这一时期的普遍规律。

四、结　语

　　以上我们将沈曾植家族墓地从葬地营建与茔园布局、防腐防潮措施、随葬品特色三个方面进行梳理，并将其置于江南地区的整体视域下进行讨论。我们发现沈曾植家族墓地并不是孤立存在的，它统属于太湖流域乃至江南地区墓葬范畴，具有这一区域墓葬的共同特征。以沈曾植家族墓地为代表的嘉兴地区清代墓葬在墓葬营建方式如地表茔园布局、采用三合土浇浆或糯米浇浆密封工艺等方面的渊源都可以上溯到南宋时期，并直接借鉴太湖流域的元代和明代墓葬。此外，从其随葬品来看，世俗化倾向明显增强。总之，以沈曾植家族墓地为代表的嘉兴清代墓葬，是在对宋元明墓葬制度的继承与发展的基础上发展而来的。当然江南地区清代墓葬也存在不同的形态，如江苏吴县毕沅墓[31]，墓外形呈馒头状，墓室外围以紧固的浇浆构筑，内筑三个相连接的墓圹；嘉兴平湖毛巾浜沈棻墓[32]，墓葬形制为长方形砖石混筑墓，该墓在民国时期遭到破坏，据调查，该墓内有水银及大量贵重物品。总之，在江南视域下对沈曾植家族墓地进行研究，可为我们稽古知今、探索墓葬制度变革提供重要信息。

注释

[1]　陈佳佳，嘉兴博物馆馆员。

[2]　嘉兴市文物保护所：《嘉兴市本级不可移动文物名录》，中国文化出版社，2012，第48页。

[3]　毛节卿：《水利书》，载王圻《东吴水利考》卷十下《历代名臣奏论下》，《四库全书

存目丛书》史部第 222 册，齐鲁书社，1995，第 290 页。

[4]　许瑶光修：光绪《嘉兴府志》卷二十九《水利》，国家图书馆出版社，2016，第 704 页。

[5]　庄绰撰，萧鲁阳点校：《鸡肋编》卷上《唐宋史料笔记丛刊》，中华书局，1983，第 35 页。

[6]　程颐、程颢：《二程集》之《河南程氏文集》卷十《葬说》，中华书局，1981，第 623 页。

[7]　朱熹：《晦庵先生朱文公文集》卷十五《山陵议状》，《朱子全书》第 20 册，上海古籍出版社，2002，第 730 页。

[8]　王文禄：《葬度》，见邵廷烈辑《娄东杂著》土集《葬考》，清道光癸巳太仓邵氏刊本，南京大学图书馆藏。

[9]　吴凤珍：《嘉兴地区明代墓葬及相关问题研究》，《荣宝斋》2016 年第 4 期，第 58—73 页。

[10]　陆耀华：《浙江嘉兴明项氏墓》，《文物》1982 年第 8 期，第 37-41 页。

[11]　吴海红：《嘉兴王店李家坟明墓清理报告》，《东南文化》2009 年第 2 期，第 53-62 页。

[12]　韩泽源：《嘉兴大桥乡发现二座明代墓葬》，《嘉兴文博》2002 年第 1 期，第 5 页。

[13]　弘治《嘉兴府志》卷十《诗文》嘉兴县，四库全书存目丛书编纂委员会编《四库全书存目丛书》史部第 179 册，齐鲁书社，1996，第 155 页。

[14]　浙江省文物局：《浙江省第三次全国文物普查新发现丛书·古墓葬》，浙江古籍出版社，2012，第 116 页。

[15]　南京市博物总馆：《南京建中南宋墓》，载国家文物局主编《2004 中国重要考古发现》，文物出版社，2005，第 169-174 页。

[16]　郑嘉励：《浙江宋墓》，科学出版社，2009，第 82-130 页。

[17]　汪济英：《兰溪南宋墓出土的棉毯及其它》，《文物》1975 年第 6 期，第 54-56 页。

[18]　福建省文物局、福建省考古研究院：《浮海阙地，百年求索——福建文物考古集萃》，福建教育出版社，2021，第 275-277 页。

[19]　福建省博物馆：《福州南宋黄升墓》，文物出版社，1982，第 4 页。

[20]　吴东海：《浙江丽水市发现一座南宋墓》，《考古》2004 年 10 期，第 93-96 页。

[21]　江苏省文物管理委员会：《江苏吴县元墓清理简报》，《文物》1959 年第 11 期，第 19-24 页。

[22] 无锡市博物馆:《江苏无锡市元墓出土的一批文物》,《文物》1964年12期,第52-61页。

[23] 苏州市文物保管委员会、苏州博物馆:《苏州张士诚母曹氏墓清理简报》,《考古》1965年第6期,第289-300页。

[24] 白冠西:《安庆市棋盘山发现的元墓介绍》,《文物参考资料》1957年第5期,第55-56页。

[25] 吴凤珍:《嘉兴地区明代墓葬及相关问题研究》,《荣宝斋》2016年第4期,第58-73页。

[26] 贺云翱:《江苏明代墓葬的发现及类型学分析》,《东南文化》2001年第2期,第53-65页。

[27] 何继英:《上海明代墓葬概述》,载上海博物馆编《上海博物馆集刊》,上海书画出版社,2002,第653-667页;上海市文物管理委员会:《上海明墓》,文物出版社,2009,第216-220页。

[28] 邹厚本:《江苏考古五十年》,文物出版社,2000,第406页。

[29] 南方元墓的区域性可上溯到隋唐时期,南方各地的独立性相对比较明显。到两宋时期,在以前基础上形成的形制并未随着南方的统一而消失,并呈现出形成各异丧葬传统的趋势;各区的元墓特征多是承袭该地宋墓特征。参孟原召:《关于南方元墓的几点思考》,载北京大学文物爱好者协会编:《青年考古学家》2004年总第16期,第61页。

[30] 秦大树:《宋元明考古》,文物出版社,2004,第272页。

[31] 南波:《江苏吴县清毕沅墓发掘简报——十八世纪后期一个官僚地主奢侈腐朽生活的写照》,《文物资料丛刊》1977年第1辑,第141-148页。

[32] 嘉兴市文化局、嘉兴市文物局编:《嘉兴市第三次全国文物普查重要新发现》,浙江摄影出版社,2010,第44页。

试论嘉兴名门望族之沈曾植家族的血脉姻亲及其与秀水诗派的渊源

高伟强 [1]

【内容摘要】 本文挑选了仁和韩氏家族、嘉兴汪氏家族、嘉定徐氏家族、宝应朱氏家族、嘉兴钱氏家族、桐乡劳氏家族、贵池刘氏家族、杭州汪氏家族、淮安杨氏家族、姑苏吴氏家族这十个家族与沈曾植家族的主要婚姻关系进行研究。

笔者认为,姻亲关系与沈曾植能够成为秀水诗派和浙西词派以及同光体后浙派代表人物有莫大的关系,因为同光体后浙派师承以清中叶秀水诗派、浙西词派的钱载为代表的嘉兴钱氏家族,另外还有特别重要的秀水诗派和浙西词派的组成部分——嘉兴汪氏家族。

【关键词】 嘉兴;名门望族;沈曾植;家族;姻亲

一、引 言

嘉兴在明清两代有名门望族九十一家,世系绵长,互通姻亲。笔者是嘉兴名门望族中的竹林庙稽古堂高家的后人,故知晓血脉姻亲对家族传承的重要性。笔者的忘年交吴文华、沈如镜夫妇以及徐婷等人都是沈曾植的亲属后人。笔者二十多年来接触了一些关于沈曾植的家族轶事及诗文词句,希望通过一些初步研究和简单认证,能够使嘉兴沈曾植的这个文化名人更加鲜活起来。

二、韩氏及其仁和韩氏家族

沈曾植的母亲韩氏的父亲韩授章（1785—1827），字柯亭，号仰宪。嘉庆二十三年（1818）戊寅举人，候选知县，议叙主事。[2][3]

韩氏的祖父韩文绮（1764—1841），字蔚林，号三桥，乾隆六十年（1795）乙卯进士，官至右副都御史。[4]

韩氏的兄弟韩泰华（？—1878），字小亭。道光时，由兵部郎历官陕西粮储道。公余搜访金石及元宋名家之文集，得百数十家，半系传钞精本，或四库所无而元刊尚在者，为《元文选》。道光三十年（1850）首集既成，即毁于燹，仅存目录。其所著《无事为福斋随笔》云："《金石录》，明以来多传钞，惟雅雨堂刻之。阮文达有宋椠本十卷，即《读书敏求记》所载者，文达自抚浙至入阁，恒携以自随。一日，书贾来售，惊喜欲狂。余得之，亦刻'金石录十卷人家'小印。"晚年尝居金陵，筑玉雨堂藏书。著有《无事为福斋随笔》二卷，潘祖荫刻入《功顺堂丛书》。又有《玉雨堂书画记》四卷，为自刻《玉雨堂丛书》十种之一。今美国国会图书馆藏清康熙间刻本《虞初新志二十卷》十二册，卷内有"玉雨堂印""韩氏藏书"等印记。封面有"梧门先生诗龛藏本虞初新志"十二字，即为泰华手笔。又北京图书馆藏钞本《甘白先生文集六卷》一册，卷内亦钤此两印。室名有"玉雨堂""无事为福斋""金石录十卷人家"等。[5]

三、沈曾植叔父沈宗济的夫人汪氏及其嘉兴汪氏家族

嘉兴汪氏家族[6]是著名的文化家族。沈宗济夫人汪氏的亲叔父是清朝状元汪如洋。

汪如洋[17]（1755—1794），字润民，号云壑，浙江秀水人，祖籍安徽休宁县城西门人。乾隆四十五年（1780）进士第一，状元，授翰林院修撰，后入值上书房、任山东乡试主考官。官至云南学政。博览典籍，雄于文章，工诗。有《葆冲书屋诗集》。

汪氏迁桐后，第三世汪森（原文汪文梓）、汪文桂、汪文柏三昆仲走上文坛，名声始大。朱彝尊《小方壶存稿序》："休宁汪晋贤氏，徙居梧桐乡。营碧巢当吟窝，筑华及之堂，以燕兄弟宾客。建裘杼楼以藏典籍。其曰小方壶者，郡城东角里之书屋也。"（《曝书亭集》卷三十九）汪森又协助朱彝尊编《词综》。汪氏逐渐成为秀水有名的文化世家。状元金德瑛年轻时得益于岳家汪氏"华及堂"的文化氛围及"裘杼楼"之金石典籍。反过来金德瑛又影响其内侄汪孟鋗、汪仲鈖兄弟的诗学成长。秀水派诗人金衍宗

有诗云："敢夸诗是吾家事，浙派还分秀水支。继此钱汪皆后起，除唯张蒋乏真知。"秀水派诗人众多，金诗仅提及金钱汪三家，说明当时秀水诗人对汪氏在诗派中地位的看重。当然从诗学成就来考察，汪氏尚不能与钱氏比肩。

四、沈曾植叔父沈宗济的夫人徐氏及其嘉定徐氏家族

嘉定徐氏家族[7]是官宦家族。沈宗济夫人徐氏的兄弟是徐郙。

徐郙（1838—1907），字寿蘅，号颂阁，江苏嘉定人。同治元年（1862）状元，先后授翰林院修撰、南书房行走、安徽学政、江西学政、左都御史、兵部尚书、礼部尚书等职，拜协办大学士，世称徐相国。

徐郙工诗，精于书法，擅画山水，入词馆，被召值南书房。慈禧常谕徐郙字有福气，晚年御笔作画，悉命徐郙题志，传世慈禧画作中多见徐郙行楷诗题。因兼具金石派学养，黄宾虹评价徐郙云："徐颂阁、张野樵一流，为乾嘉画家所不逮。"

徐郙收藏金石拓片珍本与名画甚多。据李寿民《还珠楼丛谈》记载，庚辰本《脂砚斋重评石头记》也曾为徐郙旧藏。

徐郙与康熙状元王敬铭、乾隆状元秦大成并称"嘉定三状元"。

五、沈曾植叔父沈宗济的夫人朱氏及其宝应朱氏家族

宝应朱氏家族[8]是当地的望族。沈宗济夫人朱氏的父亲是朱士彦。

朱士彦（1771—1838），字休承，号咏斋。自幼聪颖，博学强记，十五岁入泮第一。岁科试为冠军，列"扬州十秀才"之一。嘉庆七年（1802）高中探花，赐进士及第，授翰林院编修。历任讲读、学士、詹事。后入值上书房，教授皇子惠亲王。道光二年（1822）迁兵部右侍郎。因治水有功，又升左都御史，擢工部尚书，为治理黄淮水患奔波劳碌多年，用力甚深，功绩卓著。又任兵部尚书、礼部尚书，十三年（1833）晋吏部尚书，人称"天官"，兼管顺天府，诰授光禄大夫。他公平取士，不徇私情，遇良才极力举荐，身受者亦莫知之。历河南主考，湖北、浙江、安徽学政，屡充殿试读卷官，靡不虚心校阅，人皆莫敢干以私。自俸虽薄，从不言贫，虽身居高位，却家无大宅，推诚务实，清廉自律。每遇赈济，首先捐资，并兼为程督，咸有成功。赴南方各省审理公案，处处体恤民情，减民负担，深受百姓爱戴。年过花甲尚累持使节，访问邻邦，迎风餐露，行程两万余里，心力交瘁，属下忧之，尝曰："身乃国家之身，岂

吾身耶？"终于积劳成疾，道光十八年（1838）秋累死于任上，终年六十八岁。皇上深惜之，御赐祭葬，赠太子太保，谥"文定"，入《清史·大臣传》。时两江总督梁章钜挽曰："师范重三天，謦欬声犹留殿陛；皇华周四国，朴诚望早式班联。"

朱士彦留有《朱文定公文集》《朱文定公诗集》《河渠》《解左》《读书稽疑》等著作传世。此外湖北黄鹤楼太白亭存有其一联："此间可谈风月，斯世岂有神仙。"安徽采石矶谪仙楼还存其一联："万里大江来，倚翠嶂高楼，月朗风清依旧；六朝陈迹尽，瞻锦袍遗像，天长地久犹新。"可见他对大诗人李白颇为仰慕。

值得一提的是朱氏弟兄与林则徐同为循吏，交谊甚厚。朱士彦与林则徐曾在翰林院同事，二人皆高风亮节，成莫逆之交。其弟朱士达和林则徐亦志同道合，肝胆相照。道光十四年（1834）其父朱彬逝世，时任江苏巡抚的林则徐特送挽幛，派员祭奠。后又为朱彬《礼记训纂》作序。鸦片战争失败，林则徐被流放伊犁，途经西安，时朱士达任陕西按察使，对林热情款待，二人彻夜长谈。临别，士达赠送四百两廉俸银以作"程仪"，资助盘川。

朱氏的祖父是朱彬。

朱彬（1753—1834），字武曹，号郁甫。十八岁时补诸生。初以文名世。汪中曾说："治经者固多，文章则世无作者，故朱彬于文用力尤深。"与王念孙、邵晋涵等以文章相重。也专治朱子之学，虽"未能窥其藩篱"，但亦有心得。后又转向治经，与贾祖田、汪中等人钩贯经史，深有交往。与外兄刘台拱齐名，共相切磋学术。乾隆六十年（1795），中举人，大挑二等，改授国子监学录衔。

朱彬的经学著述，主要有《礼记训纂》四十九卷和《经传考证》八卷，还与王念孙、汪中、刘台拱、王引之合校《大戴礼记》十三卷。

朱彬精于训诂，王念孙誉之为"传注功臣"，《经传考证》《礼记训纂》两部著作卓有成就，具有"撮其精英，引掖来学"的贡献。

特别需要介绍的是朱彬的叔祖父朱泽沄开创了著名的宝应学派。

朱泽沄（1666—1745），字湘陶，号止泉，学者称其止泉先生。长王懋竑两岁，与王懋竑同治朱子之学。他与王懋竑是清初双星并峙的宋学理学大家，扬州学派的前驱，宝应学派的创始人。

六、沈曾植的姑父钱聚彭及其嘉兴钱氏家族

嘉兴钱氏家族[9]是吴越王后裔，清芬世守。钱聚彭的曾祖父是钱载。

钱载（1708—1793），字坤一，号箨石，又号匏尊，晚号万松居士、百福老人，秀水人，乾隆十七年（1752）进士，改庶吉士，散馆授编修，后授内阁学士兼礼部侍郎，上书房行走，《四库全书》总纂，山东学政。官至二品，而家道清贫，晚年卖画为生。工诗文精画，善水墨，尤工兰竹，著有《石斋诗文集》。为乾嘉年间秀水派的代表诗人。

钱聚彭的父亲是钱宝甫。钱宝甫（1771—1827），原名昌龄，字子寿，号恬斋，秀水人。嘉庆己未（1799）进士，改庶吉士，授编修，历官云南布政使。

七、沈曾植的儿媳劳善文及其桐乡劳氏家族

桐乡劳氏家族[10]以诗文传家。劳善文的父亲是劳乃宣。

劳乃宣（1843—1921），字季瑄，号玉初，又号韧叟。籍贯浙江省嘉兴府桐乡县。同治十年（1871）进士，曾任直隶知县。1902年至1903年2月任浙江大学堂（浙江大学前身）总理（校长）。光绪三十四年（1908）奉诏进京，任宪政编查馆参议、政务处提调，授江宁提学使。宣统三年（1911）任京师大学堂总监督，袁世凯内阁学部副大臣。张勋复辟，被任命为法部尚书。

八、沈曾植的侄女婿刘诒诚及其贵池刘氏家族

刘诒诚[11]是著名记者。刘诒诚的祖父刘瑞芬是清朝光绪年间的广东巡抚。

刘瑞芬（1827—1892），清外交官员、藏书家。字芝田，清末安徽贵池刘街人，以诸生入李鸿章幕府，主管水陆军械转运。光绪二年（1876）代理两淮盐运使，驻扬州。后刘改任苏松太道，光绪十一年（1885），刘瑞芬受命出使英俄等国，后虽被授为太常寺卿，迁大理寺，但仍留任大使，改驻英、法、意、比等国家。光绪十五年（1889），刘被召回国任广东巡抚。光绪十八年（1892）卒于任所。驻外和国内任职时，左右不离书籍，购藏图书数万卷，对所收罕见之书，雇人传抄并刊印，他的藏书之风深深影响了其家后代，第五子刘世珩为清末著名藏书家之一，藏书十余万卷于玉海楼中。著《刘中丞奏稿》四卷、《西轺纪略》一卷、《养云山庄诗文集》六卷、《青山诗集》六卷、《养云山庄奏稿》四卷等。

九、沈曾植的兄弟沈曾樾的原配汪氏及其杭州汪氏家族

汪氏家族是杭州的名门望族。汪氏的堂弟汪康年，为湖广总督张之洞的幕僚。汪氏的另一个堂弟汪大燮，在民国初年曾任北洋政府代理总理。

汪康年（1860—1911），初名灏年，字梁卿；后改名康年，字穰卿。中年号毅伯，晚年号恢伯、醒醉生。浙江钱塘人，光绪十八年（1892）进士。官内阁中书。甲午战后，在沪入强学会，办《时务报》，后改办《昌言报》，自任主编。又先后办《中外日报》《京报》《刍言报》。有《汪穰卿遗著》《汪穰卿笔记》。[12]

汪大燮（1859—1929），原名尧俞，字伯唐，一字伯棠，浙江钱塘人。晚清至民国时期外交官，政治家，北洋政府国务总理。[13] 光绪四年（1878）应童子试，考中秀才。光绪十五年（1889）考中举人。在清末和民国初年，曾担任外交官员和政府公职，并曾出任国务总理。他可能参与策划了著名的五四运动。晚年热衷于慈善事业。

十、沈曾植的侄女婿杨毓琇及其淮安杨氏家族

杨毓琇[14] 历任民国驻旧金山总领馆官员、詹天佑工程事务所财务、天津中国银行副行长、北平中国银行副行长、天水中国银行副行长、西安中国银行副行长等职。

杨毓琇的祖父是杨殿邦。杨殿邦（1773—1859），字翰屏，号叠云，安徽泗州招贤里人，嘉庆十九年（1814）进士，选翰林院庶吉士。世居盱眙县城。杨宪益曾祖父。先后任顺天乡试同考官、河南乡试正考官、云南学政、监察御史、太仆寺少卿、詹事府詹事兼顺天府尹、山东乡试正考官、贵州按察使、山西布政使、内阁学士兼礼部侍郎、仓场总督兼户部侍郎，道光二十四年（1844）任漕运总督。迁居淮安。

杨毓琇的父亲杨士燮[15] 历任民国驻横滨总领事官，山西平阳、大同和浙江嘉兴、杭州知府，浙江巡警道等职。

杨毓琇的母亲吴氏是清朝同治年间先后出任两广、闽浙、四川总督的吴棠之女。

十一、沈曾植的兄弟沈曾樾的续弦吴氏及其姑苏吴氏家族

吴氏讳幼伯，苏州世家。清末军机大臣吴郁生即其族人。

吴郁生（1854—1940），字蔚若，又号纯斋，江苏吴县人，居苏州白塔西路。为清代嘉庆戊辰科状元吴廷琛之孙。清代进士，光绪三年（1877）授翰林，曾为内阁学士，

兼礼部尚书、四川督学，主考广东，康有为出其门下。戊戌政变，六君子被戮，西太后因康有为出其门而不用纯斋。及至西太后死，乃任邮传部尚书，军机大臣。[16]

十二、结　论

本文通过对学者型官员沈曾植[17]为中心主线的五服以内家族姻亲关系的初步的试探性挖掘式研究和梳理，证明了一个比同僚、同年、朋友、弟子等关系更加密切的真实存在。我们有理由相信：这种姻亲关系肯定对沈曾植为代表的沈氏家族的繁衍发展、宦海沉浮，以及沈曾植本人作为秀水诗派后期的领军人物并最终成为清末大儒起到了特别重要的作用。目前，笔者看到这方面的针对性研究尚少，特试以此而论之，以为抛砖引玉耳。

注释

[1]　高伟强，鸳鸯湖诗社秘书长，助理工艺美术师。

[2][3][4][5]　龚肇智：《嘉兴明清望族疏证》，方志出版社，2011，第622–623页。

[6]　同上书，第622、749页。

[7]　同上书，第620–621页。

[8]　同上书，第620页。

[9]　同上书，第248、162页。

[10]　同上书，第624–625页。

[11]　孙昌淑：《沈曾植家风文集》，嘉兴市文物保护所，内部资料，第165–166页。

[12][13]　同上书，第60–61页。

[14][15]　同上书，第66–68页。

[16]　同上书，第63–64页。

[17]　徐志平：《清代嘉兴诗人》，中国文史出版社，2022，第237–239、687–694、461–467页。

从《颐彩堂文集》等文集史料析沈曾植家族迁徙和世系

——纪念沈曾植逝世100周年

沈庆跃　沈义富 [1]

【摘要】 本文通过研究沈曾植相关的史料如《沈曾植砾卷履历》《沈维鐈年谱》《沈寐叟年谱》《学部尚书沈公墓志铭》《颐彩堂文集》等，分析整理嘉兴沈氏沈曾植支的完整世系表，这是目前相对完整的沈曾植家族世系。世系表填补和充实了沈曾植研究体系的内容。

【关键词】 沈曾植；始祖；世系

沈曾植"硕学通儒"蜚声中外，又有"中国大儒"之誉，关于他的各种研究文章很多，涉及刑法、地理、教育、诗词、书法等方面，但经过对《沈曾植砾卷履历》《沈维鐈年谱》《沈寐叟年谱》《碑传集三编：沈曾植墓志铭》《学部尚书沈公墓志铭》《硕儒沈子培先生行略》[2]《清代官员履历档案全编·沈曾植》[3]《颐彩堂文集》等文集史料的研究，发现没有其家族的完整世系，为此，笔者在对上面所列文集史料分析的基础上，整理出沈曾植家族的完整世系，抛砖引玉，以完善沈曾植的研究体系。

一. 史料分析

（一）《沈曾植硃卷履历》

在光绪六年（1880年）《沈曾植硃卷履历》中记载，沈曾植支嘉兴始迁祖沈用霖载在明成化间（1465—1487），自盐官迁居郡城（嘉兴）。[4]（图1）

图1 沈曾植《光绪庚辰科会试硃卷·履历》

履历中留下了需要查证补遗的四处。

补遗1: 沈曾植支始迁祖沈用霖在盐官是从哪一支沈氏迁出；

补遗2: 沈用霖迁居郡城（嘉兴）的具体地点；

补遗3: 沈曾植高祖沈廷煌到始迁祖沈用霖中间的空缺世系；

补遗4: 沈曾植的后裔还没有出现。

（二）《沈维鐈年谱》

咸丰年间沈宗济、沈宗涵编撰的《皇清诰授荣禄大夫工部左侍郎兼署钱法堂事务加一级显考鼎甫府君年谱》（图2）中记载：

> 府君姓沈氏，讳维鐈，字子彝，一字鼎甫，号梦酴，又号小湖，浙江嘉兴县人。始祖用霖公，明成化间名儒高隐，自盐官迁郡城外长水塘。三传至九世祖秀溪公，讳应儒，始迁居东门外熙春桥，以乐善好施闻，沈氏自此著族。秀溪公生二子，曰新亭公，讳孝，曰遂亭公，讳思忠。遂亭公配张太孺人、杨太孺人。生

奕韩公，讳玉书，配许太孺人、吴太孺人。生功尚公，讳二最，是为府君高祖。以勤学病瘵早殁。配厉太孺人，无子，守节五十六年。乾隆五年，钦旌节孝，崇祀本邑节孝祠，以新亭公孙、南田公讳淞逷第六子书山公讳晖为后，是为府君曾祖，配于太夫人。生映渠公，讳廷煌，是为府君大父，配诸太夫人。生自堂公，讳学堦，是为府君父，配陈太夫人。自书山公以下，三世皆以府君贵，赠荣禄大夫，妣皆赠一品夫人。自堂公生子二，府君居长，次叔父菊人公，讳维镕。[5]

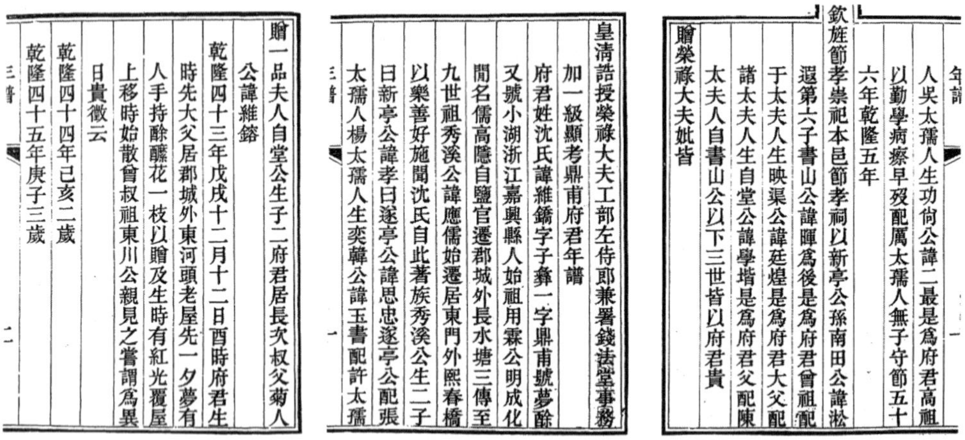
皇清誥授榮祿大夫工部左侍郎兼署錢法堂事務
加一級顯考鼎甫府君年譜
府君姓沈氏諱維鐈字子彝一字鼎甫號夢醉
又號小湖浙江嘉興縣人始祖用霖公明成化
間名儒高隱自鹽官遷郡城外長水塘三傳至
九世祖秀溪公諱應儒始遷居東門外熙春橋
以樂善好施聞沈氏自此著族秀溪公生二子
曰新亭公諱孝曰遂亭公諱思忠遂亭公配張
太孺人楊太孺人生奕韓公諱玉書配許太孺
人吳太孺人生功尚公諱二最是爲府君高祖
以勤學病瘵早歿配厲太孺人無子守節五十
六年乾隆五年
欽旌節孝崇祀本邑節孝祠以新亭公孫南田公諱淞
逷第六子書山公諱暉爲後是爲府君曾祖配
于太夫人生映渠公諱廷煌是爲府君大父配
諸太夫人生自堂公諱學堦是爲府君父配陳
太夫人自書山公以下三世皆以府君貴
贈榮祿大夫妣皆
贈一品夫人自堂公生子二府君居長次叔父菊人
公諱維鎔
乾隆四十三年戊戌十二月十二日酉時府君生
時先大父居郡城外東河頭老屋先一夕夢有
人手持酴醾花一枝以贈及生時有紅光覆屋
上移時始散曾叔祖東川公親見之嘗謂爲異
日貴徵云
乾隆四十四年己亥二歲
乾隆四十五年庚子三歲

图 2 《皇清诰授荣禄大夫工部左侍郎兼署钱法堂事务加一级显考鼎甫府君年谱》

该年谱中补遗了沈用霖迁居郡城（嘉兴）的具体地点：自盐官迁郡城外长水塘。也补遗了《沈曾植硃卷履历》中沈曾植高祖沈廷煌往前的五世世系部分，但仍缺始迁祖沈用霖后二代。

按年谱整理的世系如下：

始祖沈用霖—××—××—沈应儒—沈思忠—沈玉书—沈二最—沈晖—沈廷煌—沈学堦—沈维鐈

（三）《沈曾植墓志铭》

在受业谢凤孙撰文并书的《学部尚书沈公墓志铭》（图 3）中，记载了沈曾植上下五服的世系：

> 先生讳曾植，字子培，又字乙盦、东轩、寐叟，晚年所自号也。浙江嘉兴人。曾祖学堦，邑庠生。祖维鐈，工部侍郎。父宗涵，工部员外郎。皆以先生贵，赠光禄大夫。曾祖母陈，祖母顾、虞，母叶、韩，俱赠一品夫人。

先生八岁伤父，哀毁如成人。稍长，事母韩太夫人，以孝闻。兄弟四人，幼与伯兄子承先生、叔弟子封先生、季弟子林先生友爱，至老益笃。子封先生者，凤孙壬寅乡试为所得士也。[6]

....

先生卒于宣统壬戌十月初三日，享年七十有三。配李夫人，云南布政使德茨之长女，渊懿善小楷书，终日写经，后先生五年卒，享年七十有八。先生以癸亥十一月葬于榨菇村祖茔，李夫人以丁卯十月祔，礼也。子男一人，颎，三品荫生，中书科中书。女一人，适浙江巡警道泗州杨士燮之子杨毓璟。孙男二人，谔、坚。孙女一人。

凤孙从先生游近二十载，于先生学不能窥见万一，而先生念爱至深，嗣复以武氏外孙女字吾次男，武氏女生长先生家，李夫人实爱怜之，及期纳聘，亦以先生名主之云。[7]

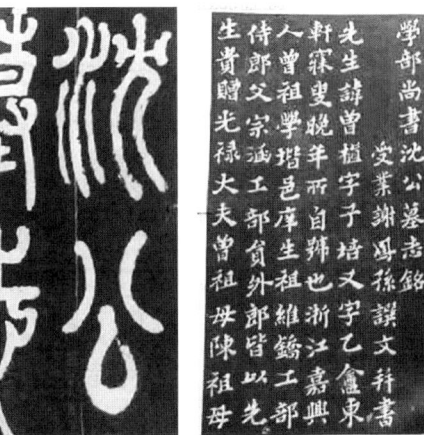

图3 《学部尚书沈公墓志铭》拓片（部分）

墓志中补遗了沈曾植的后裔，这样按年谱和墓志整理的世系如下：
始祖沈用霖—××—××—沈应儒—沈思忠—沈玉书—沈二最—沈晖—沈廷煌—沈学堦—沈维鐈—沈宗涵—沈曾植—沈颎—沈谔/沈坚

（四）《颐彩堂文集》

沈叔埏撰写的《颐彩堂文集》卷十五《家传》（图4）中，比较全面和详细地记载了沈叔埏先祖沈用霖支世系，虽然没有沈曾植高祖及高祖下面的世系，但明确记录了沈曾植天祖沈晖（书山公）的详情。

《颐彩堂文集》卷十五《节孝厉孺人家传》中记载：沈曾植天祖沈晖（书山公）是沈淞遐（南田公）第六子，因沈淞遐堂兄沈二最（功尚公）无子，沈淞遐将沈晖（书山公）过继给沈二最为后，"以乡饮公孙南田公第六子书山公讳晖为后"[8]。而文集中有始迁祖沈用霖的儿子和孙子记载，这样补遗了所缺的几代，形成了沈用霖至沈曾植完整世系。

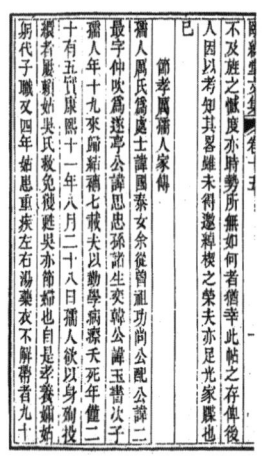

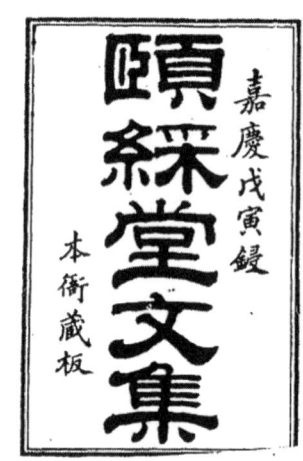

图 4 《颐彩堂文集·节孝厉孺人家传》

沈叔埏撰写的《颐彩堂文集》卷七（图5）中，在《莲塘老人八十寿序》里记载，沈叔埏称沈振麟（字西书，号玉田，晚号莲塘老人）为叔，而序里比较清晰地描述了沈振麟始祖是宋太常卿沈时升，其世系如下：

世序	讳字名号	相关年份/事件	作品、成就	备注
始祖	沈时升 字维中（惟中） 维仲	湖州归安人，宋朝太常寺卿，徽宗宣和末为慈溪令		子二：调、该 （待考证）
天祖	沈中英 字霞城	明万历四十一年（1613）进士		子：士麒
高祖	沈士麒	中英子		子：开泰
曾祖	沈开泰	士麒子，赠县令，阶六公		子：寿平
祖	沈寿平	开泰子，自甪里迁居十八里桥		子：承烈
父	沈承烈 号南村	寿平子，始迁东原圩倡重建十八里桥		子：振麟
	沈振麟 字西书 号玉田 晚号莲塘老人	承烈子，1720—？		子：桐君
子	沈桐君	振麟子		

这样又增加了盐官始迁祖沈用霖其始祖是沈时升的信息。[9]

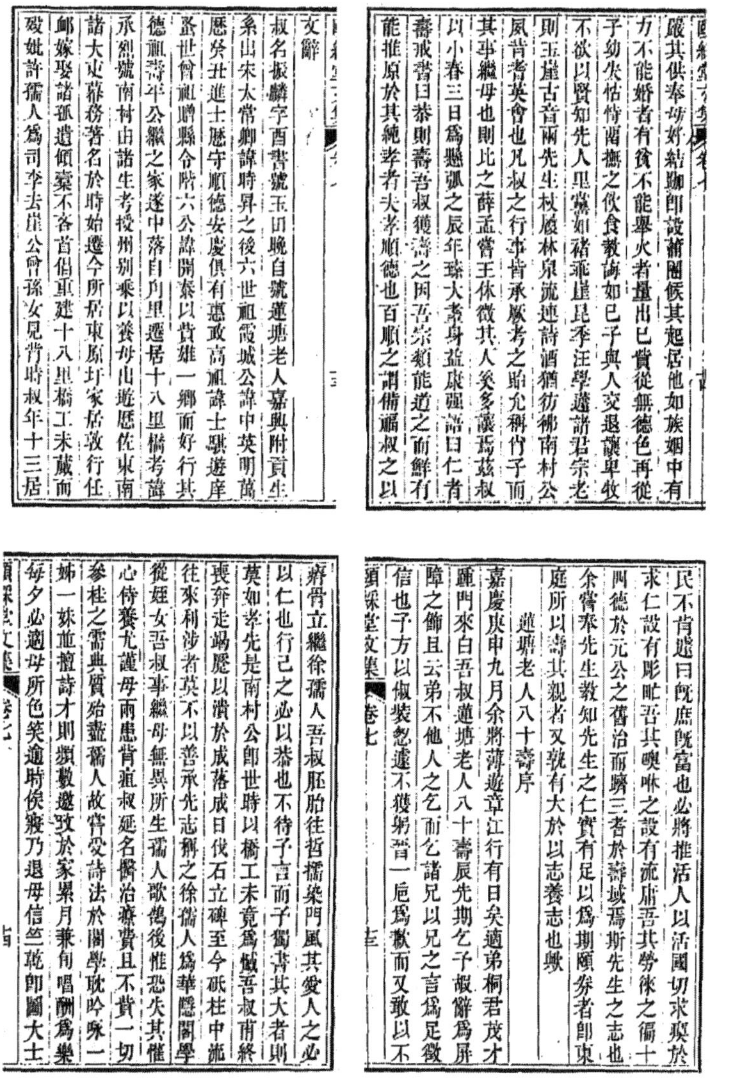

民不肯遽曰既庶既富也必將推活人以活國切求瘼於
求仁設有彫瘵吾其噢咻之設有流庸吾其勞徠之備十
四德於元公之舊治而躋三者於壽域焉斯先生之志也
余嘗奉先生教知先生之仁實有足以爲期頤券者即東
庭所以壽其親者又孰有大於以志養志也歟

蓮塘老人八十壽序

嘉慶庚申九月余將薄遊章江行有日矣適弟桐君茂才
匯門來白吾叔蓮塘老人八十壽辰先期乞予報辭爲屏
障之飾且云弟不他人之乞而乞諸兄以兄之言爲足徵
信也予方以倣裝匆遽不獲躬晉一卮爲歡而又敢以不
文辭
叔名振麟字酉書號玉田晚自號蓮塘老人嘉興附貢生
系出宋太常卿諱時昇之後六世祖霞城公諱中英明萬
歷癸丑進士歷守順德安慶俱有惠政高祖諱士騏遊庠
登世曾祖贈縣令階六公諱開泰以貲雄一鄉而好行其
德祖蔚平公繼之家遂中落自角里遷居十八里橋考諱
承烈號南村由諸生考授州別乘以養母出遊歷佐東南
諸大吏幕務著名於時始遷今所居東原圩家居敦行任
卹嫁娶諸孤遺傾橐不吝首倡重建十八里橋工未藏而
歿妣許孺人爲司李去崖公曾孫女見背時叔年十三居
擗骨立繼徐孺人吾叔胚胎往哲擩染門風其愛人之必
以仁也行己之必以恭也不待予言而予獨書其大者則
莫如孝先是南村公即世時以橋工未竟爲憾吾叔甫終
喪奔走竭蹶以潰於成落成日伐石立碑至今砥柱中流
往來利涉者莫不以善承先志稱之徐孺人爲華歷閣學
從姪女吾叔事繼母無異所生孺人歌鵠後惟恐失其懽
心侍養尤謹母兩患背疽叔延名醫治療費且不貲一切
參桂之需典質殆盡孺人故嘗受詩法於閣學耽吟咏一
姊一妹並擅詩才則顛數邀致於家累月兼旬唱酬爲樂
每夕必適母所色笑逾時俟寢乃退母信竺乾即圖大士
廢其供奉姊妹結褵即設帷閣候其起居他如族姻中有
力不能婚者有貧不能舉火者量出己貲從無德色再從
子幼失怙恃爾撫之飲食教誨如己子與人交退讓卑牧
不欲以賢知先人里黨如褚乖崖昆季汪學蘧諸君宗老
則玉崖古香兩先生杖屨林泉流連詩酒猶彷彿南村公
夙昔耆英會也凡叔之行事皆承厥考之貽允稱肖子而
其事繼母也則比之薛孟嘗王休徵其人奚多讓焉茲叔
以小春三日爲懸弧之辰年臻大耋身益康強語曰仁者
壽誠哉曰恭則壽吾叔獲壽之因吾宗賴能道之而鮮有
能推原於其純孝者夫孝順德也百順之謂備福叔之以

图 5 《颐彩堂文集·莲塘老人八十寿序》

（五）《嘉泰吴兴志》《全宋文》

据《嘉泰吴兴志》载：“沈时升元符三年（1100）进士[10]，子二：沈调、沈该。”

沈调，湖州归安人，政和二年（1112）进士[11]。

沈该，政和八年（1118）进士。[12]［按：据成化《湖州府志》卷九《科第·宋》，沈该，字守约，湖州人，重和元年（1118 年，即政和八年）王昂榜进士］[13]

（六）《吴兴备志》

据《吴兴备志》载："沈时升字维中，雪川人（湖州归安人），徽宗宣和末为慈溪令……其子该为丞相。"

调字宜衍，沈该字约父[14]（图6）。

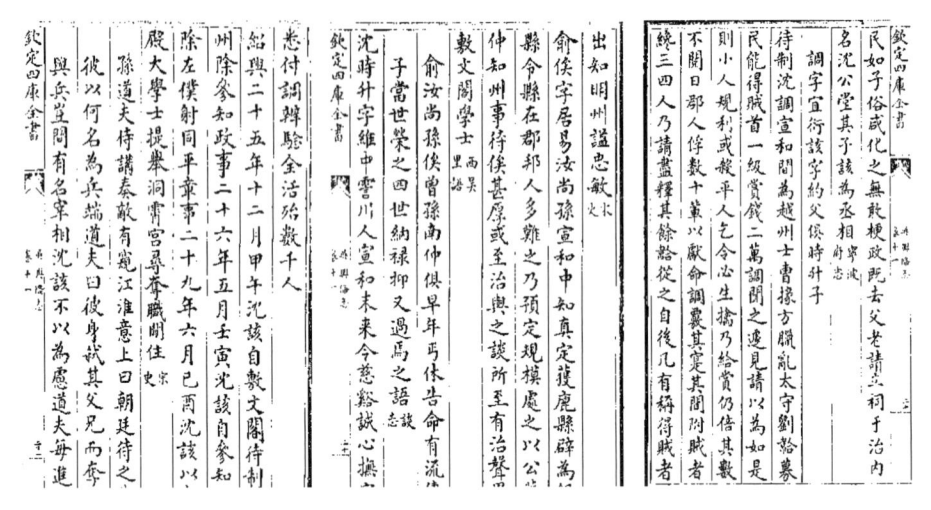

图6 《吴兴备志》卷十一

二、综合分析整理

从上述各史料中，得到了几大沈曾植支相关的信息点：

一是沈曾植支始祖是宋太常寺卿沈时升，湖州归安人，有子二：沈调、沈该；

二是沈曾植支嘉兴始迁祖沈用霖于明朝成化年间从盐官迁居嘉兴城外长水塘；

三是《沈曾植砵卷履历》《沈维鐈年谱》《沈曾植墓志铭》《颐彩堂文集》《沈曾植家风文集》等里面的分段世系，可以合成嘉兴沈氏沈曾植支完整的世系；

将上面的史料进行了综合整理，得出的嘉兴沈氏沈曾植支的完整世系表如下：

表1 嘉兴沈氏沈曾植支世系表

世序	讳字名号	相关年份/事件	作品、成就	备注
始祖	沈时升 字维中（惟中） 维仲	湖州归安人，宋朝太常寺卿，徽宗宣和末为慈溪令		子二：调、该 （待考证）

续 表

世序	讳字名号	相关年份/事件	作品、成就	备注
二世	沈调 字宜衍/守和	沈时升长子，北宋政和二年（1112）进士，南宋绍兴二十一年（1151）左中奉大夫、淮南路转运判官沈调充江淮荆浙福建广南路都大提点坑冶铸钱。历左朝请大夫、知英州、福建安抚使		子三：冕、昱、旻
	沈该 字约文/守约	沈时升次子，政和八年（1118，即重和元年）进士，文殿阁大学士，高宗绍兴十六年（1146），以两浙转运判官知临安，次年，除权礼部侍郎，出知夔州	《易小传》三卷、《中兴圣语》、《系辞补注》文集五十卷、律诗三百五十篇、杂著一百篇	子：昊（嗣子）（待考证）
以上此段世系待考证				
始迁祖	沈用霖	明成化间（1465—1487）名儒，自盐官迁居嘉兴郡城外长水塘，妣高孺人	荒畦沈氏始祖	名儒高隐 子：默
二世	沈默 号梅石 墨处士	沈用霖之子，隐居长水，妣姚孺人	《梅石居集》	子：诏
三世	沈诏 字朝恩	沈默之子，隆庆间（1567—1572）礼部儒士（礼部公），自长水迁居熙春桥，妣钟孺人	熙春沈氏始祖 《颐彩堂文集》载沈诏自长水迁居熙春桥	子三：应儒、应学、应文
	沈××	待考证		子：中英
四世	沈应儒 字秀溪 号鸿胪	沈朝恩长子，明鸿胪，又称鸿胪公，始迁居郡城东门外熙春桥，以乐善好施闻，沈氏自此著族	《沈维鐈年谱》载应儒始迁居郡城东门外熙春桥	子三：孝（新亭）、思圣（见亭）、思忠（遂亭）
	沈应学 字敬溪	沈朝恩次子		子：奉亭
	沈应文 字爱溪	沈朝恩三子，又称爱溪公，妣萧孺人		子二：思义、思礼
	沈中英 字霞城	明万历四十一年（1613）进士		子：士麒
五世	沈孝 字新亭 号乡饮	应儒公长子，又称乡饮公，妣张孺人		子：璜
	沈思圣 字见亭	沈应儒次子		子二：宗玉、幼玉
	沈思忠 字遂亭	沈应儒三子，妣杨孺人、张孺人，分居东湖里		子：玉书
	沈奉亭（乐静）	沈应学之子		无后，中绝
	沈思义 字愉亭	沈应文长子 生卒年：1584—1641 妣倪孺人（1581—1652）		子：璠
	沈思礼 字悦亭	沈应文次子 生卒年：1584—1637		子三：希珍、来珍、C
	沈士麒	沈中英之子		子：开泰

续表

世序	讳字名号	相关年份/事件	作品、成就	备注
六世	沈璜 字若水 号半环 晚号蒲冠叟 又称乡贤公	沈新亭之子 生卒年：1597—1677	举优行人 祀乡贤祠	子二：淞遐、B
	沈宗玉 字介庵 旧名璋	沈见亭长子	《苧庄集》	子二：毂、毅
	沈幼玉（涏）	沈见亭次子，姚仲孺人		以宗玉公次子为后
	沈玉书 字之琦 号奕韩	沈遂亭之子，姚许孺人、吴孺人		子二：A、二最
	沈璿 字希珍	沈悦亭长子		子二：文开、天骥
	沈 × 字来珍	沈悦亭次子，无嗣，天骥入继		嗣子：天骥（入继）
	沈开泰 号阶六公	沈士麒之子，赠县令		子：寿平
七世	沈淞遐 号南田	沈若水长子，又称南田公，姚曹氏继金氏		子七：A、B、C、时、福英、晖出嗣、G
	沈毂	沈宗玉长子		子：待考
	沈毅 号晋侯	沈宗玉次子		子三：树兰、树萱、树芝
	沈二最 字仲吹 号功尚	沈玉书次子 生卒年：1648—1672 以勤学病瘵早殁，姚厉孺人（1648—1727），守节五十六年，循例受旌崇祀节孝祠		嗣子：晖（入继），以南田公讳淞遐第六子书山公讳晖为后
	沈文开	沈希珍长子，姚徐氏，早逝，无子。继室怀硕人		子：东溪
	沈天骥	疑为希珍次子，出嗣来珍		子：待考
	沈寿平	沈开泰之子	自用里迁居十八里桥	子：承烈
八世	沈时 字建勋 号可山	生卒年：1671—1748 沈淞遐四子，康熙五十三年甲午（1714）举人。雍正元年癸卯（1723）选授德清县学教谕，迁安吉州学正	《瑞芝堂诗草》 尤工山水，居柳溪书屋	子：待考
	沈福英 号静斋又孝廉	沈淞遐五子，康熙五十二年癸巳（1713）举人		子二：廷熊、廷炜
	沈晖 号书山	生卒年：1689—1730 沈淞遐六子，出继功尚公，居东湖头。姚于氏（1690—1726），诰赠一品夫人	居东湖头	子四：廷煌、廷耀、廷灿、廷杰
	沈 × 号东溪	沈文开之子，姚庞氏		子：兆熊
	沈树兰（彦馨）	沈毅长子		子：待考
	沈树萱（研渟）	沈毅次子		子：待考
	沈树芝（鹤樵）	沈毅三子		子：待考

续 表

世序	讳字名号	相关年份/事件	作品、成就	备注
八世	沈承烈 号南村	沈寿平之子	始迁东原圩，倡重建十八里桥	子：振麟
九世	沈廷熊 （含醇）	沈福英长子，雍正四年丙午（1726）举人		
	沈廷炜 字履青	沈福英次子		
	沈廷煌 号映渠 又称荣禄公	生卒年：1712—1760 沈书山长子，乾隆十年（1745），妣诸氏生学堦于东湖里遂亭公分居旧宅。妣诸氏（1708—1775），诰赠一品夫人	居郡城外东河头（东湖头）郡庠生，诰赠荣禄大夫、工部左侍郎	子：学堦
	沈廷耀 字鸣岐/明宇 号东川	生卒年：1713—1799 沈书山次子，邑庠生，以笔耕为活。貤赠荣禄大夫、工部左侍郎。妣盛恭人（1708—1748）	《渔洋山人精华录》沈廷耀批本	子：待考
	沈廷灿 （丽成公）	生卒年：1715—1750 沈书山三子		未娶，乏嗣
	沈廷杰 （驭周公）	生卒年：1723—1775 沈书山四子，诸生，以笔耕为活		未娶，乏嗣
	沈兆熊 字月树	生卒年：1699—1776 沈东溪之子，雍正十年壬子（1732）买天星湖冯氏宅卜居，妣石氏（1701—1794）	皇赠吏部稽勋司主事加一级，居斜桥双节坊	子六：伯坤、佩玉、建庭、叔埏、季奎、珏
	沈振麟 字酉书 号玉田 晚号莲塘老人	生卒年：1720—？ 沈承烈之子		子：桐君
十世	沈学堦 字自堂 号秀岩/守拙	生卒年：1747—1802 沈廷煌之子，邑庠生，妣陈氏（1758—1795），诰赠一品夫人	《金项合稿》《竹垞五言律诗》，赠荣禄大夫、工部左侍郎	子二：维镛、维镕
	沈伯坤	生卒年：1723—1778 沈月树长子，太学生，妣孙氏，居驷马桥侧		嗣子：惟钦（叔埏次子，入继）
	沈佩玉	生卒年：1732—1770？ 沈月树次子，邑庠生		子：待考
	沈建庭	生卒年：1734—1741 沈月树三子，幼未聘殇		八岁病殇
	沈叔埏 字埴为 号剑舟 司勋 自号带湖 学者称双湖先生	生卒年：1736—1803 沈月树四子，甲午（1774）优贡，庚子（1780）举人，乾隆五十二年丁未（1787）进士，妣孙氏（1735—1791）敕封安人，侧室王氏、符氏	《颐彩堂文集》《颐彩堂诗钞》，授内阁中书舍人，吏部稽勋司主事	子四：联芳（殇）、合璧改名传璧即惟钦（出继伯坤）、惟鋠、惟钺。四子俱殁，以弟子惟镛为嗣子
	沈季奎	生卒年：1742—？ 沈月树五子，太学生		子：惟铎
	沈珏 字景崔 号云泉	生卒年：1744—1825 沈月树六子，赠光生，妣范氏	《圣禾乡农诗钞》《香树斋续集》	子：惟锠
	沈桐君	沈振麟之子		子：待考

续 表

世序	讳字名号	相关年份/事件	作品、成就	备注
十一世	沈维鐈 字子彝/鼎甫 号梦酴/小湖 又称司空公	生卒年：1779—1849 沈自堂长子，嘉庆六年辛酉（1801）举人，壬戌（1802）联捷进士。历充皇清文颖馆协修、纂修，实录馆协修，文渊阁校理。嘉庆辛未会试同考官，癸酉顺天乡试同考官，丙子湖北提督学院。道光壬午福建乡试正考官，福建提督学院。嘉庆戊子顺天提督学院，壬辰、甲午两任安徽提督学院。嘉庆己卯、道光壬午教习，庶吉士。壬辰新贡士。朝考戊戌顺天举人，补复试新贡士，复试丙申庶吉士，散馆阅卷大臣。戊戌殿试读卷大臣。妣顾氏（1778-1812），诰封一品夫人，虞氏（1791-1845），诰封一品夫人 自书山公以下，三世皆以公贵，赠荣禄大夫，妣皆赠一品夫人	与修《仁宗实录》《輶轩鼓吹集》，翰林院庶吉士，授职编修，入值懋勤殿。历任国子监司业，詹事府司经局洗马，翰林院侍讲、侍读、侍讲学士、侍读学士，大理寺少卿、太仆寺卿、宗人府府丞、都察院左副都御史、工部左侍郎，兼署钱法堂事务。 诰授荣禄大夫。入祀乡贤祠	子二：宗涵、宗济
	沈维镕 号菊人	生卒年：1784-1807 沈自堂次子，邑庠生，貤赠荣禄大夫、工部左侍郎		子：待考
	沈联芳	沈叔埏长子，殇		五十四日殇
十二世	沈惟钦（传璧）	生卒年：1766-1776 沈叔埏次子，合璧，改名传璧，出嗣伯坤，十一岁以下痢殇		幼未聘殇
	沈惟鋉（承纶）	生卒年：1791-1793？ 沈叔埏三子		
	沈惟钛（长龄）	生卒年：1794-1794 沈叔埏四子，殇		弥月殇
	沈惟锌（宝芝）	生卒年：？—1793 沈季奎之子，幼未聘殇		未聘殇
	沈惟锠（袭绣）	生卒年：1787-1793 沈钰之子，幼未聘殇		幼未聘殇
十三世	沈宗涵 字俨伯 号拙孙	生卒年：1819-1857 沈维鐈长子，又称都水公，始居延旺庙街，徙兵马司中街，后徙南横街，小亭母舅家屋也。 妣陈氏，既笄而卒，叶氏，诰封恭人，韩氏（1819-1897），诰封恭人，诰赠一品夫人	刑部候补司务兼贵州司行走，礼部司务，俸满截取，记名外用。工部候补员外郎，都水司行走，诰授朝议大夫	子四：曾榮、曾植、曾桐、曾樾（出继宗济）
	沈宗济 字廉仲/思佥 号连州/拱冀老人	生卒年：1822-1892 沈维鐈次子，国学生，道光二十年庚子（1840）顺天乡试挑取誊录，传补国史馆誊录。无子，以都水公季子曾樾嗣。妣徐氏（1831-1848）未娶卒，朱氏（1824-1846），汪氏（1830-1908）	《汉书》沈宗济批本、历署河西场大使、广盈库大使、广东候补同知、广东连州直隶州知州，貤赠光禄大夫	嗣子：曾樾（入继）

续 表

世序	讳字名号	相关年份/事件	作品、成就	备注
十四世	沈曾棨 初名曾庆 字子承 号戟廷	生卒年：1842-1903 沈宗涵长子，户部候补主事，钦加五品衔，两淮运判，妣丁氏、姚氏		女五：A、兰、芙、D（早逝）、E（早逝）
	沈曾植 字子培 谷隐居士 青要山农 其翼 宛委使者 城西睡庵老人 持卿建持 茗乡病叟 恒服 逊公（逊翁） 逊斋（居士） 耄逊 余斋老人 余翁 姚埭老民 姚埭癯禅 袌遗（抱遗） 浮游翁 梵持（释持） 曼陀罗窴 菩提坊病维摩 皖伯 寐翁（睡翁） 楚翘 睡庵老人 婴者敷长 薏庵、檍（意）庵 孺卿 瀓庸（瀓皤） 荀春植 子佩 癯禅（癯翁） 由拳 潜皤 遁叟 持卿（栋卿） 曼陀罗 梵特建特 姚隶老民 东轩离叟 小长芦社主人	生卒年：1850-1922 沈宗涵次子，又称四先生，监生，同治十二年癸酉（1873）顺天乡试举人，光绪六年庚辰（1880）进士，历官刑部主事、员外郎、郎中、总理各国事务衙门章京、江西广信府知府、江西按察使、安徽提学使、署安徽布政使、护理安徽巡抚，助康有为变法，北京强学会发起人之一，应张之洞聘，主讲两湖书院史席，助盛宣怀办学，出任南洋公学（今上海交通大学前身）监督。 光绪四年戊寅（1878）自南横街迁居潘家河沿，后徙珠巢街，徙老墙根，壬寅复入都，居上斜街 妣李氏（1849-1926） 沈氏诸房在明末国（清）初聚居在今南堰上西北，故老相传谓之沈家园者，以布业、油业富。其旁有东湖头，曰阿婆巷、曰蔴布街，皆沈氏族旧居 曾居宅名书屋： 双木兰馆 可常法斋 东湖庵 全拙庵 护德瓶斋 兑庐 克庐 浮阁 校图注篆之庐 余斋 海日楼 海影东楼	《佛国记校注》《蛮书斠补》《诸蕃志校注》《蒙鞑备录注》《黑鞑事注》《元朝秘史注》《皇元圣武亲征录校注》《长春真人西游记校注》《塞北纪程注》《近疆西夷传注》《异域说注》《岛夷志略笺》《女直考略》《蒙古源流笺证》《汉律辑补》《补晋书刑法志》《法藏一勺》《海日楼文集》《海日楼诗集》《海日楼诗补编》《寐叟乙卯稿》《喁于集》《倦寐联吟集》《㑊词》《海日楼徐言》《东轩语叶》	嗣女：蕊（叔娴，适杨氏）

续 表

世序	讳字名号	相关年份/事件	作品、成就	备注
十四世	曼陀罗华阁 曼陀罗华馆 曼陀罗㝢室 紫蘦书屋 紫蘦轩 集方赞呗之庐 睡庵（荾） 驾随庵 潜研室 量采阁 踵息斋 蘦轩 天柱阁 双花王阁 茵阁 孺庵		《曼陀罗㝢词》、《寐叟书牍》、《寐叟题跋》、《碑跋》、《书法问答》（答龙松生）、《东轩温故录》、《东轩手鉴》、《潜究室札记》、《护德瓶斋笔记》、《月爱老人客话》、《冶城客话》、《护德瓶斋客话》、《护德瓶斋涉笔札记》、《护德瓶斋笔记》、《全拙庵温故录》、《菌阁琐谈》、《鄂游栖玩记》、《札记》、《潜究室札记》、《简端录》	嗣子：颎（曾樾季子，入继）
	沈曾桐 字子封 号同叔/襞宧	生卒年：1853—1921 沈宗涵三子，国学生。光绪十二年丙戌（1886）进士。庶吉士、编修，妣周氏	《芝峰诗草》 山西平阳府知府（未到任）、广东提学使	子三：A、师韩、景纬
	沈曾樾 字子林 号苣硣 百二砚生	生卒年：1855—1922 沈宗涵四子，出继宗济，国学生。广东候补盐场大使，妣汪氏，续妣吴氏（1877—1947），妾名不详	《百砚斋日记》	子三：爔、炘、颎（出嗣） 女十二：A、芳、C、蕊、E、蕙、G（夭折）、瑛、I（夭折）、J、K（早逝）、L（早逝）
十五世	沈×	沈曾棨长女，适蔡氏		
	沈兰	沈曾棨次女，适武氏		
	沈芙（叔蕴）	沈曾棨三女，适刘氏		
	沈蕊（叔娴）	沈曾植嗣女，沈曾樾四女，适杨氏		
	沈颎	沈曾植嗣子，曾樾季子，入继		
	沈××	沈曾桐长子，讳失		
	沈师韩	沈曾桐次子		
	沈景纬	沈曾桐三子		
	沈×	沈曾樾长女，适周氏		
	沈芳（利宝）	沈曾樾次女		
	沈×	沈曾樾三女，适周氏		
	沈蕊	沈曾樾四女，出嗣曾植，适杨氏		
	沈×	沈曾樾五女，适陈氏		
	沈爔（慰生）	沈曾樾长子，妣张氏		女：静如 子：堃
	沈蕙	沈曾樾六女，适朱氏		
	沈炘（幼林）	沈曾樾次子，妣张氏		女：增 嗣子：沈填

续 表

世序	讳字名号	相关年份/事件	作品、成就	备注
十五世	沈颎 字慈护	沈曾樾三子,出继曾植,三品荫生,中书科中书。妣李氏续娶劳氏		女:宜孙 子二:堮、坚
	沈×	沈曾樾七女,适陈氏		
	沈瑛(惠华)	沈曾樾八女,适童氏		
十六世	沈静如 (顺宝)	沈燵女,适郁氏		
	沈堃 (桂宝)	沈燵子,妣商氏		子:铣(早逝) 女二:明、珍珠
	沈增 (和宝)	沈炘女,适原嗣子沈填		
	沈填	沈炘嗣子,与沈增(和宝)成婚		子:鉴 女:珍妮
	沈宜孙	沈颎女,适胡氏		
	沈堮 字培孙	沈颎长子,妣张氏		子三:钟、铠、钢; 女:铨
	沈坚 字乙孙	沈颎次子,妣孙氏		子:钧
十七世	沈铣	沈堃子,早逝		
	沈明	沈堃长女,适沈氏		
	沈珍珠	沈堃次女,适金氏		
	沈鉴(之珍)	沈填子,妣刘氏		女:潇
	沈珍妮	沈填女		
	沈钟	沈堮长子		子:洁
	沈铠	沈堮次子		女:淇
	沈铨	沈堮女,适徐氏		
	沈钢	沈堮三子,妣李氏续丁氏		子二:涵、大伟
	沈钧	沈坚子,妣苏氏		
十八世	沈潇	沈鉴女		
	沈洁	沈钟子,妣李氏		女:懿萱
	沈淇	沈铠女		
	沈涵	沈钢长子,妣陈氏,续袁氏		子:逸宸 女:逸可
	沈大伟	沈钢次子		
	沈懿萱			
	沈逸宸	沈涵子		
	沈逸可	沈涵女[15]		

注释

[1] 沈庆跃、沈义富，沈氏文化研究会。

[2] 秦国经：《清代官员履历档案全编·沈曾植》，载许全胜《沈曾植年谱长编》，中华书局，2007，第507页。

[3] 同上书，第508页

[4] 顾廷龙主编《清代硃卷集成》第46册《光绪庚辰科会试硃卷·履历》，成文出版社，1992，第247页。

[5] 沈宗涵、沈宗济：《皇清诰授荣禄大夫工部左侍郎兼署钱法堂事务加一级显考鼎甫府君年谱》，载周和平主编《北京图书馆藏珍本年谱丛刊》第136册影印清道光三十年（1850）刊本，北京图书馆出版社，1999，第323-325页。

[6] 汪兆镛：《碑传集三编：学部尚书沈公墓志铭》，明文书局，1979，第439页。

[7] 同上书，第446-447页。

[8] 《清代诗文集汇编》编纂委员会：《颐彩堂文集》，上海古籍出版社，2010，第160页。

[9] 同上书，第84页。

[10] 谈钥：《嘉泰吴兴志》，南林刘氏嘉业堂刊影印版，第605页。

[11] 曾枣庄、刘琳主编《全宋文》第173册，四川大学古籍研究所、上海辞书出版社，2006，第6页。

[12] 同上书，第35页。

[13] 陈颀修，劳钺续修，张渊纂：成化《湖州府志》，日本藏中国罕见地方志丛刊，书目文献出版社，1991，第1337-1338页。

[14] 董斯张：《吴兴备志》第五册，浙江大学图书馆影印古籍钦定四库全书·史部十一·地理类，第105-106页。

[15] 孙昌权：《沈曾植家风文集》，嘉兴市文物保护所，内部资料，第246-250页。

（注：相关的五函沈氏家谱《清溪沈氏家乘》《沈氏谱牒》《嘉兴沈氏宗支谱》《柞溪沈氏宗谱》《竹溪沈氏家乘》中，虽然有部分沈调和沈该后裔世系，但相互矛盾，可信度较低，故不作采纳）

沈曾植对清代碑学理论的补充及实践探索

杜啟涛[1]

【摘要】清代书坛受赵孟頫、董其昌帖学书法观念的影响，媚俗孱弱之态愈发凸显。同时随着清代金石学的发展，大量书家开始转向取法金石碑刻，以此来弥补帖学衰微之弊，阮元《南北书派论》《北碑南帖论》的出世，标志着碑学理论的建立，提升了碑学在书法史中的地位。此后，包世臣《艺舟双楫》更是以贬低帖学来进一步抬高碑学地位，致使清代碑学理论出现了矫枉过正的偏激现象。沈曾植作为一位学者型书家，不再盲目追随碑学理论的发展，而是持客观公正的态度重新审视清代碑学理论，提出了碑帖会通的学书之法，不再偏工一面，溯本求源，以草书为立足点，探索全新的书法发展道路。

【关键词】碑学理论；沈曾植；碑帖会通

一、清代碑学理论的发展局限

清代碑学理论的建立，以阮元《南北书派论》《北碑南帖论》二论的提出为标志，清代碑学之所以兴起，究其根源，在于帖学发展的衰微及金石学的兴盛。对此，马宗霍《书林藻鉴》云："高宗宸翰尤精，特建淳化轩以藏淳化阁帖。又命于敏中摹刻上石，分赐诸王公卿，其时承平日久，书风亦转趋丰圆……嘉道已还，帖学始盛极而衰，碑学乃得以乘之。先是雍正乾隆间，文字之狱甚严，通人之士，含毫结舌，无所据其志，因究心于考古，小学既昌。谈者借金石以为证经定史之具，金石之出土日多，摹拓之流传亦日广，初所以资以考古者，后遂资以学书，故碑学之兴，又金石学有以成之也。"[2] 清代碑学，无疑是在帖学衰微和清代文字狱高压政策的影响下发展的。就清代帖学而言，康熙、雍正年间因帝王喜好，崇尚董其昌所引领的帖学书法，到了乾隆时期，因有心矫正董其昌书法的软媚现象，想要借助对《淳化阁帖》的学习来补正，由此，书法风格转向丰圆一路，赵孟頫书法也随之兴起。

但在阮元看来，元、明以来帖学书法的衰微根源正在于此："元、明书家，多为《阁帖》所囿，且若《禊序》之外，更无书法，岂不陋哉！"[3] 认为元、明的帖学，因为真迹的缺失，都是以学习《阁帖》(即《淳化阁帖》)及其相关的衍生刻帖为主，这也是赵孟頫所引领的帖学复古魏晋书风的学习典范，致使学书者抛开《阁帖》，几乎不窥其他书刻，学书之路越见狭隘。阮元思想的追随者何绍基更是明确指出《阁帖》影响下的帖学书法之弊："宋人书格之坏，由《阁帖》坏之。类书盛于唐而经旨歧，类帖起于五代、宋而书律堕，门户师承，扫地尽矣。"[4] 何绍基受阮元思想影响，对书家的书格渊源是极度认可的，《阁帖》的出现是对书家风格的一种泯灭，以一人之手刻出的百家书法，不论刻工如何精良，风格是难以有显著区别的，而宋以后帖学书家却以此为楷则进行学习，导致书家对于门户、个性化书写已经完全失去了辨别能力，这指明了帖学衰微的直接原因。

正是因为清代帖学书法的单一化，以及乾嘉年间大量金石碑刻的出土及研究，阮元才提出书法要南北分派，以此寻求书法复古的真正本源，其《南北书派论》云："元笔札最劣，见道已迟，惟从金石、正史得观两派分合，别为碑跋一卷，以便稽览。所忘颖敏之士，振拔流俗，究心北派，守欧、褚之旧归，循魏、齐之坠业，庶几汉、魏古法不为俗书所掩，不亦祎与！"[5] 南北书派的提出，是阮元对帖学书法衰微的矫正之法，阮元甚至认为北派书法才是真正的中原古法，这种追本溯源的书法脉络梳理虽然是正确的，但以贬低帖学书法为基础、刻意抬高碑刻书法的观念，又过于偏激。不可否认阮元的碑学理论认识到了帖学发展的不足，是进步的，但其包容性过窄，虽有心改革书坛衰颓之势，又不免狭隘。

阮元对清代碑学理论的建树，以及邓石如碑学实践的成功，使碑学书法在清代开始占据主流地位，也促进了包世臣等人对碑学理论的发展。包世臣的碑学理论，试图建立一个完整的碑学理论体系，侧重从实践角度提出"指劲、中实、气满"等一系列北派书法的技巧要求和审美原则，并总结了碑派书法的技巧特点和风格来源，如其《艺舟双楫》评论北碑与唐碑："北碑字有定法，而出之自在，故多变态；唐人书无定势，而出之矜持，故形刻板。"[6] 从书写状态来分析北碑和唐碑风格形成的原因，认为北碑源于中原古法，书法的多样性是出于书写者的真情实感表现，更具艺术价值，唐人书法已经受南朝书风影响，只求势态妍媚，处处受制于前人，反而形貌刻板，进一步推动了阮元碑学理论中对个性化书法的发展，却也将唐代乃至南朝书法一概否定，极端化了碑、帖两派书法的对立。而作为晚清北派书法的主将何绍基更是将这一极端思想贯彻到底，提出："余学书从篆分入手，故于北碑无不习，而南人简札一派不甚留意。"[7] 到了何绍基这里，碑学理论和实践几乎脱离了帖学系统，成为完全独立于帖学外的又一书法门类，这也标志着清代碑学理论发展到了尽头，致使后来的纯碑学书家再难有突破的空间。因此，以沈曾植为首的碑帖融通的书法思想，无疑成为改变这一窘境的良药。

二、以碑帖会通之法补充碑学理论的不足

沈曾植早期的书法思想，深受包世臣碑学思想的影响，尤其对包世臣"中画圆满""始艮终乾"等观念均有详细阐发，如其《海日楼札丛》有言："安吴（包世臣）'中画圆满'之说，出自怀宁。怀宁以摹印法论书，如疏处可走马，密处不令通风，亦印家诀也。惟小篆与古隶，可极中满能事。八分势在波发，纤浓轻重，左右不能无偏胜，证以汉末诸碑可见。故中画蓄力，虽为书家秘密，非中郎、钟、卫法也。"[8] 从对"中画圆满"的分析可见，沈曾植对包世臣碑学理论是研究极深的，探明了包氏此说的由来为邓石如的篆刻理论，却又不局限于包世臣的理论思想，而是从一位学者的角度客观看待这一论说，认为"中画圆满"在小篆和古隶两种书体中是可以实现的，但对于今体书法的八分书乃至其发展出来的蔡邕、钟繇等书家的书法来说，又是不能一概而论的。这侧面反映了沈曾植既认可碑学理论的合理性，但又不为其所局限，能从历史发展的角度客观看待书法发展的变迁，这是对晚清以来碑学理论步入极端的矫正。

沈曾植对碑学理论是认可的，也充分肯定了北碑、南帖之别："书家以简牍、碑版为二体，碑版之盛，大抵在永初以后，亦不能甚先于尺牍也。"[9] 在简牍、碑版的本源追溯上，沈曾植并没有强分先后，而是认为二者的关系是相互补充发展的，碑版并不一定就先于尺牍，自然也没有阮元的碑学理论那样帖学源于碑学的刻板认知。这一点在沈曾植对南北朝书法的流变阐释中表现最为明显，对于北朝碑刻："大抵北朝书法，亦是因时变易，正光以前为一种，最古劲；天平以下为一种，稍平易；齐末为一种，风格视永徽相上下，古隶相传之法，无复存矣。"[10] 认识到北朝书法并非阮元等人所说的中原古法，它也是随着时代变迁而不断改变的，尤其是在北齐末以后的风格已经和唐代永徽年间相近了，所谓的中原古法也几乎断绝。而同时期的南朝书法，沈曾植也

看到了其不同方向的发展："南朝书习，可分三体。写书为一体，碑碣为一体，简牍为一体。《乐毅》《黄庭》《洛神》《曹娥》《内景》，皆写书体也……已开唐人写经之先……碑碣南北大同，大校于楷法中犹时沿隶法。简牍为行草之宗，然行草用于写书与用于简牍者，亦自成两体。《急就》为写书体，行法整齐，永师《千文》，实祖其式，率更稍纵，至颠、素大变矣。"[11]与单一的北朝书法不同，南朝书法发展更为多样化，书写体发展了唐人写经，碑碣体发展与北碑相同，延续了中原古法，简牍体开后世行草书之先河，分别又发展了行书、草书两个书法脉络。

从沈曾植对南北书法发展的梳理来看，他并不反对南北书派分类之说，甚至对于书体之别有着深刻的认知，这种认知并没有让他加大南北书法的差异，反而对南北书派的学习有了融通的想法，其《敬使君碑跋》中就有提到南北派书法的互补学习之法："刁志（刁遵墓志）近大王，张碑（张猛龙碑）近小王，此铭（敬使君碑）则内擫外拓，藏锋抽颖，兼用而时出之，中有可证兰亭（定武）者，可证黄庭（秘阁）者，可证淳化所刻山涛、庾亮诸人书者，有开欧法者，有开褚法者。盖南北会通，隶楷裁制，古今嬗变，胥在于此。"[12]不同于晚清碑学理论对帖学书法的鄙薄，沈曾植认为北碑与南帖是能互通的，如刁遵墓志与王羲之风格相近，张猛龙碑则相似于王献之，甚至认为敬使君碑的结字用笔之法，可以用来证明、辅助对定武兰亭、淳化阁帖等南派书法的学习，更是影响了唐初书法诸名家风格的形成。这一观念，虽然有强行将南北书法关联之嫌疑，但无疑是进步的，在碑学理论发展到偏激的晚清时期来说，重新正视碑学与帖学的相互关系是促进书法再次走向良性发展的关键。

这一碑帖会通的思想缘由，出自沈曾植以学者视角对帖学的重新看待，尤其针对帖学家盲目学习刻帖拓本而提出："帖家过于信纸墨，不考源流，是一蔽也。"[13]元代以后的帖学书法，因墨迹的大量遗失，帖学书家只能依赖刻帖拓本进行学习，这一传习过程中，原石不断被翻刻，甚至有伪帖的不断杂入，使得帖学家的学习范本早已失去本来面目，因此，沈曾植从学者考证的思想入手，试图通过追溯书法本源，为帖学书法学习提供一条新的出路，提出碑帖会通之法，并以王羲之《东方朔画赞》为例："尽变太傅之雄厉，而转有与石门颂、冯君神道相近者，故知今隶与古隶相通，右军取法良为宏远。"[14]王羲之作为南派书法的最高峰，在沈曾植看来，其取法宏远之处在于打通了今隶与古隶的界限，今隶发展了帖学书法，古隶则承接秦汉古法，王羲之的高妙正是能会通二者，才能冠绝古今。由此，沈曾植在书法的学习上，往往以探求本源、古今互证为旨归，如"《夏承》《华山》，下逮《孔羡》《王基》，皆绍中郎分势，刻意波发者。《月仪》屡摹，笔道湮绝，当就上数碑寻其沿革"[15]。《月仪帖》受历代摹拓，损坏严重，笔画等已经湮讹，难以学习，这也是帖学书家面对古代书迹时无法避免的问题，沈曾植则以上述《孔羡碑》《夏承碑》等渊源相通的碑刻为媒介，促进了各碑帖间的互证学习，并梳理了碑学与帖学之间一脉相承的关联性。

在沈曾植看来，这种互证互补的学书观念，不仅打破了碑帖之间的界限，还可以突破书体而得以生发，为书法发展的多样性提供了新的契机，其《海日楼札丛》云："篆参隶势而姿生，隶参楷势而姿生，此通乎今以为变也。篆参籀势而质古，隶参篆势而质古，此通乎古以为变也。故夫物相杂而文生，物相兼而数赜。"[16] 篆参隶势、隶参楷势都是以古通今，篆参籀势、隶参篆势则是以今通古。前者顺应时代之变，逐渐发展出妍美姿媚的书风；后者反求于古，探寻书法本源，发展出质朴古茂的书风。这是书法发展过程中必须经历的两个方向，前者是时代进步发展的表现，认可书法变革的进步性，如孙过庭所言："何必易雕宫于穴处，反玉辂于椎轮者乎"[17]；后者则溯本求源，以求矫正时代流弊，如阮元"守欧、褚之旧规，寻魏、齐之坠业，庶几汉、魏古法不为俗书所掩"[18]，从古法本源入手，肃清俗书在书法发展中的阻碍。二者各有侧重，但目的终归一致，旨在让书法往健康、长远的方向发展，不过前者容易忽视本源，步入流弊，后者往往囿于故步自封，不知变通。

故沈曾植碑帖会通之法，实则是将清代学术的研究思想引入书法研究之中，面对元、明以来革新派与守旧派的偏执，清代学术则是以集成的思想开拓了包容的观念，将之融通。晚清书法的碑帖之争也是如此，各自的偏执只会将自身理论发展至极端，对于书法发展体系来说是不完善的，在碑学和帖学都步入衰微的时候，相互的攻讦只会令二者走向灭亡，只有打破相互间的界限，客观认可相互的价值，互补会通，才是书法得以健康发展的关键，可谓"物相杂而文生，物相兼而数赜"，即便是从当下来看，这一发展路径也是毋庸置疑的。

三、追本溯源——草书发展的新探索

沈曾植在推出碑帖会通的学书路径之后，并未像阮元等碑学理论家就理论谈理论，他是抱着改变书坛现状的决心提出具体理论的。因此，沈曾植理论的产生还伴随着书法实践的佐证，尤其是在草书的探索上成就最为突出，向燊曾评论道："（沈曾植）书学包慎伯，草书尤工，纵横驰骤，有杨少师之妙。自碑学盛行，书家皆究心篆隶，草书鲜有名家者，自公而出草法复明。"[19] 这是对沈曾植草书的高度认可，尤其是碑学兴盛以后的书坛，草书已经在书坛沉寂太久，甚至没有草书名家的出世，这也侧面反

映了清代碑学的弊端：难以发展草书这一书体。沈曾植的书法实践，无疑打破了这一僵局，草书也能与碑派书法相融（此前，赵之谦等人仅能融入行书创作）。

沈曾植深刻认识到"帖家过于信纸墨，不考源流，是一蔽也"，所以他对草书的发展脉络作出了新的梳理："草书原自古大篆，其变化诎略破觚削繁之意，漆书虫尾之形象，往往与古金文字辜较相通，上且及于龟卜文。其与时代同波流，涉隶而为章，涉正楷而为狂草……宋以后仅从八分小篆入，浅矣。"[20]沈氏认为，草书的本源应当从大篆谈起，草书创始之旨是减省删繁，而删减后的结字特征与早期的虫书等是相呼应的，所以能直通古金文、甲骨文。同时，草书又兼受时代书体发展的影响，和隶书结合为章草，和楷书结合为狂草。这一观念，打破了历代对章草的认知，将草书的根源归结于最早的大篆书写时期，从草书减省文字笔画和以符号代替文字的两个特征论证，有一定的合理性，也将草书的本源推至西周时期。此论虽有附会先秦古法之意，但却是进步的，就草书书写而言，本是将文字符号化、线条化，如果只是像宋以后人求之于八分和小篆，确实是狭隘与局限的。就线条而言，八分书线条过于跳宕、轻佻，容易将草书写得轻浮；小篆则过于严谨，线条一丝不苟，难以体现出草书线条的多变性、灵动性；大篆书法既能如小篆般线条质感沉厚，行笔过程又具备丰富性，能更好地表达书法创作者的书写情感，是以沈氏所论，实点破草书书写的关捩。

正因为沈曾植对古法的热衷，其对草书的追求也崇尚笔意淳朴和意趣的表达，其《刘云樵先生草书册书后》有言："观其（刘云樵草书）笔淳而不肆，结字偏旁，皆有依据，渊然笃厚长者之风。潜楼将付石印，植窃愿请孝经、通书以益之。"[21]由此可见沈曾植对草书的审美追求趋于笔意淳朴，处处要有依据，这自然与其学者思想分不开，重视笔笔有所依、笔笔有出处，以淳朴之法矫正宋以后草书浅薄之态。但若只是以淳朴求古为书法追求，无疑是保守、退步的，否认了书家自我创造意识，因此，沈曾植又提出了书家意趣情感在书法中的重要性："钟索妙墨，衣带过江，士大夫感遇所寄，岂仅笔研间事哉！右军念念旧京，不肯随时事改体，此其用心与诗人台笠撮何异……赵王孙知定武美，而不知所以美。"[22]认为钟繇、索靖等人的书法之所以绝妙于世，在于其出自内心所感，王羲之《兰亭序》亦然，真正高妙的作品没有不发自肺腑的，这不是仅仅依靠笔墨就能够达到的地步，后世学书者只看到《定武兰亭》的外在表现之美，往往忽视书写者内在真趣的表达。因此，沈曾植对碑帖的赏评往往由此入，其《快学堂法书跋》有言："此帖正侧互用，超逸而有不尽之趣，最为可玩，形质与神理相附者也。"[23]在其看来，书法中的趣味性，是形与神交融而产生的，是书家内心借助书法的外在写照。如何求得真趣，沈曾植则以李梅庵临摹古册的书写过程阐释道："其

（李梅庵）于书道，殆东坡所谓墨戏尔，发于醉饱之余，引毫濡纸，惟意所适，从而命之曰某家某家，而某家某家之肥瘦平险，一一贡其真形而靡所逃遁……自记'纳碑于帖'，逊翁论旨剧不尔，曰'化碑为帖'可尔。吾尤喜其题评小字，居然汉代木简风味。惟其似且不似，不似且似，关捩几何，请道士作十日思。"[24]李梅庵的临古之法，完全出自个人性情，正如苏轼所谓的"诗之余"，正是这种不刻意求工求像的临摹方法，使其脱离了碑帖的形貌束缚而得其中真形（即旨趣），并称此法为"纳碑于帖"，这也造就了他书法中妙在似（得其中真趣神理）与不似（通会碑帖，不受两派面貌所约束）之间的境界，深为沈曾植所服膺。

正是看到了李梅庵的成功，沈曾植才终身致力于"纳碑于帖"的探索之路，打破碑帖两派书法的隔阂，将二者化入自我的书法实践之中，故曾农髯评其书法："余评寐叟书，工处在拙，妙处在生，胜人处在不稳。"[25]拙源于沈曾植长期学习碑版古法，是以处处有淳朴笔意；生为其突破碑帖两派书法的疆界，做到形貌不似古人；不稳则为脱离古人书法形貌，又能得其中真趣，实现似与不似的妙境。沈曾植通过李梅庵临摹古帖的"纳碑于帖"之法明确了自己的书法之路，可以说李梅庵是临摹的探索者，沈曾植则将之付诸实践，摆脱了临摹，将之完全融入自己的书法创作之中。

四、余　论

沈曾植一生综览百家，博古通今，以其精深广博之学问重新审度清代碑学书法理论，深感碑学与帖学发展的不足。当时正值书法发展衰微之际，沈曾植从理论与实践两方面同时着手，试图扭转书法发展的颓势，由此提出了碑帖会通之法，以矫正碑帖两派的局限，打破碑与帖在晚清时期被分离的状况，并以亲身实践积极探索碑帖融合的书法发展新路径。也正是沈曾植探索的先导作用，民国时期的于右任、马一浮、谢无量等一众书家受其影响，开启了近现代书法发展的新方向，其影响实为深远且贡献巨大，为当下探索碑帖融合的学书之路提供了宝贵经验。

注释

[1] 杜啟涛，河北美术学院书法学院专任教师，理论教研室副主任，研究方向为书法理论与实践。

[2] 马宗霍：《书林藻鉴　书林纪事》，文物出版社，2015，第192页。

[3] 阮元著，华东师范大学古籍整理研究室选编、点校:《南北书派论》，上海古籍出版社，2004，第634页。

[4] 刘恒:《中国书法史·清代卷》，江苏凤凰教育出版社，2009，第350页。

[5][18] 阮元著，华东师范大学古籍整理研究室选编、点校:《南北书派论》，上海古籍出版社，2004，第634-635页。

[6] 包世臣:《艺舟双楫》，上海书画出版社、华东师范大学古籍整理研究室选编、点校:《历代书法论文选》，上海书画出版社，2004，第654页。

[7] 刘恒:《中国书法史·清代卷》，江苏凤凰教育出版社，2009，第349页。

[8] 沈曾植:《海日楼札丛》，华人德主编《历代笔记书论汇编》，江苏教育出版社，1996，第573页。

[9] 同上书，第556页。

[10] 沈曾植著，许全胜整理:《海日楼题跋集》，中华书局，2022，第191页。

[11] 沈曾植:《海日楼札丛》，华人德主编《历代笔记书论汇编》，江苏教育出版社，1996，第561-562页。

[12] 沈曾植著，许全胜整理:《海日楼题跋集》，中华书局，2022，第191页。

[13] 同上书，第253页。

[14] 同上书，第359页。

[15] 沈曾植:《海日楼札丛》，华人德主编《历代笔记书论汇编》，江苏教育出版社，1996，第557页。

[16] 同上书，第571-572页。

[17] 陈思:《书苑菁华》，屈笃仕、佘马莉点校，西泠印社出版社，2021，第161页。

[19][25] 马宗霍:《书林藻鉴 书林纪事》，文物出版社，2015，第244页。

[20] 沈曾植著，许全胜整理:《海日楼题跋集》，中华书局，2022，第398-399页。

[21] 同上书，第399页。

[22] 同上书，第402页。

[23] 同上书，第371页。

[24] 同上书，第400页。

新发现沈曾植残稿《喜神谱》小识

徐新奇[1]

【摘要】 本文以近年来两次新发现的沈曾植《喜神谱》残稿为研究对象，通过整理、分析与释读，并结合相关文献，认为《喜神谱》绘制当在其任安徽布政使的清光绪三十四年（1908）至卸任后移居上海期间，并最有可能在上海全部完成。同时分析了《喜神谱》命名方式。接着根据题跋信息，认为其原本至少在百页之上，但在公开前已经被部分焚毁，现存稿并非全册原貌。之后在流传中册页又被拆散、抽取，最终流散出来。此外，在整理过程中新发现了漏载的字号、斋馆号共十个。本文最后对《喜神谱》内容做了简略的分析，指出此谱表现的应当是佛教密宗画像，在记录性的绘制过程中体现出了作者的理解和时代特色。

【关键词】 喜神谱；密宗；双花王阁；瘦红女使

嘉兴沈曾植先生，清末护理皖抚，仕宦显达，学问湛深，识见雄伟，为世所共仰，乃清季一大宗师，世人论其学术成就者，称誉沈为"中国第一大儒""学界之魁杰"。

百年来，对沈曾植的研究已涉及其生平、学术、诗词、史地、书艺等诸方面，并取得不少成果。然而因其治学方向的冷僻，与同时期人物比较，其知名度远未达到相应的高度。除了嘉兴本地的专业人士有所关注外，其他知之甚少，社会也鲜见关注与提及。

笔者在 20 世纪 90 年代初期略知寐叟之名，当初也只是听说其书艺高妙等，未曾有过多关注。近年来，随着自身学习的不断深入，笔者对其愈加重视，资料搜罗也逐渐展开，由对书艺的关注而涉及其他多个方面。

多年前笔者友人在装裱店偶遇一件沈曾植册页残稿，遂拍照并赠电子稿于我。由于画面图文信息晦涩难懂，手头亦无资料可供参阅，也曾请教佛界人士及相关专业人士，惜未能有效释读，故而一搁多年。2021年8月，笔者又发现了此稿中的一页，遂对此残稿几年来的疑惑有了一个较为清晰的了解。

一、残稿基本情况

（一）第一次发现概况

约十年前于裱店见此，封面一帧，内页九帧，共十帧，纵向式，横约15厘米，纵约25.6厘米，纸本白描加设色。封面为钱仲联题签钤印，其余九帧均绘有缠足女子像，或站、或立、或坐、或卧，或着民国总统装、或着西洋装等。残稿中还绘有一头大象、一只大鳌，每帧不同位置均有题款，现按顺序全文录入如下（括注及编号为笔者加注）。

（1）（封面）沈寐叟喜神谱残帧 后学钱仲联敬题（朱文）"萼孙"（图1）

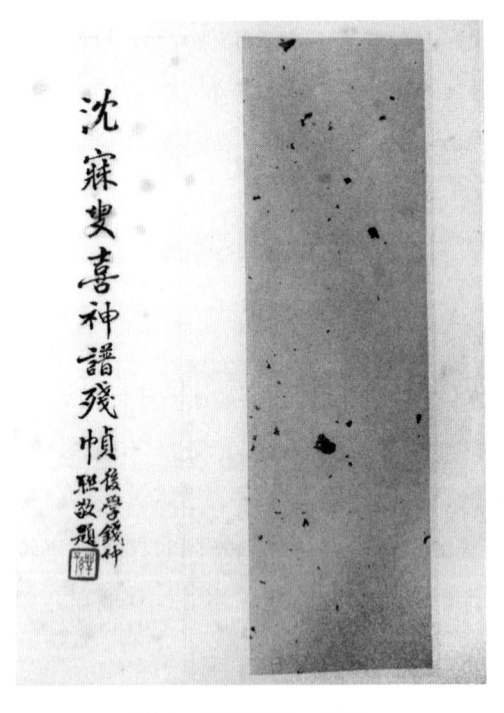

图1 《喜神谱》，封面

（2）瘦红女史喜神谱第二 妙庄次主双花王阁主人 魏华（朱文不清）（白文生肖印）（图2）

图2 《喜神谱》第二帧

（3）（隶书）瘦红女史喜神谱第十 张良如妇人 子尘称众母 罗袜一钩 馨香万户 意娥 现宰官身证（"证"此处有两点似为误字）童女相非马喻马 影酬四两 现 高唐神君（朱文）"孙卿"（朱文）"高唐东澣神君"（图3）

图3 《喜神谱》第十帧

（4）瘦红女郎喜神谱第十二 月君 愿以大辨才 善宣般若智 前生禳麌梨 后世金刚智 摩利支天 常行日前 不为人见 无人张欺诳 不为人缚 不为人绩 其财物 此绝代外交 家末劫刀兵 假非童女身 讵□旋转轮王 调伏八部耶 惜依 无妙笔貌 此吉祥天 意孃（朱文）"九天玄女符""韦生""室侯氏小四襄织芝一字珠波印"（图4）

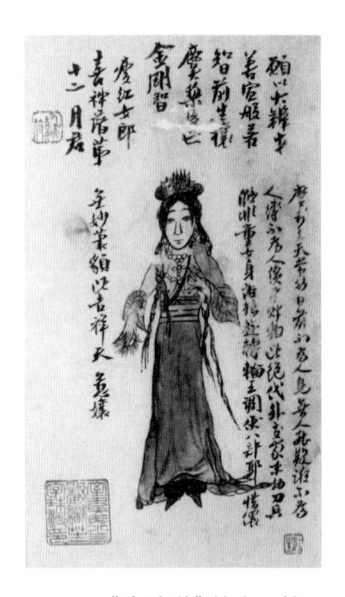

图4 《喜神谱》第十二帧

（5）瘦红女郎喜神谱第十三 坚惟美娜 天神司刑 懿彼女性 用表爱情 左剑威武 右球圆明 吾化斯灵 以极黄萌 玉真阁主写照并赞（朱文）"弟五"（白文）"玉真阁"（图5）

图5 《喜神谱》第十三帧

164

（6）瘦红喜神谱第二十一　情痴书痴谷醉病 时日长维困贾□ 齿□ □倦支莺 扵燕（疑"燕"字）扵风恐雨纷 有人特地 相思 那娇讹未知 调□□太平 急言（图6）

图6 《喜神谱》第二十一帧

（7）瘦红喜神谱第三十二　海马龙种 初月女神 鲸呋鳌抃 理依钓缗 月上女（朱文不清）（白文）"妾盖"（图7）

图7 《喜神谱》第三十二帧

（8）（此处残缺）谱第卅三　真子心画 示大庄严 入秽恶聚 指挥修罗 雪山日曙 真子（图8）

图8 《喜神谱》第卅三帧

（9）瘦红女子喜神谱第四十一　娟娟此豸姑娄巴 猗加塔隣猗胡闭 置诸弄娇春猗绮怀有语身非身猗 昭灵阁书（图9）

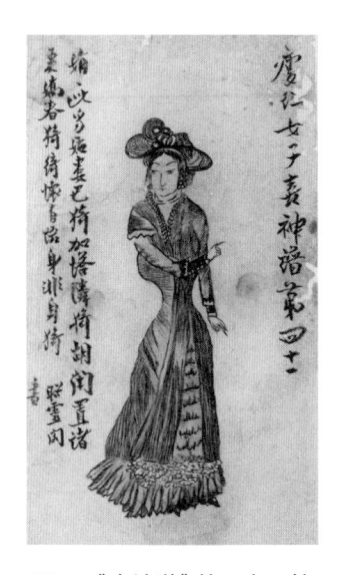

图9 《喜神谱》第四十一帧

（10）瘦红阁主自题喜神谱第四十二　子夜春歌 侬是吉祥天 欢为载喜珠 相思红豆子 辟作辟兵符 端正阿侬身 安著欢心上 丹芝拓锦鞋 修罗弓不响 可怜摩尼光 都作桃花色 迴向侬丹心 阎浮□乐国 灵芝饶仙宾 阿侬饶细想 欢是走盘珠 不离侬宝掌 侬身欢加持 欢地侬翘勤 双烟并一气 尔汝谁能分（图10）

图 10 《喜神谱》第四十二帧

（二）第二次发现概况

2021年8月，笔者又发现此残稿第二十帧，形式、面貌、表现手法同前，裸露双乳，着莲花披肩，唯一的区别为图中人物是跪姿。除沈曾植本人题款外，又有嘉兴董巽观题跋，全文如下：

新婚省娣　□□庆会之服饰　曝史仿之为喜神谱第二十

此为嘉兴沈寐叟先生晚年在上海寓中所写。予曾见有百页装二册，偶与先生哲嗣慈护老兄谈及，方悉尚有画成秘戏者，悉付之一炬。因渠不知此为内典中密宗画像之故，现但保留近百页耳。因以此页见贻，松老见而珍之，以为世不经见者，因跋而归之。董大。（朱文）"董"（白文）"大"（图11）

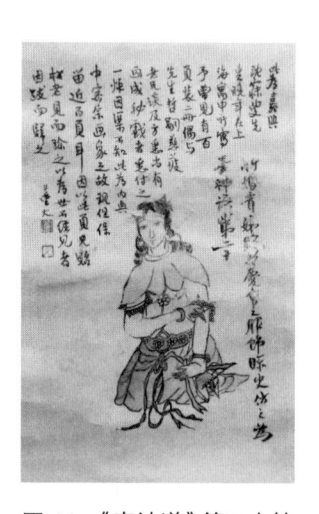

图 11 《喜神谱》第二十帧

二、对《喜神谱》的初步研究

（一）从残稿的编序格式看册页的命名

通检十一页稿子（封面除外），以现在所见残稿落款中的编序来看，沈曾植在每帧上面都呈现"瘦红（～～）喜神谱第（～～）"的格式。除了第二十帧只落"喜神谱第（～～）"外，其余均作此格式。从简约的角度看，所有页面上均署有"喜神谱"三字（第三十三帧由于左上角残缺，只留一谱字，推测上面至少有"喜神"二字），因此钱仲联对残稿定名为"喜神谱"是合适的。

（二）从斋馆号、服饰、发型谈残稿的绘制时间与地点

因《喜神谱》残稿中没有注明绘制的时间与地点，我们未能直接获知绘制情况，但细检题款，可发现在第二帧款中落有"双花王阁主人"这一斋馆号。经查阅相关资料得知，戴家妙先生在《〈寐叟题跋〉研究》中列有此斋馆号，曾出现在沈曾植绝笔联中[2]，并另列有"双花王阁"二方朱文印鉴[3]，但在叙述沈曾植斋馆号使用命名特点时与归类时期产生了不一致[4]。

关于双花王阁的具体情况，沈曾植在《双花王阁记》中有明确的说明。沈在安徽任布政使期间"吾顷有幽忧之急，喉中介介，耳枯焦，不能远听，惊寐而失眠，……医来曰：'是谓劳热明淫心疾。'……阁在内署北成园之南，室三楹，隘不容回旋，而视听差静，光差少，置几榻焉，于病夫宜"[5]。正因为体弱多病，医嘱宜居于安静、晦暗之所，故沈选择了署府后花园的双花王阁作为休养之地。接着写了双花王阁斋馆名的来源："西牖外牡丹十余本，前政所遗留，……东牖外樱花逾百株，余所新种，亦五色具，色不称名如牡丹……牡丹王于唐，樱王于海东，……在二花王前，二花王起而夺嫡为大宗。……樱东王，牡丹西王，……花王阁者，国初逸人纪容舒阁名，袭旧而双之……"[6]沈曾植出任安徽布政使时间在光绪三十四年（1908），卸任在宣统二年（1910）。戴家妙与陈建品两位先生研究均认为沈曾植斋馆号命名特点与其羁旅游踪[7]、出仕地相关[8]，所以可以明确"双花王阁"斋馆号的使用就在此期间。

此外，据"此书庋双花王阁架上，久未检阅，偶尔触目，稍加审视则虫蚀糜碎……庚戌春王熊乙园孝廉为余手加装池，复为完书……"[9]将"双花王阁""久未检阅"与后面的"庚戌春"联系起来看：庚戌春为1910年春，久未检阅说明此斋馆号必定在1910年春之前已经存在，这符合沈曾植任布政使的时间节点。其他还未见有关资料

早于此条。

所以"双花王阁"的命名与使用必定在其任安徽布政使期间，因而可以明确的是署"双花王阁主人"的第二帧绘于安徽任期内，具体哪年开始不可知晓，至于最终完成时间，以目前所见资料来看，无法确切判定。

另据第卅三帧女子着装看，高领、吊穗肩章、胸口挂的穗带、头戴叠羽冠，明显是民国才有的总统服（大元帅礼服）。其他还有第十二帧的双辫式发型、第十三帧的波浪卷发型、第二十帧的长卷发式以及第四十一帧的欧式宫廷束腰装、大檐帽、欧式卷发等。这些装扮、发型是进入民国后才有的女子装束，断不可能在民国前见到，所以此《喜神谱》必定是沈曾植在 1910 年卸任安徽布政使，进入民国以后在上海继续绘制完成的，不然就无法解释这个装束与发型在画面中出现的原因。因此，董巽观在第二十帧题跋中提到"此为嘉兴沈寐叟先生晚年在上海寓中所写"，是非常合理的，但董先生只了解一部分，其实他并不清楚"双花王阁主人"早在安徽任上已经开始绘制，只不过入民国后在上海最终完成罢了。此外，据目前所见的十帧来推测，唯在第二帧署"双花王阁"，第二帧之后的其余九帧均未注明。依沈曾植斋馆号命名特点来看，基本可以肯定册页开头部分起始于安徽。再看第卅三帧的女子着总统服表明此帧至少系民国时期所绘。考虑到安徽任上为官时可能政务繁杂，《喜神谱》本身数量又较大（应有百页之多），所以可能在任内绘制相对少些（到第三十二帧止约为全册百页的三分之一），卸任后在上海最终完成此作。因而《喜神谱》大部分（估计有三分之二）在上海完成的可能性应该很大。至于具体是否如此，最终于何时完成，只能待后续剩余册页面世才有可能揭晓答案。

（三）从董大题款看原装册页的数量

笔者本人第一次发现《喜神谱》残稿时共有十页，除封面以外，分别是《喜神谱》第二、第十、第十二、第十三、第二十一、第三十二、第卅三、第四十一、第四十二帧。由于画面信息缺失，笔者并不能知道全册究竟有多少帧，后来发现第二十帧时才了解此谱的一些概况。

"予曾见有百页装二册，偶与先生哲嗣慈护老兄谈及，方悉尚有画成秘戏者，悉付之一炬。因渠不知此为内典中密宗画像之故，现但保留近百页耳。"此为第二十帧上董巽观的题跋。款中所述"哲嗣慈护老兄"指的是沈慈护（1898—1963），他是沈曾植二弟沈曾樾第三子，过继给寐叟做儿子。沈慈护雅好文翰，善书，从事税务、商务工作。董巽观（1897—1971），嘉兴人，曾任嘉兴市文管会委员、浙江省文史馆馆员，工书、善词、能丹青，两人是同辈，有直接的交往。

从题跋可知，此套《喜神谱》在董巽观见到时有百页，分装成两册。至于未装册之前有多少，依董巽观"予曾见有百页装二册，偶与先生哲嗣慈护老兄谈及，方悉尚有画成秘戏者，悉付之一炬。……现但保留近百页耳"的跋来看，装之前已经被焚毁了一部分，实际应该在百页之上，具体多少不得而知，有待剩余册页发现才有可能了解，也可能永远是个谜。

此外又依"寐叟下世后，沈慈护即奔走于各位前辈，商议整理父亲遗作"[10]"……节衣缩食……先君遗稿流传于外者尚多有之，谨就家藏所有，写定此目，以待续刊，亦冀海内外求先君书者或有所稽考焉"(《沈乙盦先生海日楼遗书总目》)[11] "垂暮之年，惟日夜祷祝凡我失去诸物倘能一一归来，是所深望，否则死有憾焉"[12]，并且沈慈护在1954年、1957年、1959年将沈曾植遗稿、遗物分三批捐赠省内各公藏机构，可见他"对于其父的著作一直竭尽全力在整理，推而广之，使人熟知"[13]。然而我们对沈慈护这样的有心人却将部分密宗画像稿"悉付之一炬"很难理解，因为这种行为与上述说法形成了极大的反差。从沈慈护晚年自号"悔居士"可见其心绪一二。按董的题跋看，原因在于沈慈护由于职业关系，不了解内典密宗教义，对于密宗画像不知情而焚毁。笔者估计部分画像被焚毁更重要的原因可能是涉及密宗画像的画面形象问题（可能是男女裸身相抱的形象），沈慈护认为其不便公布于众而一焚了之。这反映出《喜神谱》是经过沈慈护有意整理、筛选之后见之于众的。

对于《喜神谱》至今存世还有多少、存于何地不得而知，期待后续有新的发现。

（四）所见残稿的流散情况

沈曾植于安徽任上开始绘制《喜神谱》，最终于上海完成百多帧。依目前资料来看，《喜神谱》至少被沈慈护因某种原因而部分焚毁的具体数量不清，最后为董巽观见到的就是百页二册装形制。董见过之后情况不明，可能保存在20世纪50年代的三次捐赠相关公藏机构之中，后一直未有露面。直至约十年前笔者见到第一批共九帧出现在嘉兴裱店中，此时已多了一帧钱仲联的题签，目前应为私人所藏，具体情况不明。后笔者又于2021年8月在嘉兴再次发现了单独的第二十帧，据题跋之意及相关了解，此帧在五六十年代为沈慈护赠送臧松年单独的一页，后为臧先生的南湖书画社同事桂堂所有，其中转藏经过与具体时间节点已无从知晓。从笔者两次发现《喜神谱》残稿均在嘉兴来看，如若无缺失，余下的九十帧留存在嘉兴的可能性较大。

（五）在款印中新发现的字号、斋馆号

此次对《喜神谱》残稿的梳理过程中发现有九帧出现了沈曾植新的字号，有"瘦红女史（第二、十帧）""瘦红女郎（第十二帧）""瘦红（第二十一、三十二帧）""瘦红女子（第四十一帧）""瘦红阁主（第四十二帧）""真子（第三十三帧）""玉真阁主（第十三帧）"字样。笔者检阅了《沈曾植年谱长篇》《〈寐叟题跋〉研究》《嘉兴历代人物考略》《嘉兴历代书法名人录》《近三百年嘉兴印画人名录》等，均未发现有此记录，因而可以对目前遗漏的七个沈曾植字号进行增补。

此外，第四十二帧"瘦红阁主自题"，第十三帧"玉真阁主写照并赞"及右下角的白文"玉真阁"钤印，第四十一帧"昭灵阁书"等又可增补遗漏的斋馆号三个："瘦红阁""玉真阁""昭灵阁"。

（六）残稿表现内容与形式

此《喜神谱》残稿全以线条勾勒为造型手法，以白描加平涂填色为表现形式，人物姿态变化较多，有坐、卧、站、跪四种姿态，发型变化不一，画工稚拙，造型粗疏，呈现出一种记录状态的画法。从画面形象来看有两个特点值得关注。

首先，所绘女性形象可分为两种类型，一种是世俗装形象，有欧式束腰装、民国总统装、清代马蹄袖常服；另一种是神佛形象，颈、臂、腕佩戴璎珞，身穿僧祇支、厥修罗，手持法器，上身裸露性征器官。

其次，人物均为缠足，四肢有半露与全露，其中第十三帧四肢全露。

问题是这些《喜神谱》中的女性是谁呢？

一看题款。款中落有"妙庄""大辩才""般若""摩利支天""童女""旋转轮王"（应该指的是"转轮圣王"）、"八部"（应该指的是天龙八部）、"吉祥天""圆明""大庄严""修罗""摩尼光""阎浮"等，明显是佛教中的用语，说明《喜神谱》残稿文字与佛教有直接关系。

二看着装、配饰。除世俗装以外，第二、十二、十三、四十二帧出现有僧祇支，第二、十二、十三、二十帧出现有厥修罗，第二、十二、十三、二十、四十二帧佩戴璎珞。可见这几页人物形象也是佛教题材无疑。

三看手持器物。出现宝珠（即"摩尼"）的有第十二、十三、四十二帧，出现兵器的有第十三帧，均为佛教使用的法器。

由此可知，《喜神谱》残稿必定是一件与佛教题材相关的册页。然而有半数画像呈

现裸露女性上身性征器官，在历来宣传戒淫欲的佛教里，居然有着此种神佛形象？其实佛教本身是戒淫欲的，但有时候为了达到成佛的最终目的，在一些特殊的情况下可以不受佛教某些戒律的约束，如在密宗中就有把女性作为修法伴侣的。因此《喜神谱》残稿可能和密宗有很大关联。此外在《喜神谱》第十二帧题款"前生襄麌梨 后世金刚智"一语中提到了"金刚智"。"金刚智"原是南印度人，"与善无畏、不空为密宗创始人和'开元三大士之一'"[14]。可见此册应该是表现密宗画像的。

关于密宗，最突出的造像就是欢喜佛，也称"欢喜天"，"其正统的称呼为'喜金刚'，……是佛教密宗的本尊神"[15]。密宗认为两性结合是宇宙万物产生的原因，也是宗教最后的解脱，欢喜佛正是这种理论观念的图解，是对自然与生殖的崇拜，其核心是对宇宙生命的崇拜。而供奉欢喜佛是密宗一种修炼的"调心工具"与培植佛性的"机缘"，在喇嘛寺里大都供奉此种佛像，它向世人展示的大都是男女裸身相抱的形象，有单身男女、有双人交媾等。无论是单身还是双人，都是裸体的，象征脱离生垢界。其修证所得，就是欢喜与快乐，但这个欢喜和快乐，是信念的象征，而不是淫乐。

所以笔者认为，沈曾植《喜神谱》表现的应当是密宗的内容，裸露女性上身性征器官应该是对密宗画像形象的直接应用，对于过于裸露的密宗形象（这可能是被部分焚毁的关键原因），沈曾植作为文人士大夫，受儒家理论影响而采取较为含蓄的手法来体现，故而可能以性器（缠足小脚与莲华）来暗示这些女性均是密宗里的欢喜佛。同时受时代、环境影响，沈曾植在记录式绘制中有意无意地加入了清代马蹄袖常服、欧式束腰装、民国总统装等，在某种程度上体现出密宗画的一些时代特色，这一点或许连沈曾植都没有料想到。

三、小结

笔者发现《喜神谱》残稿至今已经近十个年头，由于沈曾植学问深邃、晦涩，我们并不容易深入探究，加之笔者自身学识浅薄，无力再进一步深入。然而笔者目的在于通过对《喜神谱》的初步梳理与解读，为沈曾植研究提供新的史料，更深入地了解这位"中国之完人""同光朝第一大师"。

注释

[1] 徐新奇，嘉兴市建筑工业学校教师。

[2][3] 戴家妙：《〈寐叟题跋〉研究》，中国美术学院出版社，2015，第7页。

[4] 戴家妙先生在《〈寐叟题跋〉研究》第七章《沈曾植字号及印鉴辑考》一节中将"双花王阁"列入《沈曾植字号、斋馆号简表》时标注的年代月份为"1922壬戌"，而在表之前"沈曾植的字号、斋馆号真实记录了他一生曲折的情怀，从中可以窥见他的生活历程"。表之后"然其用印大部分……亦有部分与羁旅游踪有关，如双花王阁……沈曾植还专门撰《双花王阁记》……，以纪其人生履痕"。其实"双花王阁"的地点、名称来源在沈曾植《双花王阁记》中有详细的说明，时间正是任安徽布政使的1908年2月至1910年8月。这里戴先生的标注与沈曾植任安徽布政使在时间上存在矛盾。

[5] 严明：《沈曾植评传·作品选》，中国文史出版社，1998，第143页。

[6] 同上书，第144页。

[7] 戴家妙：《〈寐叟题跋〉研究》，中国美术学院出版社，2015，第8页。

[8] 陈建品：《沈曾植字号略考》，《中国钢笔书法》2013年第4期，第57–61页。

[9] 沈曾植：《沈曾植寐叟题跋（上）》，浙江人民美术出版社，2016，第2页。

[10][11] 戴家妙：《〈寐叟题跋〉研究》，中国美术学院出版社，2015，第211页。

[12] 同上书，第226页。

[13] 同上书，第397页。

[14] 《文史知识》编辑部：《佛教与中国文化》，中华书局，1988，第260页。

[15] 杨曾文主编《中国佛教基础知识》，宗教文化出版社，2005，第260页。

沈曾植书风演变中环境因素的影响

朱超恒 [1]

【摘要】 沈曾植作为清末民初学术界和书法界的一代通儒，其一生书风多变，这与他多舛的命运不无关联。自他出仕以来，从壮年至暮年历经几变，而他的书风也深受其所处环境的影响。本文将沈曾植置于清末时代大背景下，梳理沈曾植在书风演变时期的政治、社会和生存环境，对其在各时期的文人交游加以考察，将环境因素分为传统因素、现实因素和外部因素三个方面，分别从人文、社会与政治以及物质资料方面展开研究，以明晰沈曾植书风演变中环境因素带来的客观影响，力求为沈曾植研究带来新视角。

【关键词】 沈曾植；书风演变；环境因素

一、绪　论

关于沈曾植的研究著作甚多，笔者通览之后，发现诸学者都在宏观上完整叙述了沈曾植书学一路的学习脉络，但在发现更多沈曾植的书信稿后，笔者发现，过去传统意义上的书风影响模式对于沈曾植书风演变的定论太过笼统，具体的环境，乃至器具等环境因素也会对书家风格有所影响，而这也是本文重点研究的内容。

沙孟海在《近三百年的书学》中这样描述沈曾植：

他是个学人，虽然会写字，专学包世臣、吴熙载一派，没有什么意思的。后来不知怎的，像释子悟道般的，把书学的秘奥一日豁然贯通了。他晚年取法的是黄道周、倪元璐。他不像别人家的死学，方法是用这两家的，功夫依旧用到钟繇、索靖一辈的身上去，所以变态更多。专用方笔，翻覆盘旋，如游龙舞凤，奇趣横生。[2]

在众多资料和文章中，对沈曾植中年的学书经历都比较含糊。然而笔者发现正是其"诸学汇通"，能博采众长，在吸取了诸多名家技法之后，书风产生了巨大的变化，乃至于晚年如沙老所言"豁然贯通"。本文分析新现世的一批沈曾植遗墨，将影响其书风演变的环境因素分为三个方面：

第一为传统因素，即人文交游环境，他在京师与张裕钊等人的交游；外任前于张之洞幕府中的金石交游；在外任赣皖时期创办学堂，兴办教育，忧国忧民；罢官后在沪与曾熙、郑孝胥等人的文化交游。

第二为外部因素，即物质资料环境，沈曾植有大量关于字画拓片的题跋，并且根据《沈曾植年谱长编》的记录，他在京师时就一直有寻碑访帖、收藏和赏玩金石字画的嗜好；多地任职也为他提供了更广阔的搜寻字画拓片的空间和时间；到了晚年避居沪上，《流沙坠简》等简牍资料的出版，让他的书风得到进一步蜕变。

第三为现实因素，即社会政治环境，结合沈曾植在京师任职时的政治风气，在入幕府、外任期间的题跋、信札，以及在沪从事的复辟等政治活动，笔者将其并入清末民初的社会大环境的轨道中，来复原其壮年到晚年所经历的社会变局以及对其书风所造成的影响。

通过对以上三点环境因素的研究，能够更完善地梳理出在沈曾植书风演变中环境因素所起到的作用及影响。

二、传统因素：同气相求

光绪六年（1880），沈曾植高中进士，在刑部、总理各国衙门、外务部供职，前后十八年。彼时京城文化的中心人物是李慈铭和翁同龢，而沈曾植作为他们的门生，自然也时常参与雅集活动和观赏书画。

中进士后，沈曾植在致李慈铭的一札中，谦虚地说自己"素不工书"。他得笔于包世臣、吴让之，主要是在京师任官时期。（图1）

图1 《旧拓开皇本兰亭跋》

该篇题跋为光绪十一年（1885）所作，此时的沈曾植取径包、吴，力求笔画能"丰而不怯，实而不空"，结字、用笔也与包世臣的书法较为相似（图2）。在沈曾植任职京师时期，书画鉴赏多围绕包世臣、吴让之法书以及他们所推介的魏碑为中心，现从《沈曾植年谱长编》中摘录数条相关日记作为佐证。

> 光绪乙酉（1885）六月二十日：袁昶来观姚鼐、包世臣法书。
>
> 光绪戊子（1888）八月八日：与袁昶讨论笔法，沈释包世臣"始艮终乾"之诀云"画前不沉着，无由摄势远意险之妙；落纸时不宕逸，则无以发神尽韵隽之趣"。
>
> 光绪己丑（1889）十二月十一日：郑孝胥来观沈氏所藏包世臣对联、吴让之临《郑文公碑》。
>
> 光绪庚寅（1890）二月十四日：向郑孝胥借包世臣对联，郑遣人来借吴让之四屏。[3]

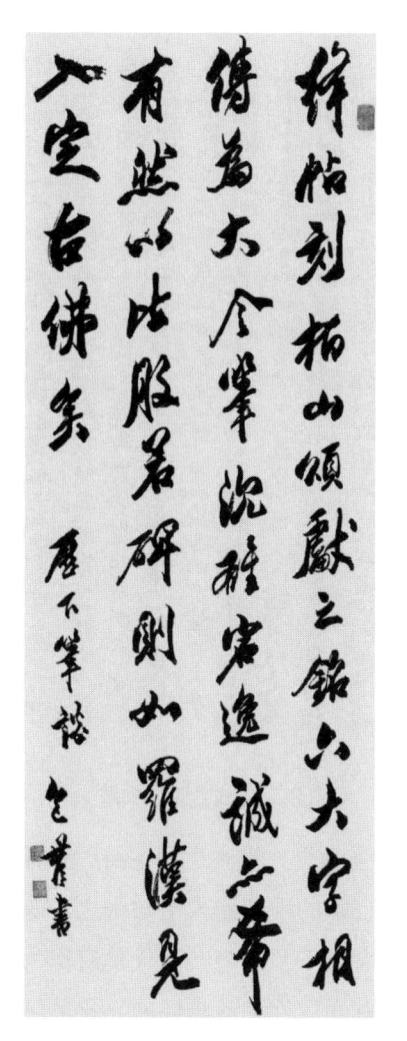

图 2 包世臣《历下笔谈轴》

其中关于笔法的阐释也多依据包的理念，这不仅反映了沈曾植的审美取向，也和当时北京文人圈中整体对包世臣和吴让之的推崇密不可分。1885年，张裕钊携子来京赴试，沈曾植非常兴奋，相与讨论书法，这对沈氏书法也有很大的影响。张裕钊是当时的集碑学之大成者，《沈曾植年谱长编》中记载，沈曾植在北京招同人宴集，宴集结束后，沈曾植曾与张裕钊谈论笔法。如《式古堂法帖跋》即为沈曾植拟张氏笔法所书（图3），袁昶在1885年9月28日的日记中记录沈曾植与张裕钊论执笔，郑孝胥在日记中也记录了沈曾植和他共同观看张裕钊楷字的情况和对笔法的思考。这些资料可以说明沈曾植书法确实受到过张裕钊的影响，从其书信往来可以看出联系的紧密，所谓"壮嗜张裕钊"也。在这一时期，同仁之间的交游是影响沈曾植书风的最主要原因。

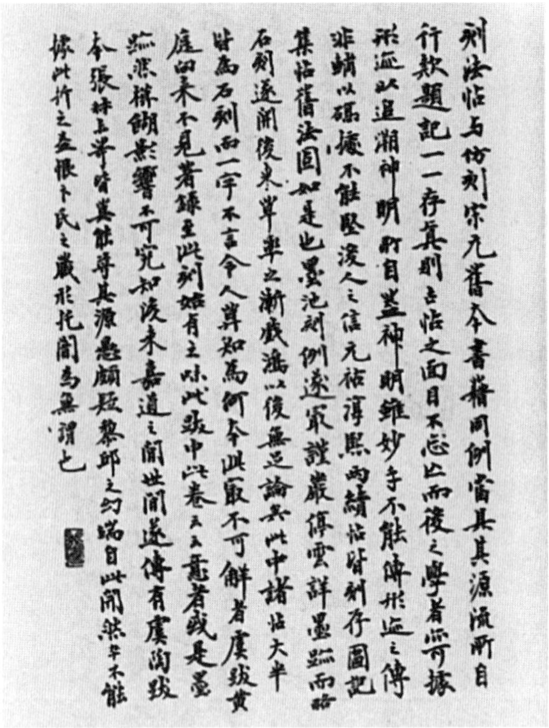

图3 《式古堂法帖跋》

1895年十月初，上海开强学会，推张之洞主持，梁鼎芬、黄绍箕、康有为等人列名其中。强学会的建立，使京师的维新派人士与张之洞等人产生了联系，为之后沈曾植去职后选择投入张之洞幕府埋下了伏笔。清代幕府作为官僚阶级的智囊机构兼学术顾问，是一种非官方的、具有开放性和流动性的文化场域。自晚清以来，学术交流与信息传播相较前代更为频繁，游幕之风也大盛于前，这不仅推动了学人交游的多向，也促进了学术事业的进步。而在晚清幕府中，以张之洞和端方幕府尤为显著，他们广募一大批文人学者、有志之士为其出谋划策、著书立说，在近现代史上留下了不朽的功绩。

据劳乃宣描述，彼时张之洞幕府学人考古论今，时常通宵达旦。张之洞作为晚清政治史上的重要人物，其书法也颇为可观，当时许多著名的学儒像沈曾植、缪荃孙、杨守敬、郑孝胥等都曾于不同时期在张之洞幕府下为其讲学、著书。

是年九月十六日，郑孝胥抵京与沈曾植相见后，两人间的交往十分密切，经常一同参与宴集和招饮。之后二人同入张之洞幕府，此正是他们中年书法风格的发展期和转型期。在此期间二人的交往也十分频繁，在书法上也有许多交流，如郑孝胥在其日记中就记载了1899年向沈曾植借取停云馆怀素《千字文》一事，并云：

从子培处携停云馆怀素《千文》残帖三页看之，似有心得，知古人必以悬肘运指为出奇也。[4]

除了这些与书法相关的交游，金石更是他们交游的重要主题：其一是对金石的搜访，其二则是因同光之际学风"返乾嘉之旧"。其间还有不少人留下与金石考证有关的著述，如《壬癸金石跋》《三续寰宇访碑录》《荆南石刻三种》《艺风堂金石文字目》等。在幕府中文人们的同气相求，使得与金石相关交游十分丰富而密切。如沈曾植于1900年在幕时曾委托王同愈帮其访荆南金石。《王同愈集》中记：

光绪二十六年，接沈子培比部曾植来信……子培托访荆南金石。[5]

而自1900年起，沈曾植时常与郑孝胥、梁鼎芬及张之洞等人举办雅集和招饮，仅1900年一月到二月就记载八条与郑孝胥的交集。而沈曾植在幕府期间与同道交流、学习，对金石和书法进行了广泛、深入的研究，为他外任时期的书学探索和发展奠定了良好的基础。尚小明先生在《游幕与清代学术》中写道："……幕府内，最普遍的学术交流方式是就某些学术问题或某一方面学术问题进行讨论，交换研究心得、研究信息或研究成果。"因此金石考据和碑帖审美也成为他们相互交流的对象。他们交流收藏、考证心得，或是切磋书艺，形成一种浓厚的学术氛围。沈曾植在幕府时期所养成的浓厚的书学兴趣，使得他即使远在赣皖也要通过与友人的书信随时分享自己书学上的感悟，而这也成为沈曾植书风演变的机缘之一。笔者借此能够发现其书学演变的蛛丝马迹。

综上所述，可证明当时沈曾植、罗振玉、缪荃孙、郑孝胥等作为清末幕府下的文人，依然心向帖学，并在碑学潮流中仍旧怀揣对汉唐书迹的憧憬和向往，并以此筑基，不断追寻前人帖学一脉中的精髓。沈曾植等人对于阁帖、帖学的正向反馈，不仅为他们的书学注入了全新的能量，也形成了清末一派追求高古的书法潮流。而沈曾植来到上海后所结识交往的书家，大多在书风上与他有相似之处，也能看出他们之间书学观念的交融和影响。

同时，沈曾植寓沪时期的书法练习也获得了郑孝胥的帮助。闲暇之余郑孝胥会经手古书画作品，沈曾植在当时因生活拮据，无力收购高质量的真迹，郑孝胥经常将自己过手的藏品和沈曾植共享，不少作品沈曾植都会经手阅览，并品评鉴赏，其中最重要者，如黄道周尺牍：

……过沈子培，以《黄石斋尺牍》册示之。[6]

1914年。他带携黄道周尺牍给沈曾植，令其可以观览鉴赏：

> ……过子培，适移居四十四号……携《石斋尺牍》归。[7]

沈曾植仔细观赏此尺牍后，称其为"沪上黄书第一"。沈曾植在当时很关注黄道周的书作，并留心研习，所以郑孝胥才会留其寓中达半月之久，在沈曾植学习章草的过程中，黄道周书作的出现是其书法学习的重要转折，其正是沈曾植尝试做大字的风格探索中不可或缺的参照。可见郑孝胥对沈曾植书风演变也起到很大的推助作用。

沈曾植习书数十载，其中数位与其深交的文人诸如张裕钊、郑孝胥、罗振玉、李瑞清、曾熙和康有为等都是清末民初的书法名家，他们都在一定程度上从实践中检验了碑帖融合，也或多或少都对沈曾植产生了影响。因此，同气相求的文人之间的交游是环境因素中的重要因素之一。

三、外部因素：访碑寻帖

京官时期的沈曾植与李慈铭、陶潜宣、袁昶、郑孝胥、叶昌炽、张元普、王懿荣等人交往密切，日往厂肆，搜集碑帖拓本：

> 价昂者归廉生，价廉归余。[8]

所以，沈曾植关注魏碑的时间是很早的。光绪元年乙亥（1875），其弟沈曾桐从广州回来，他特地在信里叮嘱代购魏碑，"务乞留意"。他晚年著《全拙庵温故录》，其中跋魏碑有二十四种，其他碑四种。他接受包世臣"备魏"可以"取晋"的观念，取法北碑。

根据《寐叟题跋》收录，光绪二十八年（1902）以后的题跋，尤其是碑帖书画类题跋明显增多，仅光绪二十八年就有十九条。他在由赣至皖这段光景里，不仅为许多经典书法拓片作题跋，亦购得大量法帖精品，不断吸收学习，日日勤勉，视其杂稿日课，多有随手书于信封、废纸之上，或临或创，用功之深令人咋舌。

沈曾植在光绪二十八年十一月十五日购入梁航雪所藏《宝晋斋法帖》。其中卷九、卷十刻录了米芾的法书字帖。这是沈曾植书学上第一次直接接触米氏书刻本，从此他隐约找到了一条属于自己的书学之路。

> 光绪二十九年（1903）二月，得东阳本《兰亭序》于肆。同年八月二十日作《宝晋斋法帖跋》。[9]

上文提及，在光绪二十九年沈曾植得一东阳本《兰亭序》。而在吴让之的题跋中，也出现了此版东阳本《兰亭序》："正月十九日，跋《开皇本兰亭序》：'兰亭开皇本有二，一为十三年，一为十八年，皆有肥瘦不同。相传为拓手轻重而别。因两纸齐上石，拓在上者瘦，拓在下者肥，汇帖常各据所得复刻尔。用笔褚近之。又有东阳本，笔意欧近之，相传为定武本……'"

时值光绪三十年（1904），沈曾植于外任时得此本。包世臣、吴让之根柢此本，而沈曾植亦是用功于欧、褚和"二王"，并以此证明其学书乃穷源尽流，顺延前人的道路逐渐摸索出属于自己的面貌。

光绪三十二年（1906）春，沈曾植在南昌市集上购得《墨池堂选帖》。另《宝在晋斋法帖跋》四篇中沈曾植讲道：

>……盖宝晋斋帖宋代自有米氏、曹氏两刻……皆米氏旧次也。[10]

可见其在诸多刻帖中留意到米芾的书迹。虽然无法以此孤证直接表明沈曾植倾心米南宫，但至少从此时开始，沈曾植隐约摸索出了属于自己的书学之路，并在此后的书论和题跋中反复提及米南宫，证明自己肯定其书法。

1907年罗振玉在给沈曾植的回信中说道：

>再《万岁通天帖》竟不可得，未售出而价仍千金，徒呼奈何而已。此次过宁，见匋帅新得汉晋人专志二三百枚，洛阳出土。又观其新得唐尉迟乙僧画天王象，精绝。渠九江各碑石允代拓……[11]

此时，刑徒砖刚发现不久，而通过罗振玉，沈曾植成为最早知道这一信息的人之一。1910年后，摄影业、出版业和珂罗版印刷快速发展，使得古代法书能够进入大众视野，尤其一些碑刻作品能够为更多人所熟知，如罗振玉编纂的《六朝墓志精华》和杨守敬的《寰宇贞石图》，都为民初上海的书家学习北碑提供了优秀的资料，沈曾植亦是在定居上海后才开始大量临习北碑，能够更多观摩摩崖碑刻，并尝试以碑派用笔临习帖学经典，如《千字文》等（图4至图7）。

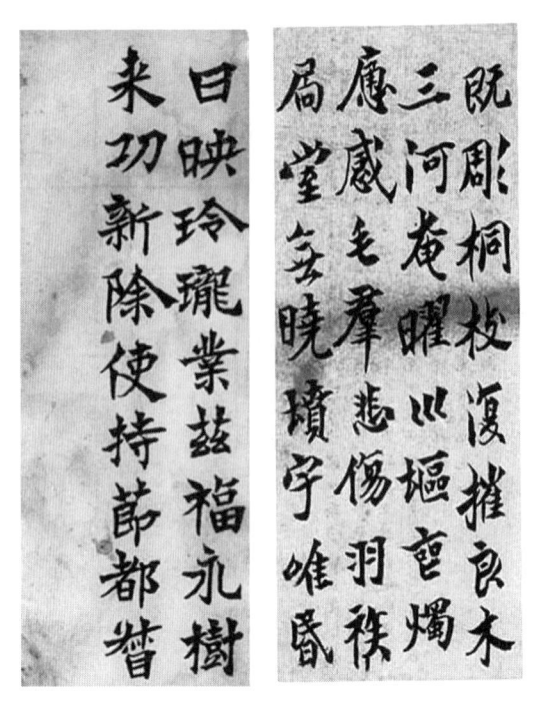

图4 临《敬史君碑》　　图5 临《张玄墓志》

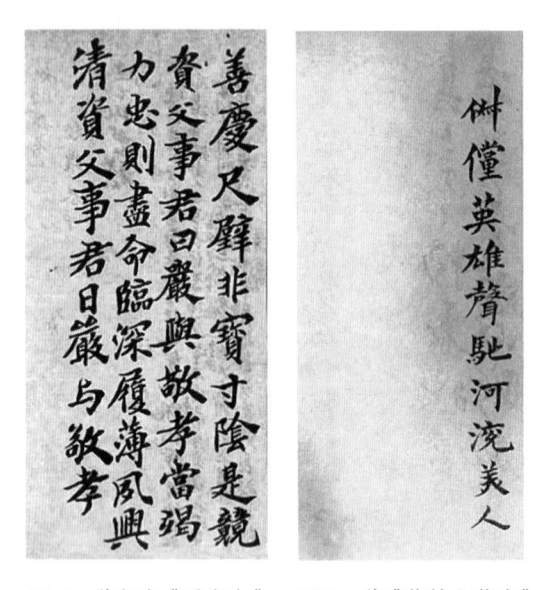

图6 临智永《千字文》　　图7 临《董美人墓志》

而摄影术与先进印刷术的推广使得汉简的出土广受关注,也令它传播度大增,沈曾植当仁不让,又是当时最早关注此事件的学者。作为学者的沈曾植,对汉简文字的关注并未停留在史料方面,他更多谈论的是汉简文字的书法价值。如1913年至1914年,沈曾植在给罗振玉的信中写道：

> 汉竹简书，近似唐人，鄙向日论南北书派，早有此疑，今得确证，助我张目。前属子敬代达摄影之议，不知需价若干，能先照示数种否？此为书法计，但得其大小肥瘦，楷草数种足矣，亦不在多也。[12]

1914年二月三日，沈曾植给罗振玉写了另外一封信：

> 今日得正月廿七日书并《流沙坠简》样张，展示焕然，乃与平生据金石刻金文悬拟梦想仪型不异，用此知古今不隔，神理常存，省览徘徊，顿（复）使灭定枯禅，复返数旬生意。[13]

从上面两封书信中也可看出，当时的摄影技术对于汉简文字的复刻传播起到了非常大的作用，也正因此，沈曾植能非常快地接触汉简文字。第一手资料的获取，让他能够更直观地感受到简牍这一类早期墨迹中的流动和率性，为他晚年书风的变化提供了充足的养分。

作为曾在封建王朝为官之人，沈曾植所接触的书法资料本就是常人难以企及的。而来到上海后，现代化所提供的便利也给沈曾植助益，因此在分析他的书风转变时，一定要将外部因素，也就是他坐拥广泛收集碑帖的途径这一因素考虑在内。

四、现实因素：辗转宦游

光绪二十八年（1902），沈曾植作《三希堂法帖跋》，曰：

> 光绪壬寅年正月重入都门，过澄云阁，与杜生话旧，携此本归。斜日离离，暮云四合，矮窗展玩，怊怅移晷。桑榆书画之缘，意复从此始耶！[14]

是年，沈曾植五十三岁，在作一封《与盛宣怀书》，他恳请辞职，书曰：

> 植一官鸡肋，食弃两难，顾既已策名郎署，回銮后自应入都供职……[15]

旋即辞去南洋公学监督，并继续等候外任机会。此时的清王朝已然千疮百孔，沈曾植不会想到，此次外任将是自己最后一次出仕，而后的岁月中，他的书风变得和他的人生一样跌宕难测，风云诡谲。

光绪二十九年（1903），沈曾植由京师外放为江西广信府知府，由于江西巡抚柯逢时的赏识,沈被调任为南昌府知府。

沈曾植在外任期间,仍然关心京师宪政及清王朝的外交状况,在信札中他曾写过不少对于新政改革和抵御列强的提议和决策。在沈曾植身上,我们能够真正感受到一位学人的担当和使命感。沈曾植是西北地理的专家,也曾赴日本访问,对于中国铁路现代化建设提供了许多的帮助,不仅从欧美宪政制度出发,反对德国铁路公司占据修建的主要部分,也以中国山脉的分布情况分析铁路建设的方针。他对于彼时清朝的内忧外患分外关注。下有其公文数则,能直观地反映沈曾植对于力挽颓势、及时止损的迫切之情。其一(图8):

> 查中国东北方安设铁路,……《马关和约》规条明指日本志在于黄海岸陆地立足,目下其志未成,盖欲乘便再试。夫视朝鲜懦柔,而日本凡于中国或他国在朝鲜增长威势,有所妒忌,则与中国再启衅之端,何尝缺少!是中国应乘太平之时,以保再不出与日本似乎近日相斗之事,而免朝国及中国遭不幸。图此惟设铁路为最灵之策。……亦系实护中国国家人民利益,然为成就此事,但要中国于造修铁路妥为照料,经地方官相助造路,经理局于工人运脚、食物、草料等项,付以先定价值者,使其无缺少,而于俄国顺松花江转运造路,所需各物,并不拦阻,若所拟办法,经中国允准,则中国绵长铁路,不日将成,以增当今皇帝荣光……

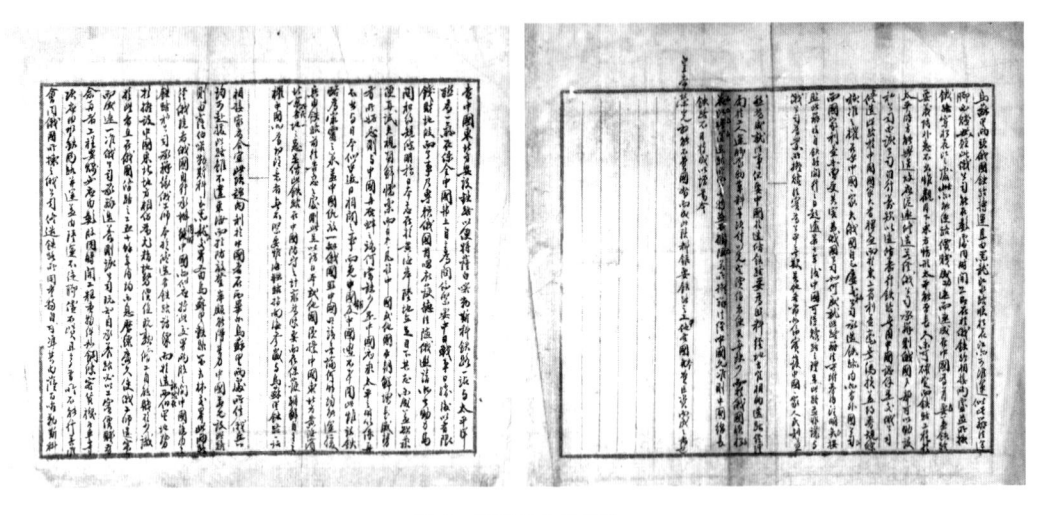

图8 《议东北铁路》

根据书迹,笔者判断其书于约莫五十五岁,彼时沈曾植正被从江西调往安徽,但他仍通过与京城友人的信件来往关心中国的时政。面对外国列强的霸权,沈曾植非但不露怯,反而周密地做了部署,与德法俄三国相周旋并据理力争。其二(图9):

举东省铁路矿务、商务，尽授其权于德人，启请而后行，谘商而后定，此与割东省为德藩属何异？假俄人请于东三省，均沾一体，尽举东三省而弃之乎？假英人请于沿江各省，均霑一体，亦将举沿江各省而弃之乎？所奉在字句之间，所关极封疆之钜。字句愈委和婉者，关系愈紧要，岂可因于彼词色之骄，遂矢口而轻许之乎？今日上为国家，下计吾门户。除于此一事竭力争执，别无他法。所谓报国者，报在此时；所谓致身者，致在此时。位可去，论不可屈；腕可断，稿不可画。忍久须臾，光于万古，失此一时，此后真理立信，所谓江南已无干净土者，虽欲断头决胸而无地矣。总之，现在即是分割，非将来别有分割。分割是渐收其政事之权，并非顿易其君臣之位。

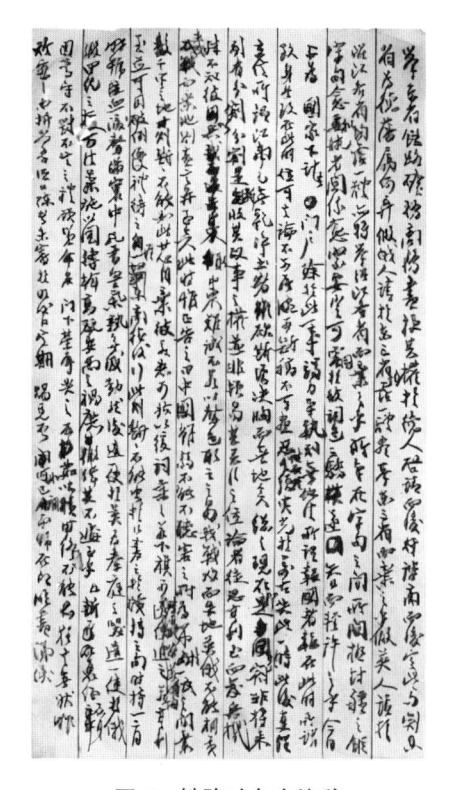

图9 铁路矿务商议稿

陆维钊先生有云"书为心画"，即书法作品是作者品行的表现，而沈曾植自年少起即有人评其"意欲怒张"，六十岁时若蛟龙翻覆，此后更是老辣率性，他的一生书学都以"瘦硬"贯彻始终，而其人生也如其书学之路一样，自入仕后颠沛流离，跌宕起伏。但在这样的境遇中沈曾植并未消沉和气馁，仍旧为中国的未来呕心沥血，救亡图存。其笔下展现出的正是心中那股令吾辈叹服的文人傲气！

光绪三十二年（1906），沈曾植调任安徽提学使。此时全国各地废除科举，新式教育的改革掀起热潮，沈曾植亦受其影响，在安徽设立存古学堂，主张"因学见道"，借鉴外国的高等教育制度开办新式学堂。沈曾植为兴办安徽存古学堂付出相当大的心血，不仅亲自出面为该校礼聘名师宿儒，更是提出了一整套办学设想和思路，并最终审定了该校章程。图10为其创办存古学堂公文稿。文稿足以展现沈曾植对于彼时学界教育制度的宏大规划：

>……我国古文学若不及早维持，及夫教化凌夷、风俗颓败之余，将所谓保存国粹、陶冶国民者，他日益无从措手。……其学生取中学毕业以上，及旧学之举贡生监文理优长、学业赅贯者，考验收录，甄别不妨稍严，讲习期乎极博，庶将来大学文科既立，此学堂仍有一家风尚，可以对立并行。所有教习各员，应延聘绩学通儒、学界公推者，以资模范。无人则阙，不得滥竽。

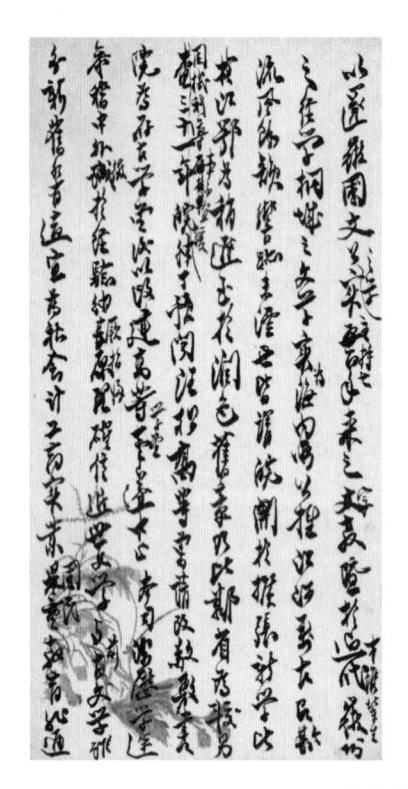

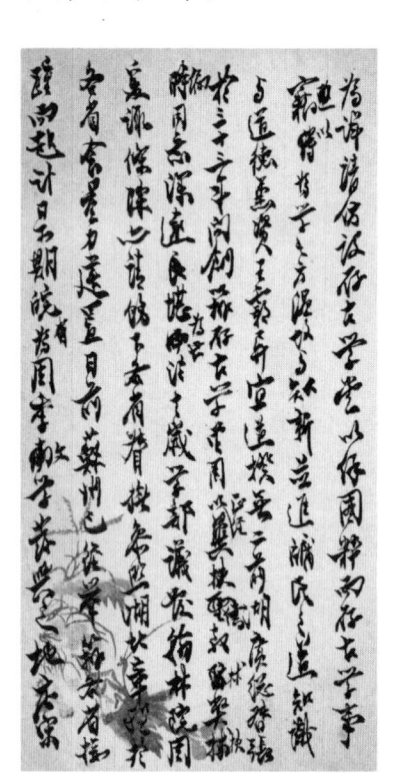

图10 存古学堂公文稿（部分）

他借鉴两湖新政的经验，并在安徽积极推行。此时的清王朝处于一触即溃的境况。光绪三十四年（1908）十月，光绪皇帝和慈禧太后先后去世，群情惶恐，朝政动荡。沈曾植虽身在改革中，也被这股动荡之风裹挟着，分身乏术。官场上的迷茫和社会的不稳定让他萌生退意，在给友人的信中，沈曾植也曾表现出陷入低迷的状况，但他仍恪尽职守并主持教学大局。在光绪三十三年（1907）七月一日沈曾植致信罗振玉，在信中将置办安徽高等师范学堂的学章、标准和规范等事告知，并向其请教用人事宜。不论身处何地，身居何位，沈曾植都保持着对教育事业的赤诚之心。

1903年至1910年，沈曾植离开京城，长期辗转宦游，先后任江西广信府知府、江西按察使、安徽提学使等。他和原来那些文化、书学上亲密交往的友人因窘于交通不便而疏于联络，再加上旧相识相继离世，尤其是在1904年，同沈曾植感情最深的翁同龢逝世，这让疲惫辗转于赣、皖两地的沈曾植更深刻地感到失去旧识、无相知倾诉的抑郁之情。困囿于交游乍断以及文化枯竭带来的苦闷，沈曾植的这种情况一直维持到宣统二年（1910），这期间，他虽几经起伏，身心交瘁，但其一心为国的思想仍然鞭策他关心朝政、忧虑国民，一直到惹怒贵族而挂印辞官前，都为国家、人民殚精竭虑。可以说，随着这时期沈曾植在官场上的沉浮，其书学也已思变法，所以选择临本时十分宽泛，正因其博观约取，才让他在七年间大量汲取了诸如褚河南、米元章一脉的帖学作品，终为他晚年在海日楼的书法嬗变打下了基础。

沈曾植寓居沪上后，由于其身份以及生存境况发生根本变化，书风进一步演变。辛亥革命之后，封建帝制被推翻，朝代发生更迭，此时沈曾植等一批知识分子作为先代封建帝国王朝的人臣，成为清季遗老。作为民国一个身份特殊的社会群体，这些人对于民国新思想无法快速融入，并有忠君复清之志，他们无法释怀自己的家国心结，又因为失去了皇上的庇佑，从生理到心理都遭遇重大转变，其生存处境格外艰难狼狈。沈曾植以遗老的身份蛰居上海，因病乞休。王蘧常在《沈寐叟年谱》中对其晚年进行了描述，指出其：

　　日惟万卷埋身，不逾户佛……奇见觑不能自已。[16]

这体现出他对现实的一种无奈、对生活的一种逃避。这种更迭是史无前例的：几千年封建王朝帝制自此灭亡，千年的传统文化观念也在新的语境中面临新文化的更替；因此遗老承受着空前的精神压力。此诗为沈曾植移居上海麦根路后作（图11），短短四句诗："残生只合入山迁，那更移居向海壖。百尺楼高弹指见，五车书在启行先。"表达了他对避居沪上的无奈和对自己前途的茫然。从文化的角度看，沈曾植放下繁忙的政务，将自己对政治的抱负投射到书法当中，潜心研究书法，表明社会政治环境也对他的书风演变产生了影响。

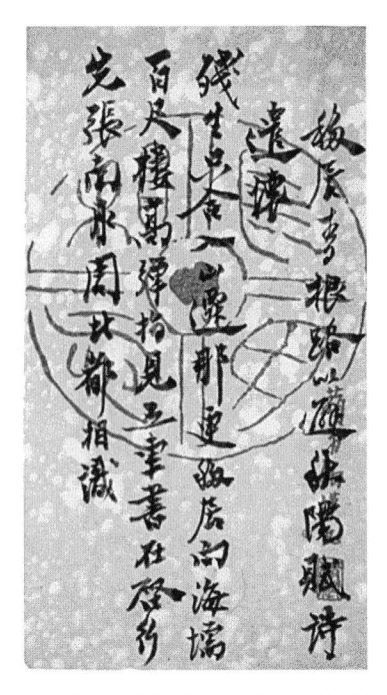

图 11 《移居麦根路以避秋阳赋诗遣怀》

五、结 语

  康有为《广艺舟双楫》出版后，在清末尊碑抑帖的风气日益高涨的热潮之下，沈曾植不囿于时风，坚守本心，根植传统，最终实现了自己书风的演变。雪堂有言其"诸学汇通"，不仅仅可以形容其学识之广博，更能形容其书学汲取百家众长。如沙老所言"转益多师"，沈曾植在清末碑学思潮中固守自己心中的追求和自己的探索，无论北碑南帖，无所不临无所不用，最后熔百家于一炉，与他在京师、幕府时期、外任赣省及皖省期间和寓居沪上期间浸淫碑帖书目，与友人频繁交游和政治环境的变动这几个因素有极大的关系。

  沈曾植在《答龙松生书法问答》中称自己"书学优于书才"，而正是如此丰厚的学养，为他后来熔诸家于一炉奠定了坚实的基础。王蘧常称：

> 先生生前先以书法为余事，然刻意经营，竭尽全力，六十四岁后开始专意写字。至七十三岁去世，用力极勤，遂卓然成为大家。[17]

  早年沈曾植任职于京师，因科举而囿于馆阁体，三十五岁前后取法张裕钊，至四十岁兼习黄山谷，此时的他忙于总理衙门等诸多事务，并未专营书法；在他五十一岁到六十岁外任自赣至皖期间，疲惫辗转的沈曾植在闲暇之余随手的写钞稿中已表现出取法的多元和变法的暗流，彼时沈曾植书风虽不及晚年书风之张扬，但是他通过学习王献之、褚遂良、米芾等，已然有了变法的苗头，至六十岁前后纯然米南宫意，书法又与此前大有不同；六十岁后，沈曾植避居海日楼，潜心研究书法，取径黄道周、倪元璐等明末大家，并吸收《流沙坠简》之意。

沈曾植挂印结束赣皖外任之后，晚年定居沪上海日楼，终日浸淫书法，得"人书俱老"之境，所书兼具米南宫和章草各家面貌，这与他所处的环境不无关联。在环境的作用下，沈曾植最后得以融会贯通，人书俱老，成为一代巨擘。

沈曾植不仅是博古通今的硕儒、熔铸碑帖的一代大家，在他身上还能够看到传统与现代的双重性格，代表了清末知识分子的进步性。他的书法既有碑学的雄强气魄，又有帖学的细腻绰约，在书学主张上也是诸学汇通，融集南北。本文更通过沈曾植与王国维、罗振玉、缪荃孙等学儒的交游，挖掘出其背后的书学内核，给我们现如今学习书法以启迪和引领。

古人云"君子三立"：立德、立功、立言。纵览沈曾植的一生，他身处晚清乱世，仍然坚持向先贤看齐，以天下社稷为己任，此乃其立命之本。沈曾植的公文繁复，但每条都全情投入，无一分懈怠，无论在京师还是外任，都兢兢业业为百姓、国家鞠躬尽瘁，他的德行贯穿于他人生的全过程，因此沈曾植无愧于"立德"。

沈曾植官场沉浮四十余年，兴办各种教育学堂，官至三品，既为国家培养了一大波人才，也给后世带来书学的启蒙。所谓"立功"，即要用不断的奋斗来充实和丰富生活。而"立言"，则是用自己所学的知识和思想来与世界沟通、交流。所谓"文章千古事"，沈曾植作为一代学儒，书法、地理学、语言学、经史子集无不通晓，对经、史、诗词、音韵训诂与古代刑律也颇为熟悉（图12、图13）。他完美诠释了何谓"君子三立"。在清末内忧外患的情形之下，沈曾植的出现无异于一颗璀璨的明星，照亮了整个学界和书坛。

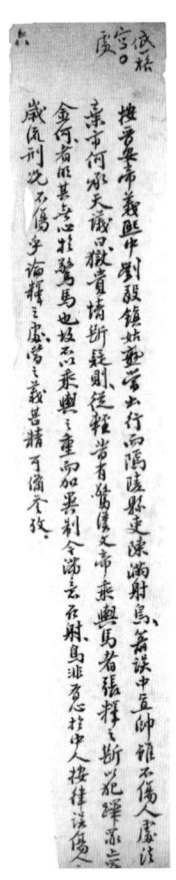

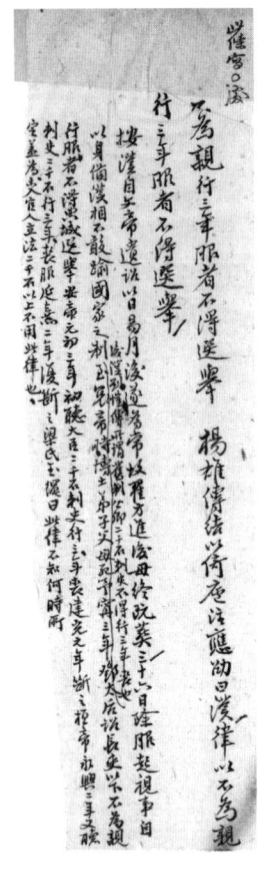

图12 历代刑法杂钞　　　　　　　　　　　　　　图13 释阱获

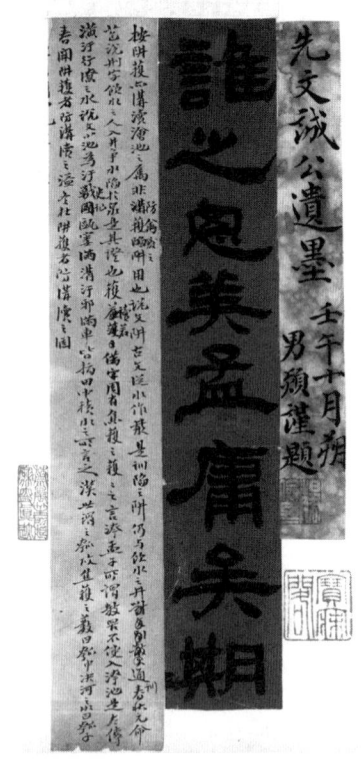

对于我们而言，除捕捉到书家作品所展现的图像信息外，更重要的是发掘其背后的精神信息，这才能使作品打动观者，这是超脱于技巧外的精神魅力和能量，也正是我们如今所倡导的"以学养书"。因此，在做沈曾植书风研究时，将勾连在一起的不同类别的材料与组织拆解和分类至关重要，古时的书家绝不仅仅是书家，更是学者、文人，他们都是因自身的才学而能在浩大的文化体系中独占一隅，仅仅从书法的角度去分析是相对片面的。只有根植于朴学，又不为考据所局限，从细节着眼，才能更全面地了解沈曾植其人其学及其"以学养书"的书学之路。而今我们所见的，正是在各种因素的作用下依然负重前行、在如此艰难复杂的情形下仍恪守"读书养心"之道的沈曾植，他所展现的"学儒"精神，对于现在浮躁的风气和日益功利化的书学氛围不啻一味良药。

注释

[1] 朱超恒，2018年中国美术学院书法与篆刻专业本科毕业，2022年中国美术学院书法篆刻理论研究方向硕士，导师为戴家妙教授。

[2] 沙孟海：《沙孟海论书文集》，上海书画出版社，1997，第52页。

[3] 戴家妙：《〈寐叟题跋〉研究》，中国美术学院出版社，2013，第101页。

[4] 郑孝胥：《郑孝胥日记》（第二册），中华书局，1993，第754页。

[5] 许全胜：《沈曾植年谱长编》，中华书局，2007，第224页。

[6] 郑孝胥：《郑孝胥日记》，中华书局，2005，第1543页。

[7] 同上书，第1545页。

[8] 沈曾植：《海日楼题跋》卷二，辽宁教育出版社，1998，第368页。

[9] 许全胜：《沈曾植年谱长编》，中华书局，2007，第306页。

[10] 同上书，第314页。

[11] 同上书，第322页。

[12] 沈曾植：《海日楼遗札》，《同声月刊》1944年第4卷第2号，第94页。

[13] 同上书，第95页。

[14] 许全胜：《沈曾植年谱长编》，中华书局，2007，第273页。

[15] 同上书，第267页。

[16] 王蘧常：《沈寐叟年谱》，上海书店出版社，1991，第74页。

[17] 王蘧常：《忆吾寐叟师》，《中国书法》1985年第4期，第18页。

浅探沈曾植对"碑帖结合"的若干见解

张尔奇[1]

【摘要】清末民初的碑帖之争分别触及书法美学的两端，典型的如刘熙载所论"骨韵""北南"等，但随着传统书法进入世界艺术大舞台，碑、帖结合逐渐成为后继书家群体中较为一致的书学企向。对此，沈曾植以"超宋入唐""放大书之""中画蓄力"的境界次第来弥合原本碑、帖双峙的天堑，这在保留碑学、帖学学术性的同时，深化了前贤"中画圆满"的旨趣，为碑帖结合学说开辟出了新的理路。

【关键词】沈曾植；碑帖结合；意与象；真意

碑帖结合观念诞生是在碑学兴起之后，其原因之一即为弥合碑派、帖派间的书法美学矛盾。究竟什么是碑帖结合？正如刘熙载所言："北书以骨胜，南书以韵胜。然北自有北之韵，南自有南之骨也。"[2]其中所谓"骨韵""北南"的审美特质是相对的：若是细化，则碑、帖本是审美之别，并不存在书写之隔；若是鸟瞰，则有着一种较为稳定且实用的致学方法。沈曾植书论就对此有着明晰的诠释：

> 自六代以来，南北书法，不论真草，结字皆有师承，代相祖习。惟大令能因笔成势，自生奇正，而羊、薄不能绍其传。至唐初而文皇倡之于上，率更行之于下，传六代之笔法，而不用其结法。[3]

他重视"六代"的笔法理路，推崇"因笔成势，自生奇正"的结法理论。碑帖双峙的最大问题是结字异化。自傅山提出"四宁四毋"[4]以来，学人大多以之为训，但弊端也随之显现：尚碑者"刻意"地写"拙"、写"丑"、写"支离"、写"直率"，更有甚者将其曲解为"丑书"的论据，而尚帖者却走向了另一极——"书美"，按傅山的话说，其实是在"着意"地求"巧"、求"媚"、求"轻滑"、求"安排"，二者皆偏离了书法之"法"，而将其推向了"形"。沈曾植较早认识到了这条横在碑、帖之间的巨大鸿沟，其书论即是对此的有力回应。沈氏之学既能坚守六朝之笔法，又能立意奇正之结法，主张"超宋入唐""放大书之""中画蓄力"的尚法古道与创意新论。

一、"超宋入唐"的灼见

碑、帖之分为书学界就碑版、法书学术价值分类的起点。有清一代，朴学之盛直接促动了当时碑、帖学派的具体立论，而此事一旦被言说，书风之"形"总是较为"形象"并总能率先获得其论述依据，继而被予以何者为碑、何者为帖的定义，如刘墉学帖、赵之谦学碑、何绍基碑帖杂糅等。总之，这一较为"有形"的做法直接打破了书法生态中"形态"与"意态"之间所原有的制衡关系，"意"逐渐为"形"所缚并且渐入印象式批评的赏析范式，其中最瞩目的当数康有为的"卑唐"论调：

学者若欲学书，亦请严画界限，无从唐人入也。[5]

康氏一味地贬低唐人之书，大肆鼓吹"魏碑无不佳者"，几乎全盘肯定了以野趣为主的碑版、摩崖。作为一位声名显赫的碑学巨擘，康氏无疑在审美意识上激活了"意"，但此"意"已偏离了前贤思想：

圣人作《易》，立象以尽意。意，先天，书之本也；象，后天，书之用也。[6]

康氏之言看似合乎刘熙载所谓的"意，先天"，但实质无形中将"象"割裂开去，也即将"观其法象"的审美意识割裂开去，此刻审美意识形态的成立与否全凭欣赏者的主观意见，故该"意"获得了前所未有的艺术独立性。与此同时，书法之"法"的广泛承传和广大教化却被不断地稀释、消解。对此，沈曾植曾批评康有为言论："再读十年书，来与吾谈书法可耳。"沈氏就"意"的观点以酝酿为导，与康氏的本质区别是：野趣之意是直感的，"意"被孤立，上可达"天然去雕饰"、下可及"穷乡儿女造像"，较为单一地强调"意"之先天造就；酝酿之意是直观的，"意""象"相合，是为"既雕既琢，复归于朴"，较为综合地体察"意"之后天养成。沈氏论书、作书都有意无意地浸润了此心，其《张文敏公照临古法书帖跋》有云：

张文敏自言不解草书，然《玉虹帖》内所临唐人草圣，顿挫浏漓，实兼入秃素颠张之室，书学至此，盖已超宋入唐，实证实悟，衣钵遥接矣。[7]

虽评张照草书，但侧面传达其"超宋入唐"的书学理想，结合梁巘《评书帖》所提的"唐尚法，宋尚意"，沈氏之言即"超意入法"，其《旧拓会字不全本兰亭叙跋》有云："六朝法亦非宋人所及也。"[8]在他看来，无论是碑学还是帖学，其"意"之所向应为"法"，这样一来，诸如学碑者所钟的野趣之意也就不再绝去傍依，从而有了更高的书学实践意义和价值——"象"之依托。纵观沈曾植一生的书学经历，在面对碑、帖之争的某些抑碑扬帖、抑帖扬碑做法时，他很少直接地给出褒贬，而是抱着实事求是、身体力行的志趣，以"实证实悟"来践行"古人意象"、觅得"古人笔法"：

问：以冥想得古人意象，以临写求古人笔法。然终蔽者，何也？

答：此事总须有悟境。悟境或迟或速不可知，要在求之叠叠不已。吾子书学优于书才，书学一年当有悟境，书法有成当在三年以外，中间需经过几多甘苦在。[9]

要成就"冥想"与"临写"的无碍之境，此间必经"几多甘苦"。在沈氏那里，"证悟"一词不再是虚言，而是实行。"求之叠叠不已"看似在思辨中求索，实是在行思时寻觅。事实上，清代学人多数都有融合碑、帖之举，如王铎的"贵得古人结构"[10]、金农的"漆书"、郑板桥的"六分半书"，他们或写碑、或学帖，追求书写之意趣。沈氏不仅限于此，因为意趣的东西终究会被书史浅滩所搁浅，其实是自我意识下的书风外显，而非"象"的呈现，故难以契合古之意象。查律在《书之为"象"——论书法的根本属性》一文中指出：

"象"思维是中国哲学的重要内容与特征，也是中国书画艺术的根本属性。[11]

碑帖之意法，一定程度上应考量"象"的澄明与否。

二、"放大书之"的创见

近代以来，书法之"象"在艺术化进程的推动下渐与魏晋乃至明清时期形成巨大落差。有学者研究民国书法对晚清碑学承变问题时指出："从时间上来讲，清末民初几乎可视为一体；从取法上来讲，碑学仍然是民国许多书家的选择；从书家身份来讲，许多跨越清末民初的书法家在作为清末代表书家的同时，又是民国书法代表人物。"[12]所以，碑、帖书家都亟需重新审视和判明，但其衡量标准又很容易陷入浮夸之风。如康有为所论"十美"：魄力雄强、气象浑穆、笔法跳跃、点画俊厚、意态奇异云云，放之四海而皆准，如此溢美之词，构想出超越碑、帖实物的审美载量，"书意"之"真"被大打折扣。然令人困扰的是，"真"的相变、放逐本就是艺术领域"现代性"的表征之一，换句话说，它恰能"真实地"反映出书法现实功能及应用的快速转换。沈曾植在《与谢复园书》中也说道：

> 流沙坠简，试悬臂放大书之，取其意而不拘形似，或当有合。[13]

他认为放大书写《流沙坠简》时应意临。试想此时若是实临，则必会失"真"。其首要原因是，《流沙坠简》所载简牍本属彼时书者日常书写的小字，而"放大书之"后成为艺术创作的大字，写大字的书写体验与写小字迥然不同，故若将传统书法所体现的"书写性"囫囵吞枣、一概而论，则写大字时仍旧高标"书写性"而"依样画葫芦"就未必合理。对照前述，沈氏的"意""法"观点实际肯定了艺术化学书的大势，而碑帖结合是该现实条件下的优选。所以说，沈曾植所认同的"书写性"契合了"意在笔先"，此"意"绝非起自先天，而是立于当下：

> 元宴刻本，中画最为丰实，拟其意象，虽《文殊般若》无以过之。管一虬呕血经营，匠心正在此耳。[14]

"拟其意象"表明沈曾植注重分析书作的"中画"，此处凝聚着书者的"匠心"。"中画"摒弃了起收顿挫等"形"的干扰，臻于"质"的纯粹。先生之书真正做到了"中画"的"当下圆满"，尤其是其行草书，笔力扛鼎、方圆并用、势如破竹，向燊评其："自碑学盛行，书家皆究心篆隶，草书鲜有名家者，自公出而草法复明。"[15]在沈氏眼中，"中画"既"最为丰实"也最为真实。显见，大字较之小字，其"中画"更能映射出书写者的当下情性。"中画"虽形式上"波澜不惊"，但内容上"波澜壮阔"，在沈氏看来，能正确认识书法审美的二元是掌握六朝笔法的捷径：

> 虽六朝碑，虽诸家行草帖，何一不横是横、竖是竖耶？算子指其平排无势耳。识得笔法，便无疑已。[16]

这在沈氏身上集中体现为：第一，他守正书脉传统，立足时代风尚，认同二王书法与篆隶相通："篆画中实，分画中虚，中实莫崇于周宣，而斯相沿其流为栉针。中虚造端于史《章》，而中郎极其致于波发。右军中近实，大令中近虚。"[17]以"中实""中虚"来规例内擫、外拓笔法的表征。第二，他主张碑帖意象、上溯笔法原理，在碑、帖风格创变命题上守正出新，其言："仆近日纵笔为大草，时时有新意，亦时时撞着墙壁不得。"[18] "墙壁"指间架墙壁，是沈氏草书结势的自我要求，敛中有放、纵横交错，使得其书使转有度，行间犹如墙壁挡拆，实乃取法乎上、实得魏晋意韵。狭义的碑、帖概念，缘于清代金石学研究深入而不断拓展：帖学泛指以二王法度为旨归的书学类型，主要为考订法书、拓本等的流传、内容，兼及其笔迹、笔法；碑学则与之相对，大多是魏碑体楷书为代表的碑版摩崖书刻，重在考据碑刻的文字、地域、年代等信息，崇尚豪迈大气、刚健有力的书学类型。沈氏的"放大书之"也大抵基于此，他着力将笔法为上的帖学审美融入碑学场域，辅之以碑学"中画"之旨，这既拓宽了碑派结势的以往思路，也赋予了帖学在衰微之际重振焕发的动力。

三、"中画蓄力"的远见

碑、帖之结合，虽说是古典书法步入现代艺术的必由之路，但其绝非碑、帖风格上的简单杂合、拼凑相加，其实质是对清代以来书学成果的分辨与再思考。究竟如何使碑、帖相合？在沈曾植眼中，仅仅改易笔法而"放大书之"是远远不够的，碑、帖笔法的调整只为书法艺术提供技能支持而已，其言："蔡邕篆势，卫恒隶势，熟读精思，自当有悟入处。悟后则周金汉石，一一可与羲献、素草作证。"[19] 要而言之，笔法是为了印证前人意象，碑帖结合是为了"书之为象"[20]。在比较董其昌和包世臣书法时，他认为"香光安吴，本是一家眷属，血脉相通"[21]，他这里的"血脉相通"并不等于"气息相通"，"一家眷属"并不等于"一脉相承"，而欲知此理，唯书中意象。如上所述"中画"，其最佳典范——羲、献二王分别是书法线质审美中"实""虚"的代表，沈氏虽未明言，但他已点明：不同书家作品所澄明的自我心性其实隔绝了其书风特色，那便是：

> 势随笔，体自意，造物之变也，何常之有？[22]

法之势、体，分别处于"虚""实"的审美范畴；书之笔、意，分别处于"物""我"的审美意象。此间的范畴、意象在书家创作中自然生发、互相印证，所以是"无常"的。由是可知，沈曾植力主碑、帖之审美互现，并反对南、北之审美划分，其《敬使君碑跋》云：

> 东魏书人，始变隶风，渐传南法，风尚所趋，正与文家温、魏向任、沈集中作贼不异。世无以北集压南集者，独可以北刻压南刻乎？[23]

反观其弟子康有为，五体熔为一炉，鼓吹"扬魏卑唐"，一味张扬"十美"，大有概念先行意味。也正因如此，康氏书学理论中的范畴、意象相互钳制，"有常"的宏论饱受后人争议也就不足为奇了。故"中画虚实"只是"形"之体现的辨别手段，"中画蓄力"才是"象"之呈现的书艺目的：

> 惟小篆与古隶，可极中满能事。八分势在波发，纤浓轻重，左右不能无偏胜，证以汉末诸碑可见。故中画蓄力，虽为书家秘密，非中郎、钟、卫法也。[24]

"中画蓄力"是绝佳的碑、帖意境，其关键在书家的篆隶功夫，这就将碑、帖关系引向了篆、隶关系：篆、隶是古代书学体系中的技法兼审美范畴。篆，重在"中画"，强调书法之"法"的学成、功力。隶，重在"波发"，强调书法之"意"的养成、修为。篆、隶相辅相成、互为表里，同为碑、帖之结合助益。此是书者心仪真意的显现，故"中画蓄力"更指书写时精神内敛的状态，如"欧、虞为楷法之古隶，褚、颜实楷法之八分"[25]之辨。古人云："妙在能合，神在能离。"此中的碑、帖者"能离"，篆、隶者"能合"。离与合，既是书家追求的高境界，又是书艺长存的动力源。沈氏的"李斯亡篆以简直，中郎亡隶以波发"[26]，直言篆、隶之书不应极致"求形"，碑、帖也是如此。诚如傅山所说"俗字全用人力摆列，而天机自然之妙，竟以安顿失之"[27]，反衬出时人碑、帖之弊：一部分书者依赖"人力"，强求形美；另一部分书者一任"天机"，希求契妙。纵览沈曾植书法虽"专用方笔，翻覆盘旋，如游龙舞凤，奇趣横生"[28]，但"处处留得笔住，不使直走"[29]，无一信笔、始终不息，由"意"而"法"的严苛路线中，他始终不求"形"的完美与精确，但寻"意"的高妙与精湛。可以说，沈氏关于碑帖结合的理论与实践都极为成功、极富深意。

无论是艺术高度还是治学深度，沈曾植的"碑帖结合"都能独树一帜、发人深省。当代书法进入展厅时代后，其创作之"意"必然会与原日常书写之"意"不同：前者难免预设，更多地指向他者；后者不免随意，更多地面向自我。何为现代书法创作模式下的"真意"？——该问依然困扰着当今书坛，而沈氏碑帖学之蕴藉恰为此提供了良方："超宋入唐"，徜徉于意象、法象之内，是碑、帖技艺的基本要求；"放大书之"，超逸于大字、小字之外，是碑、帖创作的审美立场；"中画蓄力"，对话于篆法、隶法之间，是碑帖结合的根本宗旨。沈曾植下笔有由之"象"充满了书艺的无限可能，成为碑帖结合大道上返本开新的先导；特别是其大幅书作依旧闪耀着其艺术化的"书写性"，折射出其书学成果的正确性与可行性。因此，当代师法和研究碑、帖时应寻绎其书写之"真意"。

注释

[1] 张尔奇,北京师范大学艺术与传媒学院美术(书法创作)硕士毕业生,现任海宁市青少年宫专职书法教师。浙江省书法家协会会员、嘉兴市书法家协会会员、海宁市书法家协会会员、紫微印社社员。

[2] 上海书画出版社、华东师范大学古籍整理研究室校点:《历代书法论文选》,上海书画出版社,1979,第697页。

[3] 沈曾植撰,钱仲联辑:《海日楼札丛 海日楼题跋》,辽宁教育出版社,1998,第316页。

[4] 傅山著,尹协理主编《傅山全书》(第1册),山西人民出版社,2016,第50页。

[5] 康有为:《康有为全集》(第1集),上海古籍出版社,1987,第461页。

[6] 上海书画出版社、华东师范大学古籍整理研究室校点:《历代书法论文选》,上海书画出版社,1979,第681页。

[7] 沈曾植撰,钱仲联辑:《海日楼札丛 海日楼题跋》,辽宁教育出版社,1998,第446页。

[8] 同上书,第387页。

[9] 戴家妙:《〈寐叟题跋〉研究》,中国美术学院出版社,2013,第173页。

[10] 徐利明:《中国书法风格史》,江苏凤凰美术出版社,2020,第297页。

[11] 查律:《书之为"象"——论书法的根本属性》,《中国书法》2018年第22期,第85页。

[12] 曹建、徐海东、张云雾等:《20世纪书法观念与书风嬗变》,上海三联书店,2012,第6页。

[13] 徐利明:《中国书法风格史》,江苏凤凰美术出版社,2020,第353页。

[14] 沈曾植撰,钱仲联辑:《海日楼札丛 海日楼题跋》,辽宁教育出版社,1998,第399页。

[15] 俞尔科:《草书基础知识》,上海书画出版社,2008,第30页。

[16] 沈曾植撰,钱仲联辑:《海日楼札丛 海日楼题跋》,辽宁教育出版社,1998,第321–322页。

[17] 同上书,第325页。

[18][21] 沈曾植:《海日楼遗札——与谢复园》,《同声月刊》1945年第4卷第3号,第57页。

[19][22] 沈曾植:《海日楼书法答问》,《同声月刊》1944年第3卷第11号,第116页。

[20] 查律:《书之为"象"——论书法的根本属性》,《中国书法》2018年第22期,第84-88页。

[23] 沈曾植撰,钱仲联辑:《海日楼札丛 海日楼题跋》,辽宁教育出版社,1998,第373页。

[24] 同上书,第325页。

[25] 同上书,第309页。

[26] 同上书,第306页。

[27] 傅山著,尹协理主编:《傅山全书》(第2册),山西人民出版社,2016,第255页。

[28] 郑一增:《民国书论精选》,西泠印社出版社,2011,第57页。

[29] 沈曾植撰,钱仲联辑:《海日楼札丛 海日楼题跋》,辽宁教育出版社,1998,第323页。

沈曾植碑帖证通观及化用研究

——以《寐叟题跋》为例

徐 宇 叶 霖[1]

【摘要】沈曾植的书法博采众长，转益多师，其中碑帖互证是沈曾植书风形成的理论支撑，他由帖入碑的实践过程中，将碑帖共通处拈出并巧妙融合化用，形成了碑帖证通的书学观与书风面貌，《寐叟题跋》则涵盖了其全过程。沈曾植对碑帖的化用源于他对碑帖的溯源与穷流，这体现了沈曾植对古法的关怀，展现出他敢于突破藩篱、融南北碑帖于一体的创新精神。

【关键词】沈曾植；碑帖证通；化用；《寐叟题跋》

一、碑帖证通——沈曾植书学观

沈曾植（1850—1922），浙江嘉兴人。字子培，号乙庵，又号寐叟。沈氏早年从帖学入手，得笔法于包世臣，壮年取张裕钊方笔之意，由帖入碑，碑帖互证融通，形成了碑帖融通的书风面貌。沈氏以治学方法谈艺，于哲学、历史、地理、文学、艺术、佛学、医学等领域均有所涉猎，其书艺观念散落于题跋、信札及与弟子的交谈中。

在清末民初的碑帖之争的背景下，书家取碑或崇帖似乎都必须走上非此即彼的对立面，沈曾植以宏阔的视野，梳理南北碑帖的源流，努力寻觅碑帖间的关联与会通之处。考察沈氏的碑帖证通观念，笔者以为导源于其师包世臣。《艺舟双楫》记载了包世臣对于碑帖间相通之处的理解："小仲尝言近世书鲜不阋墙操戈者，又言正书惟太傅《贺捷表》、右军《旦极寒》、大令《十三行》是真迹，其结构天成；下此则《张猛龙》足继大令，《龙藏寺》足继右军，皆于平正通达之中，迷离变化不可思议。"[2] 包世臣的这段论述，指出了碑刻与二王之间存在一定的承继关系，即"《张猛龙》足继大令、《龙藏寺》足继右军"，而包氏其言依据在于，两者均于"平正通达"中，蕴藏着千变万化。将碑帖相提并论，且寻觅两者间的共通特色，是沈曾植从包世臣论书著述中所得最大体悟，他继承此种论书观念并有所发扬，于书艺上表现为对碑帖进行溯源，并拈出相通的碑帖进行参互证成，最后融会贯通。

因此，沈氏碑帖证通有三层内涵。第一层内涵是在鉴赏碑帖之时，对碑帖的源流进行梳理与上溯，以实现对古法的探索与学习。《高湛墓志跋》载："此志颇多圆转处，叙画平近北碑，峻落反收，旧法稍漓也。大抵北朝书法，亦是因时变易，正光以前为一种，最古劲，天平以后为一种，稍平易；齐末以后为一种，风格视永徽相上下，古隶相传之法，无复存矣。"[3] 从沈曾植的论述来看，他认为《高湛墓志》与北碑有一定的相近之处，而其笔画之间的势态，实源于"旧法"。所谓"旧法稍漓也"，"漓"有浅薄之意，是指《高湛墓志》蕴藏着古法的韵味，这种韵味是古法在传承中所遗留下来的，在因时变易过程中逐渐淡化。那么"旧法"究竟是指什么？沈曾植在论述北朝书法流变中，给出了答案，即"古隶"。楷书由古隶演变而来，若楷书具备古隶之法，便能有古意韵味，因此沈氏极为推崇钟繇，在鉴赏碑帖时常常言及钟氏之书。《王基碑跋》云："魏隶变汉，去篆益远。受禅、孔羡，传出钟、梁，虽无明征，要其矩度固与楷法相距益近。王基残碑，刻手精工，遂令使转笔势，粲然毕露。所谓钟太傅十二种巧妙者，于此研玩，思过半矣。吾于戎路、季直，剧蓄深疑，后玩此碑，一旦释然。楷法之妙，八分之漓也，故知元常老骨，定非朴质。"[4] 沈曾植指出楷法的精妙之处，是从"八分"而来，研习楷书便不能忽略隶书的笔法、笔意，沈氏也正是在鉴赏的过程中达到对古法的体悟与溯源。

碑帖证通的第二层内涵是在学习碑帖的过程中，寻觅碑帖间相通的依据，相互比较、参考，使得碑帖的学习不再孤立，而是有了参照对象，此为"碑帖互证"。《右军笔法论》云："右军笔法点画简严，不若子敬之狼藉，盖心仪古隶章法。"[5] 沈曾植认为，不独前文那些碑刻有古法韵味，右军笔法亦从古隶而来，其书点画简严，区别于子敬，正因为其对古隶心慕手追。这样来看，碑刻与右军帖学墨迹便有了参互证成的依据。因此，沈氏常常将碑刻与二王帖学墨迹放在一起相互印证。《敬使君碑跋》云："此碑运锋结字，剧有与定武兰亭相证发者。东魏书人，始变隶风，渐传南法，风尚所趋，正与文家温、魏向任、沈集中作贼不异？"[6] 沈氏在这里将《敬使君碑》与《定武兰亭》相印证，实际上体现了其不拘泥于南北碑帖间之别，而所言"始变隶法"，更是指出了

《敬使君碑》与《定武兰亭》之所以能放在一起相互印证的依据，即具有隶法韵味。沈氏碑帖互证观念不独包含碑帖互证，还有碑碑互证、帖帖互证、碑简互证、帖简互证等，在互相对比印证的过程中，沈氏以溯源古法为宗旨，最终达到融会贯通的目的。

因此碑帖证通的第三层内涵是在碑帖互证的过程中，溯源古法，融诸碑帖优点于一体，入古通今以出新，此为碑帖融通。沈氏在《论行楷隶篆通变》中谈道："楷之生动，多取于行。篆之生动，多取于隶。隶者，篆之行也。篆参隶势而恣生，隶参楷势而恣生，此通乎今以为变也。篆参籀势而质古，隶参篆势而质古，此通乎古以为变也。故夫物相杂而文生，物相兼而数赜。"[7] 从篆书到隶书、楷书、行书，书体逐渐丰富，而其源头均为篆书，因此越往后的书体以蕴含之前书体的韵味而显得有古意韵味，即沈氏所言的"篆参籀势""隶参篆势"；越往前的书体以蕴含之后书体的韵味而显得有姿态新意，即"篆参隶势""隶参楷势"。学习书法既要向古人取法，使得其书蕴含古意韵味，又要融汇诸家之长，自出新意。入古不是最终目的，沈氏的碑帖证通第三层内涵，是在碑帖互证的基础上，达到对古法古意的溯源与学习，而后不拘泥于南北碑帖、古今之别，融诸家之长、通会于一体。

通过以上梳理，可以看到沈氏破南北碑帖的藩篱，在碑帖争论的背景下，以宏观视野探索碑帖共通处，寻脉探源，碑帖互证以达到通会的目的，最终融诸家之长处于一体，形成了碑帖证通的书法实践路径与书法观念。

二、沈曾植化用碑帖书风面貌——以《寐叟题跋》为例

《寐叟题跋》由沈曾植手书而成，是其鉴赏金石碑帖论述的汇总，涵盖沈氏从壮年至暮年的书迹及书学观，兼具学术与艺术价值。对书论、题跋进行分析，不难发现沈曾植碑帖证通观念与其创作实践紧密相关。笔者通过梳理《寐叟题跋》时间与作品风格，将沈曾植书法分为四个阶段：包世臣、吴让之书风，间杂隶意小楷（1891年前后）；欧阳询、米芾书风，间杂张裕钊笔意（1896—1910年）；章草、写经、北碑书风（1910—1918年）；黄道周韵味、碑体行草书风（1919—1922年）。

（一）第一阶段：包世臣、吴让之书风，间杂隶意小楷（1891年前后）

沈曾植早年书法应从两方面看，首先，因科举应试所习的小楷为沈氏书风形成做了铺垫；其次，沈氏入手帖学墨迹，其笔法应源于其师包世臣。沈曾植弟子王蘧常在《沈曾植年表》中描述其师早年学书经历："1862年，从杭州仁和高伟曾习诗词，以小

楷抄读《通鉴纪事本末》等；1867年，因家境贫困，忍痛以祖传《灵飞经》初拓本送当铺得三十钱换来。"[8] 既是祖传的唐人《灵飞经》拓本，沈氏早年练习小楷理应有所把玩鉴赏，如果不是家庭窘境也不会将其当出，而这也为后来他推崇唐代书法理下了伏笔。另外来看，沈氏入手帖学，得笔法于包世臣已是共识，秉持此观念的有王蘧常、马宗霍、金蓉镜等人。

直至1891年这段时间，沈曾植书风基本围绕在包世臣、吴让之两家。据笔者统计，《寐叟题跋》中处于这段时期的作品以行楷、行草书为主，偶尔还有间杂隶意的小楷书风。

《明徐文长大令手抄贾浪山仙长江集跋》以小楷书写，笔画势态中蕴含着一丝隶意。《张猛龙碑跋》《式古唐法书跋》则以包世臣笔意为主，中锋行笔，笔画呼应多呈圆柔意态，流动性强。《旧拓开皇本兰亭跋》《高湛墓志跋》等书则方圆并用，圆笔方意，行楷结体更加雄强，有吴让之韵味。

（二）第二阶段：欧阳询、米芾书风，间杂张裕钊笔意（1896—1912年）

沈曾植学习欧体书风，是以张裕钊笔意为铺垫的，他对张裕钊的取法是为了纠正学习包世臣圆笔书意带来的靡弱姿态。他在与弟子龙松生的交谈中，对包世臣书法弊病直言不讳："安吴笔本弱，纯以草法为用。"笔力弱又喜草法，故包氏书法流动势强而笔力骨弱，沈氏意识到了这一点，以方笔中和圆笔，书风为之一变。在汲取张裕钊方笔意味时，沈氏已将目光上溯至唐人欧阳询。

从《寐叟题跋》作品来看，1901年至1908年所作题跋均以欧体书风为主，间杂着张裕钊方正楷意，沈氏欧体书作的集中体现于这段时间。他从张裕钊方意到欧阳询峻严势态的过渡，不仅从行动上反驳康有为的卑唐观念，其由帖入碑的学习过程还体现了他并不拘泥于碑帖之别，旨在上溯古法，以规正自身的不足之处。1901年所作《花间集跋》《张猛龙碑跋》《国学本定武兰亭跋》等作品直笔方势，不独楷书，行草书作品亦结体纵势强于横势，有瘦劲方严之意。

米芾书风、黄庭坚笔意在1904年所作《三希堂本兰亭序跋》中已有所体现，1908年大量涌现，至1912年销声匿迹。沈氏对米芾的学习，主要是吸收八面出锋的势态。这一时期的作品多以势作书，不拘泥于楷行草书体之别，甚至偶尔出现一两笔隶书波发用笔。1912年所作的小楷作品《简斋诗集跋》，纯以势为之，笔笔之间、字字之间气息贯通，既有笔势又兼具隶书波挑韵味，为之后学习写经、简牍做了铺垫。

（三）第三阶段：章草、写经、北碑书风（1910—1918年）

沈曾植的北碑书风取法基本来自其题跋对象——汉魏六朝楷书，他在学习北碑书法的过程中，参照了新出土的汉魏简牍。他在1913年12月寄给罗振玉的信中谈到了简牍与唐人书法、北魏楷书之间的关系："汉竹简书，近似唐人。鄦向日论南北书派，早有此疑，今得确证，助我张目。"[9] 沈氏将简牍墨迹与唐人书法相互证发，实际是对古法的穷源竟流。

善于利用材料、加以思考，是沈曾植学习书法的巧妙处，他在学习北碑时，常常参照其他碑刻、墨迹，并在对比中寻觅源流，应该说，南北碑帖都是他参考的对象。《敬使君碑跋》云："北碑楷法，当以刁惠公志、张猛龙碑及此铭为大宗。刁志近大王，张碑近小王，此铭则内撅外拓，藏锋抽颖，兼用而时出之，中有可证定武兰亭者，可证秘阁黄庭者，可证淳化所刻山涛、庾亮诸人书者，有开欧法者，有开褚法者。盖南北会通，隶楷裁制，古今嬗变，胥在于此。而巅崖峻绝，无路可跻，惟安吴正楷，略能仿佛其波发。仪征而下，莫敢措手。每展此帖，辄为沉思数日。"[10]

从《寐叟题跋》来看，1910年书《题陆少山僧服遗照》笔画横细竖粗，对比强烈，已有北碑书风韵味；1913年至1914年则以小楷书风为主，兼具简牍写经韵味；1915年以后北碑书风大量涌现，书风已有碑帖融合之意。

（四）第四阶段：黄道周韵味、碑体行草书风（1919—1922年）

这一时期的沈曾植书法处于成熟期，之前穷源竟流的学术路径与碑帖互证的书学观念参互成体，碑帖融通达到入古出新是沈氏的终极目标。此时沈氏书风基本呈现出碑帖融合的面貌，以碑笔作行草书，古拙之中不失流动势态，隶意与楷意水乳交融，以势作书，形成了独具特色的碑体行草书风。如1919年所作《魏上尊号碑跋》、1920年所作《多宝塔碑为谢复园题》、1922年所作《和牲公韵》均呈现出碑帖行草面貌，其中还间杂黄道周书意。

从近人包世臣、吴让之书家处得法，并以张裕钊笔意上溯唐代欧阳询、宋代米芾，继而以北碑楷书与简牍写经参互证成，最终破碑帖藩篱，融诸家长处于一体，成其碑帖行草书风。沈曾植书学实践离不开碑帖证通书学观的指导，从《寐叟题跋》作品梳理的四阶段来看，沈曾植碑帖融通书风形成似乎并无特别之处，仔细思索，便能拈出沈氏化用碑帖的两个关揵：其一，以唐碑为中介，对篆隶韵味的追溯；其二，"横平竖直"为准则，通诸家以势作书。

三、沈曾植书法化用研究

（一）为唐碑为中介，直取篆隶韵味

与康有为"卑唐"观念不同，沈氏认为唐人书可学，并且主张入手取法于唐碑。《宋拓阁帖跋》云："楷法入手从唐碑，行草入手从晋帖，立此以为定则，而后可以上窥秦、汉，下周近世。"[11]沈曾植推崇唐碑，是因为他认为唐碑法度既渊源于汉魏六朝古法，又启迪了宋代书家，学书之人从此处入手，不仅直取宋明以后书家的源头，还可以以此为根基上溯汉魏六朝。因此，从沈氏的论述中常常可以见到他对唐人之书的推崇。如："欧、褚两家并出分隶，于遒逸二字各得所近"[12]，"书多卧笔，已开东坡之先"[13]，"鲁公书源本出于殷氏父子"[14]，"至唐初而文皇倡之于上，率更行之于下，传六代笔法，而不用其结法"[15]。

不独如此，沈曾植还将北魏楷书与唐碑楷书放在一起比较，并认为两者有相似的古意。《张猛龙碑跋》云："光绪中叶，学者始重张猛龙，然学者如牛毛，成无麟角。北碑惟此骨韵俱高，敛分入篆，信本晚岁瓣香，殆皆在此。醴泉韵近而度不和，化度骨近而气不雄，信乎绝诣不可几也。"[16]从这段论述中，可以看到沈氏指出《张猛龙碑》有篆隶笔意，虽然有许多书家多取法于此，却难以大成，原因就是古意难得，即使是在魏碑方面已有一定造诣的包世臣与吴让之，也难以下手。而沈氏学习此碑的方法，于结尾有所透露，他将唐碑与此碑相互参照，《醴泉铭》韵近，《化度寺碑》骨近，那么学习了唐碑，便能从"韵"与"骨"的层面上契合《张猛龙碑》。

沈氏在书学观与书法实践中，均以唐碑为铺垫，进而上溯篆隶古意，他将北碑与唐碑、唐碑与简牍墨迹相互证发，并在参照对比中感悟古法。如《张猛龙碑跋》云："张君清颂，在北朝诸石刻中最先著称，结体亦特难拟。以包、吴二君之精诣，能摩刁惠公、郑文公之垒，于此颂未敢措手也。近日张濂亭翁悬腕中锋，独标玄旨，其构法乃颇有于此颂为近者。仆尝以此颂在北碑中正如唐碑之有醴泉铭，翁晚岁深推欧楷，意所见亦有相涉者欤？"[17]这段文字论述，从侧面体现了沈氏的书学路径，首先，他指出包、吴二人临习《张猛龙碑》亦非易事，若不是曾取法于包世臣、吴让之，沈氏又怎会对两人如此熟悉？其次，张濂亭悬腕中锋具有方意，若不是曾取法于张氏，沈氏鉴赏《张猛龙碑》时又如何言之凿凿地肯定两者结体相近？最后，沈氏将《张猛龙碑》与欧阳询《醴泉铭》相提并论，实际也是在学习欧体的基础上才有此感悟。因此沈氏在书法实践上走的是穷流溯源之路，一步一步由近及远最终上溯古法，碑帖证通书学观

念与书法实践紧密相连，两者融汇一体。

（二）横平竖直

沈曾植《海日楼书法问答》云："横平竖直，习书定则。"笔者以为他推崇"横平竖直"，实际上有三层含义。沈氏"横平竖直"的第一层内涵强调作书要有"势"。"横平竖直"是学习书法的定则，但不是最终的追求。他在书法问答中这样描述："有横直而无笔势运之，则书家所忌耳。经生写经、三馆应举，精则精矣，如行款工而书势泯绝何？所以有算子之譬。右军《黄庭》《曹娥》《画赞》，何尝不用当时写经行款，而惊鸿舞鹤，天际翱翔，笔势洞精，又何尝不横是横、竖成竖乎？"[18] 书家作书，若是只有横平竖直，没有笔势，那么与经生写经、科举应试无异。沈氏这里指出了书法的实用关系与艺术关系的矛盾，经生写经、科举应试无非是为了满足实用的目的，虽然精致，但没有艺术性，只是排列的"算子"而已。

沈氏"横平竖直"的第二层内涵在于指出"势"由"形"成，亦源"笔"动，因"笔"成"势"。"横平竖直"作书需要以"势"为主导，而"势"的生成依赖"笔"。"势"并不是无根之木、无源之水，它的形成依赖用"笔"，而"横平竖直"就是造"形"，用笔法就是造形成"势"的源头，由此就有了"笔势""行势""气势"。"若行草破觚为圆，学繁成简，正别有不横不直以成横直。以运横直者，此其渊源甚远……横平竖直，在今日已为家家灵蛇之珠、隋和之璧，不知似是而非也。金针度世，要别有在，知此则知上至崔蔡，下迄董刘，自有别肠，非吠声逐块可得而知也。"[19] 作为入门定则的"横平竖直"是引"势"的外形，由"形"生"势"，"形"便不是固定的。在"势"的引导下，书家作书当然可以做到"不横不直"也能呈现出"横直"，此时的"横直"不再是外形，而是纯粹的"势"，但这一切都需要笔法来引导，"横平竖直"只是基础，学会了用笔的方法才是掌握了引"势"的关捩。沈曾植"横平竖直"此语并不局限于某一书体的学习，而是涵盖整个书法艺术的学习，他在《札丛》中指出："其实名家之书，又岂出横平竖直之外？推而上之唐碑，推而上之汉隶，亦孰有不平直者？虽六朝碑，虽诸家行草帖，何一不横是横、竖是竖耶？"[20] 沈氏认为书法艺术定则是"横平竖直"，那么名家书也好，非名家书也罢，自然都是围绕着这一准则展开的。在这种观念下，无论是唐碑还是汉隶，抑或是六朝碑刻、诸家行草帖，在沈氏眼下，尽是"横平竖直"之法。因此沈氏"横平竖直"论第三层内涵模糊了书体、碑帖之间的界限，为书法实践上的"碑帖证通"提供了理论基础。《与谢复园书》记载："写《郑文公》，当参《鹤铭》，《阁帖》大令草法，亦一鼻孔出气。形质为性情符契，如文家之气盛，则长短高下皆宜也。"沈氏与弟子所言写碑，可以参考碑，甚至可以观帖，缘其"一鼻孔出气"，正是这三者之间的"形质"相契，"气势"相类。"形质相契"可以视为同用"横平竖直"之法，虽外形不同，其用笔的内在原理却相通，所以才会呈现出风格乃至"势"层面上的相类，临创时自然可以兼观兼写了。

四、余 论

从清代到民国，以二王笔法为宗的帖学书家面临窘境，先是宋元以来阁帖翻刻渐趋粗劣，以致书家取法多从近人时流入手，难继魏晋古法韵味；后有金石考据学问的兴起，出土的魏晋南北朝碑刻，史料价值之外的书法价值逐渐被人们所关注、重视，传统帖学的发展已举步维艰。

尔后阮元、康有为等人的书学理论问世，"碑学"概念提出，所推崇的取法对象走入书家案桌已成定局。趁着帖学的靡弱与衰微势态，碑学发展大盛，其包含对象从最初的南北朝楷书，逐步拓宽、上溯至汉魏南北朝碑刻，碑学的书法史观与审美内涵扩大，离不开康氏等人助力。然而碑学概念兴起与发展时间较短，其内在理论的支撑不如传统帖学深厚，即使康有为提出"尊碑抑帖"观、"卑唐"论，也难以泯灭人们心中对前人书艺成就的认可。

碑学与帖学发展不应是对立的，有识于此，一批书家开始反思现状并结合理论与实践开始探索，他们既保留对传统帖学的关怀与继承，又对碑学理论与实践秉持认可与肯定，在理论与实践中探索碑帖之间的共通处，在穷流溯源学书路径中融碑帖于一体。沈曾植就是其中之一。

总而言之，沈曾植于书法理论上秉持"碑帖证通"观念，不拘泥于南北碑帖之别，寻觅碑帖之间的相似处、相通点，参互证成；于书法实践上则巧妙地运用"碑帖证通"观，拈出唐碑作为铺垫，由近及远逐渐上溯秦汉、魏晋六朝古法，以"横平竖直"为主导，以势作书，融南北碑帖、篆隶行草于一体，形成了具有篆隶韵味的碑体行草书风。

不管时流之风如何变换，掌握习书之法，寻根古人，目的在于相互借鉴，达其会通。沈曾植继承了其师包世臣的书学观，结合自身书法实践，总结、提炼出习书关捩在于模糊书体、南北、碑帖之间的界限，碑帖参互证发，拓宽了碑派书法理论、实践之路。作为碑派书法的杰出代表，沈曾植从理论到实践，继承前人，突破局限，丰富了碑学书法的内涵，形成了独特的碑帖融通的书风面貌。

注释

[1] 徐宇，泉州师范学院文学与传播学院书法系教师。叶霖，晋江市晋江职业中专学校专任教师。

[2] 包世臣：《艺舟双楫》，载上海书画出版社、华东师范大学选编、校点：《历代书法论文选》，上海书画出版社，1979，第646页。

[3] 沈曾植：《海日楼论书》，崔尔平选编、点校：《明清书论集（上下）》，上海辞书出版社，2011，第1296页。

[4] 同上书，第1287页。

[5] 沈曾植撰，钱仲联辑：《海日楼札丛（外一种）》，中华书局，1962，第323页。

[6] 沈曾植：《海日楼论书》，崔尔平选编、点校：《明清书论集（上下）》，上海辞书出版社，2011，第1296页。

[7] 沈曾植撰，钱仲联辑：《海日楼札丛（外一种）》，中华书局，1962，第25页。

[8] 王蘧常：《沈曾植年表》，《书法》2002年第4期，第25页。

[9] 许全胜：《沈曾植年谱长编》，中华书局，2007，第395页。

[10][13][14] 沈曾植：《海日楼论书》，崔尔平选编、点校：《明清书论集（上下）》，上海辞书出版社，2011，第1297页。

[11] 沈曾植撰，钱仲联辑：《海日楼札丛 海日楼题跋》卷二，辽宁教育出版社，1998，第422页。

[12] 沈曾植：《海日碎金》，崔尔平选编、点校：《明清书论集（上下）》，上海辞书出版社，2011，第1303页。

[15] 沈曾植撰，钱仲联辑：《海日楼札丛（外一种）》，中华书局，1962，第329页。

[16] 同上书，第326页。

[17] 沈曾植：《海日楼论书》，崔尔平选编、点校：《明清书论集（上下）》，上海辞书出版社，2011，第1295页。

[18][19] 沈曾植《海日楼书法答问》，参见沈增植《海日楼札记》稿本，浙江省图书馆藏。

[20] 沈曾植撰，钱仲联辑：《海日楼札丛》，中华书局，1962，第334页。

涵糅碑帖、会通南北

——从沈曾植定武《兰亭》题跋管窥其书学观

冯 洋 叶秀清[1]

【摘要】沈曾植是清末民初的著名书家，于北碑南帖均有深入的研究。与康有为"尊碑贬帖"的书学态度不同，沈曾植在碑帖研究当中，持有客观、平等的书学态度。本文解读沈曾植所作的定武《兰亭》题跋，探究其对定武《兰亭》"肥本"推崇的缘由，并由此引申分析其以定武《兰亭》和晋帖解读北碑、碑帖互解的题跋，探析其涵糅碑帖、会通南北的书学思想，企图展现其在书学研究之中的重要贡献。

【关键词】沈曾植；定武《兰亭》；书学观

嘉兴"寐叟老人"沈曾植（1850—1922，字子培，号乙庵）学问湛深、见识广博，不仅是一代学术大家，也是清末民初的著名书法家，于北碑南帖均有深入的研究。沈曾植晚年寓居上海，并为其寓所取名"海日楼"。"海日楼"所藏古籍、碑帖、字画如山，沈曾植为其中善本所作的题跋，汇辑于《海日楼题跋》之中。

与康有为"重碑贬帖"的书学态度不同，沈曾植在碑帖研究当中，持有客观、平等的书学态度，并不笼统地认为刻帖"翻之已坏"[2]，对经典的书帖、精良的刻帖依然保有关注。细数其《海日楼题跋》之中所提到的《兰亭》拓本，竟有三四十种之多。其中的定武《兰亭》，又是沈曾植最为关注的拓本之一。沈曾植在定武《兰亭》及与之相关的碑帖题跋之中，无不透露出其在清代书坛北碑盛行之下涵糅碑帖、会通南北的书学观点。

一、沈曾植对定武《兰亭》的关注

《兰亭》拓本素来众多。《履园丛话·碑帖·宋刻》云:"唐太宗既得《兰亭》真迹,命供奉赵模、韩道政、冯承素、诸葛真四人各钩拓数本,分赐皇太子、诸王、近臣,而一时能书者如欧、褚诸公皆临拓相尚"[3],可知《兰亭》转辗摹勒、化身千百之源头。启功先生认为,《兰亭》"原迹已给唐太宗殉了葬,现存的重要复制品有两种:一是宋代定武地方出现的石刻本;一是唐代摹写本"[4]。宋代定武石刻本,即欧阳询所摹《兰亭》。由于勒石定州,此本世称"定武兰亭",传为存世最佳的《兰亭》石刻帖本,被誉为诸家刻本之冠。历代书家对于定武《兰亭》的偏爱,自古有之。北宋黄山谷曾言:"书家得定武本,盖仿佛古人笔意耳。褚庭诲所临极肥,而洛阳张景元剧地得缺石瘦本,定武本则肥不剩肉,瘦不露骨,犹可想其风流。三石刻皆有佳处,不必宝己有而非彼也。"[5]由此可以识见定武《兰亭》尊贵的地位。

然而,历代翻刻的定武《兰亭》,版本众多,流传复杂。在《海日楼题跋》之中,沈曾植所跋的定武《兰亭》版本就有《旧拓定武本兰亭》、《抚刻定武瘦本兰亭叙》、《国学本定武兰亭》、《榛刻定武瘦本兰亭》、《宋拓绛帖本兰亭》(沈跋:"所谓定武正本者,即此刻也"[6])、《明刻兰亭》(沈跋:"诒晋斋宋拓《兰亭》五种中,第二定武肥本,即此刻也"[7])、《旧拓兰亭》(沈跋:"定武真影,要当以此刻为正"[8])等。由此可见,在众多的《兰亭》拓本之中,沈曾植延续了历代书家对定武《兰亭》的推崇和重视。

二、沈曾植对定武《兰亭》"肥本"的推崇

(一)以"肥"为美的审美观

定武《兰亭》翻刻版本众多,从沈曾植的《兰亭》各本题跋来看,不难发现,其对定武《兰亭》具有以"肥本"为美的审美观。所谓定武《兰亭》"肥本",指的是用笔相对肥厚、更显早期篆隶笔意,气息更为古拙、质朴的拓本;而"瘦本",则指的是用笔相对瘦细的拓本。譬如,沈曾植在《旧刻秘阁续帖本兰亭叙跋(二篇)》跋:"南宋覆刻定本……其标赏特重肥本。盖肥在瘦前,宋季已为难得矣。"[9]从叙述当中可知,宋人已经具有"肥在瘦前"的《兰亭》审美观点,在"肥本"与"瘦本"之中,更为标赏"肥本"(图1、图2)。

图1 宋拓定武《兰亭》肥本　　图2 柯丹丘藏定武《兰亭》瘦本

在此审美观之下，沈曾植十分看重定武《兰亭》之"肥"，并在其《兰亭》题跋之中透露出此审美情节。譬如，沈曾植在《兰亭集珍七种（四篇）》其一跋："赵子固落水本，今在裴伯谦家。丙午夏，曾得一观。墨拓黯蚀，号为肥本，实不能肥也。"[10] 在此段题跋之中，沈曾植对其所见的"落水"《兰亭》墨色及字体肥瘦程度的评价都不太高，认为此本"墨拓黯蚀""实不能肥也"。此处，沈曾植通过"号为肥本，实不能肥也"一句，说明了对其评价较低的原因之一：字的形态在审美上有欠肥美。又如，《兰亭集珍七种（四篇）》其四跋："王良常《竹云题跋》所称海宁陈氏开皇本，字类定武而差肥，合缝处有骞异僧字，即此本也。"[11] 在此段题跋之中，沈曾植叙述了其在观帖之时，参考清代书家王澍（1668—1743，别号良常山人）对"海宁陈氏开皇本"的描述，从而辨认此帖的过程。言语之间，沈曾植也是认同王澍的观点，认为此本"字类定武而差肥"，字的形态在审美上也是不够肥美的。

（二）以"肥"为美的由来

清代乾嘉年间，正值金石考据学鼎盛时期，两汉、六朝碑板新出土，文人、书家纷纷认为"碑刻为新出土，其书法可学，刻帖翻之已坏，不可学"[12]，对刻帖持否定的态度。然而，在此书风之下，沈曾植依然对定武《兰亭》"肥本"尤为推崇，其观点与定武《兰亭》的出身以及同时代文人、书家的观点是紧密相关的。

1. 定武《兰亭》的出身：南北兼具的笔法和书风

传为欧阳询所摹的定武《兰亭》虽为刻帖，但是，其特殊的出身决定了它即使在崇尚碑派书风的清代，也会成为文人、书家所推崇的对象。这与定武《兰亭》显露的欧体笔法和书风有一定的关系。清代碑学开山鼻祖阮元（1764—1849）曾在《王右军〈兰亭诗序帖〉二跋》曰："真《定武》本虽欧阳学右军之书，终有欧阳笔法在内。"[13]阮元认为，《兰亭》原本为王羲之所书，但定武《兰亭》刻帖具有欧阳询的笔法。清代诗人、书法家冯班（1602—1671）在其书法理论著作《钝吟书要》中说："余见欧阳信本行书真迹及《黄埔君碑》，始悟《定武兰亭》全是欧法。"[14]冯班通过翻阅欧阳询不同的书作，体悟到定武《兰亭》的笔法出自欧阳询。那么，欧字的笔法究竟为何呢？阮元又在其《南北书派论》《北碑南帖论》云：欧字碑板"从隶法而来"[15]，"方正劲挺，实是北派"[16]，可见其认为欧阳询的笔法从隶书中来，具有隶书的书风，从而将其书风归为北派。此外，晚清碑派书风代表人物之一的何绍基（1799—1873），在其《跋汪孟慈藏定武兰亭旧拓本》之中，描述定武《兰亭》的笔法"方折朴厚，不为姿态，而苍坚涵纳"[17]。显然，这一描述，不仅是欧阳询的笔法，也是清代书家所崇尚的碑派书风用笔。由此可见，定武《兰亭》从出身上看，其笔法及书风兼具南北特点，无怪乎何绍基称其"实兼南北派书理，最为精特矣"[18]。

在知晓定武《兰亭》虽为刻帖，却具有碑派的用笔及书风特点之后，就可以理解为什么用笔更为遒劲、饱满的"肥本"更能得到包括沈曾植在内的清代文人、书家的垂青。

2. 文人的"锥拓"之论

沈曾植在《海日楼题跋》的多篇《兰亭》题跋之中，曾数次提及一个人名"覃溪"及其品鉴《兰亭》的观点。譬如，《宋拓绛帖本兰亭跋（二篇）》其二跋："覃溪所谓伪《绛》两体，与此却不合"。[19]又如，《明刻兰亭十三跋（六篇）》其二跋："此苏米斋《兰亭考》所称湖州本十三跋也。覃溪考第一跋是鲜于伯几语，甚确。"[20]显然，沈曾植在品鉴《兰亭》各本之时，对前人"覃溪"的观点尤为重视，并有参考。"覃溪"其人，正是清代研究《兰亭》第一人翁方纲（1733—1818，号覃溪）。翁方纲为清代乾嘉之际朴学兴盛时期的文人，以考据校雠功夫见长，著有《粤东金石略》《苏米斋兰亭考》等。

翁方纲在《复初斋外集·跋定武兰亭》云："庚子春，商丘陈约恭编修收得《定武兰亭》，卷后有孙退谷、许樵颖二临本。……俞寿翁《兰亭续考》云：'闻诸前辈，此石当日急于锥拓，用三重纸叠其上拓之，在上者字微瘦。据此则肥者为得其真，且墨浓而能肥，此亦可见肥之胜瘦矣。'"[21] 在此处，翁方纲叙述了南宋俞寿翁（生卒年不详）所著《兰亭续考》之中关于定武《兰亭》使用"锥拓"法拓字的分析：锥拓过程中，将三张重叠的纸张铺于刻石之上进行拓字，因为距离拓本远近不同，拓本效果也不同。距离刻石最近的为"肥本"，而"瘦本"则是距离刻石最远的拓本。由此而来，"肥本"因墨浓而"肥"，更得石刻原貌之真，"肥之胜瘦矣"。翁方纲显然信服这一观点，并在《复初斋文集·跋国学兰亭》云："予尝见林吉人手跋一本，是康熙初年所损，已不甚肥。而此本圆浑深厚，胜林跋本十倍，当即是韩敬堂所拓本也。"[22] 言下之意，在其看来，韩敬堂的拓本因为"圆浑深厚"而远胜于林吉人"已不甚肥"的拓本，可知翁方纲以定武《兰亭》"肥本"为美的审美观。

从沈曾植在其题跋之中对翁方纲所言的参考可推测，其对定武《兰亭》以"肥"为美的审美态度，并非毫无依据，极为可能是对翁方纲等前人关于《兰亭》研究的吸收与认同。

3. 同时代文人、书家的认同

除了沈曾植对定武《兰亭》以"肥本"为美的题跋，不少清代文人、书家在定武《兰亭》的题跋也透露出对"肥本"的审美认同。譬如，清代书家王良常在《宋拓定武神龙兰亭序》跋："《定武禊帖》但有肥本，肥本者，正本也。"[23]《定武禊帖》即定武《兰亭》的别称，王良常在此题跋之中，直接表明其观点，认为定武《兰亭》"肥本"为正本。又如，清代书家、金石学家吴平斋所藏《二百兰亭斋旧藏本》之中的宋拓定武《兰亭》有何士祁（道光二年即1822年进士，擅书画）跋："此五字微损，为肥本《禊帖》，纯雅中独饶古趣，近日颇不易得。"[24] 显然，定武《兰亭》"肥本"的"纯雅"、有"古趣"的书风面貌，赢得了何士祁的赞赏。再如，与沈曾植同时代的清末民初书法家李瑞清（1867—1920），在《跋定武兰亭肥本》之中有云："游丞相一人刻至五百种之多，故以定武石刻为第一，以为不失古法，而肥本最为难得"[25]，褒赏了定武《兰亭》"肥本""不失古法"的审美特征。

根据以上分析可知，沈曾植对定武《兰亭》以"肥"为美的审美观，并非前无古人、突兀于世，在其之前及同时代，也有文人、书家持有相近的观点。因此，沈曾植关于定武《兰亭》以"肥"为美的审美观，并非仅来自视觉感受，而是建立在"求实"佐证之上的书学观点与审美体现，这来自其博览群书、考据经典、钻研碑帖的书学功力。同时，在清代北碑盛行、帖学渐衰的书风之下，沈曾植并没有一味盲从，依然对帖学保有客观的态度，不仅体现了其客观、严谨的治学态度，也为帖学的持续发展提供了动力。

三、沈曾植由定武《兰亭》引申的"碑帖互解"

身为一代书学大家,沈曾植对于北碑、南帖都有深刻的钻研和理解。其对定武《兰亭》的关注,并不止步于对它的审美欣赏,更在于对其蕴含书学的理解。沈曾植在其碑帖题跋之中,时常以定武《兰亭》、晋帖与北碑相互解读,表现了其涵糅碑帖、会通南北的书学思想,显示了其在碑帖之间游刃有余的书学功力。

(一)以定武《兰亭》解读北碑

透过沈曾植以定武《兰亭》解读北碑的题跋,可以看到其将南北书法视为一体的书学观点。譬如,沈曾植《敬使君碑跋》跋一:"此碑运锋结字,剧有与定武《兰亭》可相证发者。东魏书人,始变隶风,渐传南法,风尚所趋,正与文家温、魏向任、沈集中作贼不异。世无以北集压南集者,独可以北刻压南刻乎?此碑不独可证兰亭,且可证黄庭。"[26] 此处的东魏楷书碑刻《敬使君碑》是著名的北碑之一,沈青崖跋此碑,"书体自晋趋唐,为欧褚前驱"[27](图3)。认为此碑体现了晋代书帖与唐代楷书之间的过渡,堪称欧、褚两书的先驱。沈曾植在其题跋之中,将传为欧阳询所摹的定武《兰亭》与《敬使君碑》相较,认为定武《兰亭》之中可以找到《敬使君碑》"运锋结字"的渊源,一帖、一碑,彼此具有相承的关系,并以"世无以北集压南集者,独可以北刻压南刻乎"向"尊碑贬帖"的书学态度提出了质疑。又如,《禅静寺刹前铭敬使君碑跋》云:"北碑楷法,当以《刁惠公志》《张猛龙碑》及此铭为大宗。《刁志》近大王,《张碑》近小王,此铭则内擫外拓,藏锋抽颖,兼用而时出之,中有可证《兰亭》(定武)者,可证《黄庭》(秘阁)者,可证淳化所刻山涛、庾亮诸人书者,有开欧法者,有开褚法者。盖南北会通,隶楷裁制,古今嬗变,胥在于此。"[28] 在此段碑刻题跋之中,沈曾植认为著名北碑《刁惠公志》《张猛龙碑》与"二王"书法有相近之处;而《敬史君碑》所体现的用笔"内擫外拓,藏锋抽颖,兼用而时出之",与定武《兰亭》《秘阁帖》中的《黄庭经》又有互通互证之处,由此表达了其认为北碑、南帖历经演变,彼此交汇贯通,实为有机一体、无绝对对立的书学观点。

图3 沈青崖所跋《敬使君碑》碑阴

(二)碑帖互解、南北会通

1. 以帖解碑

从沈曾植《禅静寺刹前铭敬使君碑跋》可知,其不仅以定武《兰亭》解读北碑,还以"二王"书帖解读北碑。事实上,在不少的北碑题跋之中,都可见到其使用这一解读方式,企图打通北碑、南帖对立的沟壑,将北碑、南帖所蕴含的审美及书理融会贯通为一体。譬如,其《张猛龙碑跋》有云,"昔尝谓南朝碑碣罕传,由北碑拟之,则《龙藏》近右军,《清颂》近大令……品格在《黄庭》《乐毅》之间"[29]。此处,沈曾植将遒丽方正的北碑《龙藏寺碑》与"右军"(王羲之)书法相较,又将结体端丽、点画劲挺的《张猛龙清颂碑》与"大令"(王献之)书法相较,认为它们分别有相近的书学审美之处。同时,此跋之中,沈曾植还以王羲之小楷《黄庭经》《乐毅论》的书法品格来品定此碑,由此可见其碑帖融合的书学审美观。此外,沈曾植在《六朝墓志(附隋)》之隋《张夫人萧铓》(即隋代《朝散大夫张盈妻萧氏墓志》)跋:"此有《黄庭》意"[30],使用"二王"书帖解读北碑的神韵,认为隋代《朝散大夫张盈妻萧氏墓志》与"二王"书风息息相通,表达了其碑帖相融的书学思想。

2. 以碑解帖

在读碑、读帖之时,沈曾植不仅擅于以帖解碑,也长于以碑解帖,将碑帖所呈现的笔法与蕴含的书理融会贯通在一起品读,体现了其对碑帖钻研至深、炉火纯青的书学功力。譬如，其在《夏承诸碑刻意波发》云："《夏承》《华山》，下逮《孔羡》《王基》，皆绍中郎分势，刻意波发者。《月仪》屡摹，笔道湮绝，当就上数碑寻其沿革。"[31] 在此段题跋之中，沈曾植认为西晋章草名帖《月仪帖》久经翻刻，其真正的笔法已经不清晰了，可以从东汉末年与魏晋时期的四块隶书碑刻《夏承碑》《华山碑》《孔羡碑》《王基碑》中去寻找其笔法踪迹，它们之间存在笔法渊源的联系，从而将北碑隶书与晋代章草联系起来，提出以北碑解读晋帖的书学观点。又如，其《王基碑》跋："……《王基》残碑，刻手精工，遂令使转笔势，粲然毕露。所谓钟太傅十二种巧妙者，于此宁玩，思过半矣。吾于《戎路》《季直》，剧蓄深疑，后玩此碑，一旦释然……"[32] 在此段题跋之中，沈曾植认为，通过《王基碑》，他不仅理解了钟繇"十二意笔法"之中所蕴含的一大半寓意，也明白了之前对于钟繇《戎路表》《荐季直表》的许多不解之处，此处同样体现了其以碑刻解读书帖的方式，由此传达了其碑帖相融、碑帖相通的书学观点。

3. 南北会通

沈曾植"南北会通"的题跋也有多处可见。譬如，沈曾植在《六朝墓志（附隋）》题跋之中，对六朝及隋代的碑刻进行解读时，有多篇题跋体现了这一书学观点。其在北魏《开国侯元钦》跋："秀韵近南，波发沿北。"[33]《开国侯元钦》即北魏永安元年所刻《元钦墓志》，沈曾植在解读此碑时，同时提及了南朝的书风面貌及北土的用笔传统，使用"南北会通"的眼光来看待和解读此碑，认为此碑秀美的面貌体现了南朝的书风，而"波发"的用笔之处则沿袭了北土的故习，兼具南北书风，表现了其南北书风并非割裂存在，而是会通共存的书学观点。此外，沈曾植在《六朝墓志（附隋）》之北魏《女尚书王僧男》跋："书多行笔，北碑至此与南帖合矣"[34]，隋《杨厉》跋："书道至此，南北一家矣"[35]，北魏《东平王元略》跋："灵隽飘逸，南书之内景也"[36] 等，无不体现了其南北会通的书学观点。

清代碑学鼻祖阮元，在其《南北书派论》《北碑南帖论》之中认为，书法在魏晋南北朝时分为南北两派。其中，北派以楷书、隶书为主，长于碑刻；南派以行书、草书为主，长于尺牍。但是，从沈曾植以定武《兰亭》和晋帖解读北碑、碑帖互解的过程之中，可知其并没有完全认同阮元的观点，而是在承认南北书风的基础上，认为碑帖、南北书风彼此存在着相融相通的关系，而绝非割裂与对立的关系。这一独到的书学观点，在清代"尊碑贬帖"的书风背景之下，为帖学的继续发展提供了难能可贵的保护。

四、结　语

　　传为欧阳询所摹的定武《兰亭》，因其出身及审美特点融汇了北碑与南帖的精髓，受到了包括沈曾植在内的清代文人、书家的关注。从沈曾植以定武《兰亭》和晋帖解读北碑、碑帖互解的题跋之中，我们可以看到，其在清代碑学盛行的书风之下，并没有一味蹈袭前人的书学理论，而是饱读碑帖、辟前人履齿未经之境，持涵糅碑帖、会通南北的书学观点，成为清代书坛提倡碑帖结合的第一人，为保护帖学的发展及后世的碑帖研究、书法创作，提供了宝贵的书学理论依据。

注释

[1] 冯洋，美术学讲师，马来西亚拉曼大学中华研究院博士研究生，研究领域为中国及海外书画。叶秀清，马来西亚拉曼大学中华研究院助理教授。

[2] 康有为：《广艺舟双楫》，广西师范大学出版社，2016，第44页。

[3] 钱泳撰，孟斐校点：《履园丛话（上）》卷九，上海古籍出版社，2012，第169页。

[4] 启功：《兰亭考》，《北京师范大学学报（社会科学版）》1962年第1期，第111-120页。

[5] 水赉佑：《〈兰亭序〉研究史料集》，上海书画出版社，2013，第14页。

[6] 沈曾植撰，钱仲联辑：《海日楼札丛　海日楼题跋》（三），辽宁教育出版社，1998，第385页。

[7] 同上书，第390页。

[8] 同上书，第395页。

[9] 同上书，第384–385页。

[10] 同上书，第391页。

[11] 同上书，第392页。

[12] 曹建：《晚清书论与书家研究》，人民出版社，2016，第343页。

[13] 阮元著，华人德注：《南北书派论、北碑南帖论注》，上海书画出版社，1987，第50页。

[14] 水赉佑：《〈兰亭序〉研究史料集》，上海书画出版社，2013，第257页。

[15] 阮元著，华人德注：《南北书派论、北碑南帖论注》，上海书画出版社，1987，第42页。

[16] 同上书，第 12 页。

[17][18] 水赉佑:《〈兰亭序〉研究史料集》，上海书画出版社，2013，第 573 页。

[19] 沈曾植撰，钱仲联辑:《海日楼札丛　海日楼题跋》(三)，辽宁教育出版社，1998，第 395 页。

[20] 同上书，第 390 页。

[21] 水赉佑:《〈兰亭序〉研究史料集》，上海书画出版社，2013，第 472 页。

[22] 同上书，第 459 页。

[23] 同上书，第 781 页。

[24] 同上书，第 811 页。

[25] 同上书，第 824 页。

[26] 冀亚平、王巺文(北京图书馆金石组):《北京图书馆藏石刻叙录(十二)》，《文献》1984 年第 1 期，第 242 页。

[27] 沈青崖跋《敬使君碑》碑阴。

[28] 沈曾植撰，钱仲联辑:《海日楼札丛　海日楼题跋》(三)，辽宁教育出版社，1998，第 373 页。

[29] 同上书，第 371 页。

[30] 沈曾植撰，钱仲联辑:《海日楼札丛　海日楼题跋》(二)，辽宁教育出版社，1998，第 315 页。

[31] 同上书，第 306 页。

[32][33] 同上书，第 313 页。

[34] 同上书，第 314 页。

[35][36] 同上书，第 315 页。

试析沈曾植由汉至唐的书法谱系建构观

任 杰[1]

【摘要】 沈曾植在诸多题跋和笔记中都表达了对汉唐期间碑帖书法的见解，如果把这些零散的观点串联在一起就会发现它们之间的内在逻辑是成体系的。本文从书法谱系的角度出发，梳理出了沈曾植关于汉唐期间碑版刻帖的谱系建构，并认为在汉至唐的书法谱系中，沈曾植对汉代到魏晋书法沿革关系的建构主要是依托字体演变的脉络。在魏晋字体基本定型以后，魏晋到唐的书法谱系建构则是以书法审美为导向。从汉晋对字体并存杂糅的关注再到晋唐以笔法、体势为中心的谱系观，也印证了书法艺术自觉的过程。在"汉隶—章草—'二王'—北碑—唐法"的书法谱系中，我们不仅对沈曾植的书学思想、书法风格有更充分的理解，而且可以对晚清文人书法与民间书法的消弭、"碑帖结合"的实现路径等书学问题有更深刻的认识，进而期待对当下书法的入古出新能有所裨益。

【关键词】 沈曾植；书法谱系；字体杂糅；碑帖结合；书风

一、弁 言

沈曾植以其融合碑帖的独特书风被尊为清末书坛巨匠。金石碑版专家陈锡钧评沈曾植书法"能取碑之长以临帖，复采帖之长以写碑，熔汉晋于一炉，化南北之成见"[2]。那么沈曾植是如何将汉晋书法"熔于一炉"的？将汉晋书法"熔于一炉"的内在逻辑是什么？从沈曾植诸多的碑版题跋及笔记中会发现沈曾植不仅仅把汉晋书法融会贯通，而且靠自己广博的学识与开阔的眼界构建了一个由汉至唐的书法谱系。"汉隶—章草—

'二王'—北碑—唐法"的书法谱系催发了沈曾植"古今杂形""异体同势"的书学观,这也是形成他奇崛生辣书风的取立所在。成联方说:"沈曾植常用'谱系'视野来进行学术研究……沈曾植的'南北会通'观就是运用其'谱系'的学术方法来完成的。"[3] 沈曾植从谱系的视角为由汉到唐的书法建立了沿革关系。尽管沈曾植书法谱系的构建是基于他所能接触的碑帖资料,但是对其书法谱系观的剖析可以使我们对沈曾植的书学思想以及"碑帖结合"等书史经典命题有更深刻的认识。

二、以字体杂糅为枢纽的谱系建构

沈曾植在很多论书观点中都强调了关于不同字体之间的杂糅现象,这便是沈曾植所推崇的"古今杂形"观。沈氏在《护德瓶斋涉笔》云:

> "修短相副,异体同势","奇姿谲诞","靡有常制"(卫恒《隶势》),蔡邕"采斯、喜之法,为古今杂形,然精密闲理不如淳也"(卫恒《四体书势序》)。按,"异体同势"即所谓"古今杂形也"[4]。

沈曾植将卫恒《隶势》中的"异体同势"与卫恒《四体书势序》中的"古今杂形"放在一起互释,并且得出了"异体同势"就是"古今杂形"的观点。成联方在《卫恒"古今杂形"对沈曾植书法的影响》一文中认为"沈曾植所推崇的'杂体书',不是指某种固定的字体,也不是某种固定的书体,而是一种书风","是文人有意为之的一种'风格化'书体。"[5] 成先生从"风格"的层面阐释了沈曾植对字体杂糅的理解与追求,这个观点极富见地。但是,我们还是应该把沈曾植所崇尚的这种字体杂糅的现象放到汉魏时期的书法生态中去考察。沈氏的"古今杂形"观在很大程度上是基于魏晋时期的字体演变背景的。无论是《隶势》的"异体同势"还是西晋卫恒的《四体书势序》的"古今杂形",都是处在字体演进还未完全定型的阶段。东汉晚期的八分书已经十分成熟,但是日常书写中以八分为"母体",对其不断依靠快写、省略、假借、合并部首等手段,破坏和肢解隶书的汉字结构和用笔方式,使其朝着章草、今草的方向发展。到西晋时期,各种字体的发展已经相对成熟,但并未完全定型。在20世纪初出土的大量魏晋之际的楼兰简纸文书中,有隶意浓厚的章草,也有笔断意连的今草,还有介于章草与今草之间的行书。总之,字体演变过程中的不稳定性是汉魏时期字体杂糅最主要的因素,也是沈曾植"古今杂形"观形成的客观背景。

对字体发展脉络的清晰认识是沈曾植推崇"杂体书"的前提与基础。沈曾植在《汉校官碑跋》谈道："余最喜此碑书法，以为汉季隶篆沟通，《国山》《天发》之前河也。"[6]东汉时期，字体上的"隶变"仍在持续不断地进行，因此，汉代除了典型的八分隶书外，还有一部分字体是篆隶的结合。比如我们现在所说的"汉篆"即隶书在解构篆书过程中形成的一种特殊字体。沈曾植认为《汉校官碑》就是汉末篆隶互相杂糅的印证，因此他在篆隶字体演进的过渡中构建了从《汉校官碑》到《国山》《天发》之间的沿革关系。此外，沈曾植在《菌阁琐谈》中写道："《夏承》《华山》，下逮《孔羡》《王基》，皆绍中郎分势，刻意波发者。《月仪》屡摹，笔道湮灭，当就上数碑寻其沿革。"[7]章草是由草写的隶书演变而成的，其中《月仪帖》相传为西晋书家索靖的章草名作。在沈曾植看来，《月仪帖》的书风来源可以追溯到《夏承》《华山》《孔羡》《王基》等东汉隶书碑刻。于是西晋流美洒脱的章草与典雅端正的东汉八分书产生了沿革关系。从篆到隶，再从隶到章草，沈曾植将不同的作品构建起谱系关系，这种关系正是以字体的演变线索为依托的。

正体与俗体之间的演变互动关系是沈曾植建构书法谱系的重要依据。沈氏《菌阁琐谈》云："《急就》是古隶章草，《月仪》是八分章草，右军父子则今隶今草也。"[8]从这里可得知，《月仪》在沈曾植眼中为"八分章草"，这样我们就可以理解为什么沈曾植把《月仪》的书风上溯到《夏承》《孔羡》等八分书上了。更重要的是，沈曾植将隶书进一步细分为古隶、八分、今隶，并与章草、今草一一对应，形成了古隶章草（《急就》）、八分章草（《月仪》）、今隶今草（"二王"）。那么沈曾植为什么这样划分隶书与草书？西汉时期的字体演进正处在"隶变"加速的阶段，此时的古隶即篆书加速书写的产物——"草篆"。古隶一方面朝着正体化的方向演进形成规矩方整的八分书，另一方面也在不断草化的过程中形成规范化的章草（以《急就章》为代表）。西晋的《月仪》从成熟的八分草化而来，右军父子的今草则从今隶（楷书）草化而来。我们暂且不论沈曾植这样的划分是否缜密严谨，但由此可得知沈曾植划分的逻辑依据正是字体演进中俗体不断规范为正体、正体又不断地被草化为俗体的过程（图1）。沈曾植依据正体和俗体之间的演变互动关系，才得以把八分和章草、今隶和今草等字体放在一起构建谱系关系，使得字体杂糅有了依据。

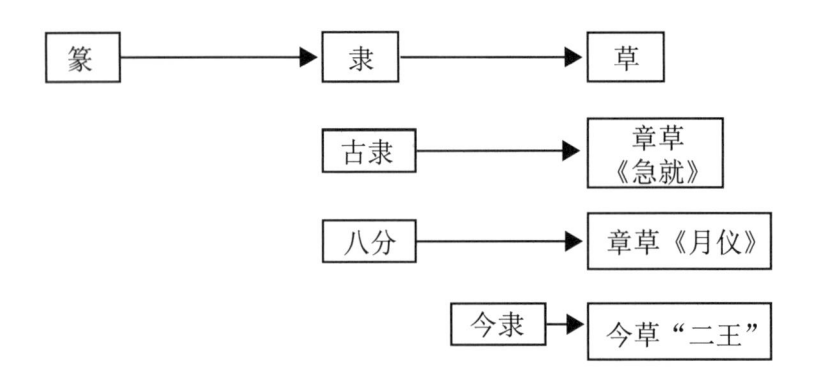

图 1　从汉至魏晋的部分字体演变脉络

从汉至魏晋书法谱系的建构，沈曾植是以字体演变的轨迹为逻辑线索（图2）。正因如此，沈曾植所推崇的"异体同势""古今杂形"才能够将篆隶、隶草杂糅起来，使不同的金石碑版与刻帖墨迹产生沿革关系。在1914年二月三日致信罗振玉时，沈曾植言：

> 今日得正月廿七日书并《流沙坠简》样张，展示焕然，乃与平生据石刻金文悬拟梦想仪型不异，用此知古今不隔，神理常存，省览徘徊，顿复使灭定枯禅复反数句生意……《坠简》中不知有章草否？有今隶否？续有印出，仍望再示数纸。[9]

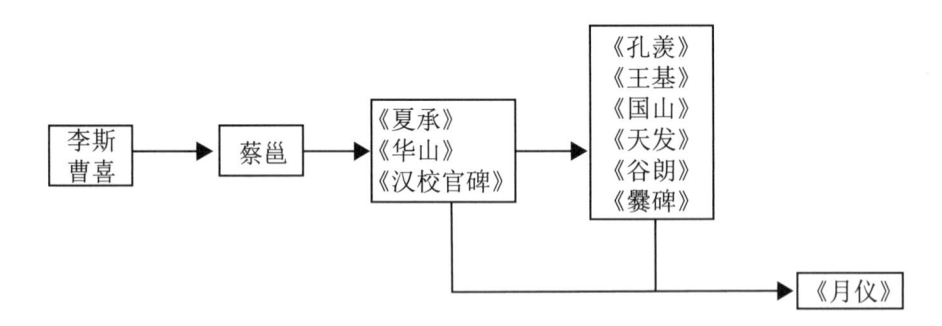

图 2　汉魏期间字体演变基础上的书法谱系

在罗振玉编《流沙坠简》时沈曾植就欲先睹为快，看到样张后激动不已，《流沙坠简》中的文字样式与沈曾植的"梦想仪型不异"，并进一步询问是否还有章草、今隶等，对《流沙坠简》表现出了很大的期待。梁启超言：

> 碑中字体有绝类今楷者，可见书之变迁，其积以渐，其来甚久。谓其某体起于某时、创自某人，皆目论也。近岁流沙坠简出土，其中西汉之品，作楷式者犹多矣。[10]

与沈曾植同时代的梁启超可谓极具慧眼，他认为书体的变迁是长期缓慢演进的过程。西北简牍的现世使得书体演变的轨迹更加清晰。沈曾植也曾用流沙坠简文字来印证《礼器碑》，改变了时人一提汉隶便是"中郎"体的看法。沈曾植正是把握住了字体演变的脉络，在此基础上推崇"古今杂形"观，并构建了从汉至魏晋期间的书法谱序。

三、以书法审美为导向的"体势"通会

字体的演进与变迁到魏晋时已接近尾声，在书史传统上是东晋王羲之在古今通会之际"增损古法，裁成今体"。当字体定型之后，人们对"字体"的关注逐渐让位于"书体"。辛尘在《书体与书风》一文中言："什么是'书体'？顾名思义就是'书写的样式'，铭刻体或者楷体、简帛书或者草体，都是由书写方式的差别造成的'书写样式'的分类，都属于'书体'范畴。书体是相对于'字体'而言的，'字体'是指特定的文字形态，例如，原始的图形文字，以象形为根基的篆体文字，以及后来的隶体文字、真体文字，都属于'字体'范畴。"[11]进一步细究的话，"书体"的"体"在某种程度上是在字体已基本定型的基础上对汉字"结体""用笔"的观照，这种观照有着很大的审美倾向，如我们常说的"颜体""柳体""赵体"便是如此。在沈曾植的题跋笔记中，对魏晋到唐不同书法作品的沿革关系的构建更多是依靠审美风格的相似性，而非字体演变的轨迹。

（一）"体"与"势"的交融通会

《文心雕龙·定势》中有言："圆者规体，其势也自转；方者矩形，其势也自安。文章体势，如斯而已。"[12]"体"与"势"相辅相生，书法亦是如此。沈曾植从字体的角度阐释了他对书法中"体势"融合的见解。沈在《论行楷隶篆通变》中言：

> 楷之生动，多取于行。篆之生动，多取于隶。隶者，篆之行也。
>
> 篆参隶势而姿生，隶参楷势而姿生，此通乎今以为变也。篆参籀势而质古，隶参篆势而质古，此通乎古以为变也。故夫物相杂而文生，物相兼而数赜。[13]

从这段文字可知，沈曾植已经在字体演变脉络的基础上强调不同书体之间的"体势"通会。各种字体都可以通过"向上"或"向下"（这里的方向主要是指籀、小篆、隶、楷的演变方向）的借鉴来变得"姿生""质古"。因此"夫物相杂而文生，物相兼而数赜"的学书津梁与"异体同势"的理念相贯通。字体定型后的"体势"通会成为沈曾

植构建晋唐书法谱系的最主要的手段。沈曾植《菌阁琐谈·王基碑跋》言：

> 魏隶变汉，去篆益远。《受禅》《孔羡》，传出锺、梁，虽无明徵，要其矩度固与楷法相距益近。《王基》残碑，刻手精工，遂令使转笔势，粲然毕露。所谓锺太傅十二种巧妙者，于此研玩，思过半矣。吾于《戎路》《季直》，剧蓄深疑。后玩此碑，一旦释然。楷法之妙，八分之漓也。故知元常老骨，定非朴质。卫恒《书势》所称"修短相副，异体同势，奋笔轻举，离而不绝，纤波浓点，错落其间"者《基碑》尽之矣。[14]

在《王基碑跋》中沈曾植认为曹魏时的隶书从汉而来，已经去篆益远。相传《受禅》《孔羡》等与后世楷法相近的碑版都出于钟繇、梁鹄等人，不过没有确凿的证据。都说"钟太傅十二种巧妙者"[15]，但在《戎路》(《贺捷表》)、《季直》等楷书中都无法体会到这"十二种"笔意，直到看见魏隶《王基碑》才"一旦释然"，并感慨"楷法之妙，八分之漓也"。钟繇笔法的丰富性只有在《王基碑》这样的魏隶中得以窥见，并由此认为楷法之妙正是从八分所来。《受禅》《孔羡》—《王基》—《贺捷》《季直》的谱系得以建构。建构逻辑已经开始从文字演变基础上的形构相似性向书法"笔法""体势"的贯通性过渡（图3、图4）。

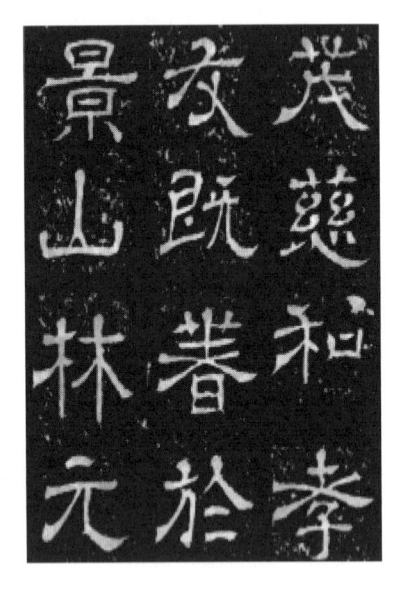

图3 《王基断碑》（局部）曹魏　　图4 《月仪帖》（局部）西晋

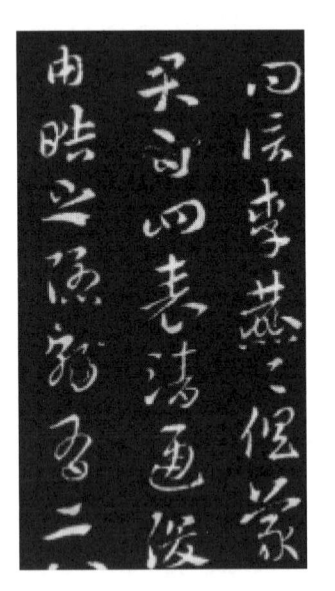

（二）以书法风格为中心的谱系建构

东晋时期字体的演变已经接近尾声，当字体定型以后，人们开始在固定的字体上进行丰富的书写探索。于是魏晋以后对字体的关注逐渐让位于以审美为内核的"书体"，"魏楷"—"唐楷"抑或"汉隶"—"魏隶"—"唐隶"的划分在很大程度上都是以文字时代审美风格的变迁为依据，而非字体的演变轨迹。沈曾植在《禅静寺刹前铭敬史君碑跋》中云：

> 北碑楷法，当以《刁惠公志》《张猛龙碑》及此铭为大宗。《刁志》近大王，《张碑》近小王。此铭则内擫外拓，藏锋抽颖，兼用而时出之。中有可证《兰亭》（定武）者，可证《黄庭》（秘阁）者，可证《淳化》所刻山涛、庾亮诸人书者，有开欧法者，有开褚法者。盖南北会通，隶楷裁制，古今嬗变，胥在于此。[16]

如果说从《王基碑》到《贺捷表》《荐季直表》的谱系建构中还有从隶到楷的字体演变和文字"体势通会"的融合，那么这段跋文中以《敬史君碑》为中心的谱系建构则完全是以笔法体势的相似性为准则的。《敬史君碑》"内擫外拓，藏锋抽颖"的风格是其可以"上证"《兰亭》《黄庭》，"下开"欧阳询、褚遂良书法的评判依据。"二王"—《刁惠公志》《张猛龙碑》《敬史君碑》—欧阳询、褚遂良的谱系因《敬史君碑》笔法的丰富性而得以建构（图5）。

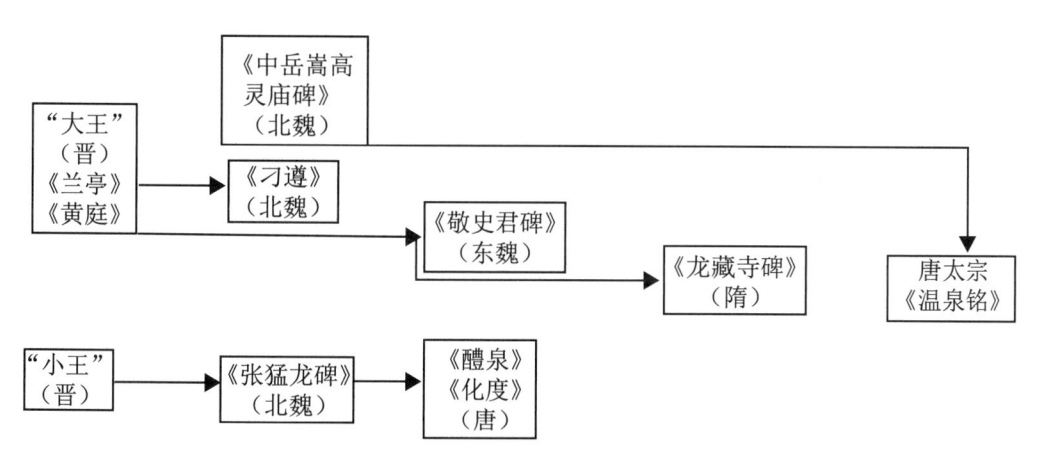

图5　晋唐期间以书风为导向的书法谱系

沈曾植在《菌阁琐谈·文皇率更传六代之笔法》谈道：

> 自六代以来，南北书法，不论真草，结字皆有师承，代相祖习。惟大令能因笔成势，自生奇正，而羊、薄不能绍其传。至唐初而文皇倡之于上，率更行之于

下，传六代之笔法，而不用其结法。有唐一代，雄奇百出，皆文皇、率更之余习也。而文皇草势，至南宫乃发泄无遗。[17]

在魏晋南北朝到唐朝的书法发展链条中，沈曾植认为六朝以来书法的"结字"规律都有着稳定的沿袭传递。直到王献之能够"因笔成势，自生奇正"开始注重笔法的传承，唐太宗和欧阳询则是自王献之以来六朝笔法的传承人。六朝结字的"代相祖习"—王献之"因笔成势，自生奇正"—唐太宗、欧阳询传六朝笔法，不用其结字法，沈曾植敏锐地洞察到了从"结体"传统向"笔法"传统的转变。这不禁让人想到了张怀瓘在《文字论》中所说："深识书者，惟观神采，不见字形。"唐初李世民、"欧虞褚薛"莫不受"二王"笔法沾溉，但是他们的结字各不相同。对"笔法"传统的关注是书法审美意识进一步自我觉醒的结果，沈曾植深刻地认识到了这一点，并把这种由笔法造就的审美风格贯穿于书法谱系建构之中。下有沈曾植题跋两则印证，在《菌阁琐谈》中有文云：

《校官碑》结字用笔，沉郁雄宕，北通《夏承》，南开《天发》。吴会书自有一种风气，略近中郎，而益畅土风。《谷朗》《爨碑》，皆其遗韵。[18]

《张猛龙碑跋》云：

昔尝谓南朝碑碣罕传，由北碑拟之，则《龙藏》近右军，《清颂》近大令。盖一则纯和萧远，运用师中郎而全泯其迹，品格在《黄庭》《乐毅》之间；一则顿宕激昂，锋距出《梁鹄》而益饰以文，构法于《洛神》不异也。[19]

在江苏出土的东汉《校官碑》能"北通《夏承》，南开《天发》"，并且其文字风格在《谷朗》《爨碑》等碑中觅得踪迹，而能把这几种不同年代、不同地域的碑刻串联成谱系的正是他们之间相似的"结字用笔"及其"沉郁雄宕"的审美风格。从《龙藏》上溯到王羲之的《黄庭》《乐毅》是因为它们都属于"纯和萧远"一路的书风；从《张猛龙碑》追源到王献之的《洛神赋》则是它们同属"顿宕激昂"一路的书风。总之，在沈曾植零散的跋语中我们能窥析到他对魏晋到唐的书法谱系建构主要是以审美风格的趋同性为依据。

尽管到清末已有大量金石碑版出土面世，较之前代书法资源大大丰富，但书法传播的方式仍然有限，所以沈曾植书法谱系的建构受制于他所接触的碑版文字及拓片刻帖，在书法谱系的建构中也难免有武断之嫌。如沈曾植认为智永的草书风格就是删去《急就章》的"波发"并将《急就章》的结体"易方为长"而成。皇象《急就章》为三国时期的章草范本,智永的草书则为隋杨时期的今草,古今悬隔,沈曾植对二者关系的判断似于梁启超所言之"目论"也。但毋庸置疑的是沈曾植以其"通学"的才识,从审美上打通了不同时期且风格迥异的书法作品,并构建了自己所认为的书法谱系;也正是从汉到唐系统的书法谱系建构使沈曾植能有超越古今的书法视野,进而创造出独树一帜的书法面貌。

四、探析沈曾植书法谱系建构观的意义

(一)对"碑帖融合"理念更深入的认识

阮元在《北碑南帖论》中言:"短笺长卷,意态挥洒,则帖擅其长;界格方严,法书深刻,则碑据其胜。"这是中国书法史上第一次将书法明确分为碑、帖两大流派。阮氏又在《南北书派论》中写道:"南派乃江左风流,疏放妍妙,长于启牍,减笔至不可识……北派则是中原古法,拘谨拙陋,长于碑榜。"[20] 阮元的"二论"将书法中的"碑""帖"问题提出来,将其与"南""北"相对应,并表现了强烈的扬北抑南、重碑抑帖倾向。书法载体与书法地域的划分与附会成为讨论清代书法发展常用的话语体系。再加之随后包世臣、康有为等人的继承与宣扬使得"碑学"与"帖学"的对立愈加明显。到了清末民初,浩浩荡荡的"碑学"运动已经走向尾声,"碑眼看帖""以帖写碑""碑帖交融"成为书法发展的一个趋势,而沈曾植则是其中打通"碑""帖"的典型书家。

我们从沈曾植的书法谱系建构上可以更透彻地了解其"碑帖融合"的书学观。在上文所提及的"二王"—《刁惠公志》《张猛龙碑》《敬史君碑》—欧阳询、褚遂良的谱系中,沈曾植就认为"盖南北会通,隶楷裁制,古今嬗变,胥在于此"。南北书风的融汇以及隶书、楷书体势杂糅的现象都可以在《敬史君碑》中寻得踪迹。沈曾植在另外一则《敬史君碑跋》中言:"此碑运锋结字,剧有与定武《兰亭》可相证发者。东魏书人,始变隶风,渐传南法,风尚所趋,正与文家温、魏向任、沈集中作贼不异。世无以北集压南集者,独可以北刻压南刻乎?"[21] 沈氏认为《敬史君碑》从结字和用笔上都与《兰亭序》气脉相通,并且从中可知东魏还带有隶意的质朴书风已经受南方新妍书风的浸染。沈曾植还以其广博的学识从"北集""南集"(南北朝文集)的文学角度来反驳书法上"北刻"压"南刻"的命题。王森然在《沈曾植先生评传》中对沈曾植"碑帖融合"的思想有一段提纲挈领式的总结:

先生习碑,但问其字佳不佳,不问其汉魏隋唐碑也。观寐叟题跋中,千碑百

记，发千识之覆疑，窍后生之宧奥，并无本某传某宝某，备何取何卑何也。可知字而佳，则虎贲之贱，犹具典型，不能以其非宗者而弃之也；字而不佳，则燕石之珍，终同瓦砾，不能以其乃某拓而宝之也。包康尊魏卑唐之说，在先生若无闻之，故其所成，较包、康为大。[22]

从这段文字可知沈曾植的书学观念已经融汇甚至超越了"碑""帖"之别。"但问其字佳不佳，不问其汉魏隋唐碑也"，不受书写载体的制约，纯粹的书法风格美成为沈曾植的书法追求。沈曾植审美观的形成正是依赖他所构建的书法谱系。从汉隶到《流沙坠简》，再到王羲之"心仪古隶章草"，再到上承"二王"下启唐法的南北朝碑版，这些"南北互证""碑帖互证"的谱系观都是沈曾植从书法传统中抽绎而来，并且贯彻于书法实践之中。

（二）对"妍媸杂糅"书风更深切的体悟

剖析沈曾植书法谱系的建构观更有利于我们体会他风格多变的书貌。沈曾植的学生金蓉镜评沈曾植的书法"由帖入碑，融南北书流为一冶，错综变化，以发其胸中之奇，几忘纸笔，心行而已"[23]。正如金蓉镜所言，沈曾植已经把南北书风化为一体，到了"得意忘形"的地步。与沈曾植同时期的陈伯衡（锡钧）评沈曾植的书法："其作书也，能取碑之长以临帖，复采帖之长以写碑，熔汉晋于一炉，化南北之成见。"并且认为有清一代的邓石如、包世臣、何绍基在碑帖结合方面都在沈曾植之下。他们对沈曾植评论的共同点都是沈曾植已能将南北书风很自然地融汇在一起。沈曾植书法作品中碑帖互杂的用笔和结字其实都是他书法谱系建构观在书法实践中的体现。

沈曾植的书法作品中"篆隶杂糅"的笔法较为常见，在《隶书临北海相景君铭轴》《隶书惟德以礼八言联》等作品中都是隶书的结构与篆书的体势相杂糅。其单字的结体呈纵势，用笔圆润饱满，似篆似隶，篆隶之间。如果我们单从"目论"的角度也能分析出沈曾植书法中篆隶的结合，但是我们从书法谱系的角度去观照沈曾植这类作品就会容易"知其所以然"。沈曾植《汉校官碑跋》谈道："余最喜此碑书法，以为汉季隶篆沟通，《国山》《天发》之前河也"，从《汉校官碑跋》到《国山》《天发》的文字体势都是篆隶相通。篆隶杂糅的书风不完全是沈曾植主观上的风格创造，是他遵循汉末字体演变脉络的结果。

沈曾植最常示人的笔法当属其章草笔法，但我们仔细观察沈曾植的章草类作品就会发现他的章草笔法中融合着隶书的古朴、北碑的厚拙。王蘧常回忆晚年的沈曾植书斋中所堆积的"元书纸高可隐身",并且案头常置《淳化秘阁》《急就章》《校官》数帖,《张猛龙》《郑羲》等数碑。为什么沈曾植要选择这几种碑帖作为自己取法的对象? 从上文中的书法谱系中可得知,在沈曾植眼中以《淳化阁帖》为代表的"二王"正是从《校官碑》这样的汉隶而来,而《张猛龙》《郑羲》等碑则可以与"二王"相印证。这也就是沈曾植所说的"置我二王二爨间"。我们可以从书法谱系的角度了解到沈曾植其实已经在笔法体势层面把汉隶、章草、北碑打通,达到"错综变化,以发其胸中之奇"的境地。对沈曾植谱系建构观的抽绎也对我们当下书法实践的入古出新有着宝贵的借鉴意义。

五、结　语

综上所述,沈曾植以其"通学"的才识和"谱系"的方法构建了由汉到唐的书法谱系。这个谱系又可以划分为两个部分:一部分是由汉到魏晋以字体杂糅为枢纽的谱系建构,一部分是由魏晋到唐以书法审美为导向的"体势"通会。汉晋之间书法谱系的建构是以字体演变的脉络为依据,并非完全是沈曾植个人"风格化"的创造。晋唐之间书法谱系的建构则是以书法的审美风格为中心。剖析沈曾植的书法谱系建构观其实也可以印证书法史的发展脉络,即魏晋以前对书法的讨论主要是以字体为中心展开;魏晋之后字体定型,审美成为讨论书法所关注的重点。对沈曾植书法谱系观的抽绎与阐释不仅可以使我们深入了解沈曾植书法的"缤纷离披之美",窥探晚清"碑帖结合"的书法生态,而且对当下书法实践的创新与突破也有着重要现实意义。

注释

[1] 任杰,中国矿业大学(北京)美术学书法方向硕士研究生。

[2] 戴家妙:《〈寐叟题跋〉研究》,中国美术学院出版社,2015,第10页。

[3] 成联方:《沈曾植"南北会通"观的审美谱系——从北碑三宗、〈中岳嵩高灵庙碑〉到欧虞褚李》,《书法》2019年第5期,第40页。

[4] 沈曾植著,钱仲联辑:《海日楼札丛(外一种)》卷八,中华书局,1962,第319页。

[5] 成联方:《沈曾植"南北会通"观的审美谱系——从北碑三宗、〈中岳嵩高灵庙碑〉到欧虞褚李》,《书法》2019年第5期,第41页。

[6][16][19]　沈曾植著,钱仲联辑:《海日楼札丛(外一种)》卷二,中华书局,1962,

第 46 页。

[7] 沈曾植著，钱仲联辑:《海日楼札丛（外一种）》卷八，中华书局，1962，第 320 页。

[8] 沈曾植:《菌阁琐谈》(七),《青鹤》1934 年第 13 期，第 1 页。

[9] 许全胜整理:《沈曾植书信集》，中华书局，2012，第 190 页。

[10] 梁启超:《汉孟琁残碑》,《饮冰室合集·文集》第十五册，中华书局，1936，第 56 页。

[11] 辛尘:《书体与书风》,《江苏教育》2016 年第 20 期，第 22 页。

[12] 刘勰著，王利器校笺:《文心雕龙校证》卷六，上海古籍出版社,1980，第 201 页。

[13] 沈曾植著，钱仲联辑:《海日楼札丛（外一种）》卷八，中华书局,1962,第 336 页。

[14] 同上书，第 320 页。

[15] "十二种巧妙者"即梁武帝萧衍《观钟繇书法十二意》中有关钟繇的十二种笔法的描述，见上海书画出版社、华东师范大学古籍整理研究室选编、校点:《历代书法论文选》，上海书画出版社，1979，第 78 页。

[17] 沈曾植著，钱仲联辑:《海日楼札丛（外一种）》卷八，中华书局,1962,第 329 页。

[18] 同上书，第 319 页。

[20] 阮元:《南北书派论》《北碑南帖论》,《研经室集·三集》卷一，中华书局，1993，第 353—357 页。

[21] 沈曾植著，钱仲联辑:《海日楼札丛（外一种）》卷八，中华书局,1962,第 320 页。

[22] 王森然:《沈曾植先生评传》，载《近代二十家评传》，北平杏岩书屋，1934，第 36 页。

[23] 王蘧常:《沈寐叟先师书法论提要》,《书谱》1983 年第 6 期，第 13 页。

由沈曾植相较康有为"唐楷"评价之差异看其书学观

赵丽娜[1]

【摘要】 晚清碑学大盛，康有为"尊碑贬帖"而沈曾植"治碑融帖"，二人虽各自取法，然而都是影响一时。除极其贬低魏晋以来法帖外，康有为在《广艺舟双楫》中也多"卑唐"之论，斥责唐人书法为"算子"而体格卑弱。与康有为相反，沈曾植不仅尊崇魏晋书法，对于唐楷也是评价颇高。本文比较二人就唐人楷书所评并由此查考沈曾植"碑帖相融"观念。

【关键词】 沈曾植；康有为；唐楷；碑帖；书学观

一、引言

清代碑学中兴，倡碑、写碑与碑帖相融取法蔚然成风。在行楷书家中，前者以康有为（1858—1927）影响甚大，而后者以沈曾植（1850—1922）最具代表性。康有为，字广厦，号长素，广东南海人，光绪二十一年（1895）进士，官授工部主事。沈曾植（1850—1922），字子培，号乙庵，又号寐叟，浙江嘉兴人，光绪六年（1880）进士，官总理衙门章京、江西广信知府、安徽布政使与署理安徽巡抚等职。沈曾植长康有为八岁，因其在北京参加乡试而上书请求变法结识，此后声气相求三十余年。光绪二十一年，二人与"帝党"官员组织"强学会"；张勋（1854—1923）民国六年（1917）复辟，二人共赴北京参与，及至事败后又共同避居上海。康有为一生热心政治，书法于其只是余事，然而《广艺舟双楫》一书影响巨大。沈曾植晚年才专心于书，融合并蓄而成为一代人物。康有为与沈曾植都是浸染碑学，只是旨趣大相径庭，前者崇碑贬帖而后者重碑尊帖。至于唐人书法，二人观念也极为相左。

二、康有为"卑唐"观

光绪十四年（1888），康有为在北京参加乡试期间上书请求变法，因受阻而郁愤不已。其在沈曾植劝诫下移情金石，以当时所观京师藏家碑刻数千种撰成《广艺舟双楫》一书。[2] 除"叙目"外，全书六卷二十七节，分述源流、历史与取法等，尊碑贬帖，品论纵横，成为清代最为重要的碑派理论著述，为人瞩目。一方面因康有为自身的书学观念，另一方面因其上言失意遂以书喻政，因此在《广艺舟双楫》中颇多惊人之语。其评魏碑"魄力雄强""意态奇逸""精神飞动"与"骨法洞达"等具有"十美"，然而却专列"卑唐"一节批斥唐人碑刻，以至与劝其沉浸金石的沈曾植在唐碑评价上呈现出颇具代表性的差异。

在《广艺舟双楫》第十二节"卑唐"中，康有为称赞南北朝书体"奇伟婉丽，意态斯备"后论唐碑：

> 书有南北朝，隶、楷、行、草，体变各极，奇伟婉丽，意态斯备。至矣！观斯止矣！至于有唐，虽设书学，士大夫讲之尤甚，然缵承陈、隋之余，缀其遗绪之一二，不复能变，专讲结构，几若算子。截鹤续凫，整齐过甚。欧、虞、褚、薛，笔法虽未尽亡，然浇淳散朴，古意已漓；而颜、柳迭奏，澌灭尽矣。米元章讥鲁公书"丑怪恶札"，未免太过，然出牙布爪，无复古人渊永浑厚之意。譬宣帝用魏相赵广汉辈，虽综核名实，而求文帝张释之、东阳侯长者之风，则已渺绝。即求武帝杂用仲舒、相如、卫、霍、严、朱之徒，才能并展，亦不可得也。不然，以信本之天才，河南之人巧，而窦臮必贬欧以"不顾偏丑，颛翘缩爽，了枭黝纠"，讥褚"画虎效颦，浇漓后学"，岂无故哉！唐人解讲结构，自贤于宋、明，然以古为师，以魏、晋绳之，则卑薄已甚。[3]

此中，康有为将唐碑弊端主要归为古意"澌灭尽矣"与结体"几若算子"。在其看来，无论欧阳询、虞世南、褚遂良、薛稷，还是颜真卿、柳公权等，皆无复古人意趣。此外，康有为引宋代米芾对于颜真卿"丑怪恶札"的评价，称此言虽然未免过甚，然其书法去古远矣却是事实。

由沈曾植相较康有为"唐楷"评价之差异看其书学观

除唐人笔法"浇淳散朴"而古意"澌灭尽矣"外，康有为对于唐人书法的另一批评是"不复能变，专讲结构，几若算子"，然而作为清代"帖学四家"之一的翁方纲（1733—1818）在《欧颜柳论》中却道：

> 夫唐人之书，说者以鲁公为至，然有当区别观者。盖颜书上通右军，下开苏、米矣。其于唐人则上通虞、褚，旁通徐、柳而独不可通于欧。欧书亦上通右军，下开苏、米，其于唐人也，旁通虞、褚、薛诸家而独不可通于颜。且夫右军之脉一也，其在唐贤虞所得者，正脉也。欧所得，亦正脉也。颜所得，亦正脉也。[4]

在此，翁方纲将颜真卿与欧阳询书法皆论为"上通右军"，且视为承继王羲之帖学正脉。此与康有为所云"夫唐人虽宗二王，而专讲结构，则北派为多"以及古意尽失观颇为相左。[5] 除此，翁方纲另道：

> 后之为米楷、董楷者，渐皆不讲结构而自谓逼古，其弊将不知所止。[6]

康有为认为唐人楷书"专讲结构"以至"几若算子"，翁方纲却称仿效米芾与董其昌楷书者"不讲结构"而其弊无穷。可见，康有为与翁方纲对于书法结构的认知是二人所论不同的原因之一，而其后则又是以各自书学观念的相异为根本前提。康有为认同唐楷结构"自贤于宋、明"，然而其更是主张若以魏人与晋人书法衡量，则唐人书法古意或"浇淳散朴"，或"澌灭尽矣"，而"卑薄已甚"。

翁方纲作为清代帖学代表人物，虽然涉猎金石碑版，考订并编撰了《两汉金石记》与《粤东金石略》等书，然而其书法仍是帖学面目。对于结构、法度与古意等的理解差异，成为康有为与翁方纲对于唐人楷书评价截然相反的基本点。康有为与翁方纲二人一为碑派书家，一为帖派书家，而相较于康有为，兼涉碑帖的沈曾植于唐人书法也别开一论。

三、沈曾植"尊唐"观

沈曾植对唐人书法评论散见于其题跋之中，虽身处晚清碑学潮流，其"尊唐"观念与康有为却大相径庭。对于唐代书法面貌与气象，其在题跋《文皇率更传六代之笔法》中道：

> 自六代以来，南北书法，不论真草，结字皆有师承，代相祖习。惟大令能因笔成势，自生奇正，而羊、薄不能绍其传。至唐初而文皇倡之于上，率更行之于下，

传六代之笔法，而不用其结法。有唐一代，雄奇百出，皆文皇、率更之余习也。[7]

此中，沈曾植谓自秦汉以来，书法结字代有传承，唯王献之自出机杼而成就最高；及至唐初，经由太宗李世民倡导与欧阳询实践，唐人书法得六代笔法而弃其结法。以此与康有为相关论述比较，明显可见二人体认截然不同。康有为谓欧阳询、虞世南、褚遂良与薛稷"笔法虽未尽亡"，沈曾植论为唐人楷书"传六代之笔法"，一为笔法多已不存而一为传之有绪。至于唐楷结体，沈曾植谓唐人不取六代以来结法而未有深论，然其继之"有唐一代，雄奇百出"的评论则是盛赞唐楷成就，与康有为"以魏、晋绳之，则卑薄已甚"已是大为相异。

此外，康有为称唐楷"专讲结构"而"几若算子"，沈曾植则有《算子之诮》评论：

> 唐有经生，宋有院体，明有内阁诰敕体，明季以来有馆阁书，并以工整专长，名家薄之于算子之诮。其实名家之书，又岂出横平竖直之外？推而上之唐碑，推而上之汉隶，亦孰有不平直者？虽六朝碑，虽诸家行草帖，何一不横是横，竖是竖耶？算子指其平排无势耳，识得笔法，便无疑已。[8]

就唐代经生体、宋代院体、明代诰敕体与清代馆阁体等"工整专长"一类的书法而被讥为"算子"，沈曾植在此极力为之辩护。其论为即使名家作字，也守横平竖直之道，无论唐楷还是汉隶皆是如此。康有为指唐代楷书"几若算子"是因其"专讲结构"而"不复能变"，批评重点在于唐人以结构为上而缺少变化；而结合沈曾植两处所语，其更在强调横平竖直为楷书根本与唐人"传六代之笔法"。楷书笔法远较行草单一，其体势则更多依于结构，因此，唐楷面貌规板而确实颇难为其一辩。然而，沈曾植此中所道"算子指其平排无势耳"则可谓一语中的。

除对唐人书法本身颇多赞誉外，沈曾植褒评唐楷的另一原因是其"由唐溯晋"的书学取法观所致。在《东阳本兰亭叙跋》中，其谓：

> 丁巳秋夕，偶临一过，审其结体长短纡促，的是初唐体性。学者将此仞定，未尝不可由唐溯晋。[9]

东阳本《兰亭序》碑石于明宣德初发现于扬州石塔寺，被认为出于欧阳询定武本一系。在此跋中，沈曾植称其临写时仔细观察该本结体，确定为初唐书法面貌，"学者将此仞定，未尝不可由唐溯晋"则道出其由此所倡的学书路径。而沈曾植之所以提出"由唐溯晋"，可见其《旧拓圣教序跋》语：

《圣教》纯然唐法，于右军殆已绝缘。第唐人书存于今者，楷多行少。学人由宋行以趋晋，固不若从此求之，时代为较近也。[10]

唐人以楷书著名而宋人擅于行书，除蔡襄与张即之外多不涉楷书。在此，沈曾植建议若经由宋人行书而上溯晋人，则不如以《圣教序》为途径。其原因则在于宋人虽如晋人多写行书，然北宋中期苏轼、黄庭坚与米芾等代表性书家出场距东晋"二王"时代已隔七百年，唐晋则相去较近而书法尚有晋人遗风。除此，沈曾植在《唐王徵君口授铭跋》中亦有云：

绍宗书格，当时以继永兴，而此铭结体殊有子敬手意，此亦初唐书脉所存，可借以推渊源体尚者也。[11]

《唐王征君口授铭》立于垂拱二年（686），为王绍宗撰写其兄所言，现藏河南登封城隍庙内。在此跋中，沈曾植谓其铭书结构具有王献之笔意，并称为初唐楷书特点而可由此溯源。杨守敬在《评碑记》中云王绍宗以虞世南自比，"今观其作，果是妙笔，其结体则易方为扁，可谓独树一格"[12]。比较而言，沈曾植与杨守敬对于《唐王征君口授铭》结体评论可谓颇不一致。然而不论二人所言相异之处，沈曾植诸条跋语皆意在阐释由唐人书法而上溯晋人书法的门径，其崇晋尊唐由此可一见。

四、沈曾植"碑帖"观

清代行、楷书家众多，帖派如梁同书、刘墉、王文治、翁方纲、永瑆、铁保等，碑派如何绍基、赵之谦、张裕钊、杨守敬、沈曾植、康有为等。此中，翁方纲稍涉金石，而何绍基、赵之谦、张裕钊与杨守敬皆是浸帖颇深。然而，以碑帖相融著称而最当被论及者为沈曾植。

碑学理论先行者阮元与康有为在各自著述中皆有"以碑涉帖"与"以帖涉碑"之论，而沈曾植更是兼而有之，二者比较却是颇有异趣。在《王右军〈兰亭诗序帖〉二跋》中，阮元论道：

世人震于右军之名，囿于《兰亭》之说，而不考其始末，是岂知晋、唐流派乎？《兰亭》帖之所以佳者，欧本则与《化度寺碑》笔法相近，褚本则与褚书《圣教序》笔法相近，皆以大业北法为骨，江左南法为皮，刚柔得宜，健妍合度，故为致佳。若原本全是右军之法，则不知更何景象矣！[13]

在此，阮元就《兰亭序》欧阳询摹本与褚遂良摹本解释，两摹本之所以极佳是因为都以北法为骨构。欧阳询摹本与褚遂良摹本虽非王羲之真迹，却皆可作下真迹一等观之。然而，不计阮元所论"南派"王羲之的"南帖"《兰亭序》为帖学祖本，其又谓行世两大拓本皆以"北法为骨"，此以帖涉碑之言显见其碑派书家身份。

有别于阮元称为《兰亭序》欧阳询与褚遂良摹本以"北法为古"，沈曾植在《敬使君碑跋五篇》其一中言：

> 此碑运锋结字，剧有与定武《兰亭》可相证发者。东魏书人，始变隶风，渐传南法。风尚所趋，正与文家温、魏向任、沈集中作贼不异。世无以北集压南集者，独可以北刻压南刻乎？此碑不独可证《兰亭》，且可证《黄庭》。[14]

《敬使君碑》立于东魏兴和二年（540），清乾隆三年（1738）出土。至于其碑与欧阳询定武本《兰亭序》彼此"可相证发"，沈曾植未进而阐释，然于其《禅静寺刹前铭敬使君碑跋》中可见：

> 北碑楷法，当以《刁惠公志》《张猛龙碑》及此铭为大宗。《刁志》近大王，《张碑》近小王，此铭则内撅外拓，藏锋抽颖，兼用而时出之，中有可证《兰亭》者，可证《黄庭》者，可证《淳化》所刻山涛、庾亮诸人书者，有开欧法者，有开褚法者。盖南北会通，隶楷裁制，古今嬗变，胥在于此。[15]

综合沈曾植两跋，其称《刁惠公志》楷法近于王羲之，《张猛龙碑》近于王献之，而《敬使君碑》则兼有《兰亭序》定武本与《黄庭经》宋拓秘阁本以及山涛、庾亮等晋人书风。

比较阮元《王右军兰亭诗序帖二跋》与沈曾植《敬使君碑跋》以及《禅静寺刹前铭敬使君碑跋》，前者极力强调《兰亭序》欧阳询摹本的北碑骨法，而后者虽然同样指出《敬使君碑》"与定武《兰亭》可相证发"，然而从"东魏书人，始变隶风，渐传南法"一语则可见其更是意在强调"北碑"《敬使君碑》与"南帖"《兰亭序》本身而非欧阳询与定武本的关系。

画史"南北宗论"由明代莫是龙与董其昌提倡，书学南北两派则为清代阮元提出，其在《北碑南帖论》中谓为"唐时南派字迹但寄缣楮，北派字迹多寄碑版"[16]，"南派乃江左风流"而"北派则是中原古法"[17]。然而与"南北宗论"颇同，南北书派一说也受诸多质疑，如同为碑派的康有为在《广艺舟双楫》中认为：

  南碑所传绝少，然《始兴王碑》戈戟森然，出锋布势，为率更所出，何尝与《张猛龙》《杨大眼》笔法有异哉！故书可分派，南北不能分派，阮文达之为是论，盖见南碑犹少，未能竟其源流，故妄以碑帖为界，强分南北也。[18]

  康有为据阮元"意以王廙渡江而南，卢谌越河而北"来划分南北书派[19]，指出南朝梁碑《始兴忠武王萧憺碑》与北魏《张猛龙碑》以及《杨大眼造像记》笔法没有差别，因此书法可分不同派别，只是不应以地域南北来作区分。康有为在《广艺舟双楫》中论书颇有偏激处，然而就阮元南北书派此论却极具见解。相较于阮元南北书派说以及其在《兰亭序》跋中所道欧阳询与褚遂良摹本以北法为骨，沈曾植在跋东魏《敬使君碑》中云"盖南北会通，隶楷裁制，古今嬗变，胥在于此"。考察沈曾植论书，南北融通是其中一个重要的特点。康有为虽不认同阮元以地域划为南北派，然其意却是以书风来分为碑学与帖学，并且力言法帖因屡屡翻刻失真以致"帖学之大坏，碑学之当法"。[20]而沈曾植在肯定北碑与南帖差异的同时，却也在阐明二者之间很少为时人留意的潜在关联。

五、结　语

  作为晚清极具影响力的两位书家，尽管交往深厚，沈曾植与康有为在书法上却是取径截然不同。《广艺舟双楫》可谓是康有为的书学宣言，清代尊碑贬帖者无出其右。现实政治上的郁郁不快无处可遣，积千年弊端于一身的帖学便成为抱残守缺的象征而被强烈抨击。除帖学外，对于以楷书称著书史的唐人，其批评更集中于"专讲结构，几若算子"而无复变化。相较于康有为，六十四岁始浸书法的沈曾植，在致力金石碑版的同时不废唐碑晋帖，且于颜真卿等唐代书家评价颇高。而尤为特别的是沈曾植碑帖融汇的书论与实践，使其在清末民初书家林立中别树一帜。以其一生积学储宝而看，其集历史、地理、经籍、佛学、法律等成就于一身而为一代通人，故就书学而言能综取碑帖而不执于一端。综合晚清碑学大势的书学环境而论，其"冶碑融帖"的书学观念与思想尤具时代与历史意义。

注释

[1] 赵丽娜,云南大学美术学硕士研究生。

[2] 康有为:《万木草堂论艺》,荣宝斋出版社,2011,第195页。

[3] 同上书,第52页。

[4] 张毅、李开林:《清代诗学名家书画评论汇编(下)》,南开大学出版社,2016,第1093页。

[5] 康有为:《万木草堂论艺》,荣宝斋出版社,2011,第23页。

[6] 同上书,第1094页。

[7] 沈曾植:《海日楼札丛》,上海古籍出版社,2009,第329页。

[8] 同上书,第334页。

[9] 同上书,第74页。

[10] 沈曾植:《海日楼题跋》,上海古籍出版社,2009,第92页。

[11] 同上书,第55页。

[12] 谢承仁主编《杨守敬集》,第8册,湖北人民出版社、湖北教育出版社,1997,第574页。

[13] 阮元:《南北书派论》,载《清代诗文集汇编》编纂委员会编《清代诗文集汇编·研经室三集》第477册,上海古籍出版社,2010,第358页。

[14] 沈曾植:《海日楼题跋》,上海古籍出版社,2009,第51页。

[15] 同上书,第51–52页。

[16] 阮元:《南北书派论》,载《清代诗文集汇编》编纂委员会编《清代诗文集汇编·研经室三集》第477册,上海古籍出版社,2010,第354页。

[17] 同上书,第353页。

[18][19] 康有为:《万木草堂论艺》,荣宝斋出版社,2011,第46页。

[20] 同上书,第9页。

论民国海派草书复兴与沈曾植碑草书的创变

罗改荣[1]

【摘要】 晚清民国碑学语境下的碑草书实质上就是章草书的一种，也可称为隶草书的嬗变，这主要以海派书家为复兴和发展的动力，其中以沈曾植为枢纽。文章通过分析海派草书复兴以及与沈曾植的关系，进一步深化沈曾植碑草书形成的外在条件。与此同时，笔者具体从沈曾植碑草书的起源和发展入手，借助北碑和简隶等融合创变以及与碑学和简牍的关系探析其碑草书的创变。其无论是通古还是创变，对于晚清民国海派书家群的草书创作有着引领作用，这无疑是走在了时代的前沿。

【关键词】 晚清民国；碑草书复兴；海派；沈曾植；形成；创变

一、民国碑学背景下海派草书复兴与沈曾植

（一）民国海派草书复兴发展现状及原因

晚清时期由于碑学的滥觞，书家多出现访碑、购碑等现象，一度碑学书风大肆风靡。比起帖学书风，人们更热衷于在碑学方面寻求新意，意图改造帖学，推重雄强、壮美之风。帖学中的草书也无可幸免，诚如康有为《广艺舟双辑》所说："近世北碑盛行，帖学渐废，草法则既灭绝。"[2] 到了民国这种状况得到改善，帖学抬头，但是更多的是复古主义路线，这种复古大致可分为两种取向："一是尚清，以北碑派和篆隶书风为主。另一是尚晋，以二王书札行狎书为主。"[3] 这一时期书风总体呈现碑帖交融局面。

民国时期的海派书家也不例外，他们多活动于沪上、京津、江浙等区域，以上海为最。王韬《瀛壖杂志》记载："庚辛之间贼陷江浙，东南半壁无一片干净土。而沪上繁华远逾昔日。"[4] 显然，此时的上海已然成了中国的文化和经济中心，这里聚集了晚清遗老书家如沈曾植、郑孝胥、康有为、王国维、罗振玉等。他们在接受新王朝的同时不忘旧王朝，"尝试用章草来改造帖学、呼应碑学"[5]。可见民国草书复兴是以章草为主的，但随着《流沙坠简》的出现，书家都不同程度地开始融合北碑、大草、小草、篆隶、"二王"、写经、简牍等。需要提及的是，伴随着章草队伍的不断壮大，章草理论研究也收获颇丰，以"章草的名实考证、章草法帖版本考证与品评、章草技法研究"[6] 为主，其研究者如卓定谋、林志钧、慕黄、刘延涛等人，到民末更是有独立的杂志《草书月刊》。

（二）沈曾植与海派草书

沈曾植（1850—1922），浙江嘉兴人。字子培，号乙盦、乙庵、寐叟。别署小长芦社人、巽斋老人、东轩居士等。清光绪六年（1880）进士。历任刑部主事、员外郎、郎中。曾创办北京强学会，支持康、梁变法。1910年辞官隐居上海，与诸遗老成立超社，以吟咏书画、校藏图书遣日。同时，沈氏为晚清同光体主要诗人，学识渊博，著有《海日楼诗集》等。1922年卒于上海寓所，享年七十三岁。

沈曾植作为同光体主要诗人，其周围聚集了王国维、郑孝胥、康有为、陈衍、陈三立、陈宝琛等人，与沈曾植的交游促进了他们草书观念的外延，如郑孝胥的草书观念就受到了沈曾植的影响。沈曾植推重《十七帖》《急就章》《月仪帖》等，纵观民国习草书者，无不从这些字帖入手。

海派书家在草书复兴的浪潮下既有对碑学的继承与发展，又有对碑学的反动，其中最不能忽视的关键人物就是沈曾植。沈曾植无疑是草书复兴的先驱者，他是清代第一个取法章草并集大成者，他异于同时代的行草书家之处，主要在于师法章草。

康有为评价沈曾植："其行草书，高妙奇变，与颜平原、杨少师争道，超佚苏黄，何况余子。"[7] 可见，沈氏的碑体行草书在海派具有开宗立派承前启后的作用，被沈左尧誉为"三百年章草宗师"。马宗霍评其："有清一代草书，允推后劲，不仅于安吴为出蓝也。"[8] 沈氏的碑体行草书直接或间接地影响了同时代人以及后人，有"开古今书法未有之奇境"。由此，在沈曾植之后，民国草书书法群起，呈现多种面貌。在草书创作上，沈曾植的碑体行草书采用"碑帖兼写"的方式，以碑法写行草，融合众家，是为开创者，后世书家继续拓展沿用此法。

二、沈曾植碑体草书的形成与创变

沈曾植的碑行草书的形成与创变最为特别。沃兴华先生将沈曾植书风变化的过程分为两个时期：1910 年以前为学帖状态，主要取法钟繇、欧阳询、米芾、黄庭坚等人书风；1910—1919 年为书风过渡期，具体从 1911 年以后开始侧重于碑学的研究，开始关注黄道周、倪元璐、《流沙坠简》等书法。笔者对沈氏《沈曾植寐叟题跋》《海日楼题跋》《海日楼札丛》等材料进行再次梳理、辨析，站在书法本体的角度，也认为沈氏书风变化可分为两个阶段，分别为形成期（1911 年前，学帖）和创变期（1911 年后，融碑）。

（一）关于沈曾植碑体草书之起源及发展

1911 年到 1919 年属于沈曾植探索碑学的过渡期，也就是说他从这个时期开始碑草书的探索和创作。据《沈曾植年谱》，1910 年沈曾植多次上书救国之大计，却因被视为腐朽而无人理睬，他在绝望中选择辞归并寓居于沪上，"日惟万卷埋身，不逾户阈。及问国事，又未尝不废书，叹息，唏嘘不能自已"。1911 年，清王朝灭亡，沈曾植心中忧虑难以名状，整日居于海日楼，也正是这个时候，沈氏将国家的改革创想用于书法创作上。但是，沈曾植大多作品未署年份，从他的落款"海上""寐叟"等即可推断为晚期作品。

值得注意的是，沈曾植碑行草作品中大多以行书掺杂草书为主，真正意义上的草书并不多。他也受王羲之《十七帖》的影响。其《宋拓修内司本十七帖跋》："检玩此帖，忽悟吴兴草法全规此出，殆与近日天潢书派不能出诒晋范围，古今同例也。"[9] 言外之意，《十七帖》是通向章草的通衢，同样写章草的郑孝胥也受《十七帖》影响。

我们都知道纯碑学的行草书是比较生硬的，从沈氏的作品中也可以看出，这是源于沈氏常年对魏碑的吸收，如横画、转折等。但是随着沈氏进一步深入帖学，这种生硬也逐渐弱化，尤其是一些手稿作品，已明显可以看出碑帖融合之平衡，如 1922 年所作草书《马季长〈长笛赋〉序》，此作恣肆跳宕，奇态横生，充满张力，给人一种奇险跌宕、稚拙古朴之感。

海派书家在草书取法路径上大多由晚明帖学书家上追章草，都不同程度地对黄道周、王铎、倪元璐、张瑞图等人的草书进行了深入研习，但是晚明草书家只是带有章草的味道，并不能形成主流，沈氏在此基础上推行章草的创作，沈曾植稿本《曼陀罗襍词》可清晰地看到晚明书家的影子。

（二）关于沈曾植碑体草书之创变

1919年之后为沈曾植书风成熟期，帖学回归，碑帖融合，达到臻熟。1911年后，沈曾植辞官并蛰居上海，醉心书艺，"案头常置《淳化阁帖》《急就章》《校官》等数帖，《郑羲》《张猛龙》《敬显儁》等数碑"[10]。姜寿田说："沈曾植于碑学启径于包世臣，壮嗜张廉卿，但这一时期沈曾植于碑学显然无所成，而只能算是他晚年变法的准备期。"[11] 也就是说沈氏晚年的行草书变法是在碑学的基础上进行的，但沈氏早年是精通帖学的，晚年也有帖学的回归，关于这一点，胡传海先生认为："一是为了寄托对旧世界的眷恋，二是为了借帖学来抵挡碑学的破坏力，以达到一种'中和'的目的。"[12]

1. 碑草注重北碑的"方"

学界普遍认为沈氏的方笔源于倪元璐的启发，这也有道理，但笔者认为他受包世臣的影响和启发最大。沙孟海说："他（包氏）的用笔，比邓（邓石如）更方，专取侧势。"[13] 值得注意的是，其《海日楼题跋》收有大量对北碑所作的题跋，如《张猛龙碑跋》《敬使君碑跋》等。可见，对北碑的研究也是沈氏方笔来源的一个方面。

对于方笔的概念，康有为《广艺舟双楫》是这样解释的："方笔用翻"[14]，"方笔不翻则滞"[15]，"行草无方笔，则无雄强之神"[16]，"方笔者凝整沉着"[17]，"方笔出以颇，则得骏"[18] 等。康氏对方笔提出了三点要求：一是气息连贯性，线条和线条的搭接处要想体现方笔，就得用翻笔，翻笔则顺，就会产生棱角；二是风格能体现雄强、沉着之气；三是用笔能体现果断、斩钉截铁之意。

那么，沈曾植的碑草方笔是怎样的呢？沙孟海评价他："专用方笔，翻覆盘旋。如游龙舞凤，奇趣横生。"[19] 可见，沈氏的方笔妙在变化，无论是翻笔还是连贯性都能轻松自如地转换。如其节临《十七帖轴》，线条很明显是碑质，用笔多以方为主。另外，值得注意的是，沈氏的"方"不仅体现在用笔上，也体现在结构上，这样做的目的就是"以方的用笔、方的结构来强化字的骨力，以敧侧跌宕的布局来营造体势"[20]。可以看出，无论是用笔还是结构、章法都体现"不稳"，这正是"工处在拙，妙处在生，胜人处在不稳"[21]。

2. 碑草参分隶、简意

王蘧常《沈忆寐叟师》说："先生晚年自行变法，冶碑帖于一炉，又取明黄道周、倪鸿宝两家笔法，参分隶而加以变化。"的确，从晚年作品来看，沈氏书法的结体造型受黄道周的影响，而点画用笔受倪元璐（号鸿宝）影响，在变化方面是"参分隶"。

首先是突破用笔和结字。他的弟子王蘧常在《忆沈寐叟师》中说道："先生于唐人写经、流沙坠简亦极用力，晚年变法或亦得力于此。"[22] 沈曾植是最先见到《流沙坠简》并对其进行临写研究的人之一。《流沙坠简》中的隶书、章草等对其影响极大，也正是受到这些资料的刺激，沈氏的书法发生了极大的改变。可以说，沈氏在《流沙坠简》中找到了碑帖结合的催化剂。我们不难发现，沈曾植的碑体行草受到简牍中的隶书和章草的影响，在这里笔者统称为"隶草书"。沈氏的碑草书中大量运用"隶草书"用笔和结字，其中最明显的当属波画特征。加上他用笔以方笔居多，线条以中实为主，是碑法用笔，再结合笔画衔接处的帖法用笔，使得作品拙朴中带有灵动感。

另外，值得注意的是，简牍中的草书具有高古、纯朴、真率、舒情、纵意的美学特征，它不同于汉碑的质朴、剥蚀、浑厚，相对汉碑来说更具写意性和书写性，是墨迹本，更能观察到笔迹的脉络，这是沈曾植关注简牍的重要原因之一。他的简意主要表现在单字和章法中，如单字中最明显的属"波磔"，即单字右部拉出的捺笔或者尾笔出锋。

三、民国碑学背景下海派草书复兴与沈曾植碑草书形成的关系

（一）和碑学之关系

沈曾植中岁用心于碑学，推重包世臣碑学中的"中画圆满"说，其《寐叟题跋》："愚读《艺舟双楫》，心仪中画圆满之义，然施之于书不能工。"[23] 包氏的"中实气满"即让笔画中截丰满而不怯，实而不空。他评价"二王"："右军中近实，大令中近虚。"[24] "中实"笔法来源于篆隶，是古法用笔。沃兴华先生说："碑帖结合的用笔方法既重视点画两端，又重视中段，非常丰富。"[25] 王羲之是通向古法的关键，同时又是连接碑学和帖学的枢纽，所以《十七帖》尤为重要。由此，便引申出"南北碑均可通'二王'书风，都可用内擫、外拓之法来表现，并不存在经纬分明的南北之论、碑帖之争。他以碑帖合流的用笔方法来写章草，开通碑笔与帖草之畛域"[26]。

"海派书法与晚清民国碑学"有着非常密切的关系，在沈曾植的带领下，以碑体用笔来写章草已然成为民国的风向，正如陈振濂先生所说的那样："我们可以把沈寐叟（包括康有为）看作立足于清代北碑系统内部的崛起者，他们的思想还是上承北碑传统——以阮元、包世臣等人为标志的清代书法大统。"[27] 换句话说就是沈氏的碑学观念以及路径受阮元、包世臣等人影响很大。我们都知道，晚清以来，阮元确立碑学理论，邓石如、包世臣身体力行推广碑学，加上康有为鼓吹碑学，使得碑学大兴。所以说，沈曾植晚年碑体行草的形成是有一定客观原因的。

阮元碑学理论的核心即"篆隶遗韵"是"碑学"书法审美评品的标准，这在《海日楼题跋》中得到显现，如：《汉校官碑跋》中"余最喜此碑书法，以为汉季隶篆沟通，《国山》《天发》之前河也"[28]。《高湛墓志跋》中"大抵北朝书法，亦是因时变易，正光以前为一种，最古劲；天平以下为一种，稍平易；齐末为一种，风格视永徽相上下，古隶相传之法，无复存矣"[29]。

简而言之，沈曾植对汉碑和北碑的审美是以"篆隶遗韵"为标准的。

沈曾植的碑草用笔植根于碑学系统，是碑版书法表现，沃兴华先生说："厚重、生拙和大气是碑版书法的三大特征，它们之间存在着非常密切的关系，因为线条厚重，结体必须宽博……重、拙、大三者浑然一体，不可偏废，它们的有机统一是碑学书法的成熟标志。"[30]对于碑体书法而言，沈曾植和民国其他碑学书家相比如何呢？谭延闿以颜真卿为基础，追求"厚"和"拙"；康有为以《石门铭》为基，追求"逸"和"趣"；李瑞清以《郑文公》为基，追求"峻"和"涩"；曾熙以《张黑女》为基，追求"圆"和"郁"；而沈氏是以北碑为基础，表现碑的"生"和"辣"。

（二）和简牍之关系

寐叟晚年寓居沪上，于"流沙坠简亦用力"[31]。伴随着《流沙坠简》的问世，海派书家的草书犹如换了新鲜的血液，焕然一新。此批汉晋简牍为墨迹书法，多为隶草书[32]（章草的一种），是研究汉代草书向两晋草书演变的关捩所在。罗振玉评价："此简章草精绝，虽寥寥不及二十字，然使过江十纸犹在人间，不足贵也。张、索遗迹，唐人已不及见，况此更远在张、索以前，一旦寓目，惊喜何可量也。"[33]沈曾植说："简牍为行草之宗，然行草用写书与用于简牍者，亦自成两体。"[34]无论是罗振玉还是沈曾植，都认定简牍的出现打破了张芝、索靖之说，沈氏更是提出行草书最早萌芽于简牍，其"通人"的眼光奠定了其草书的高度，陈振濂先生说道："最早对简牍书法关注并身体力行地学习简牍书法的，沈曾植可谓是第一人。"[35]

以罗振玉、王国维对简牍的研究和宣传为先导，不仅仅沈曾植一人身体力行地进一步探索，康有为、郑孝胥、王秋湄、王世镗、卓定谋、西川宁、罗复堪等人也随后加入，进而形成简牍草书圈（也就是章草圈）。如郑孝胥在1914年11月13日记载："作草。忽念以隶为草，以草为真必有异趣，皇象、索靖实有此境。"[36]这里的"以隶为草"就是简牍中章草，言外之意是和王国维一样，推重《流沙坠简》中的草书。郑孝胥不仅自己研究简牍，还和沈曾植交往密切，在其1914年11月11日的日记中记载："以日来所作草字示子培，子培曰：'薛道祖欲为此体而未成就，宋高宗意亦在此，亦不能佳。知此径途不易觅也。'余曰：'子培尝叹章草宏逸，余又恶草书纵笔有俗气，故欲以皇象、索靖为归耳。'"[37] 此时的作草即章草，是融入了简牍的草书，郑氏和沈氏的交游更是体现了以《流沙坠简》为主线、以沈曾植为主导的章草圈。

沈曾植《海日楼题跋》可见其对简牍的研究与创作，如《题礼器碑》："流沙木简中《始建国》《折伤薄》《急就篇》，皆此体。"[38]《题王珣帖》："隶笔分情，剧可与流沙简书相证发。"[39]

按沈氏的观点，无论是汉碑还是晋帖，都与《流沙坠简》有着千丝万缕的联系。侯开嘉先生说："《流沙坠简》消解了碑帖势如水火对立之势。因为简牍书法本身具有碑与帖二者之属性：它的字迹时代远古，自然是碑学家追捧的对象；又因是信手挥洒的墨迹，这点又与帖本相通。这二者兼之的功用，客观上便打通了碑帖对立的界限，为碑学家大张旗鼓地学帖排除了心理障碍，使碑帖相融的创作理念成为时代所趋之大势了。新艺术观念的出现，必定要促进艺术新的发展。"[40] 笔者认同这一观点，这也是民国热衷简牍书法的原因。《流沙坠简》中汉晋章草书丰富多样，笔法精绝，波磔分明，在古隶与草篆之间，表现特征为两种：一是草写，二是波挑。[41] 这种特征也是民国以来简书的主要表现之一。

四、结　语

清民海派草书书家与碑学、简牍是紧密联系的，碑学背景下的草书土壤是厚重的，同时又是新兴的。这主要表现在四个方面：一是海派碑学家自经历碑学的浪潮后深刻认识到了帖学的重要性，其主要代表为沈曾植；二是受长期浸淫碑派书法的影响，在习草的选择上更倾向于质朴的章草书；三是受《流沙坠简》的影响和启示，热衷于探索一直是清遗民士大夫学者的风气，故此，他们对于寻其渊源有着极大的渴望；四是社会变革促使书家以书法变革来展现他们的思想。

清民的草书复兴与沈曾植有着千丝万缕的关系，在沈氏的带领下，一批章草书（隶草书）的创作形成不小的规模，来自京、津、沪、浙、苏等地的海派书家都不同程度融合碑、简、篆隶等，带来了碑草书风的嬗变。对于沈曾植，陈锡钧曾这样评价："其作书也，能取碑之长以临帖，复采帖之长以写碑，熔汉晋于一炉，化南北之成见，有清一代书家如刘东武（刘墉）、邓怀宁（邓石如）、包安吴（包世臣）、何道州（何绍基）皆莫或过之。"[42] 沈氏的碑草具有开宗之力，他的碑草主要形成和发展在寓于沪上海日楼期间，融合碑学和简牍、隶书，最终在碑草书上取得成功。当然这也离不开时代背景和丰富的新材料，如简牍等。

值得一提的是，鉴藏是对书法创作的涵泳。沈曾植作为收藏、鉴定碑帖的痴迷者，这在一定程度上对其碑体行草书的创变有着密切的联系，这也是寻绎其书风演进的线索之一。

注释

[1] 罗改荣，泉州师范学院书法硕士，信阳学院文学院书法教师。

[2] 康有为：《广艺舟双辑》，载上海书画出版社、华东师范大学古籍整理研究室选编、校点：《历代书法论文选》，上海书画出版社，1979，第757页。

[3] 郑一增：《民国书论精选》，西泠印社出版社，2011，第13页。

[4] 王韬：《瀛壖杂志》，上海古籍出版社，1983，第66页。

[5] 曹建、徐海东、张云霁：《20世纪书法观念与书风嬗变》，三联书店，2012，第20页。

[6] 李亚杰：《民国章草复兴成因初探》，《中国书法》2017年第4期，第124页。

[7] 戴家妙：《沈曾植康有为交游考》，载范国强主编《康有为书学国际研讨会论文集》，西泠印社出版社，2018，第199页。

[8] 曹建等：《晚清书论与书家研究》，人民出版社，2016，第244页。

[9] 沈曾植：《海日楼札丛（外一种）》，上海古籍出版社，2009，第81页。

[10] 戴家妙：《沈曾植的书法艺术》，载上海市书法家协会编《海派代表书法家系列作品集——沈曾植》，上海书画出版社，2006，第9页。

[11] 姜寿田：《现代书法家批评》，河南美术出版社，2009，第6页。

[12] 胡传海：《笔墨氤氲——书法的文化视野》，复旦大学出版社，1998，第284页。

[13] 郑一增：《民国书论精选》，西泠印社出版社，2011，第59页。

[14] 黄简：《历代书法论文选》，上海书画出版社，2014，第843页。

[16] 同上书，第844页。

[19] 郑一增：《民国书论精选》，西泠印社出版社，2011，第58页。

[20] 张伟生：《上海书法的百年拓进》，《书法研究》2000年第2期，第107页。

[21] 陈振濂：《中国现代书法史》，河南美术出版社，2009，第22页。

[22] 王蘧常：《忆沈寐叟师》，《书法》1985年第4期，第19页。

[23][24] 沈曾植:《海日楼札丛（外一种）》,上海古籍出版社,2009,第337页。

[25] 沃兴华:《中国书法史》,湖南美术出版社,2009,第295页。

[26] 曹建等:《晚清书论与书家研究》,人民出版社,2016,第515页。

[27] 陈振濂:《民国书法史论》,上海书画出版社,2017,第36页。

[28] 沈曾植:《海日楼札丛（外一种）》,上海古籍出版社,2009,第46页。

[29] 同上书,第50页。

[30] 沃兴华:《中国书法史》,湖南美术出版社,2009,第280页。

[31] 戴家妙:《沈曾植研究》,载中国教育学会书法教育专业委员会编《近现代书法史》,天津古籍出版社,1998,第213页。

[32] 隶草书:是在古隶草化的基础上,为适应庞大的官文书写的需要而形成的,隶书草化的进程在西汉中期以后大为加快。西汉后期,隶草书作为一种独立的字体已经形成,到东汉中期,隶草书进一步发展并得到初步的规范。从居延前期汉简、居延新简、敦煌汉简等资料中,可以发现西汉末至东汉中期的大量隶草书简牍。这一时期的汉简中出现了长篇隶草书简册,是西汉简中所少见的,如新莽时期《王骏幕府档案》、东汉建武三年《爰书误死马驹册》等。

[33] 罗振玉、王国维:《流沙坠简·释三》,中华书局,1993,第4页。

[34] 郑一增:《民国书论精选》,西泠印社出版社,2011,第3页。

[35] 陈振濂:《简牍书法实践第一人沈曾植》,《美术报》2017年12月,第21专版。

[36][37] 中国国家博物馆编,劳祖德整理:《郑孝胥日记（第三册）》,中华书局,1993,第1538页。

[38] 沈曾植:《海日楼札丛（外一种）》,上海古籍出版社,2009,第318页。

[39] 同上书,第324页。

[40] 侯开嘉、刘志超:《〈流沙坠简〉对二十世纪前期书法的影响》,《书法》2011年第11期,第29-35页。

[41] 参见李宇平:《晚清以来章草兴盛原因探究》,载中国书法家协会编《第七届全国书学讨论会论文集》,黄河出版社,2007,第385-386页。

[42] 戴家妙:《〈寐叟题跋〉研究》,中国美术出版社,2015,第6页。

抑扬尽致，委曲得宜

——沈曾植章草思想探赜

李奇峰[1]

【摘要】 沈曾植融碑入帖、书通古今。作为清末民初卓有成就的书家，其书法理念对后世有着极大的影响。本文拟在现今研究成果的基础上，对沈曾植的章草思想进行系统的分析，通过沈曾植关注章草艺术的时代背景、对章草渊源的考证与品评及对章草笔法的探究等三个方面，梳理出沈曾植章草方面的书学主张与审美倾向，为当代学人对沈曾植的研究提供补充。

【关键词】 沈曾植；章草；书法理念

一、沈曾植与民初章草复兴

清初以来，访碑热潮兴起，考据、金石、训诂等学科快速发展，时人作书多习篆隶，以致碑学盛行，帖学式微，章草的发展受到了极大阻碍。至于清代中叶，阮元的《南北书派论》与包世臣《艺舟双楫》等著作提出的碑学理论逐步完善，使得碑派书风日益成熟，章草更是为时人所忽略，康有为便有言云：

> 近世北碑盛行，帖学渐废，草法则既灭绝。[2]

清末帖学在碑学的笼罩之下虽呈衰微之势，却并未完全消亡，清初崇王尚晋的遗风依然影响着众多书家，然沈曾植治学主张创新，提倡"探古人未至之境或少至境"，对潜心研摹"二王"及其他帖学典范的学书之路并不推崇，王蘧常对沈曾植的观点有言记述：

> 十七帖虽属右军胜迹，然千百年来，已被人学滥，不如冥索右军所自书章草为得。[3]

这种追本溯源的思想，使得沈曾植把目光转向了备受冷落的章草。章草隶属帖学，却处处浸含碑学笔意，格调高古，是书体流变的重要一环，深得沈曾植推重。其在《菌阁琐谈》中对章草的渊源有言记述：

> 《笔阵图书后》未必果出右军，要是六代书师相承师说，后乃著之竹帛尔。其言"书须引八分、章草入隶字中，发人意气，若直取俗字，则不能先发"。[4]

沈曾植赞同作书引章草入隶这一观点，并称诸体杂糅之事为书家之秘，这种融碑汇帖的书学观对清末民初章草的复兴有着重要指导意义，向燊对其便有着"草书尤工，纵横驰骤，有杨少师之妙。自碑学盛行，书家皆究心篆隶，草书鲜有名家者，自公出而草法复明"[5]的评价。

一直以来，较为权威的章草经典不过寥寥几种，且年代较久，书家对章草的了解并不深入，直至清末《流沙坠简》的出版，才使得章草重新迸发生机。20世纪初，匈牙利人斯坦因在新疆、甘肃等地挖掘出众多简牍，经归纳研究后，法国汉学家沙畹将部分图版资料寄给了时在日本的罗振玉，罗振玉联合王国维对这些简牍资料进行了细致的整理与考释，于1914年将《流沙坠简》出版。《流沙坠简》的现世，使得魏晋以前书家的作书风格与习惯清晰呈现于世人眼前，在书法领域内影响深远，是民初章草复兴最为有力的物质依靠，罗振玉在《新莽殄灭简》后便有评注云：

> 此简章草精绝，虽寥寥不及二十字，然使过江十纸犹在人间，不足贵也。张、索遗迹唐人已不及见，况此更远在张、索以前，一旦寓目，惊喜何可量耶！[6]

过江十纸，即庾翼所留存的张芝章草真迹，后过江时亡失。罗振玉认为，张芝、索靖的章草真迹已成绝响，在二者之前的更是弥足珍贵，一旦得以观之，便能解决章草方面诸多疑难。

作为著名书家学者，沈曾植对《流沙坠简》同样展示出了浓厚的兴趣。沈曾植认为欲习章草必定绕不开简牍，在《南朝书分三体》中，沈曾植称"简牍为行草之宗"，足以见其对简牍的推崇。1914年2月7日，沈曾植寄信于罗振玉，信中有言云：

> 今日得正月二十七日书，并《流沙坠简》样张，展视焕然，乃与平生据石刻金石悬拟梦想仪型不异。用此知古今不隔，神理常存……坠简中不知有章草否？有今隶否？续有印出，仍望再示数纸。余年无几，先睹之愿，又非寻常比也。[7]

沈曾植主张碑帖互证，对各书体间的融通有独到的见解，然这种书法观念一直缺少理论支撑，所以沈曾植迫切希望能看到《流沙坠简》的全部内容，尤其是章草与今隶的部分，以佐证自己对章草若干问题的考辨。在《海日楼书法答问》中，沈曾植对章草的笔法问题提出了自己的见解：

> 黄论阁帖，真确有据依，非仅精识。以波磔别章草，可谓得立论之源。汉晋以下，波磔浸少，或非天然矣。流沙坠简，所以可贵。[8]

黄伯思在《东观余论》中以有无波磔来区分章草与今草，沈曾植目睹《流沙坠简》后则进一步提出了汉晋以前章草笔画平直少波磔的观点，这便是《流沙坠简》对沈曾植的影响。在《菌阁琐谈》中，沈曾植通过《流沙坠简》对张芝章草进行了辨伪：

> 伯英为西州宗尚，而今流沙坠简，精紧多于纵逸，足证阁帖章草一帖，是伯英真迹。[9]

对于历代章草传本的真伪一直都是众说纷纭，沈曾植通过《流沙坠简》所展现的章法特征，确定了《淳化阁帖》中所录张芝法帖为真迹，为后人对章草的研究提供了参考，也将更多书家学者的目光吸引至对章草的研究，对章草的复兴起到了促进作用。

二、沈曾植对章草渊源的考证与品评

沈曾植认为，学古人书，势必要探寻古人师承，这样才能更好展现古人风貌，其在《海日楼书法答问》与《菌阁琐谈》中有言云：

> 学古人者必求其渊源所自，乃有入处。[10]
> 自六代以来，南北书法，不论真草，结字皆有师承。[11]

沈曾植无论碑帖、无论书体皆探源的崇古思想伴随其整个学术生涯，沈曾植晚年对章草着力甚多，对于章草的渊源所自，沈曾植有题跋称：

> 草书原自古大篆，其变化诒略破觚削繁之意，漆书虫尾之形象，往往与古金

文字辜较相通，上且及于龟卜文。其与时代同波流，涉隶而为章，涉正楷而为狂草。[12]

沈曾植对草书源流的发掘已至古金文字及龟卜文，并点明章草是由古文字隶变所产生的书体，这种章草从隶出的思想，在《流沙坠简》中得到了验证，《简牍遗文考释》一章中有言云：

诸简牍中，唯此及下第七十五书、与屯戍丛残簿书类三十二至三十五四简为草书，与秘阁所载晋以来尺牍书体相同。此外皆章草，否则亦存章草及隶书遗意。[13]

经考证，《流沙坠简》中多为章草与有隶书意趣的书体，准确言明当时文字流变的特征，是沈曾植章草与隶书不可分割思想的重要理论依据，对于《流沙坠简》中所存隶书遗意，沈曾植有题跋云：

《礼器》细劲，在汉碑中自成一格……流沙木简中"始建国""折伤薄""急就篇"皆此体。[14]

沈曾植认为《流沙坠简》中"始建国""折伤薄"等简牍便是取法于《礼器碑》细劲之貌。而《流沙坠简》中隶书笔法的传承，沈曾植则首推王珣，其在《菌阁琐谈》中云：

内府收王珣《伯远帖》墨迹，隶笔分情，剧可与流沙简书相证发。[15]

从历代书家为《伯远帖》所作题跋来看，多称此帖法出"二王"，如董其昌言："晋人真迹唯二王尚有存者。然米南宫大令已罕，谓一纸可当右军五帖，况王珣书，视大令不尤难觏也。"沈曾植则认为《伯远帖》笔意源自隶书与八分，更在"二王"以前，可与《流沙坠简》互证。

王蘧常学书于沈曾植时对其章草从隶出的观点亦有记载：

今晨至姚家埭，晋谒沈寐师，请章草之法。师曰：章草始于汉黄门令史游急就章，汉史官史游工散隶，汝家右军云："夫书先须引八分、章草入隶字中，发人意气。"则章草必须从隶出，方为章草，故又名隶草。[16]

《急就章》为西汉史游所撰字书，沈曾植认为章草自《急就章》始，而史游作书以隶见长，故章草必定由隶书衍生。沈曾植在题跋中补充道：

> 《急就》是古隶章草，《月仪》是八分章草。[17]
>
> 汉《急就砖》，仅存廿余字，犹有古隶笔势。[18]

沈曾植对于《急就章》的版本亦是极为重视，其在题跋中称：

> 《急就章》自松江本外，世间遂无第二刻本。松江石在，而拓本亦至艰得。余求之有年，仅得江宁陈氏独抱庐重刻书册本耳。集帖自《玉烟》外，亦无摹《急就》者。思元、明书家，盛习章草，所资以为模范者，未必别无传刻也。[19]

松江本《急就章》是流传最广、影响最大的刻本，由宋代叶梦得据唐人摹本翻刻，所缺百余字由明人杨政根据宋克临本辑补而成，沈曾植对此本评价颇高，但对于此本的笔法，沈曾植在《明拓急就章跋》中称：

> 细玩此书，笔势全注波发，而波发纯是八分笔势。[20]

沈曾植眼里的八分书是融通篆隶的一种书体，故八分书亦是章草渊源所自。八分书波磔明显，沈曾植在《海日楼书法答问》中将八分书用笔特征概括为"左右抑扬，在八分痕迹显然"。沈曾植认为明拓松江本《急就章》纯为八分笔势，这与他之前"《急就》是古隶章草"的结论相悖，究其原因，便是《急就章》的摹本问题，松江本《急就章》历经数朝，笔法早已失真，于右任在其题跋中引用明朝学者孙矿的一段话来证实这个观点：

> 清孙矿跋皇象《急就章》云："此皇象《急就章》但存章草形体耳，无论是皇象笔与否，古意总已全失。"每读松江本，辄兴此感，翻摹失真也。[21]

孙矿所说的"古意"即为章草的隶书笔意，沈曾植则认为松江本《急就章》隶意已失，应为唐人摹本，其在题跋中说道：

> 细玩松江《急就》，绝为唐临不疑，有诡略之迹，而无诡略之情也。[22]

沈曾植通过波发用笔断定松江本《急就章》实为唐人所摹，唐人作草本就"去篆隶益远"，加之明人喜将波发用笔的特征夸张化，故明拓松江本《急就章》已无古隶体势，无法探其原貌。然沈曾植凭借其敏锐的学术目光，根据时代风气与文字流变，推断出《急就章》的体势应是由古隶演变而来，这种观点在出土的楼兰本《急就章》中得到了验证。20世纪10年代，斯坦因在楼兰地区的考古活动中发现了新的《急就章》残片，即楼兰本《急就章》。据考证，楼兰本《急就章》作于西晋左右，是现存最早的《急就章》章草写本。楼兰本《急就章》与松江本《急就章》差异较大，楼兰本《急就章》用笔重使转，多藏锋，提按并不明显；用字则多沿袭汉代简牍写法，保留古隶体势，无过多减省，较松江本《急就章》更为高古，故沈曾植对《急就章》渊源所自的评析极为真确。

对于章草具体取法的隶书碑刻，王蘧常在记述自己求学于沈曾植时说道：

> 师问曾学隶否？对曰：曾学乙瑛。曰：乙瑛不易学，不如张迁、衡方，凝重与急就近，后人不能深知此意，以唐宋人楷法入章法，安能窥章草之源乎？[23]

沈曾植称《急就章》古拙沉稳，与《张迁》《衡方》等碑雄健磅礴之势相近，唐宋书家用楷书笔势作章草，不能求其渊源所自。而对于以魏碑入草，沈曾植亦不赞同，王蘧常习章草前对魏碑用功颇深，沈曾植则建议其改学汉隶，《王蘧常传略》一文记载了沈曾植对王蘧常的教诲：

> 此北魏人之章草耳，虽略胜于唐宋人章草，仍不能窥其源也，于是寝馈于汉隶者多年。王先生言后于封尤山、孔宙、夏承、尹宙等所谓峻爽疏宕高浑丰美者，亦遍习之，以博其势。[24]

沈曾植认为，以魏碑笔势入草，虽较唐宋人楷法入草更近一步，却还是不能寻得章草源流，应从汉隶中取法。《尤山》《孔宙》《夏承》《尹宙》等碑浑厚峻利，成为王蘧常主要取法对象。对于《夏承碑》，沈曾植认为此碑与《月仪帖》可互相证发，其在《郁冈斋墨秒萧子云书月仪帖跋》中言：

> 月仪笔势颇有足与《夏承碑》相发者。中如下庄作下壮，玑运作机运，信李信理，皆汉隶假借之遗，疑出季汉人手。书词伉爽，亦其时习尚然也。[25]

沈曾植从书学角度言明《月仪帖》与《夏承碑》相通之处，以文字学角度证之，考证其年代应于蜀汉年间。而对于其中笔势，沈曾植另有题跋云：

> 《夏承》《华山》，下逮《孔羡》《王基》，皆绍中郎分势，刻意波发者。《月仪》屡摹，笔道湮绝，当就上数碑寻其沿革。[26]

沈曾植称《夏承》《华山》等碑着意波发用笔，八分书特征明显，《月仪帖》便是受此影响。

在沈曾植对章草的探索中，对唐法的品评也是其不容忽视的学书观念。沈曾植对以唐法入章草的学书理念极不赞同，王蘧常有言记述：

> 赵松雪徒壮其波发以为古，画全是唐宋人法；宋仲温差胜，然多兴佻，不能凝重；祝允明以善草名世，然所作章草多杜撰。汝能知所取法乎？余敬识不能忘。[27]

沈曾植认为赵孟頫章草过于侧重波发用笔的写法只是"自以为古"，实则只是学到了唐宋人笔法，而宋克、祝枝山等人也有着用笔轻佻、字法不够真确等弊端，不值得深入研习。沈曾植在评王蘧常章草中有言补充：

> 昔赵松雪、宋仲温、祝希哲作所章草，不脱唐宋人之间架与气味，尔所作不脱北碑间架与气味，总之是一病。[28]

沈曾植称赵孟頫、祝枝山等人所书章草无法脱离唐宋人态势，而王蘧常所书章草则北碑意味强烈，皆是一病。言下之意即章草始于秦汉年间，形质高古，若以北魏与唐法求之，则不能得其神貌，只有将章草的源流上追至篆隶，才是正确的学书方法。

沈曾植认为纯以唐法入章草"总是一病"，其在《宋拓阁帖跋》中提出习草应从继承秦汉遗意的魏晋书风入手：

> 楷法入手从唐碑，行草入手从晋帖，立此以为定则。而后可以上窥秦、汉，下周近世。[29]

沈曾植认为学书的定则便是楷书学唐、行草宗晋，由此方可通秦汉遗风，符合其追本溯源的书学主张。沈曾植将晋人遗意作为品评章草的玉尺，其在《郁冈斋墨妙萧子云书月仪帖跋》中有言云：

> 《东观余论》谓《秘阁续帖》第十卷文陋字恶，即指无名氏《月仪》也。书果平近，无复魏、晋人手意。[30]

沈曾植引黄伯思对无名氏《月仪帖》的评价，称此本《月仪》去魏晋风气甚远，绝非佳品。沈曾植对晋人遗意的推重主要体现在对王羲之书风的褒扬，王羲之作为晋代书家的代表，历来是各书家高举复古大旗的标杆，沈曾植对王羲之如此推重的原因便在于王羲之心仪古隶，其在《菌阁琐谈》中说道：

> 右军笔法点画简严，不若子敬之狼藉，盖心仪古隶章法。[31]

沈曾植称王羲之笔法自然严谨，与王献之恣肆纵逸不同，其原因便在于王羲之对古隶章法的偏重，表明了沈曾植对汉法的推崇，也是其对王羲之多有赞誉的实证。

三、沈曾植所推重的章草笔法

沈曾植作书融南北之风，通古今之变，取法广博，王蘧常对其有言评价：

> 晚年由帖入碑，融南北书流为一冶。自漆书竹简石经石室无不涉其藩篱。错从变化以发其匈中之奇，几忘纸笔，心行而已。[32]

沈曾植广泛汲取碑帖之长，多年对碑帖的品评与考证，使其形成了独树一帜的书法风格，尤以章草为代表。沈曾植对章草笔法所遗留著述不多，然通过其"草从隶出，异体同势"的学书理念，即可探寻出其所推重的笔法。

沈曾植心仪古隶，其第一个较为推重的便是"中实"笔法。"中实"笔法是包世臣较有代表性的用笔观念，其在《历下笔谈》中称：

> 用笔之法，见于画之两端，而古人雄厚恣肆今人断不可企及者，则在画之中截。盖两端出入操纵之故，尚有迹象可寻；其中截之所以丰而不怯，实而不空者，非骨势洞达，不能倖致。更有以两端雄肆而弥使中截空怯者，试取古帖横直画，蒙其两端而玩其中截，则人人共见矣。中实之妙，武德以后，遂难言之。[33]

包世臣认为笔画只要中段丰满浑厚便有骨势洞达之意，无需关注两端，这便是今人所不及古人之处。细读包氏此论，未免过于极端，且包世臣对于达到点画"中实"的前提与"中实"在不同书体中的呈现并未提及，这种笼统的论点显然不足以使沈曾植信服，沈曾植在《菌阁琐谈》中对此作出修正：

> 安吴中画丰满之说，出自怀宁。怀宁以摹印法论书，如疏处可使走马，密处不令通风，亦印家诀也。惟小篆与古隶，可极中满能事。八分势在波发，纤秾轻重，左右不能无偏胜，证以汉末诸碑可见。故中画蓄力，虽为书家秘密，非中郎、钟、卫法也。[34]

沈曾植指出包世臣"中实"说实源自邓石如以印法论书法，然后提出自己的见解，即只有小篆与古隶可以达到中画圆满，蔡邕、钟繇等书家着意波发、中段细劲的笔法皆不是"中实"。沈曾植在《护德瓶斋涉笔》中又进一步补充道：

> 愚读《艺舟双楫》，心仪中画圆满之义，然施之于书不能工。晓起睹石庵书，

忽悟"笔界迹流美人"之说，因知"中画圆满"，仍须从近左处圆满求之。此是藏锋之用，非言书体也。[35]

沈曾植心仪包世臣"中实"笔法，但称包世臣这一用笔方法很难应用于实践，后经过刘墉作书启发，得出了若想实现中画圆满，则左处亦需圆满，其实便是藏锋用笔的结论。沈曾植对"中实"的观点较包世臣更为真确、客观，其在对章草笔法的品评中亦应用此观念，如《急就月仪右军父子草书之别》中：

《急就》是古隶章草，《月仪》是八分章草……《急就》止右波，《月仪》左方起收处皆有作意。[36]

沈曾植称《月仪帖》左方起笔与收笔皆着意为之，这便是"近左处圆满求之"，即为藏锋之意，是对包世臣"蒙其两端而玩其中截"的修正。

沈曾植第二个所推重的章草笔法便是波发用笔，波发用笔即为点画重波磔，如波澜之起伏，这是八分书的特征之一，八分书在沈曾植眼里是一种脱胎于秦篆的书体，其在《刘融斋书概评语》有言称：

言八分者，是对秦篆略有减损，不为具足而言，观今世所传秦时权量诸文，可以意得也。[37]

沈曾植认为八分书是通过对秦篆的简化而形成的一种书体，秦权量文字便有八分书之意。对于八分书的特征，沈曾植在《海日楼书法答问》中做了描述：

左右抑扬，在八分痕迹显然。隶破篆而为觚，饶左者天然之然，非有意为之也。[38]

沈曾植称抑左扬右便是八分之意，这与隶书继承篆书左方起处丰满的笔法不同。在对《府君碑》所作题跋中，沈曾植更详尽地阐释了波发所出的条件：

伯英《府君碑》，奥雅古劲，章家楷则，然收平为侧，波发之作用已生。[39]

沈曾植以张伯英为例，认为其"波发作用已生"的原因是"收平为侧"，《府君碑》古劲之气正来源于此，这便是其对八分书"左右抑扬"特点的补充。

沈曾植认为八分书的另一个特征便是"中虚"，其在《菌阁琐谈》中有这样一段记述：

> 篆画中实，分画中虚，中实莫崇于周宣，而斯相沿其流为栉针。中虚造端于史《章》，而中郎极其致于波发。右军中近实，大令中近虚。[40]

"中虚"与"中实"笔势相反，即点画中段细劲，沈曾植称"中虚"之态始于史游章草《急就章》，盛于蔡邕八分书，"二王"便是"中实"与"中虚"的代表，王羲之渊源自古隶，故其点画近"中实"，而王献之承接八分书笔法，故点画呈"中虚"。对于王献之笔法源自八分书的观点，沈曾植有题跋云：

> 昔尝谓南朝碑碣羊传，由北碑拟之，则《龙藏》近右军，《清颂》近大令。[41]
>
> 北碑楷法，当以《刁惠公志》《张猛龙碑》及此铭为大宗。《刁志》近大王，《张碑》近小王。[42]

沈曾植两段题跋皆表明王献之与《张猛龙碑》笔法相近，《张猛龙碑》敛分入篆，与王献之书出同源。王献之书与《张猛龙碑》皆因八分笔法的融入而显得顿宕激昂，沈曾植晚年作章草体势生动、波磔渐起，便是着意八分书所致，王蘧常有言赞叹曰：

> 先生晚年自行变法，冶碑帖于一炉，又取明人黄道周、倪鸿宝两家笔法，参分隶而加以变化。于是益见古健奇崛，宁拙毋媚，自具风貌。[43]

对侧锋和方笔的运用也是沈曾植第三个较为推重的章草笔法。关于沈曾植的侧锋用笔，郑逸梅在《王蘧常章草选》后记中指出："沈寐叟用侧锋，他（指王蘧常）用中锋。"而王蘧常在回忆沈曾植用笔时有言评析：

> 执笔在手，盘旋飞舞，极其灵动，甚至笔管卧倒于纸上。[44]

王蘧常观沈曾植作草，言其有时作书笔管甚至贴于纸面，这种侧管转指之法便是其字势灵巧生动的原因。沈曾植在《海日楼答问》中表达了自己对侧锋用笔的肯定，并提出了具体实践的方法：

> 侧笔之妙，在阴阳不离乎中。始艮终乾，不解无碍。[45]

"艮""乾"本为八卦之二，在书学中意为点画左下方位及右上方位，"始艮终乾"即为圆锋入笔、筑锋下笔、回锋收笔的完整动作，沈曾植指出侧锋笔势无论如何求变，只要不脱中线，便是其精绝之处，无需过于注重入笔与收笔的回锋动作，这便是沈曾植用笔自然生动的体现。观沈曾植晚年所作章草，点画跌宕，多面出锋，其"纤浓轻重，左右不能无偏胜"之意，非侧锋而不能得。

沈曾植对于方笔的运用同样是其章草字势丰富多变的重要原因。沈曾植晚年作书对钟繇、索靖接受最多，笔势飞动，古意盎然，且多用方笔，更添奇趣。对于沈曾植的用笔技巧，沙孟海有言称：

> （沈曾植）功夫依旧用到钟繇、索靖一辈子的身上去，所以变态更多。专用方笔，翻覆盘旋，如游龙舞凤，奇趣横生。[46]

沙孟海称沈曾植晚年专用方笔，文字学家钱玄同在日记中则直接点明沈曾植以方笔作章草的笔法来源：

> 购沈子培草书《永嘉禅师证道歌》四张屏散片，字全摹包安吴……最后以方笔作章草，最佳。[47]

沈曾植章草书中的方笔奇逸纵横，钱玄同称其得力于包世臣，这便是沈曾植章草别具一格之处。沈曾植晚年将侧锋取势与方笔直折等书写技巧广泛应用于其章草艺术中，其点画转折处瘦硬刚劲，棱角尽露，形成了锋颖尖峭、宽博劲健的个人风格。马宗霍《书林藻鉴》中称沈曾植："暮年作草，遂尔抑扬尽致，委曲得宜，真如索征西所谓和风吹林、偃草扇树，极缤纷离披之美。"[48]

注释

[1] 李奇峰，云南大学书法硕士。

[2] 康有为：《广艺舟双楫》，载上海书画出版社、华东师范大学古籍整理研究室选编、校点：《历代书法论文选》，上海书画出版社，2014，第858页。

[3][28] 郑逸梅：《章草巨擘王蘧常》，《书坛旧闻》，浙江美术学院出版社，1992，第116页。

[4] 沈曾植撰，钱仲联辑：《海日楼札丛 海日楼题跋》，辽宁教育出版社，1998，第309页。

[5][48] 马宗霍：《书林藻鉴 书林纪事》，文物出版社，2015，第244页。

[6] 罗振玉、王国维：《流沙坠简》，中华书局，1999，第221页。

[7] 沈曾植：《沈曾植海日楼遗札》，《同声月刊》1945年第4卷第2号，第95页。

[8][10][38][45] 沈曾植：《海日楼书法答问》，《同声月刊》1944年第3卷第11号。

[9][11][15] 沈曾植：《菌阁琐谈（六）》，《青鹤》1934年第11期。

[12] 沈曾植撰，钱仲联辑：《沈曾植海日楼文钞佚跋（六）》，《文献》1992年第4期，第199–200页。

[13] 罗振玉、王国维：《流沙坠简》，中华书局，1999，第225页。

[14] 沈曾植撰，钱仲联辑：《海日楼札丛 海日楼题跋》，辽宁教育出版社，1998，第302页。

[16][23][24][27] 黄清宁、柳巩阳：《王蘧常传略》，《晋阳学刊》1982年第6期，第41页。

[17] 沈曾植撰，钱仲联辑：《海日楼札丛 海日楼题跋》，辽宁教育出版社，1998，第308页。

[18] 同上书，第304页。

[19][20] 同上书，第379页。

[21] 于右任：《太和馆本急就章跋》，《草书月刊》，1974年第2卷第1期。

[22] 沈曾植撰，钱仲联辑：《海日楼札丛 海日楼题跋》，辽宁教育出版社，1998，第301页。

[25] 沈曾植撰，钱仲联辑：《海日楼札丛 海日楼题跋》，辽宁教育出版社，1998，第304页。

[26] 同上书，第306页。

[29] 沈曾植撰，钱仲联辑：《海日楼札丛 海日楼题跋》，辽宁教育出版社，1998，第322页。

[30] 同上书，第411页。

[31] 沈曾植：《菌阁琐谈（七）》，《青鹤》1934年第2卷第13期。

[32] 王蘧常：《沈寐叟年谱》，上海书店出版社，1980，第74页。

[33] 包世臣：《历下笔谈》，包世臣撰，李星点校：《包世臣全集·艺舟双楫》，黄山书社，1993，第382页。

[34] 沈曾植：《菌阁琐谈（五）》，《青鹤》1934年第2卷第9期。

[35] 沈曾植：《护德瓶斋涉笔》，《国学专刊》1926年第1卷第3期，第58页。

[36] 沈曾植撰，钱仲联辑：《海日楼札丛 海日楼题跋》，辽宁教育出版社，1998，第308页。

[37] 沈曾植：《刘融斋书概评语》，《同声月刊》1942年第2卷第11号，第110页。

[39] 沈曾植撰，钱仲联辑：《海日楼札丛 海日楼题跋》，辽宁教育出版社，1998，第306页。

[40]　同上书，第 325 页。

[41]　同上书，第 371 页。

[42]　同上书，第 373 页。

[43][44]　王蘧常:《忆沈寐叟师》,《书法》1985 年第 4 期, 第 19 页。

[46]　周振:《沙孟海论书语录图释》, 上海书店出版社, 2003, 第 68 页。

[47]　杨天石:《钱玄同日记》, 北京大学出版社, 2014, 第 1286 页。

在"旧学"中"通变"

——沈曾植法学思想初探

赵 全 夏 雨[1]

【摘要】 沈曾植是清末民初的大儒学家,他在刑部任职十八年,深谙古今律法,被时人推为"律家第一"。而刑律学和法学思想作为沈曾植思想史和学术史的一部分,研究者却寥寥无几。事实上,刑律学是沈曾植入仕后最先接触的一门学问,他数十年研究古律,熟稔刑律之于当时中国文化环境的合理之处。故本文基于沈曾植的官场沉浮、刑律学著作以及法学思想三个维度,对沈曾植的刑律学和法学思想进行总结和归纳,探究沈曾植法学思想中的顽固与通达。

【关键词】 沈曾植;法学思想;刑律学

沈曾植生于晚清危难之际、多事之秋,又恰逢旧学体系与新学思想交汇的潮流。从封建社会走向民主共和,沈曾植的一生或参与或见证了公车上书、维新变法、辛亥革命、丁巳复辟、清末修律等中国近代社会政治经济法律史上的一系列重大变革。在这一系列翻天覆地的改革运动中,沈曾植最终以"复辟""守旧"的形象落幕。沈曾植一生不事权贵,淹贯学艺,在书法、诗学、佛学、史学、法学等诸多方面都成果斐然。王国维评价其治学"趣博而旨约,识高而议平"[2],陈寅恪谓其"近世通儒"[3],翁同龢在阅读沈曾植的考卷后,称其为"通人"。可见他不仅是一个传统意义上的官僚士大夫,更是中国近代学术史上具有代表性的重要学者。汉代王充有云:"博览古今者为通

人。"[4] 沈曾植久官刑曹,运于律学,详究历朝法制,通人之学。法学作为他思想藤蔓中的一枝,少有学者触及。故本文以沈曾植的法学思想为切入点,徐徐展开沈曾植学术研究中被折叠的一隅。

一、沈曾植的"经世之学"与"用世之志"

沈曾植(1850—1922),字子培,号乙庵,晚号寐叟,浙江嘉兴人。道光三十年(1850)出生于北京南横街寓所。家中兄弟四人,长兄曾桀,弟曾桐、曾樾。沈曾植生逢乱世,又早年丧父,故自幼苦读,年少时便以文学名重京师。光绪六年(1880),沈曾植中殿试第三甲中第九十七名,赐同进士出身,签分刑部主事,其间识得康有为、张謇、李慈铭、丁立钧等。谢凤孙在《学部尚书沈公墓志铭》中介绍其:"先生自少以文学名京师,通籍后,内而郎署,外历郡守、监事,权巡抚事。儒宗学府,久为当世所推。其在刑部,由主事迁郎中,前后十八年,其时兼充总理衙门章京。先生既精今律,复考古律令书,由《大明律》《宋刑统》《唐律》以上治汉魏律令,著有《汉律辑补》《晋书刑法志补》,而尤究心于通商以来外交沿革。先生在官,实事求是,不苟于职守类如此。"[5] 与同时代的许多爱国人士一样,沈曾植的一生博学笃志,京官沉浮十八年,他一直有心在官场大展宏图,并不断借由学术来实现政治抱负。"政治作为的欲求以及切身感悟现实社会所产生的忧世之心,促使他以经世致用做学问,通过学术表达对时局的关注,积极入世而期应世变。"[6]

许全胜编纂的《沈曾植年谱长编》将沈曾植的一生分为五个时期,分别为:通籍前期(1850—1879)、京官时期(1880—1897)、两湖书院、南洋公学时期(1898—1902)、外任时期(1903—1910)以及遗老时期(1911—1922)。笔者根据年谱中提供的《清代官员履历全编》"沈曾植"一目,结合《沈曾植年谱长编》整理了他各个时期的科举和任职情况(表1):

表1 沈曾植科举及任职情况 [7]

时间	年龄	科举/任职情况
同治十二年(1873)	二十三岁	癸酉科举人
光绪六年(1880)	三十一岁	庚辰科进士,签分刑部主事
光绪十六年(1890.12)	四十一岁	总理衙门章京
光绪十八年(1892.3)	四十三岁	补刑部主事
光绪十九年(1893.2)	四十四岁	传补总理衙门章京
光绪十九年(1893.3)	四十四岁	题升员外郎

续 表

时间	年龄	科举/任职情况
光绪二十一年（1895.11）	四十六岁	题升郎中
光绪二十二年（1896.4）	四十七岁	总理衙门保奏
光绪二十二年（1896.5）	四十七岁	奉满截取引见，奉旨记名，以繁缺知府用
光绪二十三年（1897）	四十八岁	京察一等引见，奉旨准其一等加一级
光绪二十四年（1898.4）	四十九岁	保奏赏加三品衔
光绪二十七年（1901）	五十二岁	经宗人府丞盛宣怀奏调，办理译书局事务
光绪二十七年（1901.11）	五十二岁	经外务部奏调，回京当差
光绪二十八年（1902.10）	五十三岁	借补外务部员外郎
光绪二十九年（1903.2）	五十四岁	奉旨补授江西广信府知府
光绪三十二年（1906.4）	五十七岁	任安徽提学使，赴日本考察
光绪三十四年（1908.2）	五十九岁	补授安徽提学使，兼署安徽布政使
光绪三十四年（1908.8）	五十九岁	出任护理安徽巡抚
宣统元年（1909.4）	六十岁	聘为礼学馆顾问
宣统二年（1910.7）	六十一岁	卸去安徽巡抚一职

由表1可知，沈曾植自三十一岁中进士后于官场沉浮三十余载，官途平坦，屡屡升迁。沈曾植身处专制与民主共和对立的动荡年代，中日甲午战争战败后，人们的目光逐渐从顽固派和洋务派的论战转向洋务派与维新派的争论，新旧思想的冲突与对立使有识之士逐渐意识到中国与西方列强的差距已经不仅仅是在器物之上，更是在体制、制度之上。

沈曾植为"强学会"组织的初创成员。"强学会"是早期维新派组建的团体，旨在宣传西学；其虽历时半年就宣告解散，但该组织通过兴办报纸，已经团结了许多产生变法思想的官僚和知识分子，对顽固派的阵地形成了有力的冲击，为后期的戊戌变法打下了基石。[8] 到了戊戌变法之初，沈曾植尽心为维新派奔走，康有为《上清帝第一书》也经过了沈曾植的修改。[9] 然而，沈曾植也并非传统的维新派，其相对于康有为而言较为保守，并且直言康有为必败。[10] 沈曾植在回乡丁忧前也曾与康有为留信，意在提醒变法不宜太过急切，应当徐徐图之。[11] 不出沈曾植所料，维新运动在强大的顽固势力的反扑下，最终宣告失败。

总而言之，沈曾植在政治之上属于偏左的洋务派、偏右的维新派，而最终两派都排挤了他。作为通过科举考试进入仕途的传统官员，沈曾植不免存在着历史局限性，温和改良、崇尚礼教、维护帝制是根植于其思想的内容，以至于最后身染"复辟"的污点。

二、精研律法：沈曾植的律学成果

作为近代大儒，沈曾植不仅在经学、佛学、文学、哲学、历史学、舆地学、艺术学上硕果累累，在刑律学上也颇多建树。沈曾植久于刑曹，光绪六年（1880）中进士后，便担任刑部主事一职。沈曾植于官场沉浮十八载，大部分时间都在从事刑律、司法类型的工作，也正是因为这份际遇，他对刑律学的研究极为深刻，被刑部尚书薛允升推崇为"律家第一"，并且早在光绪三年（1877）便开始了法律研究。[12]遗憾的是，目前沈曾植的刑律学相关学术著作大多散佚，我们只能从现存的资料中抽丝剥茧，试图对沈曾植的刑律学研究成果做一个相对全面的介绍。

《汉律辑存》和《晋书刑法志补》是沈曾植为数不多的刑律学专著，当前传世的唯有《汉律辑存》凡例一篇，该篇为沈曾植代当时刑部尚书薛允升所撰。沈在凡例中写道："九流之学，莫不托始帝皇。然《班志》言法家本出理官，而李氏系出咎繇。世世司理，以官为氏。则李悝之学，必有所本。应劭、傅玄之说，不可废也。"[13]沈曾植指出，世代担任"司理"官员的李悝家族，其祖先为咎繇[14]，他们以官名作为姓氏，最早可追溯至战国时期。沈曾植在"律文第一""律诂第二""律篇目第三""律杂议第四""杂事第五""何氏公羊律意说第六"分别介绍了《汉律辑存》六卷的编纂体例及六卷的大体内容。虽然沈曾植的著述不复留存，但从其撰写的《汉律辑存》的凡例篇中可以看出沈曾植深厚的律学功底，以及善于引经据典、善用考据训诂的学术水准。

除了以上两部刑律学的专著外，沈曾植的刑律学著述和法学思想的观点均散见在各类笔记和杂谈当中。其中，《月爱老人客话》《护德瓶斋涉笔》《潜究室札记》《东轩温故录》《札记》的相关内容最丰，另有部分幸得钱仲联先生辑录于《海日楼文集》以及《海日楼札丛》之中。其余部分为各类题跋、创刊词、书籍序言。限于篇幅，沈曾植在上述书籍当中关于刑律学及法学思想的文章篇幅较短，所言之物范围也相对较窄，我们只能从侧面窥其学问和思想。笔者现将关于沈曾植法政思想的文章及其出处汇总如下（表2）：

表2　沈曾植法政文章情况汇总[15]

文　章	出　处
黄帝李法	《辛丑札记》
蚩尤九黎	《月爱老人客话》
夏道尊命	《月爱老人客话》
《周礼》官以师名者	《护德瓶斋涉笔》
《周礼》作成未行	《东轩温故录》

续 表

文 章	出 处
《周礼》在秘府前世无见者	《潜究室札记》
始言《周礼》者	《护德瓶斋涉笔》
礼有三起	《东轩温故录》
《法经》六篇	《潜究室札记》
八条之刑	《护德瓶斋涉笔》
睪	《札记》
元稹论刑之难	《札记》
六朝论治近古	《护德瓶斋涉笔》
宋代律敕	《潜究室札记》
杨振论律	《潜究室札记》
元世祖不用回回法	《札记》
律加减	《护德瓶斋涉笔》
律母	《护德瓶斋涉笔》
刑名十六字	《护德瓶斋涉笔》
专制	《东轩温故录》
调人	《札记》
晋惠晋文	《冶城客话》
宋本《通典》跋二篇	《海日楼书录》
《留真谱》宋本《通典》题记	《海日楼书录》
元刻《通志》题记	《海日楼书录》
明正德本《文献通考》题记	《海日楼书录题跋五种》
冯天驭刻《文献通考》题记	《海日楼书录》
《东汉会要》题记	《海日楼书录》
《东朝崇养录》题记	《海日楼书录》
《季汉官爵考》《补汉兵志》《今水经》跋	《寐叟题跋》
《唐六典》题记	《宋本大唐六典》
影宋本《重详定刑统》跋	《沈曾植海日楼文钞佚跋（二）》，《文献》1991年第4期
《宋元检验三录》跋	《海日楼群书题跋》，《同声月刊》第3卷第4号
朝野类要题记	《寐叟题跋》
书张氏二烈女事	《沈曾植海日楼佚碑传》，《文献》1993年第2期
《汉律辑存》凡例（代薛尚书）	《学海》第1卷第5期，1944年
《法政学交通社杂志》创刊题辞	《法政学交通社杂志》创刊号，1906年
《日本租税制度及实务》序	《沈曾植海日楼佚碑传》，《文献》1990年第3期
高进喜狱议	《海日楼文集》

由表2可知，沈曾植法学相关的文章主要为刑律学方面和法学类古籍题跋，涉及法律思想的相关文章较少。其中，以《影宋本〈重详定刑统〉跋》《书张氏二烈女事》《〈日本租税制度及实务〉序》以及《高进喜狱议》诸篇最能反映沈曾植的刑律学思想和观点，现分述如下。

《影宋本〈重详定刑统〉跋》为沈曾植校订《重详定刑统》版本的题跋，沈在检"户绝资产"及"死商钱物"二条中言："一准丧葬令,附以敕条起请;一准主客式,附以敕条起请,并非律文。《刑统》与律文并列为十门,非也。然元本《唐律疏议》后附《释文》,出'觊望'二字,实释户绝条开成敕如有心怀觊望。又出'埋瘗'字,则释死商条户部奏请'量事破钱物埋瘗'之文。岂此山贯冶子《释文》所据之本,《唐律》已与《刑统》淆耶?王元亮表无此二条。"[16] 沈曾植在题跋中考证了《重详定刑统》两个历史版本之间的区别,从中也能看出沈曾植对古律的精通以及做学问的严谨态度。

《书张氏二烈女事》为沈曾植对于时事案件的评议,"痛乎今之从政者之所谓法律之贼人心悖天理也,锄愿而庇奸,法吏因之,蹂廉耻,铍名教,尤恶夫女子之守贞节者,曰吾所学无此理,则一切以儿戏诀之"[17]。对于轰动案件的看法侧面反映了沈曾植对司法现状的不满。

《〈日本租税制度及实务〉序》是沈曾植为其弟子谢凤孙考察日本财税制度的书籍所作的序言,文中道"亚东租税法之统系,我国与日本同出于唐,而浸久浸繁,遂不能不加整理,参欧制而变之,前事之师,莫亲切于日本已"[18]。可见,沈曾植也并非只知守旧的顽固派,其立场还是处在"中学为体,西学为用"的基础上。

《高进喜狱议》是沈曾植对高进喜杀人案提出的异议,在异议中,沈曾植援引了律例并结合《春秋》和《周礼》,认为高进喜杀人属于符合"礼"的行为,而并非简单的斗杀,进一步反映了沈曾植在"礼法之争"中的礼教派思想。

综上所述,沈曾植政法类的著作相对较少,但是经过汇总分析可以发现,他的刑律学和法学思想所研究的范围极为广泛,并且研究的问题往往针砭时弊,体现了他独特的刑律学和法学思想。

三、沈曾植刑律学思想概要——以《〈法经〉六篇》《律加减》《宋代律敕》为例

我们虽然无法就其刑律学专著《汉律辑存》《晋书刑法志补》两书来考究沈曾植的刑律学水平,但以《汉律辑存》有凡例一篇,散见在各处的文章亦能体现其刑律学研究之深。此处我们选取三篇具有代表性的文章进行分析探讨。

第一篇《〈法经〉六篇》取自《潜究室札记》。该篇文章主要讲述了改具律[19]为刑名是曹魏时期的举措。曹魏时期,魏明帝曹叡诏令陈群、刘邵、韩逊三人"删约旧科,傍采汉律,定为魏法,制新律十八篇"。[20] 其中,就具律的位置做了变更,由原来的第六篇的位置调整至律首,并改称刑名。可见沈曾植对于汉律、晋律的研究颇深,对

于刑律的历史流变也掌握得极为清晰。

第二篇《律加减》取自《护德瓶斋涉笔》。该篇文章引用了姚文恪公关于律加减的一段话，主要是指刑律如同音律，因可以加减等第而成曲目。如果能知道加减的原因，那么刑律也可以同音律一样被读懂、被使用。同时，该篇文章指明了斗殴和诬告两条罪中关于律的加减最为细致，如果想要明白律的加减规律，可以先研究这两条的内容。沈曾植对于刑律学的研究不限于对于刑律的博闻广记、了然于胸，更注重对于刑律一般方法的掌握和研究。

第三篇《宋代律敕》取自《潜究室札记》。本篇主要讲述了宋代律和敕的关系。宋神宗时期，出于变法的需要，主张"凡所律不载者，一断以敕"，因此对敕进行编撰，将具有临时性的、特殊性的敕升级成具有固定性、长久性的法律规范。[21] 沈曾植对此评论说：这是编敕的体例，并非律令的体例，两者还是存在差别，两者在效力等级上存在着区别。另外，敕虽然是按照律令的顺序进行编撰，但是并不能和律令合在一块，律和敕只能各自成书。沈曾植在治宋代刑律时，对于律和敕的关系有着独到见解，认为两者的立法层级是有所区别的。在宋神宗时期，也出现过当律和敕产生法条竞合时，该使用律还是敕的争端。[22] 此处可以体现沈曾植在刑律学的研究当中注重各类型法律规范效力层级的问题。

以上三篇文章不同程度地反映了沈曾植刑律学的学术造诣。首先是精通，对于各朝代，特别是汉朝、魏晋时期、宋朝等刑律的精通，这种精通同样也体现在其谈论古律时能够引经据典、旁征博引上；其次是严谨，刑律学不同于诗文，需要的是准确无误，沈曾植就版次上的区别都作出详细的对比和核验，足见其治刑律的严谨；最后是方法，在刑律的研究方面，仅精通古律和治学严谨是不够的，沈曾植在研究古律的时候采用训诂学的方式探究古律的真实含义，并引经据典地说明自己的观点，这都是其注重方法的体现。

四、沈曾植法学思想探析

1900年，八国联军进犯北京，随后清廷被迫签下《辛丑条约》。翌年，为了进一步扩大在华的利益，英国承诺可以有条件地放弃领事裁判权，即治外法权。其中最主要的条件是修改中国的律法，使其同西方一致，两国通过条约的形式规定"中国深欲整顿本国律例，以期与各西国律例改同一律。英国允愿尽力协助，以成此举。一俟查悉中国律例情形及其审断办法及一切相关事宜皆臻妥善，英国即允弃其治外法权"[23]。

由此，清末修律拉开了帷幕。而在清末修律的过程当中，"礼法之争"是一个绕不开的话题，李贵连指出，所谓"礼"指的是"礼教派"，而所谓"法"指的是"法理派"。[24] 两者争议的焦点在于在制定新法和修改旧律的过程中是否要维护"三纲五常"的封建礼教。

沈曾植在清末修律的前期被寄予厚望，张之洞也曾大力保举沈曾植，并与沈家本、伍廷芳相区别，夸赞其"学问博雅，于汉、隋、唐、明诸律，用功极深，当代无匹"，并且认为"今日纂律、改律，欲贯通古今，参会中外，变不失正，此人断不可少"。刘坤一、袁世凯也赞同保举。[25] 然而清廷正式下旨时并未赋予沈曾植职务，在之后的修律工作中也未见沈曾植加入其中。直到后期宪政编查馆的建立，沈曾植被任命为一等咨议官，才算是第一次间接参与了清末修律的工作。[26]

沈曾植虽然没有亲历清末修律的实际工作，但他著作的方方面面都体现了支持礼教派的一面，与只认三纲五常的旧臣有着明显的区别。

第一，沈曾植不赞同全盘照搬西方法律。在《元世祖不用回回法》中，沈曾植借古讽今，元世祖认为回回刑法不可施于中国，正好对应了当时中国大量移植外国法律，不考虑具体国情的做法。

第二，沈曾植认为西方法律虽适用于中国实际情况，但缺乏与之相应的具备专业素养的司法官员，前文提到的《书张氏二烈女事》便是如此。沈曾植在该篇文章中提道，虽然相关的诉讼制度完善，但在实际操作过程中"一切欺诈凌逼、良贱曲折、邻里佐证、警察原案，皆不问"，体现出基层司法官员专业素养的缺失。

第三，沈曾植认为一切行为都严格按照法律实行而不考虑情理是不可行的。沈曾植在文章《杨振论律》中认为，在每个案件的情况都不同、没有能和法律一一对应的情况下，通过比附的方式，可以使司法人员根据实际操作；否则法律就像是事事提前提防的河堤，终有千里溃坝的风险。

第四，在政治制度上，沈曾植支持专制制度。在《专制》一文中，沈曾植通过援引《易纬》《抱朴子》《淮南子》，论证"专制"二字并非"不美之辞"，并进一步说明专制制度可以使百姓安居乐业。《蚩尤九黎》通过苗民无君与西方共和政体的对比，又提出苗民制定了"五虐"的刑罚，是否就可以称作法治国家的疑问，意在反讽共和制度和不分好坏地用法律来治理国家的想法。

第五，沈曾植认为维护礼教是在我国当时的国情下使政权稳固的必要手段。在《夏道尊命》中，沈曾植通过对比夏、商、周三朝尊崇的不同，传达了礼教的重要性。在中国两千多年的礼教传统下，封建礼教在中国人的文化基因中根深蒂固。维护封建礼教实际上是在维护封建统治，同时也是在维护中国传统的社会秩序，保证在大背景下的中国不致"政散民流"。

沈曾植虽然尊崇封建礼教，但是其政治定位是介于洋务派和维新派之间，因此，他能够积极接受西方的先进文化，并渴求通过学习西方的制度来改变清廷积弱的现象。在"强学会"中，沈曾植担任了组织的"正董"，该学会通过兴办报纸和翻译列强诸国新闻、书籍宣传西方先进的思想和理念。沈曾植作为学会的骨干成员，许多工作也是由他主导。沈曾植在宣统元年（1909）派遣他的弟子谢凤孙前往日本考察租税沿革[27]，希望通过研究日本的租税制度，为我国将来的财政界提供相应的参考。谢凤孙回国后，将考察成果编成《日本租税制度及实务》一书，沈曾植为该书作序。

综上所述，沈曾植并非食古不化的老学究，也不是死守传统封建礼教的前清遗老，限于历史局限性的不合时宜，成为他漫长政治生涯中的一个污点，而他于刑律学上的种种建树，最终也伴随着他守旧的标签渐渐销声于历史的洪流之中。

五、结　语

沈曾植处在清末政局大动荡、大变革的时期，两千多年的封建制度走到了山穷水尽之处，泱泱大国已千疮百孔。飘摇的国情之下，浸润在四书五经中的知识分子，还做着为"为往圣继绝学，为万世开太平"的报国梦，殊不知坚船利炮已在眼前。站在新旧交替的十字路口，沈曾植于守旧和革新之间不断摇摆，对于全盘照搬西方法律的做法，他不能赞同。他认为法律移植的过程是阵痛且割裂的，缺失法律的本土特性导致张氏二烈女案、高进喜案等合法却不合理的案件出现。

沈曾植的法学思想充分表现了那个时代旧知识分子希望通过自上而下的方式，在维护旧统治体系下进行缓慢且温和的革新。他反对洋务派只学器物不学制度，同时他也反对维新派快速且迅猛的行动。他认为礼教作为根植于中国传统文化基因中的一部分，不应当在制定法律时被完全剔除。他认为先进的法律也应当由具有法律素养的人才来施行，也认为西方的法律规范也有极大的可取之处，特别在财税制度方面。任何人都有历史的局限性，沈曾植也不例外。我们对他进行客观的历史评价时，也要承认沈曾植法学思想放到今天仍然具有极大的参考价值。

注释

[1] 赵全，上海政法学院经济法方向硕士研究生。夏雨，杭州师范大学艺术史方向硕士研究生。

[2] 王国维：《王国维经典》，当代世界出版社，2018，第170页。

[3] 许全胜：《沈曾植年谱长编》，中华书局，2007，第12页。

[4] 语出汉王充《论衡·超奇篇》。参见高苏垣选注，岳海燕校订：《论衡》，商务印书馆，2020，第127页。

[5] 许全胜：《沈曾植年谱长编》，中华书局，2007，第522页。

[6] 葛金根：《海日流光——嘉兴博物馆馆藏文物·沈曾植书画作品暨浙江省文博单位藏沈曾植书画作品选》，中华书局，2014，第12页。

[7] 本表根据《清代官员履历全编》"沈曾植"一目及《沈曾植年谱》整理而成。参见许全胜：《沈曾植年谱长编》，中华书局，2007，第26-525页。

[8] 汤志钧：《强学会在维新变法运动中的作用》，《历史教学》1964年第9期，第16-20页。

[9] 汤志钧：《康有为〈上清帝第一书〉新探——翁同龢摘抄手迹读后》，《学术月刊》2000年第7期，第75-80页。

[10] 许全胜：《沈曾植年谱长编》，中华书局，2007，第201页。

[11] 卢川：《沈曾植诗歌研究》，山东大学博士学位论文，2010。

[12] 孙德鹏：《沈曾植论学集》，商务印书馆，2019，第410页。

[13] 同上书，第80-81页。

[14] 咎繇又作皋陶，指长期掌管刑法的"士师"，他们构建了中国最早的司法制度，被后世尊为"中国司法始祖"。

[15] 本表根据《沈曾植论学集》法政经学篇以及《海日楼文集》相关内容汇总而成。参阅孙德鹏：《沈曾植论学集》，商务印书馆，2019，第19-91页。沈曾植著，钱仲联辑：《海日楼文集》，广东教育出版社，2019，第236-238页。

[16] 孙德鹏：《沈曾植论学集》，商务印书馆，2019，第69页。

[17] 同上书，第75页。

[18] 同上书，第91页。

[19] 具律主要指律典的总则，类似于如今的刑法总则。

[20] 朱勇：《中国法制史》，高等教育出版社，2017，第111-112页。

[21] 同上书，第176-177页。

[22] 同上书，第177页。

[23] 同上书，第282-283页。

[24] 李贵连:《清末修订法律中的礼法之争》,《法学研究资料》1982年Z1期，第31-49页。

[25] 李细珠:《张之洞与清末法制改革》,《近代中国》第十二辑，第311-341页。

[26] 陈煜:《清末新政中的修订法律馆》,中国政法大学博士学位论文，2007。

[27] 王蘧常:《沈寐叟年谱》,商务印书馆，1938，第13-34页。

沈曾植与缪荃孙交游考论

曹志华[1]

【摘要】 沈曾植、缪荃孙是清末民初著名诗人及学者，在藏书、教育以及诗学等方面有重要成就。本文收集并整理沈、缪交往书信、诗文，参考其年谱、日记等，将两人交往分为科场结缘、京师泛交、南方往还、沪上深交四个主要阶段。沈、缪两人曾在张之洞幕下参与"新政"教育工作，到上海后又共同参与超社、逸社活动，在频繁的交往中逐渐形成了较为相近的诗学观、教育观和藏书观。考察沈、缪两人的交游脉络以及过程中的学术倾向，对我们了解清末民初文人群体的交游方式和学术活动有重要意义。

【关键词】 沈曾植；缪荃孙；交游；书信；日记

沈曾植（1850—1922），字子培，号乙庵，晚号寐叟，浙江嘉兴人。缪荃孙（1844—1919），字炎之，号筱珊，晚号艺风，江苏江阴人。两人在京定交后，便开始了长达三十余年的学术交游活动。而对于两人学术交游情况，学界还缺乏一定关注。本文借助《沈曾植年谱长编》《沈曾植集校注》《缪荃孙全集》等书，参考两人六十封来往书信及诗文，发现两人在诗学、教育及藏书思想上存在一些相似特征。因此，本文试图清晰还原沈、缪两人的交游脉络，以及其由特定人物或地点形成的相似或趋同的学术特点。

一、沈、缪两人交游的基本脉络

（一）科场结缘——以李慈铭为中介的同年交游

同赴京科考，沈曾植、缪荃孙与李慈铭相识。咸丰九年（1859），李慈铭（1830—1894）在京为官，与潘祖荫、张之洞等人交游。后失落官场，在江浙地区校书著书。同治十年（1871），李慈铭、缪荃孙在京会试却不相识，后缪荃孙入四川姚觐元幕府。同治十三年（1874）三人皆不中，光绪二年（1876）仅缪荃孙中。十二月，缪荃孙送在姚觐元幕府所刻图书与李慈铭，而李、姚两人在光绪元年（1875）就已相识，可知缪、李定交始于此。光绪六年（1880）李慈铭与沈曾植皆中，考官称赞两人："闱中以沈、李经策冠场，常熟尚书尤重沈卷为通人，顾李莼客负盛名……莼老相见，亦虚心推挹。"[2] 六月，沈曾植拜谒李慈铭，李赞其"读书极细心，又有识见，近日罕觏也"[3]，可见结交就在这年。沈、缪结识李慈铭后，经常前往拜谒，以书相送，雅集唱和。

游历浙江期间，李慈铭的学术已有很大成就，再次入京，其地位逐渐提高。李慈铭与缪、沈二人结识时，两人才三十余岁，作为前辈，势必会对后学有所提携。因此，在光绪十一年（1885）李慈铭致函于缪荃孙，约至崇效寺度重九，信中提到"明日偕爽秋、子培，薄治具于崇效寺，点缀客中重九"[4]，沈、缪两人得以结识，当日李慈铭亦有诗作《乙酉重九偕袁沈缪三子宴集崇效寺登西来阁饯益吾祭酒视学江左二首》[5]。自此之后，两人在京师的学术交游展开。

（二）京师泛交——学术交游的展开

在京期间，缪两次回乡守制，其间与沈亦有书信往来。光绪二十年（1894）缪荃孙离京，二十四年（1898）沈曾植离京，两人同在京交往18年。光绪十一年至十三年（1885—1887）的交友活动，沈、缪都没有记录，但可凭借两人交往圈中心人物——李慈铭进行分析。光绪十一年，三人参与雅集七次，对此缪有记载："冬，与李莼客、沈子培、子封、施均甫、朱桂卿聊消寒集会，唱酬无虚日。"[6] 光绪十二年到十三年，雅集二十三次，以祝贺、饯行、游赏为主题。如光绪十二年四月崇效寺雅集，有袁昶、沈曾桐、黄体芳等人，李慈铭有诗《次日再集崇效寺赏楸花》。李慈铭与缪荃孙多围绕书籍进行讨论；与沈曾植主要讨论书画、书籍版本等，并称赞其"罕见其匹"。[7] 可见，三人交往应是以讨论书籍为主。

光绪十四年（1888）六月，沈曾植开始写日记，记录书法、金石较多。是年，潘祖荫命缪荃孙为图书分纂、总纂，从事校编书工作。八月，缪扶先母灵柩回乡，其间主讲南菁书院,又在广雅书局校书编书。到光绪十五年(1889)底,两人几乎无交往。

光绪十六年到十七年(1890—1891)初,两人同在京师。光绪十六年七月,沈曾植母亲寿辰,缪曾前往祝贺。十月初,缪荃孙邀叶昌炽、沈曾植等人雅集,并出示所藏图书供翻阅欣赏。光绪十七年正月缪荃孙在京守制,后应张之洞聘,主讲泺源书院。七月,缪在京师,两人仍是借送图书。九月,缪扶柩回乡,又主讲经心书院,其间两人无交往。

光绪十八年到光绪二十年(1892—1894),沈、缪在京交游频繁,交游圈有李慈铭、李文田、黄绍箕、蒯光典等人,活动包括:同人雅集,以观赏字画、书籍、碑拓以及诗酒唱和等为内容,如光绪十八年四月费念慈宴请同人宴集,饭后到陶浚宣处观赏《崔颢》《常丑奴志》等碑刻,又到沈曾植处观看《高植》《刁遵》墓志;书籍鉴定与借阅,包括诗文集、佛经、志书等,沈曾植向缪荃孙借《周止庵集》《居庸关铂晶》《湖北通志》等书,还请其检阅《容斋随笔》等;议论时局,光绪二十年七月,甲午战争爆发,在武昌修志的缪荃孙"决计迎娭属归"[8],九月抵京后便找沈曾植相谈,这一时间沈曾植与黄绍箕、张謇等人均是围绕时局展开谈论。

光绪二十年后,缪先在武汉修志,后在南京主讲钟山书院兼领龙城书院。光绪二十四年(1898)沈扶柩返乡,两人的交往进入一个新的阶段。

(三)南方往还——以"新政"活动为中心的交游

光绪二十四年(1898),张之洞聘请沈曾植到两湖书院修书院史,缪则在南京钟山书院;光绪二十七年(1901)张之洞为政务大臣,总揽一切新政事务,曾邀沈、缪商议新政,沈、缪遂而成为张之洞在教务方面的左膀右臂。

光绪二十四年到二十六年(1898—1900),两人往来极少,沈辗转于杭州、上海、湖北等地。光绪二十四年四月,沈曾植赴湖北办"沙事教案",这为沈参办教育之事做了铺垫。同月,缪回南京途经上海,两人离京后首次见面。后两年,两人见面两次,内容也不得而知。

光绪二十七年,清廷实施新政,沈、缪同在书院任职,往来多讨论学务。正月到二月,两人在江宁、扬州等地经常见面,互相借送图书,如缪荃孙新刻《词录》《旧德集》《藏书记》等书给沈曾植。五月,张之洞邀两人商议新政谕旨并筹办学事[9],后沈曾植任职南洋公学,缪荃孙仍回钟山书院。到年末,同游者还有罗振玉、张元济等人,所论多是新政工作,如十一月沈曾植致缪荃孙信中提到罗振玉主持编译工作、为存古学堂选书等。

光绪二十八年（1902），五十三岁的沈曾植回京当差，题跋了大量书画金石作品，到三十一年（1905）十月才回到上海。而缪荃孙主要在南京高等学堂及两江师范，其间曾赴日本考察学务。四年间，两人仅通一函。十一月，端方抵达上海，找寻出国考察人员，缪赴上海与沈曾植、徐乃昌等人前往拜谒。相隔四年，两人首次见面，缪以新书《藏书记》相赠。

光绪三十二年（1906），端方在两江地区改制学堂，十一月沈从日本返回后便前往江宁拜谒，端方经常招沈、缪、蒯等人雅饮、观赏字画等。光绪三十三年（1907），沈曾植在安徽，两人书信共八封，被保存的仅两封，分别是正月和八月沈曾植致缪荃孙的。正月信中提到请缪鉴定《国史唯疑》、询问刻书情况等，并说在皖条件不好。三月后，缪辞两江师范与高等学堂，任湖北存古学堂教务长，后应端方邀请建图书馆。到五月，沈在安徽筹办高等学堂，三封书信应该是讨论学堂的事。五月安徽巡抚被杀，缪去书两封，沈在八月回信中提及此事，还对缪没在存古学堂留职感到不解。另外，沈还向缪询问刻书、铁琴铜剑楼出书的情况，表示在皖不能以书画消遣。

光绪三十四年至宣统元年（1908—1909），两人几乎无接触。宣统二年（1910）以后，书信激增，记有内容的约有十五封。二年夏月，沈曾致信缪荃孙商讨存古学堂事，并请其到安徽协助筹办存古学堂。到六月，两人书信约十封，主要讨论《嘉兴志》《漱水志》刊刻以及书籍版本、代抄与互校图书等。九月，两人在江宁相见，沈曾植创办"佛学研究会"。到十二月，集中讨论《山谷集》《豫章遗文》《苏集》《秘殿珠林》等书的抄刻情况。

宣统三年（1911），沈在嘉兴，缪在京建图书馆，到八月两人书信往来八次，主要讨论"两志"刊刻、明版《山谷集》使用、请缪荃孙搜敦煌卷子、《晁叔用集》以及学部图书馆存在的弊端。其间南方动乱，沈曾植在信中表达了想北上到缪荃孙处，殊不知动乱会席卷南北。

（四）沪上深交——"两社"唱和的交往活动

宣统三年（1911）八月，辛亥革命爆发，"天下大乱"，两人避难上海，交往极其频繁。之后，沈曾植曾与众人谋划救国，但在两人书信中未见，讨论主题仍是关于书籍的，如《韩饶集》的刊刻、《秘阁藏目》的借阅等。另外，缪荃孙自京师图书馆归来，送沈曾植《京师图书馆善本书目》史部、经部等书。十二月底，宣统皇帝逊位，清政府的覆亡也意味着两人政治生涯的结束，作为晚清臣民，身份的尴尬迫使他们相互慰藉，他们或潜心学术著书立说，或游山玩水结社雅集，形成了清末民初的特殊文化群体。

民国元年（1912），两人会面二十余次，书信十九封，内容主要围绕图书展开，多有书籍、金石碑拓相互赠送与借阅，如八月沈曾植送元版《事略》《国史唯疑》《岛夷志略》等书与缪荃孙。还有对书籍校订、刊刻、收藏等问题的讨论，如八月请缪荃孙帮检阅所校《志略》。另外，文人群体时常也有宴集。

民国二年（1913）二月，在沪遗民结成诗社——"超社"，主要成员有陈三立、沈曾植、樊增祥、缪荃孙等人，至民国三年（1914），两人参与社集二十余次，书信来往亦多。二年八月，缪荃孙七十岁生日，沈曾植拜寿并有诗作《寿缪艺风七十》三首，总结了缪荃孙几十年来的学术成就，对缪评价甚高。[10]两人交往内容与之前相似，如沈曾植乞缪荃孙鉴定《史记》、宋刻《五经》以及宋本《论语》等书，补正《诗话》书，询问《嘉禾志》《韩饶集》刊刻情况等。另外，两人嗜好金石书画，其间经常借阅，如民国三年沈曾植曾向缪荃孙借居庸关刻石单，缪荃孙向沈曾植借《风墅》《姑孰》残帖等。

民国四年（1915）"超社"转而为"逸社"，到五年（1916），两人参与社集与见面次数少了下来，两年不足三十次。五年六月，两人还同法国学者伯希和交往，时张元济邀沈、缪、叶昌炽及蒋汝藻等人晚宴，叶昌炽详细记录了此事，即伯希和在敦煌藏经洞带走大量古书，又与中国学者研究古学；伯希和与沈讨论契丹、蒙古等国图书及学术源流，并携带旧书照片乞求鉴定等。[11]在沈曾植劝说蒋汝藻派人去新疆时，两人还发生了争执。[12]

民国六年至八年（1917—1919），缪荃孙已七十余岁，沈曾植接近七十岁，两人往来渐疏。六年二月，日本学者富冈谦抵上海，两人同其交谈，并展示藏书。四月到七月，沈曾植曾入京参与复辟，失败后归上海，至年底两人见面不足五次。七年二月，沈过七十岁生日，缪荃孙曾送寿礼与沈曾植。七年到八年，两人交游以同人宴集以及图书借阅为主，如八年正月，同人雅集于海日楼，沈与郑孝胥讨论孩童所临北碑，众人也有讨论。八年十一月，缪荃孙去世，两人长达三十四年的交往宣告结束。三年后沈曾植离世，一代学人就此陨落。

二、沈、缪二人的诗学、教育与藏书思想

缪荃孙在三十岁前就开始考订、金石、目录之学，其间刻书校书、收藏金石，五十岁前后修志教书，筹建图书馆，一生在书籍文献方面用力至勤。沈曾植早年治边疆史，嗜好金石书画与藏书、校书，中年以后任职书院并筹建"存古学堂"。两人爱好相同，自结识后便唱和无间，逐渐形成了相似的诗学、教育与藏书思想。

（一）诗学：初宗"明社"，后涉"同光"

"同光体"是清代重要诗学流派，主要以宋代江西诗派为宗法。沈曾植是"同光体"代表人物，缪荃孙则与同光体诗人交往极多，两人从京师到上海诗歌往来不断，在上海地区尤为频繁，故对不同时期交游的考察分析有利于对其诗学特点的了解。

两人为官前都曾"宗于明社"。缪荃孙在十八岁前学唐人诗、应试诗文，后学袁枚《随园诗话》，二十岁时"专重明几社而薄随园"。[13]沈曾植二十岁前从俞功懋学唐人诗歌，后又从师高伟曾，自谓"平生诗词门径，及诸辞章应读书，皆先生所授……余因知明季复社文学"[14]。"几社"作为"复社"的一部分，在立社宗旨上与"复社"有很大的相似性，即在文学思想和学术上都强调复古，追求汉魏晋时期文学，两社成员唱和频繁。因此，可以认为沈、缪在青年时期学诗道路上都曾宗法于"明社"，这也为"同光体"诗学倾向形成和发展奠定了诗学基础。

在京时期，两人诗酒唱和极多，主要体现在与友人雅集上，两人也因此结识。另外，如年末和年初的消寒集会，经常也会作诗吟咏。如李慈铭、沈子封、袁昶、黄绍箕、樊增祥、叶昌炽、陈三立、黄体芳等人均在两人京师交往之列，两人同其中樊增祥、陈三立、叶昌炽等人的交往一直延续到上海时期，而这些人正是后来"同光体"流派的核心人物。可见沈、缪两人都有一定"同光体"文学关照。

南方往还时期，缪荃孙在湖北修志又领江宁钟山书院，而沈曾植也在这一时期到张之洞幕府，两人在幕时间不同，但是经常有书信往来以及见面机会。其他在幕府活动的还有郑孝胥、陈三立、梁鼎芬等人，京师交游圈子随之转移到了张之洞幕府。张之洞在鄂广延幕府提供给这批诗人一个较为轻松的见面场所，他们得以更方便地沟通诗歌问题，切磋诗技，在一定程度上加速了同光派形成发展之势。[15]沈曾植与缪荃孙交往密切，又与其他诗人唱和，其诗歌中亦有"同光体"成分。

两人在上海交往最为密切，"两社"成立，社集不断，其中如陈三立、瞿鸿禨、樊增祥等人均是两人在京师时期以及南方游历时期的交往人员，而两社的成立标志着"同光体"文学的成熟。两人参与了大部分社集，陈三立曾推崇沈曾植为"同光体之魁杰"[16]，缪荃孙甚至因年长成为两社领袖，并享有"社长"之称。[17]因此可以断言，两人在诗学方面都曾致力于"同光体"（表1）。

表1　沈、缪二人京、沪时期部分雅集一览

京师		上海	
时间	同游人员	时间	同游人员
光绪十一年（1885）九月九日崇效寺雅集	李慈铭、梁鼎芳、王先谦等	民国元年（1912）十一月叶昌炽招饮	叶昌炽、王秉恩、傅增湘、沈曾桐
光绪十三年（1887）四月崇效寺雅集	袁昶、沈曾桐、李慈铭等	民国二年（1913）二月超社第一集	吴庆坻、瞿鸿禨、陈三立、樊增祥等
光绪十六年（1890）十月，缪招饮	叶昌炽、袁昶、黄绍箕、樊增祥等	民国三年（1914）五月作诗钟会	陈三立、沈瑜庆、吴士鉴、樊增祥等
光绪十七年（1891）二月，李文田招饮	黄体芳、袁昶、蒯光典、叶昌炽等	民国四年（1915）正月逸社第一集	冯梦华、陈三立、林治书、瞿鸿禨、沈瑜庆等
光绪十九年（1893）消寒会	黄体芳、李慈铭、沈曾桐、黄绍箕等	民国五年（1916）六月张元济招饮	张元济、叶昌炽、蒋汝藻、张钧衡等
光绪二十年（1894）十月光和居宴集	王颂蔚、沈曾桐、黄绍箕、冯梦华、叶昌炽	民国八年（1919）正月同人海日楼宴集	王秉恩、郑孝胥、王国维、陈衍等

（二）教育：创办学堂，中西兼重

缪荃孙三十岁前曾任教丽正书院，后又任职钟山以及龙城等书院，又曾前往日本考察学务。高等学堂与三江师范学堂成立，缪荃孙先后任总教习与总督察。光绪三十三年（1907）缪荃孙任湖北存古学堂教务长，总揽教务工作。相对于缪荃孙，沈曾植从事教育工作较晚，仅在光绪二十四年（1898）时被张之洞聘至两湖书院修书院史。光绪三十二年（1906），沈曾植被端方派往日本考察学务，宣统二年（1910）时应张之洞之命赴安徽筹建存古学堂。两人都曾在张之洞幕府，又到日本考察，经历相似，教育观念相仿。

张之洞主持建武昌存古学堂，强调中体西用，谓："盖西学之才智技能，日新而不已，而中国之文字经史，万古不磨，新故相资，方为万全无弊。"[18] 光绪二十九年（1903），缪荃孙从日本考察回来后，便在江阴商办学堂事宜，"酌定课程，编辑课本，一切草创，中西之学兼重"。[19] 可以看出，缪荃孙教育思想与存古学堂办学理念虽然存在一定区别，但仍属于中西结合范畴，而缪荃孙任职存古学堂也正符合其办学的客观要求。

相较于缪荃孙，沈曾植接触教育较晚，且时间短暂，因此在领命筹建存古学堂时，本就对教育不甚了解的他势必会向这个从事多年教育工作的前辈——缪荃孙请教。因此，宣统二年（1910）沈在安徽筹建存古学堂时，就写信给缪荃孙："又此闻开办存古学堂，鄙人用意微与部章略存通变，与鄂章亦不尽同，大旨谓科学宜用西国相沿教法，古学宜用我国相沿教法，书院日程，源流有自。"[20] 信中，沈曾植提到存古学堂在学部章程上要稍作变通，又与湖北存古学堂不完全相似。在科学方面，应该用西方的教学方法，而古学则应该用本国的教学方法。沈曾植的这种办学理念，实际为强调"中西学各有体用"，这正与缪荃孙办学"中西之学兼重"一致，可见两人教育观念相同。

在写给程朝仪的信中，也能体现沈曾植的教育思想："鄙见以《程氏读书日程》为蓝本，取各学堂学生国文程度优胜者，聚而教之……取外国大学高等教法，而不取中学以下普通教法，庶于'存古'二字本意略有径途。"[21] 就是要在保存古学的基础上，使用大国教育方法来"运用"古学，即"要当以世界眼光……不独保存而已，亦不仅仅发抒古思旧之情抱"[22]。这里的"取外国大学高等教法"与"不仅仅发抒古思旧之情抱"正是沈曾植教学理念创新所在。因此，沈曾植在信中说："此意发表，将为时流大哄，公必助我张目"，并寻求缪荃孙来皖协助，这也从侧面证明了沈对缪教育理念的认同。缪荃孙离开后一月，沈曾致信缪荃孙，信中也表达了对缪荃孙在教育方面的肯定："存古事，中丞、学史均欲公以名誉邀为领袖，有大事可以主持，意出至诚，谅先生必鉴而允可。"[23]

另外，两人在学堂任用教员方面也较为相似，"皆取淹通笃实之士"[24]，聘请李详为学堂教员。"天下文章，其出桐城乎"，桐城派作为清代最大的文学流派之一，在安徽地区享有极高地位。李详非安徽人，甚至还对桐城派颇有微词，认为桐城派已走向末流之弊。[25]但是在人员聘用上，两人仍然以李详为"笃实之士"聘用，其教育思想一致性略见一斑。

（三）藏书：为学为用，书去目存

沈曾植、缪荃孙均生于书香之家，自幼喜欢收购书籍，一生藏书至勤。缪荃孙对书籍收藏更为痴迷，每遇好书，更是"典衣购取"。[26] 在三十余年的交往过程中，书籍交流占据大部分内容，折射出两人对书籍的真知灼见，包括书籍版本与目录、购买与收藏、借阅与赠送、抄书与刻书以及金石等方面。通过分析来往书信，可以更直观地窥见两人在藏书与学术上的共同点，即以治学为主的藏书特点与"书去目存"的藏书观。实际上，沈曾植经常像学生一样向缪荃孙请教各种有关图书的问题。

1. 以治史学、重诗文为倾向的藏书特点

在讨论两人藏书特点之前，先对其学术研究进行考察。沈曾植在史学方面用力颇深，早年就开始了对边疆史的研究，王国维曾总结其学术，谓："先生少年固已尽通国初及乾、嘉诸家之说，中年治辽、金、元三史，治四裔地理，……其视经史为独立之学，而益探其奥窔，拓其区宇，不让乾、嘉诸先生。至于综览百家，旁及二氏，一以治经史之法治之，则又为自来学者所未及。"[27] 缪荃孙自幼读史，对"诸史杂家，尤所心喜"[28]，治学方面也在史部用力最深，如编撰《国史五传》《续碑传集》，补编《晋书》《辽史》以及方志编修都能体现其史学成就。

通过学术倾向可以考察两人的藏书特点，两人在史学研究上用力颇深，在藏书方面亦是如此。据缪荃孙藏书统计表[29]，除集部之外，史部藏书最多，其中史学达238种，接近地理与目录藏书的三倍。沈曾植藏书亦侧重史部，其中尤杂史、政书和地理藏书为多，可参见《沈曾植藏书研究》附表二和附表三。[30]

两人经常对某史书进行讨论，如光绪三十三年（1907）八月，沈曾植致缪荃孙信中提道："《文明小史》尚不如《儒林外史》风趣也"[31]；又请缪荃孙鉴定古本："《史记》一册送乞鉴定"；[32] 又"黄景昉《国史唯疑》，谈掌故是叶文忠一脉，书十二卷，可刻否？"[33] 另外，沈曾植还请缪荃孙刊刻《嘉禾志》《澉水志》，两人在信札往来中多次提到此事，如《艺风堂友朋书札》第二十、二十一、三十函等，缪荃孙致沈曾植书札中也有提及。[34]

两人虽然同为诗人学者，但在藏诸家诗文书籍时存在着差别，缪荃孙"主藏"，沈曾植"主用"。清末社会动乱，新学侵入，公私藏书与学术均受威胁，缪荃孙感叹："后生小字，目不知书，掌故目录之学，弃之如遗，胸中仅贮寸许洋装书，侈口而谈新学，自以为能，人亦从而誉之。无形之焚坑，不知伊于胡底。"[35] 因此，缪荃孙在"为用"的基础上更倾向于藏书。而沈曾植藏诗文集主要因为其兴趣与学术，沈曾植是同光体重要代表，同光派又以宋人为宗，因此，沈曾植对宋人具有很深的文学关照，极力搜寻并刊刻宋人诗文。这在两人交往中得到深刻体现，如沈曾植向缪荃孙借《韩陵阳集》《倚松老人集》《豫章遗文》以及明板《山谷集》等诗文集；请缪荃孙刻《韩饶集》，代印《绝妙词》，检阅《苏集》等书。

2. 书去目存、惠及后人的藏书观点

缪荃孙曾在撰写藏书记时明确表达了自己的藏书观念，谓："他日书去而目或存，挂一名于艺文志，庶不负好书若渴之苦心耳。"[36] 在《续记》中亦言："至于书去目存，昔贤以之慰张金吾者，吾亦借之以自慰也。"[37] 可见，缪荃孙保持着一种开放性的藏书观念，注重书籍流通和惠及后人。沈曾植在藏书上同样抱有此观念，在往来书信中即可体现，如民国元年二月致缪信中提道："巨卷非绵薄所能胜，友人有欲收者，当转示之。"[38] 再如民国二年六月信，谓："刻而传之，于近代风教，亦不无裨补也。"[39] 在两人交往过程中就可以发现，两人也在践行此观念，这与中国传统私家藏书"秘而不宣"的观念形成了鲜明对比。

另外，两人嗜好金石，其间常有金石往来，在藏书上也侧重金石类书籍。同时两人也注重对古籍珍本的保存与刊刻，如对常熟铁琴铜剑楼、聊城杨氏书以及敦煌经典的散出与流失表示惋惜，并极力搜寻整理；对刘云龙、刘申斋文集的补校；等等。可以说正因沈曾植与缪荃孙这一辈人的努力，大批宝贵遗产才得以保存和延续。

三、结　语

由于学术研究与兴趣爱好相近，沈曾植、缪荃孙自京师结识后，便展开了长达三十余年的交往，其间又因特定人物和地点，两人形成了相似或趋同的诗学、教育和藏书思想。对两人的交游脉络和活动的考察，为我们研究清末民初时期社会现象提供了一定材料，同时也为研究特定时期文人群体提供重要参考。

注释

[1] 曹志华，安阳工学院助教。

[2] 许全胜：《沈曾植年谱长编》，中华书局，2007，第28页。

[3] 李慈铭：《越缦堂日记》第12册，广陵书社，2004，第8845页。

[4] 顾廷龙：《艺风堂友朋书札》，上海古籍出版社，1980，第169页。

[5] 李慈铭：《越缦堂日记》第12册，广陵书社，2004，第10889-10890页。

[6] 缪荃孙著，张廷银、朱玉麟主编《缪荃孙全集·杂著》，凤凰出版社，2014，第176页。

[7] 李慈铭：《越缦堂日记》第12册，广陵书社，2004，第10956页。

[8] 缪荃孙著，张廷银、朱玉麟主编《缪荃孙全集·杂著》，凤凰出版社，2014，第181页。

[9] 许全胜：《沈曾植年谱长编》，中华书局，2007，第250页。

[10] 钱仲联：《沈曾植集校注》，中华书局，2001，第649-652页。

[11] 叶昌炽：《缘督庐日记》，江苏古籍出版社，2002，第7774-7775页。

[12] 王国维：《王国维全集》第十五卷，浙江教育出版社，2010，第168页。

[13] 缪荃孙著，张廷银、朱玉麟主编《缪荃孙全集·杂著》，凤凰出版社，2014，第165页。

[14] 许全胜：《沈曾植年谱长编》，中华书局，2007，第16页。

[15] 郑易焜:《缪荃孙诗词研究》,西北大学硕士学位论文,2018,第 17 页。

[16] 钱仲联:《沈曾植集校注》,中华书局,2001,第 12 页。

[17] 瞿鸿禨:《止庵年谱》,《北京图书馆藏珍本年谱丛刊》第 181 册,北京图书馆出版社,1999,第 422 页。

[18] 潘懋元、刘海峰:《高等教育》,上海教育出版社,1993,第 233 页。

[19][24][26]　赵统:《南菁书院志》,上海书店出版社,2015,第 323 页。

[20] 沈曾植:《沈曾植书信集》,浙江人民美术出版社,2021,第 209 页。

[21] 同上书,第 13 页。

[22] 同上书,第 185 页。

[23] 同上书,第 213 页。

[25] 李稚甫编校:《李审言文集》下册,江苏古籍出版社,1989,第 887-888 页。

[27] 王国维:《王国维全集·观堂集林》第八卷,浙江教育出版社,2009,第 619 页。

[28] 缪荃孙著,张廷银、朱玉麟主编:《缪荃孙全集·目录 1》,凤凰出版社,2013,第 5 页。

[29] 杨洪升:《缪荃孙研究》,上海古籍出版社,2008,第 150 页。

[30] 李雪:《沈曾植藏书研究》,河北大学硕士学位论文,2021,第 57-70 页。

[31] 沈曾植:《沈曾植书信集》,浙江人民美术出版社,2021,第 208 页。

[32] 同上书,第 233 页。

[33] 同上书,第 207 页。

[34] 葛金根:《缪荃孙致沈曾植手札一通辑考》,《东方博物》2015 年第 4 期,第 104-108 页。

[35] 缪荃孙著,张廷银、朱玉麟主编:《缪荃孙全集·诗文 1》,凤凰出版社,2013,第 359-360 页。

[36] 缪荃孙著,张廷银、朱玉麟主编:《缪荃孙全集·目录 1》,凤凰出版社,2013,第 5 页。

[37] 同上书,第 143 页。

[38] 沈曾植:《沈曾植书信集》,浙江人民美术出版社,2021,第 220 页。

[39] 同上书,第 213 页。

沈曾植、黄绍箕与康有为交游考论

谢 源[1]

【摘要】 本文通过稽考《瑞安先生六旬寿宴叙》《广艺舟双楫》《〈广艺舟双楫〉评论》、"沈、康、黄三人函札"等朋游宴集、诗文酬答与信札往来的相关文献，以期还原沈、黄、康之间治学与交游的一些细节。《瑞安先生六旬寿宴叙》作于光绪十七年（1891）八月，是沈氏交游的重要佐证。康有为上光绪皇帝万言书不达，沈曾植、黄绍箕劝其勿言国事，自遣以著《广艺舟双楫》。而后黄绍箕凭借着丰富的金石鉴藏经验和深厚的文字学功底，作《〈广艺舟双楫〉评论》，为康氏阐发幽微、指瑕辨误。三人往来信札内容，主要是生活寒暄、书学论见、治学研讨等。由此可见，三人的交往既有同僚间的宦游，又有士林中学术的切磋。三人抵掌论学，谊深且笃，然在学术上"和而不同"，互相砥砺，反映出清末文人治学之品格，亦可窥旧时书家之风骨。

【关键词】 沈曾植；黄绍箕；康有为；《寿宴叙》；《广艺舟双楫》评论

一、沈曾植与瑞安黄绍箕父子

黄绍箕（1854—1908），幼名睦钤，字仲弢，号穆琴，后改号鲜庵，浙江瑞安人。少承家学，勤勉不倦。黄绍箕一生成就颇丰，学术上兼综汉宋，工骈体文，兼精于考据、辞章、金石文字、书画、目录校雠之学。

在经学方面，黄绍箕著有《尚书今古文篇目考》。孙诒让撰《墨子间诂》，请黄绍箕为之校稿，举正十余事，孙氏以为多精确，多引入《墨子间诂》中，黄氏还识跋于后。

在金石文字方面，黄氏著有《散氏盘释文》《静彝释文》《汉洗拓片跋》《题匋斋尚书秦权铭》等。黄氏不仅精于金石鉴赏，而且妙擅篆籀，其小篆远追汉《袁安》《袁敞》两碑，近取邓石如、吴让之、赵之谦诸家之长，姿纵流转，浑劲苍朴。亦工楷书、行书，皆能自出机杼（图1、图2、图3）。

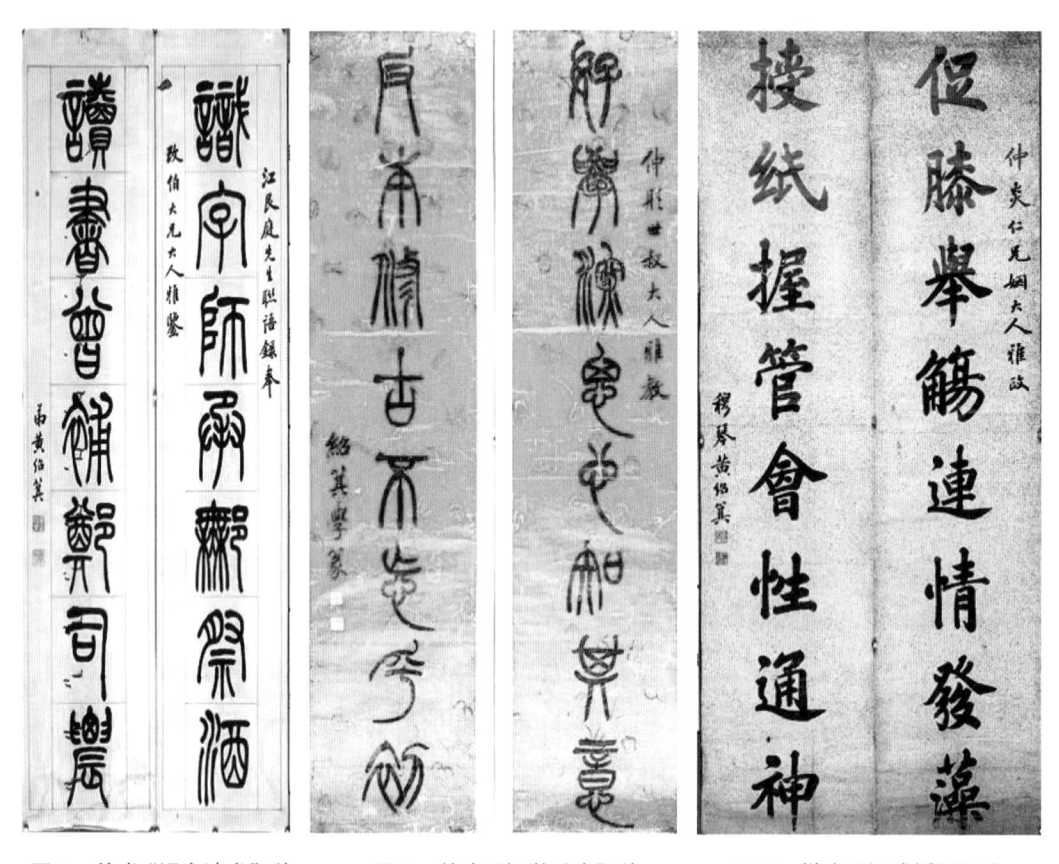

图1　篆书"识字读书"联　　　图2　篆书"好学反本"联　　　图3　楷书"促膝授纸"联

沈曾植与黄绍箕的交往，应当追溯到光绪六年（1880）。三月，沈曾植应礼部考试。三月九日，沈参加首场会试，考《四书》、诗题。四月十三日，会试发榜，沈曾植得第二十四名贡士。据相关文献记载：

《光绪庚辰科会试硃卷·沈曾植履历》：会试中式第二十四名。

《缘督庐日记》：晴。阅全录，知季雅亦中式，直隶王懿荣、安徽汪宗沂、浙江李慈铭、黄兆（绍）箕并入珊网。[2]

因同年中榜，二人从此开始了多年的交游，后二人书信往来，亦多以"同年大人"相称。二人的交游，主要集中在光绪六年（1880）至光绪二十三年（1897）的京官期间。

黄绍箕与沈曾植在金石书法方面交流颇多，其书法风格与书学思想很大程度受到沈曾植的影响。如沈曾植致黄绍箕书二通：

一

承示谨悉。弟久不作字，所用笔多失去，奉去羊豪二支，均非佳才，虑未必合用也。苏盦兄肯书后衔，感何可言。惟界格尚未齐，下午当送上也。小世兄是痊否？甚用为念。复请中弢仁兄同年大人侍安。弟植顿首。外笔二枝。[3]

二

《玉堂嘉话》一册缴上，唐人写经并附去，请查入。昨闻弢甫言，阁下复抱微疴，当复实然为是，假簿例言也。五日馆中去否？此请仲弢仁兄同年大人撰安。弟植顿首。[4]

许全胜《海日楼书信集》注云："据《黄绍箕往来函札》及沈曾植笔迹来看，二札均作于光绪十五年（1889）。"[5]是年春，沈、黄交集十分密切。正月十五，沈曾植赴黄绍箕元宵雅集，李慈铭、王彦威、袁昶、沈曾桐在座。他们一起欣赏、评鉴袁昶所购藏的《佛顶蒙钞》，沈曾植称"此编文繁理复"，需要耗费袁昶许多心力。可见当时的治学氛围浓厚，同仁之间相处融洽。

首札记叙了沈氏对黄氏的挂念，并向其寄赠羊毫笔二支。次札（图4）中"弢甫"即王彦威（1842—1904），字弢甫、弢夫，原名禹堂，字渠城，浙江黄岩人，著有《清季外交史料》《秋镫课诗之屋日记》。沈向黄绍箕寄《玉堂嘉话》及唐人写经，并从王彦威处得知黄氏身体抱恙，便写信致以慰问关切。

沈曾植《寐叟题跋》中也有关于二人交流碑帖的记载：

弢极爱此帖，谓其圆转而具足侧势，明有六朝法，非明代书家意想所及。墨气深蔚，定为宋拓佳本。余笑曰：六朝法，亦非宋人所及也。仲弢谓君太谦屈此帖，追记此言，不胜悼叹。

宋内府百十七本种《兰亭》，《辍耕录》记其目，戊集有太清开皇，意此是耶。[6]

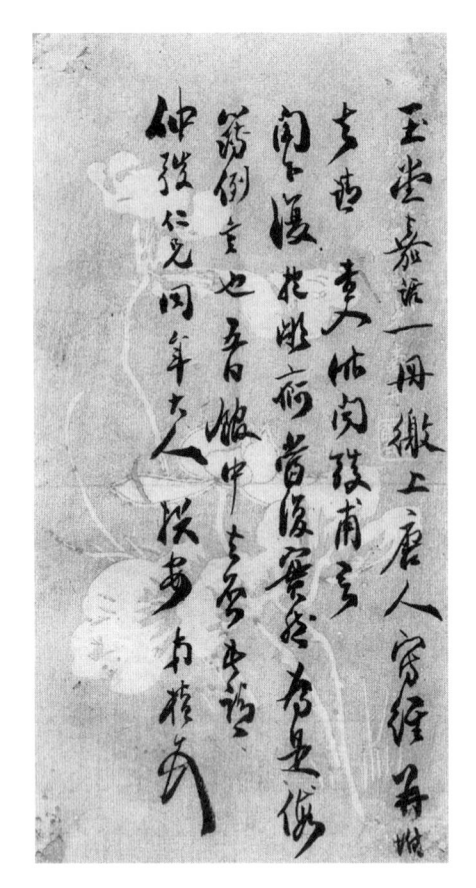

图 4　沈曾植致黄绍箕札

光绪二十一年（1895），黄绍箕"奉家大人出都，由潞河南下趋汴，朔以仲秋旋里"，当时其都中好友均有制词送别，黄绍箕"公私烦忧，惘惘如梦"，"左对孺人，右顾稚子"，将好友的词作反复诵读，"向不习填词"的他读后"依声属和"，取沈曾植赠词"无情通潞舸"之语，将所作和词十阕题名为"潞舸词"。其《木兰花慢·守答乙盦刑部，同叔编修两同年，用乙盦赠词次阕韵》：

> 结交年少日，信金石，转波流。愿寸草春晖，绿杨明月，岁岁皇州。浔阳秫田未办，被东风吹落五湖舟。往日论碑读画，寻常都入清愁。腰肢瘦损去年秋，剪烛数宵游。有缚带痴情，撮尘幻想，时上心头。城南，牡丹依旧，怕等闲烂漫等闲休。遥想送春风雨，看山几度登楼。[7]

黄绍箕在另一阕题为"兼示乙盦、道希"的《兰陵王》中，也感怀彼此昔日情谊，并以"消磨鬓雪非容易"感慨今昔。

光绪二十五年（1899），沈氏致黄氏一札，云：

穆琴仁兄同年大人左右：

奉别遂再更寒暑，违离之况，饩缕难穷。夏间曾肃寸缄，未奉还云。弥深怅忆。岁云暮矣，风雪凄其，羁旅江湖，徘徊畴昔。七月间因大学堂事，与星海同发一电，谅鉴入。即辰敬惟著祉多宜、潭祺集吉为颂……

撰安不具。腊月十二日，弟制植稽颡。[8]

时隔十年，沈氏在这封信里"弥深怅忆"，感慨"岁云暮矣，风雪凄其，羁旅江湖，徘徊畴昔"。

光绪三十年（1904），本着"中体西辅"的思想，黄绍箕着手编撰《中国教育史》，是书是其毕生教育经验的总结和教育思想的结晶。其生前已完成周代以前的草稿，余下的"积卷盈箧"，"未及排比整齐"而不幸英年早逝，直隶总督端方嘱学者陈庆年继编，而陈转嘱柳诒徵缀辑，于1910年完稿，成为中国第一部教育史专著。柳诒徵自述"余为黄公补此书"，"缀辑两载"，"此书应署瑞安黄绍箕草创，镇江柳诒徵辑补"。[9]十五年后，黄绍箕长子曾延交付商务印书馆排印成书，请叶尔恺作序，沈曾植题签（图5），撰者署瑞安黄绍箕。

沈曾植与黄绍箕交情益笃，与其父黄体芳的交集也逐渐多了起来。黄体芳（1832—1899），字漱兰，号莼隐，别署瘦楠、东瓯憨山老人，浙江瑞安人，人称"瑞安先生"。咸丰元年（1851）举人，同治二年（1863）进士，与兄黄体立、子黄绍箕、侄黄绍第、侄孙黄曾铭一门五进士，选庶吉士、授编修。后累官至内阁学士、江苏学政、兵部左侍郎、左都御史，后主讲于金陵文正书院。晚年参加强学会，主张变法图存。为人峭直刚正，同光间为清流之魁。作为维新派人物，支持康有为变法，频频上书言时政得失。与宝廷、张佩纶、张之洞合称"翰林四谏"。著有《漱兰诗葺》。

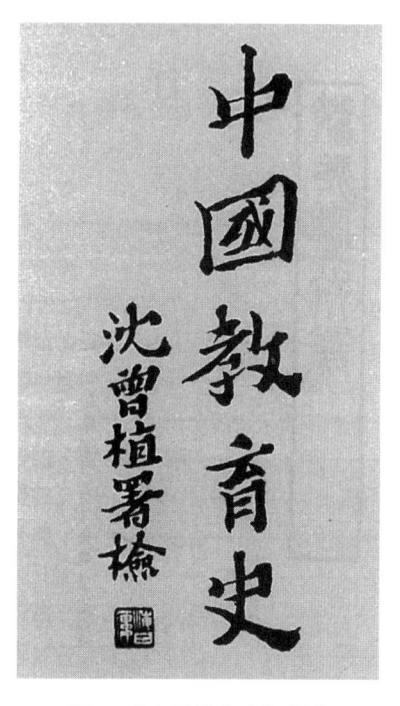

图5 《中国教育史》书影

戴家妙《〈寐叟题跋〉研究》整理的《沈曾植京官时期（1880—1897）宴集表》[10]记载，彼时同人招饮宴集较为频繁，其中以黄体芳个人名义发起的招饮宴集共计14次，主要有郊游、观剧、祝寿、消寒等主题，沈曾植、沈曾桐及黄绍箕大都在场。据

《越缦堂日记》《袁昶日记》《缘督庐日记》《郑孝胥日记》《艺风老人日记》《翁同龢日记》等多种记录可以发现，1883年到1906年的二十三年间，沈曾植与黄绍箕的接触达一百六十余次，一般在全浙馆、江苏馆、安徽馆、湖光馆、广东居、长椿寺等处宴集。时同人宴集，围炉佐酒，宴设万福居、福隆堂、宜胜居、长椿寺等地，每每砥砺论学，相谈甚欢，常"至夜三鼓后归"，或"三更始散"，有时"夜二更后归，月皎如昼而寒甚"。同人雅集中，颇为有趣的是"消寒集"，第一轮消寒集明确记载的有七次，分别由李文田、缪荃孙、李慈铭、黄绍箕、王颂蔚、沈曾植、徐琪招饮。

光绪十二年（1886）十二月十七日，沈曾植赴李文田招饮，黄体芳、盛昱、王仁堪、张鼎华、王颂蔚、袁昶、李慈铭在座，是日"观慈禧太后绘菊花萱草直幅"。关于宴会情状，李慈铭《越缦堂日记》有载：

> 午后，赴若农师之招。敬观慈禧皇太后绘菊花萱草直幅，气韵超绝，秀出天成，净色云光，照映霄表，盖古今莫能二也。晡后设宴，肴馔珍异，有熊蹯、鹿尾、鹿脍、蚝羹、鲍轩、燕窝。又有哈式蟆羹，出盛京石泉之蛙也，洁白如豕膏，其橙酪一味最佳。逮夜始散，坐有漱兰通政、伯希祭酒、可庄修编、芾卿、爽秋、子培。[11]

宴上皆玉盘珍馐，可谓"万钱一箸"。是日晚又赴缪荃孙消寒第二集，至二更饭毕，已是雪止月晴。良辰盛景，众人立庭院清谈良久，三更始归。第四集是在黄绍箕家，同座者李慈铭、袁昶、王颂蔚、徐琪等。正月十三日，消寒第六集宴设沈曾植寓所，李慈铭、袁昶等皆至。李慈铭《越缦堂日记》载"初更赴子培消寒第六集，诸君皆至"，并称"沈论古今，妙有微言"。

黄体芳作《正月三日招爽秋、子培、旭庄、班侯诸君小集，叠前韵》诗，据沈曾植宴集表来看，当是光绪十七年正月三日（1891年2月11日），时袁昶（爽秋）、沈曾植（子培）、王仁东（字旭庄）等均在座。[12]

光绪十八年（1892）十月六日，由黄体芳发起新一轮的消寒集，黄绍箕、沈曾桐在座。《越缦堂日记》十月二十日云："《再柬侍郎约为消寒第二集》：沈家棠棣君乔梓，佳话千秋想此风。"意即沈曾植（子培）与叔弟沈曾桐（子封）及黄绍箕（仲弢），皆参与是集，则可推知消寒第一集沈曾植当参与其中。佳话千秋，可以想见同人宴酬之风雅。

二、《瑞安先生六旬寿宴叙》

今见沈曾植《瑞安先生六旬寿宴叙》二稿，清稿八纸（图6），五十三行，计九百四十四字，以红纸书就，喜庆而不失古雅。附原钞二纸，三十四行，计七百八十八字，以绿格笺纸作书，行草相间，错落有致。另附信封一页（图7）。清稿即为定稿，是作者依照初稿整理、校订，然后重新写定的书稿，通常请门生、亲友抄录，也有作者自行抄录。而据此稿书迹和钤印来看，当为沈氏亲自誊录。据当时文人作书的习惯，沈氏应当还自留一稿副本。钱仲联先生辑《海日楼文集》时注云：

> 原钞阙题，金校作《孙琴西先生寿序》，文中有"编修中叕"云云。予见公手写清稿，作"公子仲叕编修"，而文首作"大卿黄公致仕之年"。仲叕为黄绍箕，瑞安黄漱兰（体芳）之子，则此文实寿黄漱兰者，非孙琴西也。[13]

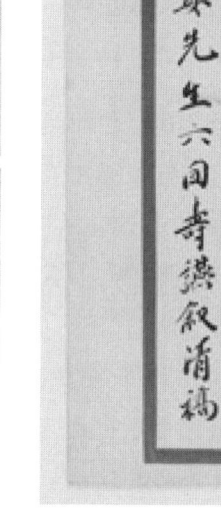

图6 《瑞安先生六旬寿宴叙》清稿　　图7 《瑞安先生六旬寿宴叙》信封

《海日楼文集》钞本，曾为孙德谦（1869—1935）先生所整理，上有孙先生校识及金兆蕃（1869—1951）附识，因原钞阙题，金校误作《孙琴西先生寿序》，钱仲联校孙、金两先生之误，指出原钞似是未竟之篇。如今得见二稿，证明钱仲联先生所言非虚。

《瑞安先生六旬寿序》是沈曾植应黄绍箕之嘱，为其父黄体芳寿辰所作。许全胜《沈曾植年谱长编》载："（光绪十七年）黄体芳生日。公有《瑞安先生六旬寿诗》《瑞安先生六旬寿序》。"[14] 钱仲联亦云："袁爽秋京卿（昶）《安般簃集·致仕瑞安黄丈寿宴诗》自注云：'丈生于壬辰，至辛卯，正六十岁。'则此文作于光绪十七年也。"[15]

　　沈曾植《瑞安先生六旬寿宴叙》开篇云："大卿瑞安先生致政之年，粤秋八月，崧降之辰，实开七秩。于是公既拂系繻，憺自逸于知名勇功之表，无复有成亏顺逆毁誉荣辱之介乎其怀。"致政，即致仕，意指辞官归里。作为光绪初年"清流"言事者在京师仅存的硕果，黄体芳上折引病乞退，致仕闲居，王仁堪谓之"拟作司马光之隐居洛下"。张之洞诗云"元城老健贫仍乐，百炼难柔铁汉刚"。《翁同龢日记》载"祝黄漱兰六十寿，渠五月引疾开缺"，称"可羡也"。

　　据陆胤《"哀六朝"：晚清士大夫政教观念的中古投影》[16]考察，黄体芳六十大寿时，场面甚是隆重，诸多同僚、门生致辞相庆。如张之洞作《寿黄漱兰通政六十》、袁昶作《致仕瑞安黄丈寿宴诗十有四首（代）》、盛昱作《寿黄漱兰先生》、王仁堪作《漱兰师六十寿言》等。瑞安先生德行高瞻，因而备受同人敬重。沈曾植亦有《瑞安先生六旬寿诗·其一》云：

　　　　先生未是悬车日，海道东归计早成。汲黯汉廷咸见惮，鲁公天下不称名。一辞退为儒臣重，独立心同皎日明。此夕豪丝与激管，不烦慷慨使君筝。[17]

　　此诗处处用典，然浑然一体，无不契矣，对黄体芳的辞官而隐、坦荡从容表达了赞许之情，这与叙中所言"无复有成亏顺逆毁誉荣辱之介乎其怀"形成了呼应。

　　是年（1891），沈曾植四十二岁。马宗霍在《霎岳楼笔谈》中谈到沈曾植"早岁欲仿山谷，往往怒张横绝，不能得势"。此作体势舒展，奔放洒脱，是沈氏学山谷书的又一佐证。浙江省博物馆藏一扇面，有沈曾植学生金蓉镜的题跋，"此乙盦师学山谷体书也，参安吴笔踪"，证明沈氏学山谷书之言可信。[18] 沈氏中年由帖入碑，尤嗜张裕钊书法。沈氏还曾多次提到"李斯亡篆以简直、蔡邕亡隶以波发"，此作中翻腾的用笔，是其"为学雅尚险奥，清言见骨"的体现。透过《寐叟题跋》《沈曾植题海日楼藏碑帖集》及戴家妙所辑的《沈曾植书学系年表》来看，沈曾植四十二岁之前对《高湛墓志》《刁惠公志》《敬使君碑》等魏碑甚为推崇，常与友人探讨，并有校跋，这点也与他接受包世臣"备魏"和"取晋"的理念是分不开的。

　　此外，古人"先文而后墨"，起稿时精力主要集中在文辞上，不计较书法之工拙。检原钞与清稿之增删，共有四十六处，或改称谓，或删文辞，或增润色，无不透露出沈氏对友人的良苦用心。原钞与清稿面貌各异，清稿字迹端庄遒逸，而原钞增删涂抹，更为自然。且清稿文辞简练畅达，如原钞"犹且，膺葛虆倪□之困，冰炭啮掣，卒不得竟其志业"，清稿改为"一时之际也，犹不得竟其志业"。有时略加增补，如"若夫绿野之堂，独乐之园，道不行而身退"，原钞无此句。清稿末尾添一段，叙宴会之情状，"是会也，礼备乐和，情舒志肃。公既自为诗十二章，述平生志事，京华士大夫多属和者"，并自谦曰"辞不能巧，情性而已"。

总的来说，《寿宴叙》是沈氏交游的重要佐证，在书法风格上则是沈曾植师法黄庭坚、嗜张裕钊的典型，故而有着重要的意义。

三、和而不同：沈曾植、黄绍箕、康有为的治学之交

（一）尺素风雅——沈、康、黄的信札往来

《寿宴叙》附一信封，上有其子沈颎所书"瑞安先生六旬寿宴叙清稿"字样，旁添"附稿"二字，据字迹来看，当为康有为所书。新见沈曾植遗稿中，也有一些康有为的字迹，如稿中（图8至图11）的"沈大人台启""外画一帧""沈大人""画二事"等字样。沈曾植向来片纸惟珍，因而在康氏所寄信封上作书，也侧面反映了两人的交往较为密切。而康有为与沈曾植的相识，恰有赖于黄绍箕。据《黄绍箕年谱》记载，康有为与黄绍箕最早的交往在光绪十四年（1888）。是年为沈曾植进士及第的第九年。又值顺天乡试，康有为四度落榜。应试不第，康有为却做了一件震惊朝野的事，上书光绪帝，极言时危，请求变法维新。上书内容言辞激烈，诸人均不敢转达其意，唯有黄绍箕挺身而出，推介国子监祭酒盛昱，将康有为的第一份上书转呈国子监监事大臣翁方纲。此事后虽因翁同龢反对而作罢，但黄绍箕和康有为的友谊由此结下。[19] 康有为彼时还未出名，生活比较困顿，黄绍箕多次予以接济。康氏十分感激黄氏之助，视其为知己。

《沈曾植年谱长编》载：

> 夏，康有为至京应顺天乡试，始见公于黄绍箕许。自是订交，访公珠巢接寓庐，相与抵掌论学。[20]

图8 沈曾植遗墨（一）　　图9 沈曾植遗墨（二）

图10 沈曾植遗墨（三）　　图11 沈曾植遗墨（四）

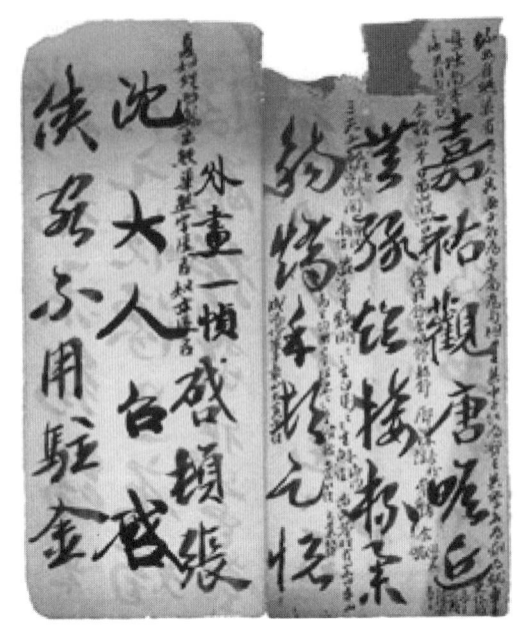

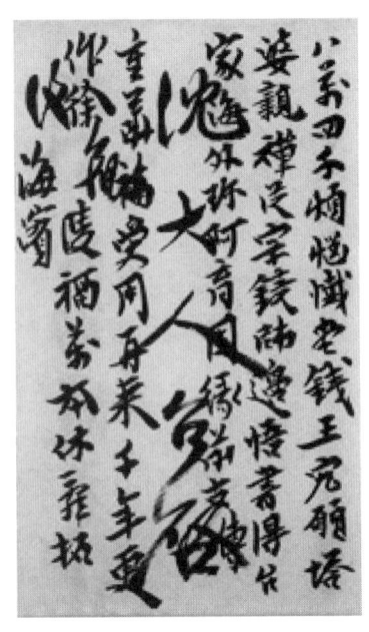

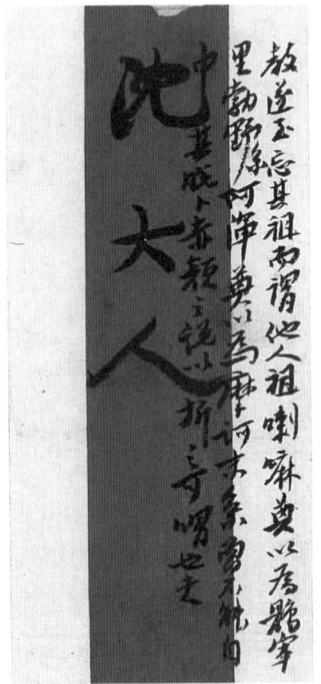

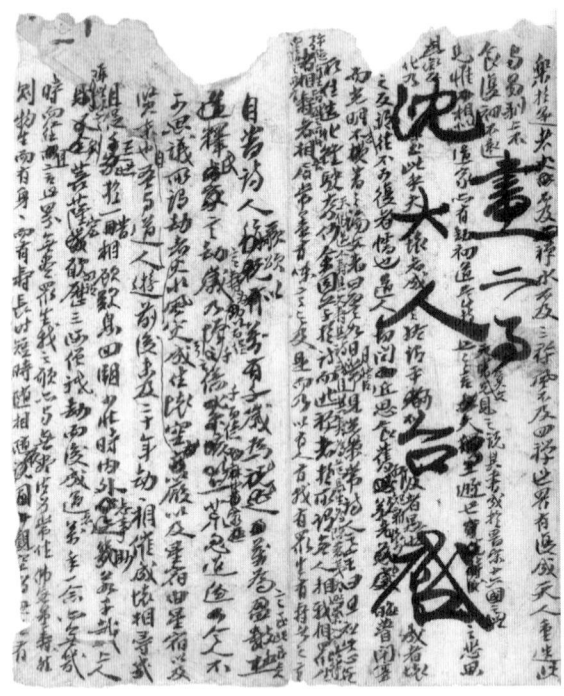

光绪十四年（1888）夏，康有为从广东至京师应顺天乡试后，于黄绍箕家中与沈曾植会晤。之后，康有为曾至沈氏珠巢街寓庐造访，与之"抵掌论学"[21]。其间，康

氏于京师结交名流，其政治主张得到了屠仁守、沈曾植、黄绍箕等人的支持。在此之前，沈氏在京师已与李慈铭、袁昶、缪荃孙、沈曾桐、张謇、黄绍箕等人结成了一个交游圈子，他们的交往处于半官半学之间，既是同僚之间的宦游，又有士林中学术的切磋。他们一起观碑赏帖，谈经论道，评议时政，砥砺学术。自兹以后，黄、康、沈三人交游日益密切。

沈曾植与康有为的信札往来，多以论学为主。《海派代表书家系列作品集·沈曾植卷》收录沈曾植致康有为信札十五帧，据双方交往的时间来看，应当在戊戌变法之前。沈氏于信中多有问候康氏生活起居，也常常讨论书法碑版。

此时的沈曾植居北京，信中反映出沈氏身体状况，有四札提到"腹疾畏寒""痢后变疟"：

腹疾畏寒，雅招不敢得趋集，至以为歉。止老亦以头痛，属为代谢。联句《诗经》，晴初润色，居然成章，谨奉览。此请游翁道兄寿安。植。（图12）

痢后变疟，今日幸不发，承念，谢谢。《陶诗》数年前曾见之，无足取。尊箸明晨缴，两恕。（图13）

加非昔以治腹疾极效，今无效矣。闻近事以外情略缓，弥可怖，两恕。（图14）

畏寒不能出路，近可笔谈。（涛）寿诗用何等笺？写《西岩》一律否？请检交一看。甡公晚福。寐上。（图15）

此外，札中提及"画三轴""画两件"，与新见沈曾植剩墨"外画一帧""画二事"（图8、图11）或有所联系，有待后续文献的发掘。他们的学术交流中，值得一提的是奉览"落水《兰亭》"，讨论《兰亭》翻刻等问题：

落水《兰亭》奉览，旭庄持来，索价三千，不必留，不可不一观。然跋虽不佳，帖固胜裴也。更兄。寐。（图16）

《兰亭》近人翻刻伪古色者，亦拙工也。缴上，此请，更生仁兄大人晨安。寐上。（图17）

论及《大观帖》，沈氏称康氏所作大观帖校语非常细致，就好像黄庭坚"磊落人书琐碎事"，这个评价显得格外生动（图18）。沈氏另有《大观帖》跋文五则，分别为：跋汪甘卿所赠《大观帖》《北宋拓大观帖跋》《南宋覆刻大观帖跋》《残本大观帖跋》和《王文恪家藏本大观帖跋》，可知沈曾植素重《大观帖》，时时留意。总之，沈曾植致康有为的信札，有生活中的寒暄，亦有学术上的探讨，可窥二人之谊。

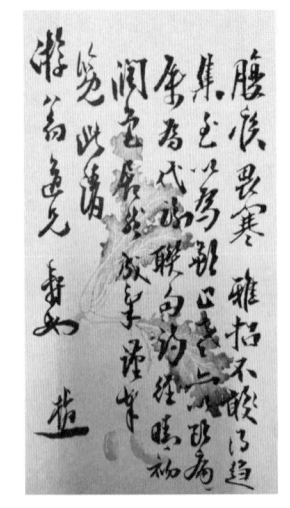

图 12　沈曾植致康有为札（一） 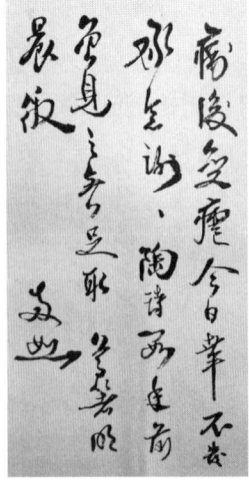　　图 13　沈曾植致康有为札（二） 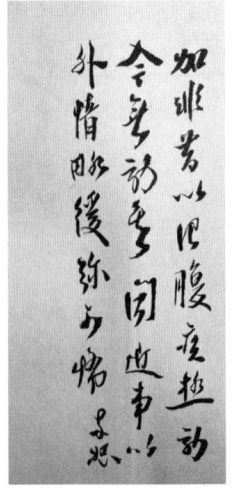　　图 14　沈曾植致康有为札（三） 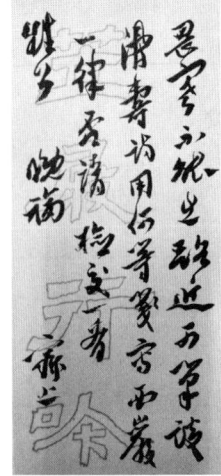　　图 15　沈曾植致康有为札（四）

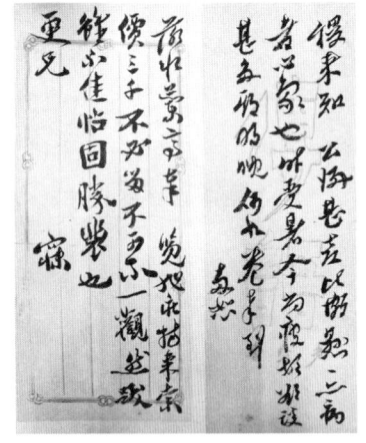

图 16　沈曾植致康有为札（五） 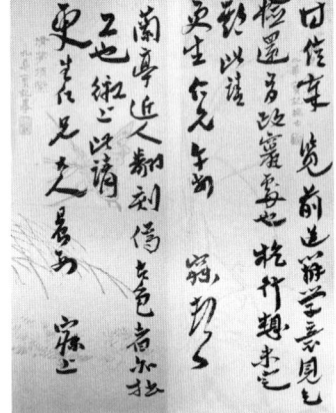　　图 17　沈曾植致康有为札（六） 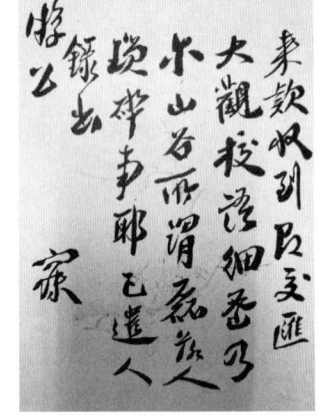　　图 18　沈曾植致康有为札（七）

康有为与黄绍箕亦有信札往来。如康致黄绍箕书一通，云：

> 仆尝谓词章如酒能醉人，汉学如饳饤能饱人，宋学如饭能养人，佛学如药能医人。此论公以为然不耶？兄天性笃挚，好善如不及，诚忠臣、孝子之基也。然牵于世网太深，亦少刚拔坚毅之气，务于近时学问议论，名誉太熟而少破弃。凡近养心养气之功，我辈皆然，率由鞭策不紧之故也……[22]

此信作于光绪十四年（1888），"牵于世网太深，亦少刚拔坚毅之气"句直截了当地指出黄氏不足，亦坦言修养之功不足，愿共同勉励，加紧鞭策。

康还曾为其赋诗，如《题黄仲弢编修龙女行云图》《为仲弢题吴彩鸾骑虎图》等，皆可证二人之谊。

（二）从《广艺舟双楫》到《〈广艺舟双楫〉评论》

光绪十五年（1889）冬，康有为上光绪皇帝万言书不达，沈曾植与黄绍箕皆劝其勿言国事，以金石碑版自遣。康氏《广艺舟双楫·自叙》云：

> 康自戊己之际，旅京师，渊渊然忧，悁悁然思，俛揽万极，塞钝勿施，格绌于时，握发慹然，似人而非。厥友告之曰："大道藏于房，小技鸣于堂，高义伏于床，巧爨类于乡。标枝高则陨风，累石危则坠墙……盍黔汝志，锄汝心，息之以阴，藏之无用之地以陆沈。山林之中，钟鼓陈焉；寂寞之野，时闻雷声。且无用者，又有用也……"[23]

在沈、黄二友诚恳的劝诫下，康氏"翻然捐弃其故，洗心藏密，冥神却扫；摊碑摘书，弄翰飞素"，购碑于城南南海馆之汗漫舫，终日浸淫其间，著《广艺舟双楫》。《康南海自编年谱》亦载此事，"沈子培劝勿言国事，宜以金石陶遣，时徙居馆之汗漫舫，老树蔽天，日以读碑为事"，"拟著一金石书，以人多为之者，乃续包慎伯为《广艺舟双楫》焉"[24]。《万木草堂诗集》还录有《汗漫舫诗集·上书不达谣诼高张沈乙庵黄仲弢皆劝勿谈国事乃却扫汗漫舫以金石碑版自遣著广艺舟双楫成浩然有归志》一诗，述其成书之经历。

新见沈曾植剩墨中辑有"汗漫泛"（图19）一帧，此三字气横白蜺，颇有骨力。此稿或与康氏汗漫舫有所联系，惜无款识，仅钤有"菌阁"一印，以俟考证。

光绪二十一年（1895），康有为成立上海强学会。黄绍箕父子、张謇等二十四人与会。这一年，黄绍箕和康有为的日常交往较为频繁，在金石书画研究、考订上的切磋也逐渐增多。而康有为与黄氏的结识还有赖于康氏的同乡梁鼎芬。目前已知梁鼎芬致黄绍箕六十四通的信札中，提及康有为的就有九札，且有七札均写于1895年，可为旁证（图20）。

图19 沈曾植遗墨"汗漫泛"

图20　梁鼎芬致黄绍箕札

1895年11月，梁鼎芬来信："长素未刻朱卷。《续艺舟双楫》在书堆寻出。"[25]（图21）黄绍箕侍父归家至金陵患足病，梁鼎芬将康有为的《广艺舟双楫》赠送给黄，此时的黄氏读之遣怀，随笔订正其舛讹，得批注七十余则。正如《〈广艺舟双楫〉评语》叙云："曾至南海馆访之，见其插架琳琅，张壁摊案，过目如电，间评骘一二，皆悬解冥会，剖析条流，顾未知其遂有斐然之志也。"[26]

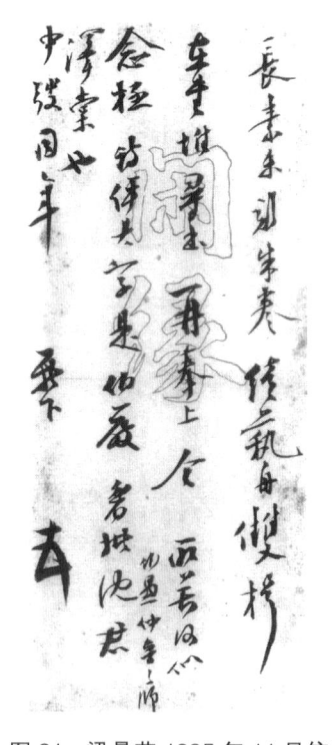

图21　梁鼎芬1895年11月信

康氏撰作《广艺舟双楫》之初，黄即得观，二人于变法大计多相契，然及于书法考论，则多不侔。《黄绍箕集》收《〈广艺舟双楫〉评论》六十六则，黄氏凭借着丰富的金石鉴藏经验和深厚的文字学功底，在康有为的《广艺舟双楫》评注中，高屋建瓴地表达出自己与康氏不同的书学观和独特的见解。[27]

黄氏的解读有阐发与补充，有析疑与辨误。对于康氏之误，他毫不避讳，有时言辞恳切而激烈。其中明确提出质疑与辨误的有二十余处，皆切中要害。如康氏以为《华山碑》为下乘，黄氏以为此论失之偏颇，直接引用苏轼的诗称"此论未公我不凭"。又，康氏认为《樊府君碑》当是褚、陆佳作，黄氏不以为然，言"此是褚派，决非褚作，陆柬之则益不近矣"，可见其治学之严谨。

康氏之精妙处，他也毫不吝啬赞美之辞，但同时保持高度的理性。如《广艺舟双楫·榜书第二十四》云："《云峰山刻石》，体高气逸，密致而理通，如仙人啸树，海客泛槎，令人想象无尽。若能以作大字，其秾逸韵，当如食防风粥，口香三日也。"黄绍箕则感慨道"此说至美，令我神往"，随即又说，"然恐不能，郑道昭自作《白驹谷》等字，即移步换形矣"，小字和大字之间的转换并非易事，其法亦有别。

黄氏有些阐发和补充，对康氏之说可谓是助益良多，为后人思考书学提供了很好的研究思路。如对《广艺舟双楫·说分》中一则："吾见先师朱九江先生……直与完白无二，始叹古今竟有暗合者。"黄氏评云：

> 余藏泰不华篆《临海王贞妇碑》，又尝见元周伯琦，明腾权、徐霖篆书真迹，出锋取姿，与完白波澜莫二，但结体稍方，而行笔无其恣肆耳。盖宣城梅氏藏弆甚富，完白主其家时，必曾涉览及之，正不独秦汉当额是其觞源也。[28]

黄绍箕凭借他的收藏鉴赏经验，认为泰不华、周伯琦、腾权、徐霖等篆书可能是邓石如的取法觞源之一，而不仅仅是宗法秦汉。梅镠家藏宏富，邓石如寓梅家时，一定涉览过这些篆书，他的篆书风格的锤炼，不是横空出世，而是有径可循。且泰不华《临海王贞妇碑》，是黄氏所藏，想必自有他的道理。今见泰不华《临海王贞妇碑》拓片（图22），邓石如篆书《逍遥仿佛》联（图23）在用笔、结字上与之确为"波澜莫二"，多有挹取，是十分有力的证据；足见黄氏之慧眼独具，也为今天研究邓石如篆书的风格成因乃至篆书史提供很好的视角。

总之，黄氏的评论，对康氏《广艺舟双楫》的成书大有裨益。王守民对此有过考述[29]，他通过黄绍箕《〈广艺舟双楫〉评论》论述其与康有为书学观之异同。首先，在对待南帖的观点上，黄氏多有新的发现；其次，康有为尊碑卑唐，崇北碑而贬南帖，但黄氏之观点中庸而理性。最后，黄氏立足自己的渊博知识，能从宏观上把握碑刻之体系与源流及宗第，常能纠康氏论述之偏颇。另，对于康氏主观臆断的结论，黄绍箕都会耐心逐一加以剖析其疏漏，并表达出自己的见解。所以，二人在观点上有时会产生较大的差异。黄绍箕这种实事求是的治学态度和思辨的精神，值得后人称道，引为模范。

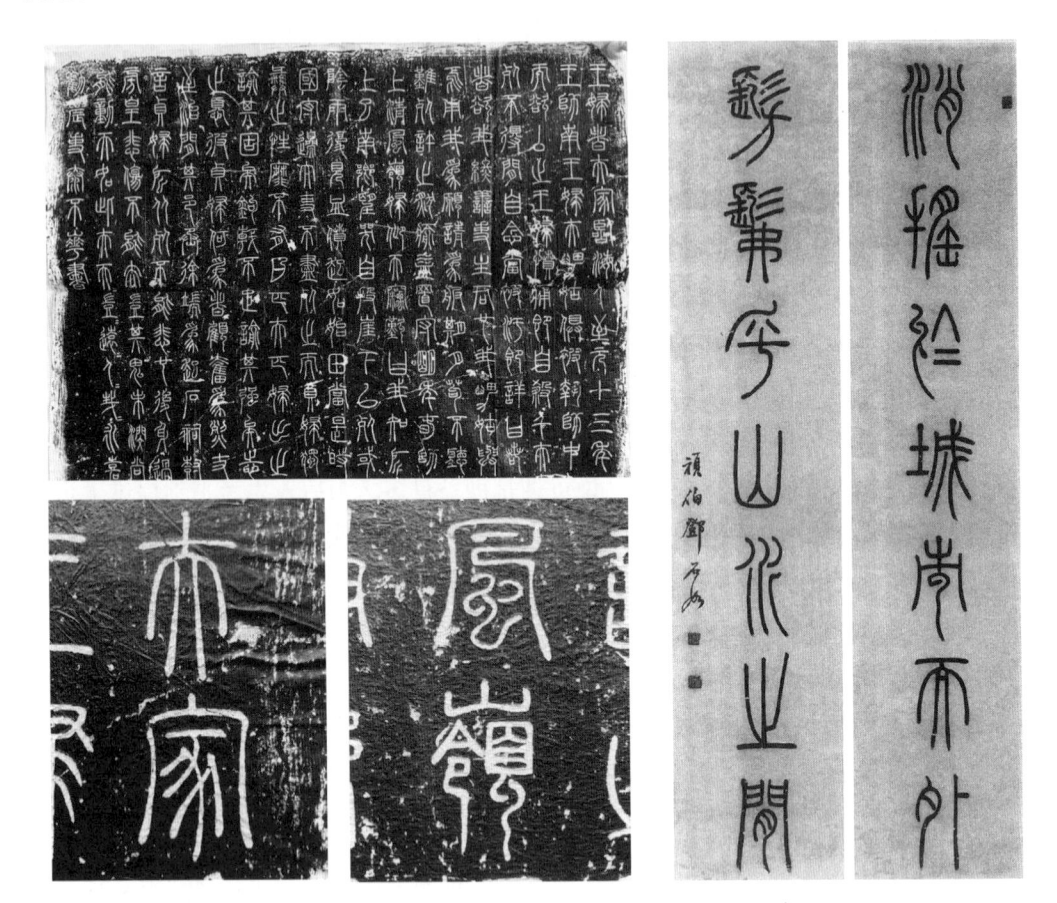

图22　泰不华《临海王贞妇碑》　　　　图23　邓石如《逍遥仿佛》联

而关于沈曾植、康有为二人的交情，可以借用康有为《万木草堂诗集》卷十五《游存庐诗集·哭寐叟尚书四兄哀辞》之句："输墨互攻守，庄惠相调夸。"[30]细究其原因，不仅有政治问题上的意见相左，亦有学术上的看法不同。

在对阮元的"南帖北碑"的认知上，沈曾植和康有为皆推崇碑刻，但二人亦有分歧。康氏因其在取法上主张求变，近乎偏执地力挺碑版，提出"古今之中，唯南碑与魏碑可宗"，表现出对碑刻的格外推崇和喜爱，提出魏碑十美之说，并坚持"学以法古为贵"的观念；而沈氏以为帖本与碑版虽风格有别，然字法可通，各有所长，主张碑帖相互交融，糅合佳处。[31]

此外，康氏"卑唐"，以为唐碑可师法者少；而沈氏较为客观，不排斥唐碑，认为唐碑值得师法，"知字而佳，则虎贲之贱，犹具典型，能以其非宗者而弃之也；字而不佳，则燕石之珍，终同瓦砾，不能以其乃某拓而宝之也"，"但问其字之佳不佳，不问其汉魏隋唐碑"[32]；沈甚至对唐朝书家都大相称道，肯定唐太宗在书法史上的作用，对欧阳询更是赞誉有加，称"六代清华，沿于大令；三代奇峻，胎自欧阳"。[33]

正是二人在政治、治学观念上的切磨，使得二人的关系恰如输攻墨守，亦如庄惠之辩。

光绪二十四年（1898）十二月十二日，沈曾植在写给黄绍箕的函札中提及康氏："近日朝士猜疑略稍释否？康、梁之说，邪说也；其行事，则逆党也。事状昭然，无可掩饰。"[34]此时沈曾植身体抱恙，"咯血幸已愈，脾泄则已经三月"，老病之际，对友人黄氏尤为思念。然沈、康二人性格迥异，政见略同而学术各异，信中更是称康、梁之说为"邪说"，康、梁之行为"邪行"，"冀污染海内士流，误朝廷而断丧国家之元气"，语气之重，令人咋舌。虽如此，但二人私交不废，次年，康有为作《长素海外寄诗次韵答之己亥》：

> 万木风前待雨时，妙光阁下抚存思。麻衣我断蜉蝣世，酰瓮君为果蠃师。成住坏空弹指尽，呬嘘呼吸当身知。窗前泪迸寒梅发，海上遥怜共一枝。[35]

据康有为戊戌出亡，及诗中"寒梅"句来看，此诗最早不应作于己亥春之前。康氏隔海相望，世事浮沉，思念无涯，故借诗宽慰沈氏。

黄绍箕与康有为的交往，随着康氏出逃而息止。光绪三十三年（1907）十二月二十三日，黄绍箕逝世，康有为获知后作《哭前翰林院侍读学士、湖北提学使黄君仲弢》，"倒尽银河水，吾泪犹未盈。翻尽东海波，吾血犹荧荧"，悲恸之情，难以言表。光绪三十四年（1908）三月十九日，祭奠酒陈露，设灵位以祭，作《祭黄仲弢文》，忆及种种往事，感激仲弢之德，廿年深交，永志不忘。

1922年11月21日，沈曾植仙逝。康有为作《哭沈寐叟尚书》云："庄惠谈辞从此已，牙期琴调不须弹。"[36]故友离去，康曰："三十五年交，于我尤心恻。"对于友人亡故的悲恸，想必莫过于此。

四、结　语

沈曾植《瑞安先生六旬寿宴叙》，既是当时同人交游的重要佐证，更是清末民初间寿序文化的一个缩影。清朱和羹《临池心解》云："书学不过一技耳，然立品是第一关头。"[37]欲求风神，必立其品，寐叟下笔雄奇万变，不落俗格，正是基于其"硕学通儒"的人品和素养，此正书品即人品之典范。

三人抵掌论学，交谊虽笃，然在学术上"和而不同"。沈曾植虽与康氏深交，然其在书学上并不趋同，而是力兼碑帖，格避浮躁。黄绍箕与康有为相交，互相鞭策，切磋砥砺，虽至交亦不甘雷同。黄氏凭借着丰富的金石鉴藏经验和深厚的文字学功底，作《〈广艺舟双楫〉评注》，为康氏阐发幽微，指瑕辨误，高屋建瓴地表达自己与康氏不同的书学观和独到的见解。

纵观沈曾植、黄绍箕、康有为的交游与论学，既有信札往来，又有诗文互答，反映出清末文人治学之品格，亦可窥旧时书家之风骨，可以传为佳话。

注释

[1] 谢源，中国美术学院书法专业硕士研究生。
[2] 许全胜：《沈曾植年谱长编》，中华书局，2007，第 37 页。
[3][4][5][34] 沈曾植著，许全胜整理：《沈曾植书信集》，中华书局，2021，第 45-46 页。
[6] 沈曾植：《寐叟题跋》，浙江人民美术出版社，2016，无页码。
[7][8] 黄绍箕著，谢作拳点校：《黄绍箕集》，中华书局，2018，第 462 页。
[9] 同上书，第 15 页。
[10] 戴家妙：《〈寐叟题跋〉研究》，中国美术学院出版社，2015，第 365-390 页。
[11] 许全胜：《沈曾植年谱长编》，中华书局，2007，第 78 页。
[12] 俞天舒编：《黄体芳集》，中华书局，2018，第 376 页。
[13] 沈曾植著，钱仲联编校：《海日楼文集》，广东教育出版社，2019，第 181 页。
[14] 许全胜：《沈曾植年谱长编》，中华书局，2007，第 146 页。
[15] 同上书，第 37 页。
[16] 陆胤：《"哀六朝"：晚清士大夫政教观念的中古投影》，载童岭主编《皇帝·士人·单于：中古中国与周边世界》，中西书局，2014，第 208 页。
[17] 沈曾植著，钱仲联校注：《沈曾植集校注》，中华书局，2001，第 145-146 页。

[18]　戴家妙:《〈寐叟题跋〉研究》,中国美术学院出版社,2015,第 127 页。

[19]　刘思文、孙泽仙:《黄绍箕交游考略》,《中国书法》2017 年第 16 期,第 4–19 页。

[20]　许全胜:《沈曾植年谱长编》,中华书局,2007,第 94 页。

[21]　吴高歌:《清代碑学研究》,中国社会科学出版社,2019,第 143 页。

[22]　黄绍箕著,谢作拳点校:《黄绍箕集》,中华书局,2018,第 899 页。

[23]　康有为:《中国文库·万木草堂论艺》,荣宝斋出版社,2011,第 1 页。

[24]　康有为撰,蒋贵麟编:《康南海先生遗著汇刊》二十二,宏业书局出版社,1987,第 19 页。

[25]　黄绍箕著,谢作拳点校:《黄绍箕集》,中华书局,2018,第 877–878 页。

[26]　同上书,第 102 页。

[27][29]　王守民:《从清黄绍箕〈《广艺舟双楫》评注〉看其与康有为书学观之异同》,《中国书法》2017 年第 2 期,第 161–166 页。

[28]　黄绍箕著,谢作拳点校:《黄绍箕集》,中华书局,2018,第 113 页。

[30]　康有为:《康南海诗集》,载《康有为全集》第十二集,中国人民大学出版社,2007,第 354 页。

[31]　郭建党:《碑学风气下的不同取向》,中国美术学院硕士学位论文,2013,第 21–25 页。

[32][33]　沈曾植撰,钱仲联辑:《海日楼札丛·大令草势开率更》,辽宁教育出版社,1998,第 310 页。

[35]　沈曾植著,钱仲联校注:《沈曾植集校注》,中华书局,2001,第 216–217 页。

[36]　康有为著,上海市文物保管委员会文献研究部编:《万木草堂诗集·康有为遗稿》,上海人民出版社,1996,第 380 页。

[37]　朱和羹:《临池心解》,上海书画出版社、华东师范大学古籍整理研究室选编、校点:《历代书法论文选》,上海书画出版社,2004,第 740 页。

后　记

沈曾植作为晚清民国时期的硕儒，学术贡献遍及舆地、律法、医学、金石、书法、宗教学等领域。王国维称沈曾植是"集有清三百年学术之大成且继往开来的学者"，陈寅恪称其为"近世通儒"。1922年沈曾植卒于上海寓所，享年七十三岁。其一生经历洋务运动、戊戌变法、辛亥革命、张勋复辟、新文化运动等，见证了中国的巨变。

2022年是沈曾植先生逝世100周年，为志纪念，嘉兴举办了一系列活动，包括沈曾植旧居的展陈提升改造、"近世通儒——纪念沈曾植逝世100周年特展"等。

2022年11月18日，由嘉兴市文化广电旅游局和嘉兴文学艺术界联合会主办，嘉兴博物馆、嘉兴市文保所、嘉兴市书法家协会承办，嘉兴南湖学院支持的"纪念沈曾植逝世100周年学术研讨会"在嘉兴举办，包括香港、台湾在内的全国各地专家学者，通过线上线下相结合的方式，对沈曾植学术进行研讨，纪念这位嘉兴的文化名人。其后，我们选取研究文章二十五篇，汇成《近世通儒——纪念沈曾植逝世100周年学术研讨会论文集》，并配以嘉兴博物馆所藏部分沈曾植老照片及书法作品图影，对沈曾植一生及其书法、诗学、法学等进行一次相对系统的展示。

历史昭示未来，文化浸润人心。希望论文集的出版，在弘扬嘉兴深厚历史文化底蕴和名人文化的同时，能吸引更多的人认识沈曾植、喜爱沈曾植、研究沈曾植。嘉兴灿烂的文化和灿若星辰的名人资源必将不断激发文化原动力，让"文化之光"照亮前行之路，为嘉兴打造新时代文化高地注入新的精神动力。

编者

2024年5月